U0087993

李生龍　注譯

新譯傳習錄

三民書局

圖一　王陽明像

王守仁（一四七二～一五二八年）初名雲，後改名守仁，字伯安，浙江餘姚人，因曾築室於會稽陽明洞，學者稱陽明先生。弘治十二年（一四九九年）進士，正德元年（一五O六年）因觸怒劉瑾，遭廷杖及貶謫，後雖以平定叛亂有功而升官，卻因朝臣嫉妒而受到排擠。正德十六年（一五二一年）封新建伯、南京兵部尚書。穆宗初（一五六七年），贈謚文成。其學以致良知、知行合一為主，談論心性之學淵源於陸象山，工文章，擅山水，書法得右軍骨，有《王文成公全書》傳世。

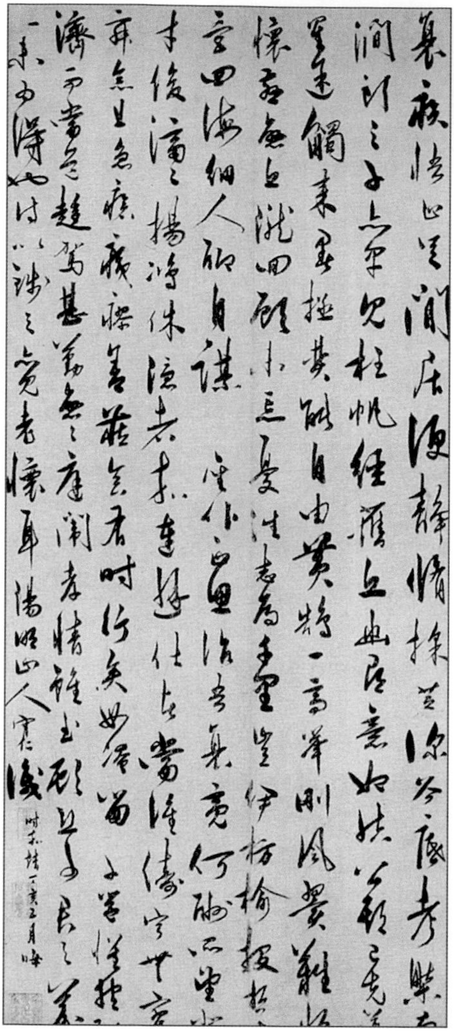

圖二　王陽明書＜五言詩＞

紙本，行草書，縱一五〇公分，橫六六・五公分，北京故宮博物院藏。此件作品書於嘉靖六年（一五二七年），字體修長，筆法穩健，清勁絕倫，表現出別樹一幟的學者書風。

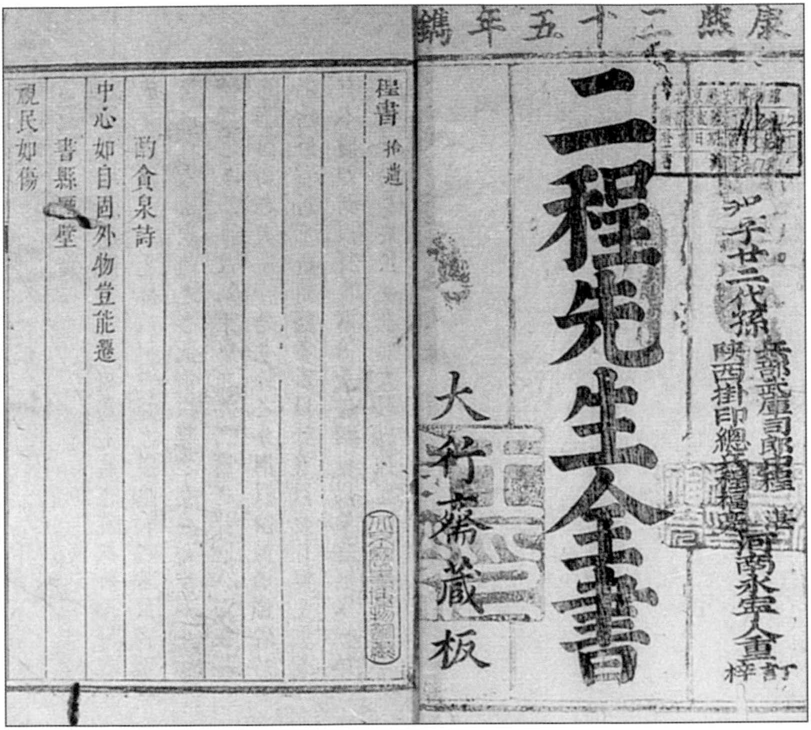

圖三　《二程先生全書》書影

程顥（一○三二～一○八五年）字伯淳，洛陽人，世稱明道先生，嘉祐進士。程頤（一○三三～一一○七年）字正叔，世稱伊川先生。二程皆學於周敦頤，主張天即理；為學以識仁為主，而以誠敬存仁。著作有朱熹所編《二程遺書》、《二程外書》；楊時所編《明道先生文集》、《伊川先生文集》、《伊川易傳》、《程氏經說》及《二程粹言》。《遺書》、《外書》、《經說》、《文集》，在宋時號稱「程氏四書」，後人將其與《易傳》、《粹言》等書統編為六十餘卷，題為《二程先生全書》。

圖四　朱熹像

朱熹（一一三〇～一二〇〇年）字元晦，一字仲晦，號晦庵，徽州婺源（在今江西省）人，紹興進士。論學以居敬窮理為主，主張格物致知，反躬實踐，為宋代理學集大成者。所著有《四書章句集注》、《周易本義》、《詩集傳》、《楚辭集注》、《通鑑綱目》，以及後人所編的《晦庵先生朱文公文集》和《朱子語類》等書。

圖五　陸九淵像

陸九淵（一一三九～一一九三年）字子靜，自號象山翁，世稱象山先生，撫州金谿（在今江西省）人，乾道八年進士。論學以尊德性為主，與朱熹同為南宋理學大師，但其說與朱熹的道問學不同，後形成陸王學派。

刊印古籍今注新譯叢書緣起

劉振強

人類歷史發展，每至偏執一端，往而不返的關頭，總有一股新興的反本運動繼起，要求回顧過往的源頭，從中汲取新生的創造力量。孔子所謂的述而不作，溫故知新，以及西方文藝復興所強調的再生精神，都體現了創造源頭這股日新不竭的力量。古典之所以重要，古籍之所以不可不讀，正在這層尋本與啟示的意義上。處於現代世界而倡言讀古書，並不是迷信傳統，更不是故步自封；而是當我們愈懂得聆聽來自根源的聲音，我們就愈懂得如何向歷史追問，也就愈能夠清醒正對當世的苦厄。要擴大心量，冥契古今心靈，會通宇宙精神，不能不由學會讀古書這一層根本的工夫做起。

基於這樣的想法，本局自草創以來，即懷著注譯傳統重要典籍的理想，由第一部的四書做起，希望藉由文字障礙的掃除，幫助有心的讀者，打開禁錮於古老話語中的豐沛寶藏。我們工作的原則是「兼取諸家，直注明解」。一方面熔鑄眾說，擇善而從；一方面也力求明白可喻，達到學術普及化的要求。叢書自陸續出刊以來，頗受各界的喜愛，使我們得到很大的鼓勵，也有信心繼續推廣這項工作。隨著海峽兩岸的交流，我們注譯的成員，也由臺灣各大學的教授，擴及大陸各有專長的學者。陣容的充實，使我們有更多的資源，整理更多樣化的古籍。兼採經、史、子、集四部的要典，重拾對通才器識的重視，將是我們進一步工作的目標。

古籍的注譯，固然是一件繁難的工作，但其實也只是整個工作的開端而已，最後的完成與意義的賦予，全賴讀者的閱讀與自得自證。我們期望這項工作能有助於為世界文化的未來匯流，注入一股源頭活水；也希望各界博雅君子不吝指正，讓我們的步伐能夠更堅穩地走下去。

新譯傳習錄 目次

傳習錄中

傳習錄下

附錄

導讀

王陽明是有明一代不可多得的文韜與武略兼備、學術與事功並著的著名人物，也是我國古代最富於理論勇氣、最敢於開六經生面且最具影響力的思想家之一。

相傳陽明乃東晉著名書法家王羲之之後。羲之本居山陰（今浙江紹興），其二十三世孫王壽始徙居餘姚（今浙江餘姚）。王壽的五世孫王綱，也就是陽明的六世祖，善鑑人，有文武才，明初為誠意伯劉伯溫薦舉，任兵部郎中，擢廣東參議，後死於苗難。陽明之高祖與準、曾祖世傑、祖天敘，皆有著述；其父王華，成化辛丑（成化十七年，西元一四八一年）賜進士及第第一人，官至南京吏部尚書，進封新建伯。陽明於成化八年（西元一四七二年）生於餘姚之瑞雲樓。初名雲。五歲尚不能說話，因僧人指點，改名守仁。

王守仁字伯安，因曾築室於會稽陽明洞，學者稱陽明先生。十一歲隨祖父赴京師就讀，十五歲出遊居庸、山海關，縱觀山川形勝，慨然有經略四方之志。二十一歲舉鄉試，次年會試不第，轉而留心武事，探究兵法，且精習射藝。弘治十二年（西元一四九九年），年二十七，登進士第，任刑部雲南清吏司主事，奉命審錄江北囚獄，多所平反。弘治十七年，改兵部武選清吏司主事。明武宗正德元年（西元一五〇六年），南京給事中戴銑、李光翰及御史薄彥徽等二十餘人上疏，觸怒權臣劉瑾，被逮入獄，廷杖除名。陽明抗疏相救。劉瑾大怒，也將陽明逮捕入獄，廷杖四十。不久陽明便被貶為貴州龍場驛驛丞。劉瑾伏誅，陽明始被升為廬陵縣知縣，入京覲見，漸遷至南京太僕寺少卿、南京鴻臚寺卿等職。正德十一年（西元一五一六年）八月，兵部尚書王瓊薦舉他為都察院左僉都御史，巡撫南贛、汀、漳等處，並負責平定這一帶所發生的民眾起義。事後因功升為都察院右副都御史，蔭子錦衣衛，世襲百戶，再進副千戶。正德十四年（西元一五一九年），他又奉命勘討福建叛軍，行至豐城，知縣顧佖告以寧王朱宸濠反，他急趨吉安，同知府伍文定等聯合，乘朱宸濠主力攻打安慶、後方空虛之際，直取南昌，最後生擒了朱宸濠。可就在他成就大功之時，卻遭到了太監張忠等人的讒毀，武宗甚至懷疑他是朱宸濠的同黨，次年還逮捕了他的學生冀元亨，想從冀元亨身上得到他與朱宸濠勾結謀反的證據。在十分複雜、危急的情況下，陽明採取了十分冷靜、克制的態度，才避免了災禍及身。正德十六年（西元一五二一年），武宗死，世宗即位，召陽明入朝受封，以大學士楊廷和為首的諸多大臣也忌妒他，暗中加以阻撓。他雖被升為南京兵部尚書，參贊機務，又被封為新建伯、特進光祿大夫、柱國，世襲，歲一千石，但全是虛名，朝廷既沒給予鐵券，也不給歲祿，他的同事除了伍文定，其餘的都受到排擠、打擊。陽明內心悲憤不已，正好他的父親王華去世，他因守喪回到了越中，並在那裡授徒講學。

嘉靖六年（西元一五二七年）五月，朝廷又命陽明以原職（南京兵部尚書）兼都察院左都御史，負責率兵征討思恩、田州二地的少數民族。次年二月，他招撫了思恩、田州的酋長盧蘇、王受。接著又不待詔令，移師廣西八寨斷藤峽，一舉殄滅了長期盤踞在那裡與朝廷對抗的瑤、僮少數民族義軍。嘉靖七年（西元一五二八年）十月，他因咳痢之疾加劇，上疏告歸，十一月底卒於南安舟中，終年五十七歲。他人已去世，仍遭到譖毀，侍郎桂萼奏他擅離職守，武宗大怒，下詔停其世襲，恤典俱不行。直到穆宗隆慶初（西元一五六七年），才贈給他新建侯，謚號文成。

陽明的政治生涯多坎坷曲折，學術生涯也多坎坷曲折。黃宗羲《明儒學案》卷一〇〈姚江學案〉概括其學術凡有三變：

> 先生之學，始泛濫於詞章，繼而徧讀考亭（朱熹）之書，循序格物，顧物理吾心終判為二，無所得入。於是出入佛、老者久之。及至居夷處困，動心忍性，因念聖人處此更有何道，忽悟格物致知之旨，聖人之道，吾性自足，不假外求。其學凡三變而始得其門。

由「泛濫詞章」轉向探求朱子之學，這一轉變發生在他二十一歲中鄉試後到北京準備會試之時。然而緊接著他便對朱子之學產生了懷疑。《傳習錄》下記載：

> 先生曰：「眾人只說格物要依晦翁，何曾把他的說去用！我著實曾用來。初年與錢友（指一

位姓錢的朋友）同論做聖賢要格天下之物，如今安得這等大的力量！因指亭前竹子，令去格看。錢子早夜去窮格竹子的道理，竭其心思至於三日，便致勞神成疾。當初說他這是精力不足，某因自去窮格。早夜不得其理，到七日亦以勞思致疾。遂相與嘆聖賢是做不得的，無他大力量去格物了。

由對朱熹的懷疑轉向佛老，由耽於佛老又轉向獨悟，中間經歷了六七年的時間，而轉折點則是在貴州龍場驛的「居夷處困」。龍場驛在今貴州修文境內，地極偏遠，萬山叢棘之中，多蛇虺瘴癘。處於這種境況下的陽明不僅急於擺脫得失榮辱之念，還企圖進一步擺脫死生之念。他建起一座石槨，自誓說：「吾惟俟命而已！」自此他日夜端居澄默，以求靜一，且耽翫《周易》以使自己「甘囚奴，忘拘幽」、「視險若夷」（〈玩易窩記〉，《王文成公全書》卷二三）。長期的靜心思考，終於產生了思想火花：「忽中夜大悟格物致知之旨，寤寐中若有人語之者，不覺呼躍，從者皆驚。始知聖人之道，吾性自足，向之求理於事物者誤也。乃以默記五經之言證之，莫不脗合，因著《五經臆說》。」（《年譜》，《全書》卷三二）終於完成了他思想的第三次大的轉變，逐漸形成了以「尊德性」為核心的所謂「心學」。

從元代開始，以朱熹為代表的道學就已登上政治舞臺而成為官方哲學。明朝從開國之初就規定：「國家明經取士，說經者以宋儒傳註為宗，行文者以典實純正為主。今後務須頒降四書、五經、《性理》、《通鑑綱目》、《大學衍義》、《歷代名臣奏議》、《文章正宗》及歷代誥律典制等書，課令生員，誦習講解，俾其通曉古今，適於世用。其有剽竊異端邪說，炫奇立異者，文雖工弗錄。」（《松下雜鈔》卷下）這樣就從制度上保證了朱熹為代表的道學不容置疑的地位。儘管陽明的「心學」從扶持封建綱常上說與朱子並無二致，可由於他一開始立說就針對著朱子而來，自然就會引起朱子篤信者的警覺，並遭到來自各方面的攻擊。這一點，陽明是有思想準備的。在貴陽時，他就「請」出了當年曾與朱熹論爭的陸九淵，以陸學的「知行本體」作為自己立說的根據。正德九年（西元一五一四年）他升任南京鴻臚寺卿以後，門人日眾，他的講學也更加引人注意，受到攻擊也就在所難免。反對者正是以「立異好奇」（見徐愛所錄《傳習錄》）這一王朝所忌諱的名目把他推向「異端邪說」的位置。這時侯，陽明這位朱熹的反對者卻從朱熹那裡找到了自我保護的武器。他說他發現朱子「晚歲固已大悟舊說之非，痛悔極艾，至以為自誑誑人之罪，不可勝贖」。又宣稱：「世之所傳《集注》、《或問》之類，乃其中年未定之說，自咎以為舊本之誤，思改正而未及。而其諸《語類》之屬，又其門人挾勝心以附己見，固於朱子平日之說，猶有大相繆戾者。而世之學者局於見聞，不過持循講習於此，其於悟後之論，概乎其未有聞。則亦何怪乎予言之不信，而朱子之心無以自暴於後世也乎！」（《朱子晚年定論・序》）利用朱熹晚年某些與自己一致的言論（其實也包括一些中年的）來否定中年的朱熹，以達到張揚自己的目的，這可以說是一種極巧妙的策略。對於朱陸之辨，陽明也採取一種在兩者之間調停的態度（〈答徐成之〉，《全書》卷四），盡量緩和自己同朱子的矛盾，以避開時人對他的攻擊。

但他始終未能逃脫攻擊。相反地，他的功業越高，地位越顯，門徒越眾，影響越大，受到的攻擊也就越多。然而，他不僅沒有因此而喪失信心，反而更加自信，更加旗幟鮮明，表現出一種絕不屈撓的精神氣概。《傳習錄》下載：

薛尚謙、鄒謙之、馬子莘、王汝止侍坐。因嘆先生自征寧藩已來，天下謗議益眾，請各言其故。有言先生功業勢位日隆，天下忌之者日眾；有言先生之學日明，故為宋儒爭是非者亦日博；有言先生自南都以後同志信從者日眾，而四方排阻者日益力。先生曰：「諸君之言，信皆有之。但吾一段自知處，諸君俱未道及耳。」諸友請問。先生曰：「我在南都已前，尚有些子鄉愿的意思在。我今信得這良知真是真非，信手行去，更不著些覆藏，我今纔做得個狂者的胸次，使天下之人都說我行不揜言也罷。」

所謂「鄉愿」、「狂者」，陽明自己曾作過辨析（見《年譜》），大意是：「鄉愿」媚世，以忠信廉潔媚君子，以同流合污媚小人。聯繫陽明在南京講學前後藉朱子以掩飾自己，藉調停朱陸之辨以緩和矛盾，確實可看出他「尚有些子鄉愿的意思在」。而「狂者」則是「志存古人，一切紛囂俗染，舉不足以累其心，真有鳳凰翔於千仞之意」（同上）。陽明後期講學不再藉朱子以自重，宣稱：「夫道，天下之公道也；學，天下之公學也；非朱子可得而私也，非孔子可得而私也。天下之公也，公言之而已矣。」（《傳習錄中・答羅整庵少宰書》）這種不迷信權威，反對學術定於一尊，敢於公然同前賢往聖分庭抗禮的精神，就是所謂的「狂者胸次」。而敢於以「狂者」自命，本身就體現著一種非凡的勇氣。

但反對者對他的打擊也是毫不留情的，而且這種打擊又往往借助於王朝政治，因而顯得更加兇狠殘酷。陽明平思、田，破斷藤峽後因病告歸，卒於南安，桂萼等除了毀謗他「擅離職守」外，還說：

守仁事不師古，言不稱師。欲立異以為高，則非朱熹格物致知之論；知眾論之不予，則為《朱子晚年定論》之書。號召門徒，互相倡和。才美者樂其任意，庸鄙者藉其虛聲。傳習轉訛，背謬彌甚。……宜免追奪伯爵以章大信，禁邪說以正人心。(《明史・王守仁傳》)

陽明為明王朝做出的「功業」是顯而易見的，桂萼等人再忌妒、毀謗，也構不成褫奪他伯爵的處罰。但一旦給陽明加上「立異」、鼓吹「邪說」的罪名，就把他推向了違背明王朝祖宗舊制的位置上了。陽明學術生涯的曲折坎坷，到此已達極致。然而，陽明本人身後一時的寂寞並不代表他學術的衰落。相反，由於他的弟子們的大力宏揚，他的學術終於成了有明一代學術之主流。這乃是對他坎坷遭際的最大的回報。

如前所云，陽明的學術道路凡有三變，真正確立起具有個性的「心學」目標是在貴州龍場驛「居夷處困」的三年時間內。黃宗羲認為，龍場悟道，只不過是陽明學術的入門階段，此後他又經歷了三次變化，才逐漸走向成熟、融貫：

自此（指龍場悟道）以後，盡去枝葉，一意本原，以默坐澄心為學的。有未發之中，始能有發而中節之和，視聽言動，大率以收斂為主，發散是不得已。江右（江西）以後，專提「致良知」三字，默不假坐，心不待澄，不習不慮，出之自有天則。蓋良知即是未發之中，此知之前更無未發；良知即是中節之和，此知之後更無已發。此知自能收斂，不須更主於收斂；此知自能發散，不須更期於發散。收斂者，感之體，靜而動也；發散者，寂之用，動而靜也。知之真切篤實處即是行，行之明覺精察處即是知，無有二也。居越以後，所操益熟，所得益化，時時知是知非，時時無是無非，開口即得本心，更無假借湊泊，如赤日當空而萬象畢照。是學成之後又有此三變也。（《明儒學案》卷一〇〈姚江學案〉）

按黃宗羲的意見，陽明「入門」以後到受命平定江西為第一階段，平定江西到歸越講學前為第二階段，居越以後為第三階段，這大致勾出了陽明「入門」以後思想發展的軌跡，符合陽明思想發展的實際情況。下面我們將就陽明思想體系中的四個主要問題作一些剖析。

一、心

陽明所說的「心」，不僅僅指人的思維器官，而是指能支配、主宰人身體、生命及行為的東西。他說：

所謂汝心，亦不專是那一團血肉。若是那一團血肉，如今已死的人，那一團血肉還在，緣何不能視、聽、言、動？所謂汝心，卻是那能視、聽、言、動的。這個便是性，便是天理。有這個性，才能生；這性之生理，便謂之仁。這性之生理發在目，便會視；發在耳，便會聽；發在口，便會言；發在四肢，便會動。都只是那天理發生。以其主宰一身，故謂之心。這心之本體，原只是個天理，原無非禮。（《傳習錄》上）

心不是一塊血肉，凡知覺處便是心。如耳目之知視聽，手足之知痛癢，此知覺便是心也。（《傳習錄》下）

顯然，陽明所說的「心」，是指那能使人視聽言動的東西。這東西，陽明稱之為「性」、「天理」，意謂此乃人自然就有的、天然的屬性。它是人之所以富於生命的根源，也是人之所以具有人性的根源。這種屬性，陽明又稱之為「知覺」。這個「知覺」，與我們今天所說的「知覺」意思不同。我們今天所說的「知覺」指的是主體反映客觀事物的整體形象和表面聯繫的心理過程，陽明所說的「知覺」則指主體對客體的感知能力，對事物性質的判斷能力以及對自我行為的選擇、決定能力。所以「知」是「心」的最根本的特性：

知是心之本體，心自然會知：見父自然知孝，見兄自然知弟，見孺子入井自然知惻隱，此便是良知，不假外求。（《傳習錄》上）

在陽明看來，「心」最根本的屬性就是「良知」。人的一切思想行為都是從「良知」那裡發出來的：

心者，身之主也。而心之虛靈明覺，即所謂本然之良知也。其虛靈明覺之良知應感而動者謂之意。有知而後有意，無知則無意矣。知非意之體乎！（《傳習錄中・答顧東橋書》）

陽明又認為，由於人與天地萬物原是一體的，因而人的「心」不僅是人自身的主宰，同時也就是天地萬物的主宰；「良知」不僅是人心的「靈明」，同時也就是天地萬物的「靈明」。如果沒有人的「良知」的這一點「靈明」，天地萬物也就會失去其所以為天地萬物的價值：

人的良知就是草木瓦石的良知。若草木瓦石無人的良知，不可以為草木瓦石矣。豈惟草木瓦石為然，天地無人的良知，亦不可為天地矣。蓋天地萬物與人原是一體，其發竅之最精處，是人心一點靈明。

良知是造化的精靈。這些精靈生天生地、成鬼成帝。皆從此出，真是與物無對。

我的靈明，便是天地鬼神的主宰。天沒有我的靈明，誰去仰他高？地沒有我的靈明，誰去俯他深？鬼神沒有我的靈明，誰去辯他吉凶災祥？天地鬼神萬物離卻我的靈明，便沒有天地鬼神萬物了；我的靈明離卻天地鬼神萬物，亦沒有我的靈明。如此便是一氣流通的，如何與他間隔得！（以上均見《傳習錄》下）

這些言論流露出一種強烈的人文意識和人本精神，是對傳統儒家「天地之性人為貴」的人本思想的繼承和發展。正是從這種人本精神出發，陽明提出了他「天下無心外之物」的著名論題。《傳習錄》下載：

（陽明）先生遊南鎮，一友指岩中花樹問曰：「天下無心外之物，如此花樹，在深山中自開自落，於我心亦何相關？」先生曰：「你未看此花時，此花與汝心同歸於寂；你來看此花時，則此花顏色一時明白起來，便知此花不在你的心外。」

花在深山之中，雖然也照樣存在，可是如果沒有人去欣賞它，它的審美價值（顏色）就根本無法體現出來，因而只是一種無價值、無意義的存在；相反，如果人沒有與花的接觸，內心的審美情感也無法調動、激勵起來，而只是處於一種沒有生機、活力（「寂」）的狀態。可見「物」必須要同「心」發生接觸，並經過「心」的認知才有價值。這樣就突出了人的作用，強化了主體的價值。

在思想史上，思想家們提出過許多範疇來解釋世界的多樣與統一。在陽明之前，就有「道」、「天」、「天理」、「理」、「帝」、「性」、「命」等諸多範疇。這些範疇，宋儒曾作過許多辨析，力圖用比較嚴密的邏輯方法使它們的外延和內涵變得清晰明白。陽明在構築自己的思想體系的時候，並沒有擯棄這些範疇，而是力圖使它們同自己的「心」範疇統一起來，使自己的思想與前人的思想在某種程度上保持同一性。例如他說：

心即道，道即天。知心則知道知天。

「性」，一而已。自其形體也，謂之「天」；主宰也，謂之「帝」；流行也，謂之「命」；賦於人也，謂之「性」；主於身也，謂之「心」。（以上均見《傳習錄》上）

理，一而已。以其理之凝聚而言則謂之性，以其凝聚之主宰而言則謂之心，以其主宰之發動而言則謂之意，以其發動之明覺而言則謂之知，以其明覺之感應而言則謂之物。（《傳習錄中・答羅整庵少宰書》）

應當特別強調的是，不管陽明吸納了多少傳統的範疇，「心」始終是他思想體系的核心範疇或最高範疇。前人的範疇或界說與「心」這一範疇沒有矛盾的，他就盡可能與之協調，如果有衝突，他就會加以辨析甚至批駁，使之歸入自己的軌道。例如朱熹在《大學或問》中提出「人之所以為學，心與理而已」，陽明認為他把「心」與「理」分成兩個東西，就曾多次加以批駁（詳《傳習錄》上、中）。又如程頤曾說「在物為理」（《河南程氏粹言》卷一），他就更正說：「『在物為理』，『在』字上當添一『心』字。此心在物則為理。如此心在事父則為孝，在事君則為忠之類。」（《傳習錄》下）這樣，他就始終堅持了「心」一元論，保證了自己思想體系的同一性。

二、知行合一

「知行合一」是陽明赴江西之前講得比較多的一個觀點。其要點是：「知」和「行」是不能截然分開的一個整體，「知」是行的指導思想，「行」是「知」的具體實踐；「知」是「行」的開端，「行」是「知」的必然結果：

未有「知」而不「行」者。「知」而不「行」，只是未知。

「知」是「行」的主意，「行」是「知」的功夫；「知」是「行」之始，「行」是「知」之成。

（以上均見《傳習錄》上）

知之真切篤實處即是行，行之明覺精察處即是知，知行功夫本不可離。（《傳習錄中・答顧東橋書》）

「知」、「行」為什麼是不能分開的整體呢？陽明曾舉例詳加論證：

夫人必有欲食之心，然後知食，欲食之心即是意，即是行之始矣。食味之美惡必待入口而後知，豈有不待入口而已先知食味之美惡者邪！必有欲行之心，然後知路，欲行之心即是意，即是行之始矣。路岐之險夷必待身親履歷而後知，豈有不待身親履歷而已先知路岐之險夷者邪！……則知行之為合一並進，亦自斷無可疑矣。（《傳習錄中・答顧東橋書》）

人想喫東西這一念頭的萌發，在陽明看來，已是喫東西這一行為的開端；而東西味道的好壞，一定要入口以後才能知道。可見喫東西這一行為和對東西味道的知曉是同步的。走路也是這樣，想走路這一念頭，就是實踐走路這一行為的開始，而道路的平坦艱險，則必須要親身走過才知道。由此可知認識與實踐是相互聯繫、同頭並進、密不可分的。陽明這一解釋確實包含辯證法的合理內涵。

但細細推敲起來，陽明對「知行合一」的論證又並不是沒有漏洞的。例如他把想喫東西這種念頭就叫作「行之始」，而喫了東西才「知」味；想走路的念頭就叫作「行之始」，而道路的平坦艱險要待親身走過之後才「知」，這實際已是「行先知後」了，不僅與我們一般先有認識後有實踐的觀點相矛盾，而且與他自己知行並進合一的觀點也不一致。大抵陽明講「知行合一」，一舉起例來就有不嚴密處。又如：

> 故《大學》指個真「知行」與人看，說「如好好色，如惡惡臭」。見好色屬「知」，好好色屬「行」。只見那好色時已自好了，不是見了後又立個心去好；聞惡臭屬「知」，惡惡臭屬「行」，只聞那惡臭時已自惡了，不是聞了後別立個心去惡。……又如知痛，必已自痛了，方知痛；知寒，必已自寒了；知饑，必已自饑了。「知」、「行」如何分得開？（《傳習錄》上）

見了美好的顏色會產生喜好之心，聞了不好的氣味會產生厭惡之感，有病痛會感覺疼痛，受了寒會感到冷，挨了餓會感到饑，這些都是一個完整的心理過程，是不能分為所謂「知」、「行」兩個方面的。陽明強行將它們分成兩個方面，必然會引起邏輯上的混亂：他要麼把視覺（見好色）、嗅覺（聞惡臭）叫「知」，把感覺（好好色、惡惡臭）叫「行」，要麼把感覺（痛、寒、饑）叫「知」，把引起感覺的過程（痛了、寒了、饑了）叫「行」。這種思維上的混亂必然會導致理論上的不嚴謹。

陽明的「知行合一」在論證上雖不嚴密，卻不能說這種理論毫無價值。他之所以提出這一主張，是有其現實針對性的：

古人（實際上是他自己）所以既說一個「知」，又說一個「行」者，只為世間有一種人懵懵懂懂的，任意去做，全不解思惟省察也。只是個冥行妄作，所以必說個「知」，方才「行」得是。又有一種人，茫茫蕩蕩懸空去思索，全不肯著實躬行，也只是個揣摸影響，所以必說一個「行」，方才「知」得真。此是古人不得已補偏救弊的說話。（《傳習錄》上）

這是說，他的「知行合一」主要是針對當時不知而妄行與空想而不行兩種不良傾向來對症下藥的。這兩種傾向尤以後一種傾向為重點：

今人卻就將「知」、「行」分作兩件去做，以為必先「知」了然後能「行」。我如今且去講習討論做「知」的功夫，待「知」得真了方去做「行」的功夫，故遂終身不「行」，亦遂終身不「知」。此不是小病痛，其來已非一日矣。某今說個「知行合一」，正是對病的藥。（《傳習錄》上）

這裡所說的「今人」主要指當時空談「道問學」而不肯切身踐行「尊德性」的程朱一派的信奉者。他們侈談博學、審問、慎思、明辨，就是不能篤行；侈談格物、致知、窮理，卻不能做到正心、誠意、盡性、明德。陽明雖然沒有明確指出他們是「假道學」，實際上心裡是非常痛恨的，不然就不會說「此不是小病痛」。為了「補偏救弊」，他主張：

夫學、問、思、辨、行，皆所以為學，未有學而不行者也。如言學孝，則必服勞奉養，躬行孝道，則後謂之「學」。豈徒懸空口耳講說而遂可以謂之學孝乎？學射則必張弓挾矢，引滿中的；學書則必伸紙執筆，操觚染翰。盡天下之學，無有不行而可以言學者。則學之始固已即是行矣。……是故知不行之不可以為學，則知不行之不可以為窮理矣；知不行之不可以為窮理，則知知行之合一並進，而不可以分為兩節事矣。（《傳習錄中・答顧東橋書》）

總的說來，陽明主張「知行合一」目的就是倡導一種理論與實踐相結合的學風。他所強調的「未有『知』而不『行』者。『知』而不『行』，只是未知」（《傳習錄》上），體現的是一種反空談、務實際的態度，對當時的社會弊病是一副對症的良藥，對後世學人也有啟迪作用。

三、致良知

陽明五十歲以後，專提「致良知」。這是有深刻的原因的。陽明自己曾說：

吾昔居滁（指正德八年十月至九年四月陽明在滁州督馬政期間）時，見諸生多務知解，口耳異同，無益於得，姑教之靜坐。一時窺見光景，頗收近效。久之漸有喜靜厭動，流入枯槁之病。或務為玄解妙覺，動人聽聞。故邇來只說致良知。良知明白，隨你去靜處體悟也好，隨你去事上磨鍊也好，良知本體原是無動無靜的，此便是學問頭腦。我這個話頭自滁州到今，亦較過幾番，只是致良知三字無病。醫經折肱，方能察人病理。（《傳習錄》下）

這是說，陽明在滁州時，為了使門人克服讀書只求文句字義，只知「道問學」而不知「尊德性」的毛病，曾教他們做靜坐的功夫。初時能收到微效，但時間一久就產生了兩種弊端：一是喜靜厭動，一是流入玄想妙悟，這兩種弊端都近於佛老。因而他思量、比較再三，才逐步確立起用「致良知」來取代靜坐的思想。陽明在滁州時才四十二歲，到五十歲時，中間經過了七、八年時間，可見「致良知」是陽明長期思考、探索的結晶。

「致良知」這一詞來自《大學》和《孟子》。《大學》說：「欲誠其意者，先致其知，致知在格物。」陽明在很多場合都徑用「致知」一詞來作為「致良知」的簡稱。例如：

此致知二字，真是個千古聖傳之秘。見到這裡：「百世以俟聖人而不惑。」（《傳習錄》下）

《孟子・盡心上》：「人之所不學而能者，其良能也；所不慮而知者，其良知也。」陽明所說的「良知」，直接來源於孟子。

「致良知」與「知行合一」從本質上說是完全一致的。換句話說，「致良知」是「知行合一」進一步提煉、發展的結果。陽明曾說：「『知』是『行』的主意，『行』是『知』的功夫；『知』是『行』之始，『行』是『知』之成。若會得時，只說一個『知』，已自有『行』在；只說一個『行』，已自有『知』在。」（《傳習錄》上）「致良知」作為一種道德踐履功夫，雖然字面上只提了一個「知」字，實際上已包括了「行」字在內。理解這一點很重要，不然就會產生誤解，以為陽明晚年拋棄了「知行合一」，而用「致良知」去取代它。

「致良知」的「致」是什麼意思，陽明自己沒作出解釋。黃宗羲說：「『致』字即是『行』字。」（《姚江學案》）這個解釋是深契陽明本意的。陽明的「致良知」確實就是「行良知」的意思。但細細推敲起來，將「致」字解作「行」字又稍嫌粗略。因為陽明的「致良知」是包括主體和客體兩方面而言的。從主體說，對於一般人都有個恢復、擴充「良知」的問題，從這個角度說，「致良知」類似於孟子的「求放心」，「致」可以作「恢復」、「擴充」講；從客體說，主體應將自己的「良知」推送給它們，使之獲得「良知」之效，從這個意義上說，「致」可作「推及」、「推致」解。兩者結合起來，就是所謂的「內外本末一貫之道」。

陽明認為「良知」是每個人先天就具有的，不假外求的。「良知良能，愚夫愚婦與聖人同。」（《傳習錄中・答顧東橋書》）但是由於客觀環境的影響、後天的習染，人們很容易產生「私欲」、「雜念」，這些「私欲」、「雜念」就像地上的灰塵，「一日不掃，便又有一層」（《傳習錄》

上），又像天上的烏雲，「遮蔽」著「日光」，因而「良知」便變得晦暗不明。因此，個體必須要在自己心上做一番「省察克治」的功夫，掃除灰塵，撥開烏雲，才能使「良知」恢復它的本體，變得精純光明。這套功夫，用《論語》的話說是「克己復禮」，用《尚書》的話說叫「惟精惟一」，用《中庸》的話說就是「戒慎恐懼」，用《大學》的話說就是「格物致知正心誠意」，用宋儒的話說就是「存天理去人欲」，都是同一個意思。「學者用功雖千思萬慮，只是要復他本來體用而已」（《傳習錄中・啟問道通書》）。

陽明認為「良知」雖然可以因為環境的影響、後天的習染一時被遮蔽，卻永遠不會失去。因為「良知之在人心，亙萬古，塞宇宙而無不同，不慮而知，恆『易以知險』，不學而能，恆『簡以知阻』，先天而天不違」（《傳習錄中・答歐陽崇一》），它是人之所以為人的根本所在，怎麼會失去呢？然而，聖人之所以為「聖」，愚夫愚婦之所以為「愚」，「良知良能」既然相同，造成這種鉅大差異的原因何在？在陽明看來，就是因為聖人能夠「致」其良知，而愚夫愚婦不能。反過來說，如果愚夫愚婦也學習「致良知」，那他們同樣也可以成為聖人。因而他說：

> 我這裡言格物（「致良知」的同義語），自童子以至聖人，皆是此等功夫。但聖人格物便更熟得些子，不消費力。如此格物雖賣柴人亦是做得。雖公卿大夫以至天子，皆是如此做。若如此格物，人人便做得，「人皆可以為堯舜」，正在此也。（均見《傳習錄》下）

王門中有句名言，叫作「滿街人都是聖人」（同上），就是說任何人都有成為聖人的可能性，只要人人「各隨分限所及。今日良知見在如此，只隨今日所知擴充到底；明日良知又有開悟，便從明日所知擴充到底」（同上），總有一天人人都可成「聖」。

所以從主體的角度說，「致良知」的「致」是「恢復」、「擴充」之意。「恢復」是就「去人欲」以復「良知之本體」而言，「擴充」是就「良知」之不斷「開悟」而言。

陽明特別看重主體對自我「是非之心」的恢復和擴充。他說：「良知只是個是非之心，是非只是個好惡。只好惡就盡了是非，只是非就盡了萬事萬變。」又說：「是非兩字，是個大規矩，巧處則存乎其人。」（《傳習錄》下）所謂「是非之心」，就是主體對是非的判斷、決斷能力。從這一觀點出發，陽明導出了一個極富於自信心的理論：

夫學貴得之心，求之於心而非也，雖其言之出於孔子，不敢以為是也，而況其未及孔子者乎；求之於心而是也，雖其言之出於庸常，不敢以為非也，而況其出於孔子者乎！（《傳習錄中・答羅整庵少宰書》）

這種理論，體現了一種既尊重傳統又不迷信傳統，既尊重權威又敢於向權威挑戰的精神，既是對主體的個性、獨立性的張揚，又是對學術民主、自由精神的揭舉，是陽明「致良知」學說中最富於光彩的部分之一。

陽明認為「致良知」絕非個人之事，主體還應將自己的「良知」推致出去，使「良知」成為處理好一切事情的客觀標準和精神動力，從而達到「心」與「理」合一的境界。他說：

若鄙人所謂致知格物者，致吾心之良知於事事物物也。吾心之良知，即所謂天理也；致吾心良知之天理於事事物物，則事事物物皆得其理矣。致吾心之良知者，致知也；事事物物皆得其理者，格物也。是合心與理而為一者也。（《傳習錄中・答顧東橋書》）

當主體之「良知」外化到客體時，就是要求把所有的事情做好，對得起自己的天理良心。因此，陽明把「格物」的「格」解釋為孟子所說的「大人格君心之非」的「格」，作「正」講；把「物」解釋為「事」，「格物」即「正事」，也就是使自己所做的每一件事都正確，或使不正確的歸於正確之意。

陽明特別強調要把「致良知」（或「格物致知」）落實到具體的實踐之中，反對懸空講學。有一個例子，可以很好地說明他這一態度：

有一屬官，因久聽講先生之學，曰：「此學甚好，只是簿書訟獄繁難，不得為學。」先生聞之，曰：「我何嘗教爾離了簿書訟獄，懸空去講學？爾既有官司之事，便從官司的事上為學，纔是真格物。如問一詞訟，不可因其應對無狀，起個怒心；不可因他言語圓轉，生個喜心；

不可惡其囑托，加意治之；不可因其請求，屈意從之；不可因自己事務煩冗，隨意苟且斷之；不可因旁人譖毀羅織，隨人意思處之。這許多意思皆私，只爾自知。須精細省察克治，惟恐此心有一毫偏倚，杜人是非，這便是格物致知。簿書訟獄之間，無非實學。若離了事物為學，卻是著空。（《傳習錄》下）

作為司法官，對官司的每一個對象、環節都能秉公持正，沒有私心，這就是「致吾心之良知於事事物物」，「事事物物皆得其理」。

在談到推致良知時，陽明還特別強調要將自己的「真誠惻怛」之心推致出去。這一點，他在〈答聶文蔚第二書〉中講得極為明白透徹：

蓋良知只是一個天理自然明覺發見處，只是一個真誠惻怛便是他本體。故致此良知之真誠惻怛以事親，便是孝；致此良知之真誠惻怛以從兄，便是弟；致此良知之真誠惻怛以事君，便是忠。只是一個良知，一個真誠惻怛。（《傳習錄》中）

所謂「真誠惻怛」，就是要真心誠意地同情關切他人，設身處地為他人著想。不僅對父母、兄長、君主是如此，對人民大眾也應當如此：

夫人者，天地之心，天地萬物本吾一體者也。生民之困苦荼毒，孰非疾痛之切於吾身者乎？不知吾身之疾痛，無是非之心者也。是非之心不慮而知，不學而能，所謂良知也。（〈答聶文蔚〉）

陽明曾親身參加鎮壓民眾起義，作為朝廷命官，他不能不站在朝廷的立場上對民眾進行無情的殺戮。然而，在這一個過程中，他也目睹了民眾的苦難。作為一個有「良知良能」的士大夫，他又深深地為民眾的苦難感到不安，並力圖加以解救。他在正德十二年（西元一五一七年）所作的〈答楊仕德薛尚謙〉一文中說：「即日已抵龍南，明日入巢，四路兵皆已如期並進，賊有必破之勢。某向在橫水，嘗寄書仕德云：『破山中賊易，破心中賊難。』區區翦除鼠竊，何足為異？若諸賢掃蕩心腹之寇，以收廓清平定之功，此誠大丈夫不世之偉績。」所謂「心中賊」，不是來自民眾，而是來自「諸賢」，也就是說來自包括他的弟子在內的士大夫及大大小小的朝廷官吏。正是他們的「心中賊」，即「人欲」，導致了「山中寇」的滋生和蔓延。他的「致良知」學說正是為著掃蕩「心中寇」而設。他並且聲稱，只要能救民於水火，即使自己受到反對者再大的詆毀、攻擊，也在所不辭：

僕誠賴天之靈，偶有見於良知之學，以為必由此而後天下可得而治。是以每念斯民之陷溺，則為之戚然痛心。忘其身之不肖，而思以此救之，亦不自知其量者。天下之人見其若是，遂相與非笑而詆斥之，以為是病狂喪心之人耳。嗚呼，是奚足恤哉！吾方疾痛之切體，而暇計人之非笑乎！人固有見其父子兄弟之墜溺於深淵者，呼號匍匐，裸跣顛頓，扳懸崖壁而下拯之。士之見者，方相與揖讓談笑於其傍，以為是棄其禮貌衣冠而呼號顛頓若此，是病狂喪心者也。故夫揖讓談笑於溺人之傍而不知救，此惟行路之人無親戚骨肉之情者能之，然已謂之「無惻隱之心，非人」矣。（〈答聶文蔚〉）

這裡陽明對當時士大夫面對人民百姓陷入水深火熱卻在一旁「揖讓談笑」的現狀進行了嚴厲的譴責，同時也表達了自己希望通過「良知」之學救民於水火的迫切心情。由此我們可以了解到，陽明「致良知」的學說實是針對當時社會的弊端和民生疾苦有感而發，其中包含著陽明強烈的道義感和使命感，包含著他深厚的民本思想和人道主義精神。這也是他學說中最富於光彩的部分之一。

四、四句教

「四句教」產生於陽明晚年。其內容是：

無善無惡是心之體，
有善有惡是意之動，

知善知惡是良知，
為善去惡是格物。（《傳習錄》下）

丁亥年（嘉靖六年，西元一五二七年）九月初八，陽明從紹興出發，前往廣西征思、田前夕，弟子王畿和錢德洪相送，王畿曾對這「四句教」提出質疑，錢德洪則根據自己的理解作了闡釋，兩人意見未能一致。當天晚上，陽明移舟天泉橋下，對兩人的分歧作了調停之說。但王門後學仍對這「四句教」見仁見智，莫衷一是。

問題的關鍵在「無善無惡是心之體」一句。王畿的質疑正是從這裡入手。他認為，如果說心體是無善無惡的，那麼發自心體的「意」、「知」、「物」也就都應該是「無善無惡」的。如果說「意」是「有善有惡」的，那麼心體也應該是「有善有惡」的，否則就隔斷了「心」與「意」的聯繫，從邏輯上講不通。因此，他懷疑先生這話，尚不是「究竟話頭」。

錢德洪則認為「心體是天命之性」，而「天命之性」原本是無善無惡的。但「人有習心」，所以發出的意念就會有善有惡。因為意念有善有惡，所以就有「知善知惡」和「為善去惡」這些功夫。而做功夫的目的又是為恢復「無善無惡」的「心」的本體。陽明並沒有回答王畿所提出的質疑，相反地把王畿的說法也說成是一種教，認為有一種「利根之人」可以直接「從本源上悟入」，不用再作「意念」以下的功夫。而錢德洪的說法則是為「其次立法」的。一般人因為有「習心」，本體受蔽，所以必須教他們「在意念上實落為善去惡」，以求恢復本體。

王畿和錢德洪理解雖各執一邊，卻都符合陽明之意，可用於教不同層次的人。因而他又強調：

已後與朋友講學，切不可失了我的宗旨。無善無惡是心之體，有善有惡是意之動，知善知惡的是良知，為善去惡是格物。只依我這話頭隨人指點，自沒病痛。（《傳習錄》下）

由於陽明對「心」與「意」關係的表述存在著歧義，到他的後學手裡，這「四句教」又被推導成「心體無善無惡是性，由是而發之為有善有惡之意，由是而有分別其善惡之知，由是而有為善去惡之格物」（《明儒學案．姚江學案》）。這個推導，由「四句教」中存在的歧義推出了一種邏輯錯誤，從而遭到了黃宗羲的批評。

黃宗羲認為這種推導是不符合陽明原意的，因而他批評這種推導「一切皆是粗機」。他自己也作了一番解釋：

其實無善無惡者，無善念惡念耳，非謂性無善無惡也。下句意之有善有惡，亦是有善念有惡念耳，兩句只完得動靜二字。他日語薛侃曰：「無善無惡者理之靜，有善有惡者氣之動。」即此兩句也。（《明儒學案．姚江學案》）

黃宗羲的理解是：陽明說的「無善無惡」指的是無善念、無惡念，是從心體的「靜」的方面來說的；「有善有惡」指的是有善念、有惡念，是從心體的「動」的方面來說的，「無善無惡是心之體，有善有惡是意之動」兩句說的是「靜」與「動」的統一，兩句各指心體的一個方面。

儘管黃宗羲有陽明對薛侃所說的「無善無惡者理之靜，有善有惡者氣之動」作為根據，但仍很難說他的這種理解就符合陽明原意。因為根據天泉證道的記載，陽明是同意錢德洪的理解的。如上文我已提到的那樣，錢德洪認為「心體」指的是「天命之性」。因而「無善無惡是心之體」完全可以置換成「天命之性是無善無惡的」或「心體無善無惡是性」。「無善無惡」的性（或心體）為什麼會發出「有善有惡」的「意」，錢德洪認為是後天習染的結果，這種解釋也是符合陽明對人性問題的一貫看法的（詳後）。黃宗羲拋開錢德洪這種為陽明本人所首肯的理解不取，卻另外尋求別的解釋，究竟原因何在呢？

最主要的原因是：黃宗羲認為陽明一直是主張人性是「至善」的，把「無善無惡是心之體」解釋為「心體無善無惡是性」，會導致「無善無惡」等於「至善」的錯誤。所以他批評說：「彼以無善無惡言性者，謂無善無惡斯為至善。善一也，而有有善之善，有無善之善，無乃斷滅性種乎！」（〈姚江學案〉）

其實，把「無善無惡」等同於「至善」，這並不是陽明後學在胡鬧，而是有根據的（詳後）。陽明對人性的認識是有一個變化過程的：起初他認為人性是「至善」的；後來他又曾認為「無善無惡」即是「至善」，最後才確定「無善無惡」就是「心之體」。這中間有一個由歸宗孟子到逐漸批判性地接受告子的過程。

陽明關於「至善是心之本體」的言論極多，例如：

至善是心之本體，只是「明明德」到至精至一處便是，然亦未嘗離卻事物。人性皆善，中和是人人原有的，豈可謂無？至善者性也，性元無一毫之惡，故曰「至善」。（以上均見《傳習錄》上）

性無不善，故知無不良。良知即是未發之中，即是廓然大公、寂然不動之本體，人人之所同具者也。（《傳習錄中・答陸原靜書第二書》）

然至善者，心之本體也，心之本體那有不善。（《傳習錄》下）

陽明的「至善是心之本體」直接來源於孟子的性善論，他在「知」上加一「良」字，也是基於人性本善之說，這是毫無疑義的。在涉及到人性變異的問題時，他也自然而然地接受了孟子有關後天習染改變人性的觀點。但是，他在討論人性時，也吸取了宋儒的「氣質」說，對孟子的性善論作了某些修正：

夫子說「性相近」，即孟子說性善，不可專在氣質上說。若說氣質，如剛與柔對，如何相近得！惟性善則同耳。人生初時，善原是同的。但剛的習於善，則為剛善；習於惡，則為剛惡。

柔的習於善，則為柔善；習於惡，則為柔惡，便日相遠了。（《傳習錄》下）

他所說的「人生初時，善原是同的」，大致相當於宋儒所說的「天命之性」；而「剛的習於善，則為剛善」云云，則顯然說的是「氣質之性」。他又說：

> 孟子性善是從本原上說，然性善之端須在氣上始見得，若無氣亦無可見矣。惻隱、羞惡、辭讓、是非即是氣。程子謂：「論性不論氣，不備；論氣不論性，不明。」（《傳習錄中・啟問道通書》）

陽明雖崇奉孟子的性善論，但是他又說：

> 無善無惡者理之靜，有善有惡者氣之動。不動於氣，即無善無惡，是謂至善。（《傳習錄》上）

這一條語錄，黃宗羲認為講的是無善念、無惡念，即心之動靜問題，其實黃氏的解釋並不符合陽明原意。陽明曾不止一次地表述過「性即理」的觀點，因而把「無善無惡者理之靜」置換成陽明後學所說的「心體無善無惡是性」應該是符合陽明的本意的。而且陽明顯然還認為心體「不動於氣」、「無善惡」之時，即是所謂「至善」。這是陽明把「無善無惡」當作「至善」的一條鐵證。

陽明之所以產生把「無善無惡」與「至善」等同起來的觀點，可能與他由服膺孟子的性善論轉向服膺告子的性無善惡論有關。

陽明對告子「性無善無不善」的觀點是有所批評的，但在批評的同時，卻又肯定了這種觀點的正確性：

> 告子病源從「性無善無不善」上見來。性無善無不善，雖如此說，亦無大差，但告子執定看了，便有個無善無不善的性在內；有善有惡又在物感上看，便有個物在外。卻做兩邊看了，便會差。無善無不善，性原是如此。悟得及時，只此一句便盡了，更無有內外之間。告子見一個性在內，見一個物在外，便見他於性有未透徹處。（《傳習錄》下）

在陽明看來，告子的理論缺陷把「性」和「物」分作內外兩個東西，尚未能做到心物合一。只要克服了這一缺陷，告子的理論就是對的。因此他強調：「無善無不善，性原是如此。」「無善無不善」也就是「無善無惡」的意思。性即心，性無善無惡，也就是「無善無惡是心之體」的意思了。

由於陽明最終傾向於告子的人性論，所以他在評價歷史上的各種人性論時就再也不專門推崇孟子的性善論，而只是把它看作諸多人性論的一種罷了：

問：「古人論性，各有異同，何者乃為定論？」（陽明）先生曰：「性無定體，論亦無定體。有自本體上說者，有自發用上說者，有自源頭上說者，有自流弊處說者。總而言之，只是這個性，但所見有淺深爾。若執定一邊，便不是了。性之本體原是無善無惡的；發用上也原是可以為善，可以為不善的，其流弊也原是一定善、一定惡的。……孟子說性，直從源頭上說來，亦是說個大概如此。」（《傳習錄》下）

這裡明確說「性之本體原是無善無惡的」，說「孟子說性，……亦是說個大概如此」，分明已皈依告子（雖然他沒提告子）而貶低孟子了。「四句教」把「知善知惡是良知」放在第三句，似乎把「良知」也放到次要地位去了（即把「良知」放到「功夫」的層面而不是「本體」的層面）。黃宗羲曾批評王門後學「心體無善無惡是性，由是而發之為有善有惡之意，由是而有分別其善惡之知，由是而有為善去惡之格物」，是使「良知已落後著」（〈姚江學案〉），其實陽明「四句教」的語序本身就是如此，王門後學的推導未必就不符合陽明的原意。

當然，王門後學所推導的「心體無善無惡是性，由是而發之為有善有惡之意」也是不符合陽明原意，且不符合邏輯的。心體既然是「無善無惡」的，又怎麼能「發之為有善有惡之意」？這豈不等於說無能生有？推陽明之意，乃是說心體（性）本無善惡，只是因為後天習染，使「人有習心」，由這種「習心」所發出的「意」就會「有善有惡」。這樣就非常順理成章了。而且我們可以看到，陽明將心體的性質由「至善」改為「無善無惡」，在理論上又是一次大的飛躍。只可惜天不假以年，他這一飛躍才剛起步，他本人就中道夭殂，以至於未能做更詳盡細緻的理論闡釋，甚至連表述都未能做到明確周密，無漏洞可鑽，徒使後人歧見紛陳。

陽明的著作，明穆宗隆慶六年（西元一五七二年）由浙江巡撫謝廷傑匯刻成《王文成公全書》，凡三十八卷。一九九二年，上海古籍出版社出版的《王陽明全集》在此基礎上又有所增補；一九九六年，紅旗出版社出版了張立文教授主編的《王陽明全集》，也補充了一篇從日本天理圖書館找回的陽明遺作，可算是一個比較完備的本子。

《傳習錄》是陽明的弟子、後學陸續編輯起來的一個能反映陽明主要思想的言論錄。最早的《傳習錄》為一卷，錄者為陽明的弟子、妹夫徐愛，刊刻於明武宗正德七年（西元一五一二年）十二月。之所以稱為「傳習錄」，是取《論語・學而》「傳不習乎」之句。朱熹注云：「傳謂受之於師，習謂熟之於己。」（《論語集注》卷一）「傳習」就是從先生那兒接受過來並加以熟悉的意思。徐愛卒於正德十二年（西元一五一七年），其時《傳習錄》已有所散佚。正德十三年，薛侃搜集到徐愛所錄的陽明〈語錄〉一卷、〈序〉二篇、陸澄所錄一卷，加上他自己所錄的一卷，匯刻於江西贛州，凡三卷。嘉靖三年（西元一五二四年），南大吉在紹興知府任上，搜得陽明論學書凡九篇（皆已刻行），遂以續薛侃本。以薛本三卷為上冊，自己所搜集到的為下冊，命其弟逢吉刊行於越，書名叫做《續刻傳習錄》。後來，錢德洪再度刊刻時，又對《續刻傳習錄》中的篇目作了調整。將其中的〈答徐成之〉兩篇移置《外集》，並增入了〈答聶文蔚第二書〉和一個附錄（即〈訓蒙大意示教讀劉伯頌等〉）。嘉靖七年（西元一五二八年），陽明去世，錢德洪、王畿等赴廣信奔師喪，並訃告同門，搜錄先生遺言。後來，錢德洪得到了同門所搜集的陽明遺言若干。嘉靖三十四年，錢德洪的同學曾才漢得到了錢德洪的手稿，加上自己所採集到的，刻於荊州，取名《遺言》。錢德洪讀了這個本子後，覺得他採錄得不精當，於是刪去重覆，削減繁蕪，只保存了其中的三分之一，取名為《傳習續錄》（當有兩卷），刊刻於宣城之水西精舍。嘉靖三十五年，錢德洪遊於湖北蘄春崇正書院，又應沈思畏（名寵）之請，從逸稿中再錄出一卷。這樣就又匯成了一個三卷的新本子，仍取名為《傳習續錄》。其上卷，乃錢德洪所搜集到的、由陳九川和黃直所錄的部分。中卷為黃省曾所錄部分，採自省曾所作《會稽問道錄》（原非問答體，錢德洪為了統一體例，將它改為問答體），並摻入了數條錢德洪自己所錄的陽明遺言。下卷也是黃直所錄，其中也加入了錢德洪自己所錄的幾條。到嘉靖三十七年，胡宗憲將《傳習錄》前面兩冊與這新出的《傳習續錄》合刻成書，遂將前兩冊作為兩卷，將《續錄》之三卷合併成一卷，這樣就形成了今天我們所看到的上、中、下三卷《傳習錄》的基本規模。隆慶六年（西元一五七二年），謝廷傑匯刻《王文成公全書》，又刪去了其中的〈示弟立志說〉，並附《朱子晚年定論》於其後，遂成今日流行的《傳習錄》之定本。

李生龍　謹識

傳習錄上

徐愛錄

先生於《大學》❶「格物」諸說，悉以舊本為正，蓋先儒所謂誤本者也❷。愛始聞而駭，既而疑，已而殫精竭思，參互錯縱❸，以質於先生，然後知先生之說若水之寒，若火之熱，斷斷乎百世以俟聖人而不惑者也。先生明睿天授，然和樂坦易，不事邊幅❹。人見其少時豪邁不羈，又嘗泛濫於詞章❺，出入二氏之學，驟聞是說，皆目以為立異好奇，漫不省究。不知先生居夷三載❻，處困養靜，精一之功固已超入聖域，粹然大中至正之歸矣。愛朝夕炙❼門下，但見先生之道即之若易而仰之愈高，見之若粗而探之愈精，就之若近而造之愈益無窮，十餘年來竟未能窺其藩籬❽。世之君子，或與先生僅交一面，或猶未聞其謦欬❾，或先懷忽易憤激之心而遽欲於立談之間、傳聞之說臆斷懸度，如之何其可得也？從遊之士聞先生之教，往往得一而遺二，見其牝牡驪黃❿而棄其所謂千里者。故愛備錄平日之所聞，私以示夫同志，相與考而正之，庶無負先生之教云。門人徐愛書。

【章　旨】以上為陽明弟子、妹夫徐愛所作序，敘輯集《傳習錄》的由來及目的。

【注　釋】❶大學　《大學》本《禮記》中的一篇，相傳為曾子所作。鄭玄解釋說：「名曰『大學』者，以其記博學，可以為政也。」《大學》中論及格物、致知、誠意、正心、修身、齊家、治國、平天下，下文的「格物諸說」，指的便是這些。❷悉以舊本為正二句　舊本，即《禮記》中的《大學》。先儒，指程顥、程頤、朱熹。程氏兄弟認為《禮記》中的《大學》「頗有錯簡」，因而移易原文章節而成《大學定本》，朱熹作《四書章句集注》，其中的《大學章句》，採用的就是程氏的「定本」。詳朱熹《大學章句集注》經文按語。❸縱　一本作「綜」。❹邊幅　布帛的邊緣。常代指衣著、儀表。❺詞章　指詩文創作。❻居夷三載　明武宗正德元年（西元一五〇六年），王陽明因上疏為戴銑、李光翰等辯護，觸怒劉瑾，遭廷杖，謫為貴州龍場驛驛丞，三年始歸。其地為少數民族聚居地，故稱為「夷」。❼炙　本義為烤肉，引申為薰陶、受教育。《孟子・盡心下》：「非聖人而能若是乎？而況於親炙之者乎？」❽藩籬　本意為籬笆，引申為門戶、屏障。❾謦欬　咳嗽。借指談笑。❿驪黃　指馬的毛色。驪，黑色。

【語　譯】先生對《大學》中「格物」等各條解說的次序，全以《禮記》中的《大學》為準，這是前輩大儒程顥、程頤等認為有錯簡的本子。我初聽時感到驚駭，接著便產生疑慮，直到殫精竭慮將兩種本子反覆比較，向先生一一質疑之後，才知道先生的說法就像水的寒冷，火的炎熱，明白確鑿得即使待百世之後出了聖人，也不會對他有所懷疑。先生天生智慧明達，卻為人溫和樂觀、坦蕩平易，不修邊幅。有人見他年輕時豪邁不羈，又曾縱情於詩文創作，對釋、老二氏之學都曾加以研討，驀然聽到他這些說法，都把他看成標新立異，對他的說法全不加以深究。不知先生在貴州龍場驛三年，在困苦的處境中培養自己的寧靜心態，精誠專一的功夫已遠遠進入聖人境界，歸向於純粹的大中至正之道。我早晚在先生門下接受教育薰陶，只見先生之道接觸時似乎容易，越考察卻越是高深；初看似乎粗略，越探究卻越覺精微；初接近似乎淺近，越深造越覺永無止境，因而十餘年來我竟沒能窺見他的門牆。當世的君子，有的只同先生見過一面，還沒聽到過他談笑，有的預先懷著一種輕視激憤之心，卻想在站著說話的片刻立刻了解先生，甚至僅僅根據傳聞對先生加以猜測臆斷，這怎麼能真正了解先生呢？一些同先生交遊過的人聽了先生的教誨，也往往得了一點丟了兩點，就像觀察千里馬一樣，只看到牝性別的雌雄、毛色的黃黑等外在的東西，而遺棄了牠之所以被稱為千里馬的內質。所以我記下平時從先生那裡聽到的全部言論，私下將它給志同道合的學友們閱讀，同他們訂正覈實，希望不辜負先生的教誨。門人徐愛書。

【研　析】由此序可知兩點：一、陽明在對待儒學經典（如《大學》）的態度上與程朱是不同的。程朱以己意改動經典以成就己說，陽明則比較尊重原始經典；二、陽明之學，當時並不被人們所理解，尤其是陽明的思想有一個由「泛濫詞章」、「出入二氏」而向「大中至正」之道復歸的過程不為時人所知，因而作者要備錄陽明平日言論，以求使世人對先生有一個較為正確、全面的了解。

愛問：「『在親民』，朱子謂當作『新民』❶，後章『作新民』❷之文，似亦有據。先生以為宜從舊本作『親民』，亦有所據否？」先生曰：「『作新民』之『新』是自新之民，與『在新民』之『新』不同❸，此豈足為據？『作』字卻與『親』字相對，然非『親』字義。下面『治國平天下』處皆於『新』字無發明，如云『君子賢其賢而親其親，小人樂其樂而利其利』，『如保赤子』，『民之所好好之，民之所惡惡之，此之謂民之父母』❹之類，皆是『親』字意。『親民』猶孟子『親親仁民❺』之謂，親之即仁之也。百姓不親，舜使契為司徒，敬敷五教❻，所以親之也。〈堯典〉❼『克明峻德❽』便是『明明德❾』，『以親九族』至『平章』、『協和』❿，便是『親民』，便是『明明德於天下⓫』。又如孔子言『修己以安百姓⓬』，『修己』便是『明明德』，『安百姓』便是『親民』。說『親民』便是兼教養意，說『新民』便覺偏了。」

【章旨】本章記陽明對《大學》原文「在親民」的理解。

【注釋】❶朱子謂當作新民　朱熹《大學章句集注》經文「在親民，在止於至善」注中引程子曰：「親，當作新。」可知「親民」當作「新民」的意見，實本於程氏。❷後章作新民　後章指傳之第二章，該章引《尚書・康誥》有「作新民」語。朱注：「鼓之舞之之謂作，言振起其自新之民也。」❸與在新民之新不同　「在新民」的「在」表示存現狀態，是介詞，因而「新民」的「新」當理解為動詞（使動）；「作新民」的「作」已是動詞，因而「新民」之「新」只能理解為形容詞，所以陽明認為兩「新」字意義不同。❹君子賢其賢而親其親六句　首二句見於《大學章句》傳之三章，意為：君子尊重自己所欽敬的賢人，親近自己的親人；小人只以自己的快樂為快樂，只看重自身的利益。「如保赤子」句見於傳之九章，原文出自《尚書・康誥》，意為愛護人民要像保護自己的幼兒一樣。末三句見於傳之十章，意為：人民所喜愛的我才喜愛，人民所厭惡的我也厭惡，這才可以稱為人民的父母。❺親親仁民　見《孟子・盡心上》。原文作「親親而仁民」。意為：君子親睦親人，因而仁愛百姓。❻敬敷五教　敷，布；普遍地傳播。五教，《左傳》文公十八年：「舉八元，使布五教於四方：父義，母慈，兄友，弟恭，子孝，內平外成。」《孟子・滕文公上》：「使契為司徒，教以人倫：父子有親，君臣有義，夫婦有別，長幼有序，朋友有信。」陽明所說的「五教」，據文意當依孟子之說。❼堯典　《尚書》中的篇名。❽克明峻德　（堯）能發揚自己的大德。克，能。明，用為動詞。峻，《尚書》作「俊」。大。❾明明德　第一個「明」用作動詞，第二個「明」用作形容詞。意為發揚自己光明的品德。❿以親九族至平章協和　均《尚書・堯典》中語。原文為：「克明峻德，以親九族，九族既睦，平章百姓；百姓昭明，協和萬邦。」平章，辨明。協和，協調。這幾句意為：堯能發揚自己的大德，以親睦九族；九族親睦之後，又辨明其他各種族姓；其他各種族姓辨明之後，就著手調和同四方諸侯國的關係。⓫明明德於天下　《大學章句》首章中的句子。朱熹認為開頭一段是「經」，其後十章均是「傳」。⓬修己以安百姓　見於《論語・憲問》。意為：修養自己來使百姓安樂。

【語　譯】徐愛問：「《大學》開頭的『在親民』，朱子認為應作『新民』，後面傳文第二章引《尚書・康誥》有『作新民』語，朱子的說法似乎是有根據的。先生認為應依照《禮記・大學》原文作『親民』，是否也有根據呢？」陽明先生回答：「『作新民』的『新民』意為自新之民，與『在新民』的『新』意義不同，這怎麼能成為根據？『作』與『親』意義相對，因而不是『親』字之義。下面講『治國平天下』的文字，都沒有闡發『新』的含義。像『君子賢其賢而親其親，小人樂其樂而利其利』、『如保赤子』、『民之所好好之，民之所惡惡之，此之謂民之父母』之類的話，倒都是闡發『親』的含義。『親民』猶如孟子所說的『親親仁民』，親近人民就是仁愛人民。舜之時百姓不親附，舜就委任契為掌管教化的司徒，恭謹而廣泛地傳播『五教』，以親睦百姓。《尚書・堯典》的『克明峻德』，也就是這《大學》講的『明明德』

了；〈堯典〉從『以親九族』到『平章百姓』再到『協和萬邦』，也就是這《大學》裡講的『親民』，也就是這《大學》裡講的『明明德於天下』了。又如孔子講『修己以安百姓』，『修己』講的是『明明德』，『安百姓』講的就是『親民』。『親民』兼有『教』與『養』兩層含義，如果說『新民』，便只有『教』這一層含義，就顯得褊狹了。」

【研析】陽明否定程、朱將《大學》中「在親民」的「親」說成「新」字之譌，不僅僅是從語法角度立論。關鍵在於，「親民」的「親」兼有「教」、「養」二義，而「新民」的「新」只有「教」而無「養」。教，是指運用政刑禮法等統治手段對人民從外部加以管教，完全把自己推到了人民的敵對面。養有二義：一是指統治者自養其德，即所謂「明明德」；一是指以個人美德感化天下人民，使自己與人民關係親睦，即所謂「明明德於天下」。陽明的這條思路，與傳統儒家修齊治平的思路並無根本區別，但從道德修養這方面進一步推演，便通向了他的「致良知」，而與程朱大異其趣了。

愛問：「『知止而後有定❶』，朱子以為事事物物皆有定理❷，似與先生之說相戾。」先生曰：「於事事物物上求至善，卻是義外也。至善是心之本體，只是『明明德』到至精至一處便是，然亦未嘗離卻事物。本註所謂❸『盡夫天理之極，而無一毫人欲之私』者得之。」

【章　旨】記陽明對《大學》「知止而後有定」一句朱注的批評。

【注　釋】❶知止而後有定　《大學》中語。意為：懂得「止於至善」（此句承上句而來）的道理才會有確定不移的志向。❷朱子以為事事物物皆有定理　朱熹《大學或問》卷一：「物格知至，而於天下之事皆有以知其至善之所在，是則吾當止之地也；能知所止，則方寸之間，事事物物皆有定理矣。既有定，則無以動其心而能靜矣。」定理，固定不變之理。❸本註所謂　本註，指朱熹為《大學章句》所作的注。注中有「蓋必其有以盡夫天理之極，而無一毫人欲之私也」語，見「在止於至善」下注。

【語　譯】徐愛問：「《大學章句》中『知止而後有定』這句話，朱子解釋為天下事事物物都有一個固定不變的理，似乎同先生您的說法相違背。」陽明先生回答：「到事事物物上去尋求『至善』，這是把義看作外在的東西了。『至善』是人心的本體，只是從『明明德』達到最精誠最專一的那種境界，但這最精誠最專一的境界並沒有同事物脫節。朱子在注文中所說的『窮盡天理的最高境界，卻沒有絲毫人欲的私念』，倒深得這『至善』的本義。」

【研　析】這段話值得注意的有兩點：一、陽明對朱熹的「格物致知」說深表不滿，認為朱熹的「於事事物物上求至善」與先秦時告子的「仁內義外」（見《孟子・告子上》）的說法差不多。陽明認為「至善」乃是心的本體，而這「本體」又是與外在萬事萬物融合一體，密不可分的。由此可見陽明心物論與朱子的區別。二、陽明強調「至善是心之本體」，與他本人晚年的說法也是不同的。嘉靖六年九月，陽明曾對弟子錢德洪、王畿等講了「四句宗旨」，說「無善無惡是心之體，有善有惡是意之動，知善知惡是良知，為善去惡是格物」，以「無善無惡」

為心之本體，顯示了他由惟善論向性無善惡論的轉變（詳《王文成公全書》卷三四《年譜》）。

愛問：「至善只求諸心，恐於天下事理有不能盡。」先生曰：「心即理也。天下又有心外之事，心外之理乎？」愛曰：「如事父之孝，事君之忠，交友之信，治民之仁，其間有許多理在，恐亦不可不察。」先生嘆曰：「此說之蔽久矣！豈一語所能悟？今姑就所問者言之。且如事父，不成，去父上求個孝的理？事君，不成，去君上求個忠的理？交友、治民，不成，去友上、民上求個信與仁的理？都只在此心，心即理也！此心無私欲之蔽，即是天理，不須外面添一分。以此純乎天理之心，發之事父便是孝，發之事君便是忠，發之交友治民便是信與仁，只在此心去人欲、存天理上用功便是。」愛曰：「聞先生如此說，愛已覺有省悟處。但舊說纏於胸中，尚有未脫然者。如事父一事，其間溫凊定省[1]之類有許多節目，不亦須講求否？」先生曰：「如何不講求？只是有個頭腦，只是就此心去人欲、存天理上講求。就如講求冬溫，也只是要盡此心之孝，恐怕有一毫人欲間雜；講求夏清，也只是要盡此心之孝，恐怕有一毫人欲間雜；只是講求得此心。此心若無人欲，純是天理，是個誠於孝親的心，冬時自然思量父母的寒，便自要去求個溫的道理；夏時自然思量父母的熱，便自要去求個清的道理。這都是那誠孝的心發出來的條件。卻是須有這誠孝的心，然後有這條件發出來。譬之樹木，這誠孝的心便是根，許多條件便是枝葉，須先有根然後有枝葉，不是先尋了枝葉然後去種根。《禮記》言：『孝子之有深愛者，必有和氣，有和氣者必有愉色，有愉色者必有婉容❷。』須是有個深愛做根，便自然如此。」

【章　旨】陽明同徐愛解釋「心即理」的道理和根據。

【注　釋】❶溫清定省　《禮記・曲禮上》：「凡為人子之禮，冬溫而夏清，昏定而晨省。」溫，溫暖。清，清涼。定，安定。省，問候。這是說：做子女的，冬天要使父母溫暖，夏天要使父母清涼，傍晚時要為父母整理好床蓆，使他們睡得安穩，早上要向他們問安。❷孝子之有深愛者四句　見《禮記・祭義》。

【語　譯】徐愛問：「只從心上去求至善，恐怕不能窮盡天下所有的事理。」陽明先生答：「心就是理。天下還有心外之事，心外之理麼？」徐愛說：「譬如服侍父母的孝，臣事君主的忠，交朋結友的信，治理人民的仁，它們當中存在著許多道理，恐怕也不能不考察。」先生嘆息著說：「你這種說法的弊端由來已久了！哪能一句話就能使你領悟？現在我姑且就你所問的這些說一說。比如說服侍父母，難道要到父母身上去尋出個孝的道理不成？臣事君上，難道要到君主身上去尋出個忠的道理不成？結交朋友、治理人民，難道要到朋友身上、人民身上去尋出個信和仁的道理不成？還不就在於我這個心，心就是理了！我這心沒受到私欲的遮蔽，也就是天理，不必再從外面添加一分一毫。將這純粹的天理之心，激發、運用到服事父母上就是孝，激發、運用到臣事君主上就是忠，激發、運用到結交朋友、治理人民上就是信和仁，只要在我們自己這顆心上去掉私欲、保存天理就是了。」徐愛說：「聽到先生這麼一解釋，我心裡已有些明白了。但過去的說法糾纏在我內心，使我還有不開通的地方。例如服侍父母一事，冬溫夏涼、昏定晨省之類的事情中又有許多細節，不也是需要研究的嗎？」先生說：「怎能不研究？只是要有個居於首位的東西，也就是說，只能從這內心的去人欲、存天理上入手進行研究。譬如研究怎樣才能使父母冬天溫暖的問題，首先也只是要盡這內心的孝意，生怕有絲毫私欲摻雜其中；研究怎樣才能使父母夏天清涼，首先也只是要盡這內心的孝意，恐怕有絲毫私欲摻雜；只是研究怎樣才能體現內心的孝。如果這心沒有私欲，是純天理的心，是個確實孝順父母的心，那麼到了冬天他自然會去考慮父母的寒冷，自然便會去揣摩怎樣才能使父母溫暖的道理；夏天他也自然會去考慮父母的炎熱，自然便會去揣摩怎樣才能使父母清涼的道理。這些都是那確實孝順的內心激發出來的行為狀況。但必須要有這確實孝順的心，然後才有這些行為狀況被激發出來。比如樹木，這確實孝順的心是根，這許多行為狀況便是枝葉，必須先有根然後才有枝葉，而不是先找出枝葉然後才種下根。《禮記・祭義》說：『對父母有深愛的孝子，一定會對父母表現出溫和之氣，有溫和之氣的才會有愉悅的神色，有愉悅神色的才會有婉順的行為表現。』這是說一定要有深愛做根，才會自然而然有和氣、愉色、婉容之類的態度行為。」

【研　析】從這段文字可以看出，陽明「心即理」的觀點，主要是從倫理的角度來立論的。從倫理角度說，「心」就是一切倫理行為的根本，也即是一切倫理行為之所以產生的動機。與此相聯繫，一切符合這動機的倫理行為就是「天理」。「心即理」，闡發的是主觀動機與行為效果統一的觀點，強調的是人類固有的道德判斷力、道德主體性。

陽明「心即理」的觀點有深遠的歷史淵源。早在戰國時，孟子就曾提出：「仁義禮智，非由外鑠我也，我固有之也。」（《孟子・告子上》）肯定了道德是人類先天固有的東西，非由外力所施加。唐代禪宗從思維方式上繼承發展了孟子的思想。大照和尚說：「心是理，則是心外無理，理外無心。」（〈大乘開心顯性頓悟真宗論〉）南宋心學家陸九淵在孟子和禪宗理論的基礎上進一步發展出「宇宙便是吾心，吾心即是宇宙」的著名觀點（《陸九淵集》卷三六）。他指出：「蓋心，一心也；理，一理也。至當歸一，精義無二，此心此理，實不容有二。」（同上，卷一〈與曾宅之〉）「心之體甚大，若能盡我之心，便與天同。為學祇是理會此。」

（同上，卷三五《語錄》下）陽明「心即理」的思想顯然直接受陸九淵的影響。

鄭朝朔❶問：「至善亦須有從事物上求者？」先生曰：「至善只是此心純乎天理之極便是，更於事物上怎生求？且試說幾件看。」朝朔曰：「且如事親，如何而為溫凊之節，如何而為奉養之宜，須求個是當，方是至善，所以有學問思辯❷之功。」先生曰：「若只是溫凊之節、奉養之宜，可一日二日講之而盡，用得甚學問思辯！惟於溫凊時也，只要此心純乎天理之極；奉養時也，只要此心純乎天理之極，此則非有學問思辯之功，將不免於毫釐千里之繆。所以雖在聖人，猶加『精一❸』之訓。若只是那些儀節求得是當便謂至善，即如今扮戲子，扮得許多溫凊奉養的儀節是當，亦可謂之至善矣！」愛❹於是日又有省。

【章旨】此章記陽明回答弟子鄭朝朔關於「至善」是否應從具體事情上求取的問題。

【注釋】❶鄭朝朔　名一初，字朝朔，揭陽（今屬廣東）人，弘治乙丑（西元一五〇五年）進士，官至監察御史。陽明在吏部時，求為弟子，不久即卒於浙中。❷學問思辯　《中庸》中「博學之，審問之，慎思之，明辨之」說法之簡縮。辯，通「辨」。❸精一　語出偽古文《尚書・大禹謨》：「人心惟危，道心惟微，惟精惟一，允執厥中。」這四句話的意思是：人心危殆難測，道心微昧難明，應該精誠專一，誠實地執行大中至正之道。宋儒對這十六字極為重視，認為這是舜傳給禹的「十六字心傳」。❹愛　徐愛自稱。

【語　譯】鄭朝朔問：「至善也有要從具體事情上求取的嗎？」陽明先生回答：「至善只是這心純淨到完全合乎天理就是了，再到具體事情上怎麼個求取法？你姑且舉幾個例子來看看。」朝朔說：「比如事奉父母親，怎樣才能使他們冷暖適度，怎樣才能奉養合宜，都必須求個恰到好處，才算至善，所以前人要求做廣泛學習，詳細請教，慎重思考，明確辨析等許多功夫。」陽明先生說：「如果僅僅是冷暖適度、奉養合宜，那就可以花一兩天功夫研究，事情就完了，哪裡用得著要廣泛學習，詳細請教，慎重思考，明確辨析！只是在考慮父母冷暖是否適度時，應首先考慮自己這心是否純淨得完全合乎天理；考慮對父母的奉養是否合宜時，也只應考慮自己這心是否純淨得完全合乎天理。如果不在這個方面多下學、問、思、辨的功夫，那就不免失之毫釐差以千里了。所以即使舜那樣的聖人，對大禹王也要作『惟精惟一』的訓告。如果只是在那些禮儀小節上做得恰當就算至善，那麼當今的戲劇演員，也能把許多事奉父母寒溫起居的儀節演得十分適當，豈不也可算至善了！」徐愛在這天對「至善」這個問題又有所省悟。

【研　析】《論語・為政》：「子游問孝，子曰：『今之孝者，是謂能養。至於犬馬，皆能有養。不敬，何以別乎？』」孔子的意思是：對父母是否孝順，不能只看供養，更重要的是看他是否打內心愛敬。陽明回答鄭朝朔的問題時，也指出不能只看對父母的「溫清」、「奉養」是否適宜來決定一個人是否臻於「至善」，而應該看他是否做到了此「心」「純乎天理之極」。陽明的思想顯然與孔子的思想一脈相承。由此可知陽明「致良知」的思想實是對孔、孟原始儒學某些精髓的發展。

愛因未會先生「知行合一」之訓，與宗賢、惟賢❶往復辯論，未能決，以問於先生。先生曰：「試舉看。」愛曰：「如今人盡有知得父當孝、兄當弟❷者，卻不能孝，不能弟，便是『知』與『行』分明是兩件。」先生曰：「此已被私欲隔斷，不是『知』、『行』的本體了。未有『知』而不『行』者。『知』而不『行』，只是未知。聖賢教人『知行』，正是要復那本體，不是著你只恁的便罷。故《大學》指個真『知行』與人看，說『如好好色，如惡惡臭❸』。見好色屬『知』，好好色屬『行』。只見那好色時已自好了，不是見了後又立個心去好；聞惡臭屬『知』，惡惡臭屬

『行』，只聞那惡臭時已自惡了，不是聞了後別立個心去惡。如鼻塞人雖見惡臭在前，鼻中不曾聞得，便亦不甚惡，亦只是不曾知臭。就如稱某人知孝、某人知弟，必是其人已曾行孝行弟，方可稱他知孝知弟。不成只是曉得說些孝弟的話便可稱為知孝弟？又如知痛，必已自痛了，方知痛；知寒，必已自寒了；知饑，必已自饑了。『知』、『行』如何分得開？此便是『知』、『行』的本體，不曾有私意隔斷的。聖人教人必要是如此，方可謂之『知』；不然只是不曾知。此卻是何等緊切著實的功夫！如今苦苦定要說『知』、『行』做兩個，是甚麼意？某要說做一個，是甚麼意？若不知立言宗旨，只管說一個兩個，亦有甚用？」愛曰：「古人說『知』、『行』做兩個，亦是要人見個分曉，一行做『知』的功夫，一行做『行』的功夫，即功夫始有下落。」先生曰：「此卻失了古人宗旨也。某嘗說『知』是『行』的主意，『行』是『知』的功夫；『知』是『行』之始，『行』是『知』之成。若會得時，只說一個『知』，已自有『行』在；只說一個『行』，已自有『知』在。古人所以既說一個『知』，又說一個『行』者，只為世間有一種人懵懵懂懂的，任意去做，全不解思惟省察也。只是個冥行妄作，所以必說個『知』，方纔『行』得是。又有一種人，茫茫蕩蕩懸空去思索，全不肯著實躬行，也只是個揣摸影響❹，所以必說一個『行』，方纔『知』得真。此是古人不得已補偏救弊❺的說話，若見得這個意時，即一言而足。今人卻就將『知』、『行』分作兩件去做，以為必先『知』了然後能『行』。我如今且去講習討論做『知』的功夫，待『知』得真了方去做『行』的功夫，故遂終身不『行』，亦遂終身不『知』。此不是小病痛，其來已非一日矣。某今說個『知行合一』，正是對病的藥，又不是某鑿空杜撰，『知』、『行』本體原是如此。今若知得宗旨時，即說兩個亦不妨，亦只是一個；若不會宗旨，便說一個亦濟得什事，只是閒說話。」

【章　旨】本章記陽明回答徐愛關於「知行合一」的問題。

【注　釋】❶宗賢惟賢　宗賢，黃綰之字，一作叔賢。黃綰（西元一四七七～一五五一年），號久庵、石龍，黃岩（今屬浙江）人，以祖蔭入官，官至禮部尚書。惟賢，顧應祥之字。顧應祥（西元一四八二～一五六五年），號箬溪，湖之長興（今屬浙江）人，弘治乙丑（西元一五〇五年）進士，官至刑部尚書。兩人皆陽明弟子。❷弟　同「悌」。尊敬兄長叫作「悌」。下同。❸如好好色二句　上「好」字，愛好。下「好」字，美好。上「惡」字，厭惡。下「惡」字，醜惡；不好。《大學》原文為：「所謂誠其意者，毋自欺也。如惡惡臭，如好好色，此之謂自謙。」陽明引用時兩句互倒。❹影響　影，影子。響，回聲。這裡用其本義。❺補偏救弊　偏，偏頗；偏差。弊，害；危害。

【語　譯】徐愛因為未能理解陽明先生「知行合一」的訓教，同黃綰、顧應祥三人反覆辯論都沒能有個決斷，才就此問題向先生請教。先生說：「你試著舉例看。」徐愛說：「如今人們都懂得有父親就應孝順，有兄長就應尊敬，卻不能對父孝，對兄悌，可見『知』與『行』分明是兩件不同的事情。」陽明先生說：「在這些人那裡，『知』與『行』已被他們的個人欲望隔離開來，不再是它們的本體意義了。沒有『知』了卻不『行』的。『知』了卻不『行』，這就還只是未知。聖賢教人們『知行』，正是要教人回到『知行』的本體意義上去，不只像你所說的那樣就罷了。所以《大學》裡指了個真正的『知行』給人們看，說『如同喜歡美色，厭惡不好的氣味』。看到美色，屬『知』；喜歡美色，屬『行』。人們在看到美色時心裡就已喜歡了，不是看到了美色之後又特意起一個心去喜歡；聞到不好的氣味屬『知』，厭惡不好的氣味屬『行』。人們在聞到不好的氣味時就已自然厭惡了，而不是聞到不好的氣味之後又特意起一個心去厭惡。例如鼻塞的人，即使看到惡臭之物在面前，因他的鼻子沒有嗅到，他也不很感到厭惡，也只是不知道它臭。又如說某某人懂得孝敬父母，某某人知道尊敬兄長，也一定是這人已曾實行過孝順父母、尊敬兄長之道，才可以說他『知』孝『知』悌。難道只是曉得說些『孝』『悌』的話就可以說他『知』孝『知』悌？又比如一個人知道自己痛，一定是自己已經痛了，才知道是痛；知道自己寒冷，一定是自己已經寒冷了；知道自己饑餓，也一定是知道自己已經饑餓了。『知』和『行』怎麼分得開呢？這就是『知』、『行』的本體意義，不曾有私欲將它們隔離開的。聖人教人一定要是這樣，才可以稱為『知』；不然，就是不曾知。這是多麼緊要切實的功夫啊！如今你們卻定要苦苦地把『知』、『行』說成是兩件不同的事，這是什麼意思？我要說是一回事，又是什麼意思？如果你們不懂得我立論的宗旨，卻只管追究『知』、『行』是一件事還是兩件事，又有什麼用呢？」徐愛說：「古人把『知』、『行』說成兩碼事，也只是要人們看個清楚明白，一邊做『知』的功夫，一邊做『行』的功夫，這樣所下的功夫才有著落。」先生說：「這卻不符合古人的宗旨了。我曾經說過『知』是『行』的指導思想，『行』是『知』的具體踐履；『知』是『行』的開始，『行』是『知』的結果。如你真正懂得這個道理時，只說一個『知』，也已自然有『行』包括在其中；只說一個『行』，也自然已有『知』包含在其中了。古人之所以既要說一個『知』，又要說一個『行』，只是因為世間有一種人糊糊塗塗的，隨自己的心意去做，卻全然不懂得思考反省察辨自己為什麼要這樣做，這樣的行為便是盲動妄為，所以一定得同他們說這個『知』字，他們才會做得正確。又有一種人，只管漫無邊際憑空亂想，全然不肯切實踐履，這種『知』便只是捕風捉影，所以一定要同他們說一個『行』字，他們才『知』得真切。這是古人不得已才說出的彌補偏頗、挽救弊病的話，如看清了這個意圖時，有一個字也就夠了。如今人們卻把『知』、『行』分作兩樁事去做，認為一定得先『知』了然後才能『行』。我們如今先姑且去講習討論做『知』方面的功夫，等『知』得很真切了才去做那『行』的功夫，所以最後終身都不肯『行』，這樣也就終身都不『知』。這不是一個小小的毛病，它由來已久了。我現在說一個『知行合一』，正是針對這病痛下的藥，這不是我憑空虛構出來的，而是『知』、『行』的本體意義就是如此。如今你若懂得了我立論的宗旨，就是說『知』、『行』是兩碼事也沒關係，實際它們仍只是一碼事；如果不理解這一宗旨，就說『知』『行』是一回事也沒什麼用，只是講空話而已。」

【研 析】「知行合一」是王陽明提出的一個特殊命題，其落腳點乃在倫理，而不在於一般的哲學認識論。從哲學認識論的意義說，「知」是認識，包括人的感覺、知覺和思惟活動；「行」則是實踐，是人在認識基礎上的一種有意識的行為活動，兩者是有明顯區別，不能「合而為一」的。陽明的弟子徐愛等就「知行合一」的問題展開辯難，由於沒找到問題的落腳點，所以沒有結果。就是陽明本人，當徐愛問他的時候，他借《大學》中「如好好色，如惡惡臭」及人對「痛」、「饑」、「冷」等的感覺情況加以說明，也未必就能圓通無礙。因為從哲學認識論的角度說，「好好色」、「惡惡臭」、知痛、知饑、知冷等都仍在認識範圍之內，只能說明「知」而不能說明「行」。徐愛顯然也對先生的解釋不滿意，所以又用「古人說『知』、『行』做兩個，亦是要人見個分曉」來進一步質疑。陽明最後的話才切中了問題的關鍵。「知行合一」之說，本針對明代程朱理學的現狀而發，是對當時士大夫只講空疏的義理，一味求「知」，卻不肯踐履倫常，甚至不顧義禮廉恥而下的一劑「對病的藥」。由此可知，「知行合一」之說，只是倫理學上的「知」與「行」。它要求人們不僅應懂得「孝」、「悌」之類的道理，而且更應該身體力行，不要一味停留在口頭上或理論探討上。

愛問：「昨聞先生『止至善』之教❶，已覺功夫有用力處，但與朱子『格物』之訓❷思之終不能合。」先生曰：「『格物』是『止至善』之功，既知『至善』，即知『格物』矣。」愛曰：「昨以先生之教推之『格物』之說，似亦見得大略。但朱子之訓，其於《書》之『精一』❸、《論語》之『博約』❹、《孟子》之『盡心知性』❺皆有所證據，以是未能釋然。」先生曰：「子夏❻篤信聖人，曾子❼反求諸己。篤信固亦是，然不如反求之切。今既不得於心，安可狃❽於舊聞，不求是當。就如朱子，亦尊信程子❾，至其不得於心處，亦何嘗苟從。『精一』、『博約』、『盡心』本自與吾說脗合，但未之思耳。朱子『格物』之訓未免牽合附會，非其本旨。

『精』是『一』之功，『博』是『約』之功，曰仁既明『知行合一』之說，此可一言而喻。『盡心、知性、知天』，是生知安行[10]事；『存心、養性、事天』，是學知利行事；『夭壽不貳，修身以俟[11]』，是困知勉行事。朱子錯訓『格物』[12]，只為倒看了此意。以『盡心知性』為『物格知至』，要初學便去做生知安行事，如何做得？」愛問：「『盡心知性』何以為『生知安行』？」先生曰：「『性是心之體，天是性之原，盡心即是盡性。『惟天下至誠為能盡其性，知天地之化育[13]。』『存心』者，心有未盡也。『知天』如『知州』、『知縣』之『知』[14]，是自己分上事，已與天為一。『事天』如子之事父、臣之事君，須是恭敬奉承，然後能無失，尚與天為二。此便是聖賢之別。至於『夭壽不貳其心』，乃是教學者一心為善，不可以窮通夭壽之故，便把為善的心變動了。只去修身以俟命，見得窮通壽夭有個命在，我亦不必以此動心。事天雖與天為二，已自見得個天在面前；俟命便是未曾見面，在此等候相似。此便是初學立心之始，有個困勉的意在。今卻倒做了，所以使學者無下手處。」愛曰：「昨聞先生之教，亦影影⑮見得功夫須是如此。今聞此說，益無可疑。愛昨曉思『格物』的『物』字即是『事』字，皆從心上說。」先生曰：「然。身之主宰便是心，心之所發便是意，意之本體便是知，意之所在便是物。如意在於事親，即事親便是一物；意在於事君，即事君便是一物；意在於仁民愛物，即仁民愛物便是一物；意在於視聽言動，即視聽言動便是一物。所以某說無心外之理，無心外之物。《中庸》言『不誠無物⑯』，《大學》『明明德⑰』之功，只是個『誠意』，誠意之功只是個『格物』。」

【章旨】本章記徐愛向陽明請教朱熹對《大學》中「格物」的訓釋，陽明以「知行合一」的觀點來批評朱熹之說。

【注釋】❶昨聞先生止至善之教　指上文徐愛問「至善只求諸心，恐於天下事理有不能盡」，陽明答以「心即理也」一事。❷朱子格物之訓　《大學》：「欲誠其意者，先致其知。致知在格物，物格而后知至，知至而后意誠。」朱熹《大學章句集注》：「致，推極也；知，猶識也。推極吾之知識，欲其所知無不盡也。格，至也；物，猶事也。窮至事物之理，欲其極處無不到也。」「物格者，物理之極處無不到也；知至者，吾心之所知無不盡也。既知盡，則意可得而實矣。」❸書之精一　即偽古文《尚書．大禹謨》「惟精惟一」等語。❹論語之博約　指《論語．雍也》：「君子博學於文，約之以禮，亦可以弗畔矣夫！」❺孟子之盡心知性　指《孟子．盡心上》：「盡其心者，知其性也。知其性則知天矣。存其心，養其性，所以事天也。殀壽不貳，修身以俟之，所以立命也。」❻子夏　姓卜，名商，字子夏（西元前五〇七～前四〇〇年），孔子的弟子。❼曾子　名參，字子輿（約西元前五〇五～前四三五年），南武城（今山東平邑）人，孔子的弟子。❽狃　拘泥；因襲。❾程子　指程頤、程顥兄弟。❿生知安行　與下文的「學知利行」、「困知勉行」皆出《中庸》：「或生而知之，或學而知之，或困而知之，及其知之一也。或安而行之，或利而行之，或勉強而行之，及其成功一也。」⓫夭壽不貳二句　《孟子．盡心上》語。夭，短命。壽，長壽。貳，有貳心。指三心二意。俟，等待。⓬朱子錯訓格物　見注❷所引朱注。⓭惟天下至誠為能盡其性二句　語出《中庸》。原文為：「唯天下至誠，為能盡其性。能盡人之性，則能盡物之性；能盡物之性，則可以贊天地之化育。」⓮知州知縣之知　這個「知」，是主管的意思。⓯影影　同「隱隱」。⓰不誠無物　《中庸》：「誠者物之終始，不誠無物，是故君子誠之為貴。」⓱明明德　前一個「明」為動詞。發揚光明之德之意。

【語　譯】徐愛問：「昨天聽到先生關於『止於至善』的教誨，已覺得自己修行踐履有用力之處了，只是與朱子關於『格物』的訓釋對照起來想，終覺不相符合。」先生說：「『格物』是『止於至善』的功效，既然你已經懂得什麼是『至善』，也就懂得『格物』了。」徐愛又說：「昨天我把先生所教的推及到朱子的『格物』之說，似乎也能理解一個大概。但朱子的訓釋，他對《尚書》的『精一』、《論語》的『博約』、《孟子》的『盡心知性』等的解釋都有所依據，因此我心裡也就還不能完全沒有疑問。」先生說：「子夏對孔聖人深信不疑，曾參卻主張反躬自問。深信不疑固然也對，卻比不上反躬自問的直切。現在你既然內心未能理解，又怎能拘泥於舊說，不去求個正確的答案。就拿朱子來說，他也尊重、相信程子的說法，但到了和他的想法不合時，他又何曾苟從。「精一」、「博約」、「盡心」等說法本來與我的說法相吻合，只是你沒加思考罷了。朱子關於「格物」的訓釋未免牽強附會，並不符合原意。「精」是「一」的功效，「博」是「約」的功效，你既然已經懂得我的「知行合一」的說法，這個問題就可以用一句話講清楚。「盡心、知性、知天」，是生而知之、安心實行此道；「存心、養性、事天」，是學而知之、想從實行此道中獲利。「夭壽不貳，修身以俟」，是困而知之、勉力實行此道。朱子錯誤地訓釋「格物」之義，只是因為他看反了這層意思。他把「盡心知性」看成「物格知至」，要初學者就去做那生而知之、安心實行此道的人，這叫他們怎麼做得到？」徐愛問：「『盡心知性』怎麼就是『生而知之、安心實行此道』？」先生說：「性是心的本體，天是性的本原，因而盡心就是盡性。所以《中庸》說『惟天下至誠為能盡其性，知天地之化育』。『存心』則意味著實際上並未盡心。『知天』的『知』如『知州』、『知縣』的『知』，是管住自己分內的事，這樣就已經與天融成一體。『事天』則猶如兒子事奉父親、臣子事奉君主，必須恭敬順從，然後才能沒有過失。這樣還只是與天分離為二。這就是聖人與賢者的區別了。至於孟子說『夭壽不貳其心』，乃是教誡學習的人一心為善，不能因為困窮、通達、短壽、長壽等原因，便把為善的心都改變了。只要去修身以等待天命，懂得一個人的困窮、通達、長壽、短壽自有天命，我也就不一定要為這些內心不安了。事奉天的人雖然與天分而為二，但他已看到有個天在自己面前；等待命運的人卻是未曾同天見面，只是在這裡等候似的。這就是初步學習建立聖賢之心之時，有困而學之、勉力而行的意味。現在朱子卻教人們顛倒著做，所以使學者無從下手。」徐愛說：「昨天聽到先生的教誨，也隱隱懂得應這樣做修養功夫。現在聽到您這些，更加沒有可疑之處了。我昨天早上想，『格物』的『物』字就是『事』字，都是從心上說的。」先生說：「是的。身的主宰就是心，心所發出的就是意，意的本體就是知，意的所在就是物。如果意在事親上，那麼事親就是一物；意在事君上，那麼事君就是一物；意在仁民愛物上，那麼仁民愛物就是一物；意在視聽言動上，那麼視聽言動就是一物。所以我說沒有心外之理，沒有心外之物。《中庸》說『不誠就沒有物』，《大學》講『發揚光明之德』的功效，都只在這『誠意』二字上。誠意的功效，只在『格物』上面。」

【研　析】此章有三點特別值得注意：一、陽明立說，是建立在反傳統的基礎上的。他敢於說朱熹的訓釋也未免有「牽合附會」之處，並提出應發揚曾參的「反求諸己」的治學精神，不「狃於舊聞」，敢於確立自己的主見，這在當時是非常富於理論勇氣、非常大膽的，這也是陽明能開有明一代學術新風氣的原因之一。

二、陽明的「知行合一」有三個步驟，或者說有三種層次。他將《中庸》、《孟子》的表述加以溝通、改造，稱「盡心、知性、知天」為「生知安行」的層次，達到這層次的人，能夠做到自作主宰，「與天為一」，即能進入「天人合一」的境界。這樣的人自然就是「聖人」。這是最高層次。第二個層次是通過「存心、養性、事天」來「學知利行」。「存心」則說明「心有未盡」，「事天」則只是做到了能對「天」恭敬奉承，尚「與天為二」而未能做到「與天為一」，因而不能稱為「聖人」而只能稱為「賢者」。第三個層次是「夭壽不貳，修身以俟」。這種人只是「見得窮通壽夭有個命在」，因而對「窮通壽夭」無動於心，做起來也比較困難勉強，屬於「困知勉行」的類別。這是初學入門者所能達到的層次。陽明主張做道德踐履功夫應從第三個層次做起，從凡近入手，逐步由賢者進入聖人境界。他用這個理解去衡量朱熹對《大學》的訓釋，認為朱熹把「格物」訓成「窮至事物之理，欲其極處無不到也」，又把「物格知至」訓為「物理之極處無不到」、「吾心之所知無不盡」，這是要初學者一開始就做那「盡心、知性、知天」的聖人功夫，只能使初學者感到「無下手處」，因而是「看倒了此意」。當然，陽明這裡對朱子的評論並非限於朱子的訓釋本身而發，而是針對當時信奉程朱者多半好高騖遠，不肯從凡近入手的現狀有感而發的。

三、陽明在這裡提出了「無心外之理，無心外之物」的命題。這個命題，涉及到一個「物」字，被許多哲學史研究者看成是哲學意義上的「物質」的「物」，因而陽明這一哲學命題也被很多人看成與十七世紀歐洲哲學家貝克萊「存在就是被感知」相類似的命題，從而把陽明看成主觀唯心主義哲學家。其實這是很不符合陽明原意的。從這章徐愛問陽明『格物』的『物』字即是『事』字，皆從心上說」，陽明表示認可的話看，「無心外之物」，也即是「無心外之事」。這個「事」，指的乃是「事親」、「事君」、「仁民愛物」、「視聽言動」等倫理道德範圍以內的事情。他對「心」的要求是「誠」，認為只要做到了「誠」，就能進入最高的境界。如果說陽明這個命題富於哲學意義，充其量也只能是倫理哲學上的意義，而不是自然哲學上的意義，這是需要仔細辨別的。

先生又曰：「『格物』如《孟子》『大人格君心❶』之『格』，是去其心之不正，以全其本體之正。但意念所在，即要去其不正以全其正，即無時無處不是存天理，即是窮理。天理即是『明德』；窮理即是『明明德』。」又曰：「知是心之本體，心自然會知：見父自然知孝，見兄自然知弟❷，見孺子入井自然知惻隱❸，此便是良知，不假外求。若良知之發更無私意障礙，即所謂『充其惻隱之心，而仁不可勝用矣❹』。然在常人不能無私意障礙，所以須用致知格物之功勝私復理。即心之良知更無障礙，得以充塞流行，便是致其知，知致則意誠。」

【章　旨】本章是陽明對上章觀點的補充和申說。

【注　釋】❶大人格君心　《孟子・離婁上》：「唯大人為能格君心之非。」格，朱熹注：「正也。」糾正之意。❷弟　通「悌」。❸見孺子入井自然知惻隱　《孟子・公孫丑上》：「所以謂人皆有不忍人之心者，今人乍見孺子將入於井，皆有怵惕惻隱之心。」❹充其惻隱之心二句　見《孟子・盡心下》。原文作：「人能充其無欲害人之心，則仁不可勝用也。」

【語　譯】陽明先生又說：「《大學》中『格物』的『格』就像《孟子》中『大人格君心』的

『格』，『格物』的意思是要人們去掉心中不純正的東西，來保全心這一本體的純正。但一個人的心也是他的意念所在的地方，如果要去掉不純正來保全他的純正，那就要求人們無時無地不是做『存天理』的功夫，就是做『窮理』的功夫。天理也就是《大學》所講的『明德』，窮理也就是『明明德』。」又說：「知是心的本體，心自然就會知：看見父親自然知道要孝順，看見兄長自然知道要尊敬，看見小孩掉進井裡自然知道同情，這就是良知，不需要假借心外的力量自然就有的。如果良知的發露再沒有私意阻擋，這就是孟子所說的『只要充實自己的惻隱之心，仁心就用也用不完了』。但是對一般普通人來說，還不能做到沒有私意阻礙，所以必需要用致知格物的功夫來戰勝私意，恢復天理。使心所具有的良知再也沒了障礙，能夠充塞於天地之間、流行無阻，就是求得了良知，良知求到了意自然就會誠。」

【研　析】「良知」一詞，本出自《孟子》。《孟子．盡心上》：「人之所不學而能者，其良能也；所不慮而知者，其良知也。孩提之童，無不知愛其親者，及其長也，無不知敬其兄也。」陽明「致良知」的學說，顯然來源於孟子。但陽明也有與孟子說法不一致的地方：孟子主張人性本善，其不善完全是來自後天環境的影響，且主張只要找回自己已失去的善心（孟子稱之為「求放心」）、擴充固有的善心就可以成為聖人。陽明深受孟子的影響，說過「至善是心之本體」（見本書「愛問『知止而後有定』章」）的話，明顯地傾向於性善論。但此章他又主張「去其心之不正，以全其本體之正」，說明他並未把「心」完全看作是「至善」的東西，他還有受西漢揚雄以來「人性善惡混」影響的一面。他把「心」看作是一個能產生「意念」的東西，這「意念」有可能是「私意」，因而一個人應隨時隨地做存天理、窮理盡心的功夫，這些與程朱理學也有著千絲萬縷的聯繫。

愛問：「先生以博文為約禮❶功夫，深思之未能得，略請開示。」先生曰：「『禮』字即是『理』字，『理』之發見可見者謂之『文』，『文』之隱微不可見者謂之『理』，只是一物。『約禮』只是要此心純是一個天理。要此心純是天理，須就理之發見處用功。如發見於事親時，就在事親上學存此天理；發見於事君時，就在事君上學存此天理；發見於處富貴貧賤時，就在處富貴貧賤上學存此天理；發見於處患難夷狄❷時，就在處患難夷狄上學存此天理。至於作止語默，無處不然，隨他發見處，即就那上面學個存天理，這便是博學之於文，便是約禮的功夫。『博文』即是『惟精❸』，『約禮』即是『惟一』。」

【章旨】本章記徐愛問陽明以「博文為約禮」的道理，陽明答以「存天理」。

【注　釋】❶以博文為約禮　即陽明對《論語・雍也》：「君子博學於文，約之以禮，亦可以無畔矣夫！」數句的訓釋。❷夷狄　指東北少數民族，這裡泛指少數民族入侵。❸惟精　與下句的「惟一」，是偽古文《尚書・大禹謨》「惟精惟一」一句的分說。

【語　譯】徐愛問：「先生把『博學於文』當作『約之以禮』的功夫，我經過深思仍未理解，請略略啟發說明一下。」陽明先生說：「『禮』字就是『理』字，『理』表露出來可以看到時，就叫作『文』；『文』在隱微不能看到時就叫作『理』，『文』、『理』本是同一東西。『約禮』就是要這心只剩下一個純淨的天理。要使這心成為純正的天理，就必須要在『理』顯露出來的地方下功夫。例如『理』在事親這事上顯現時，我們就應在事親這事上學習保存這天理；在事君上顯現時，就要在事君這事上學習保存這天理；在處於富貴或貧賤境況中顯現時，就要在這處於富貴或貧賤的境況中學習保存這天理；在處於狄夷交侵的患難狀況下顯現時，就要在狄夷交侵這患難狀況中學習保存這天理。至於日常的行動、休息、說話、沉默，也無時無地不是這樣。隨它什麼地方天理顯現，就在那上面學習保存天理。這就是『博學於文』的功夫，也就是『約之以禮』的功夫。『博學以文』就是《尚書・大禹謨》所說的『惟精』，『約之以禮』就是《尚書・大禹謨》所說的『惟一』。」

【研　析】孔子「博學以文」的「文」，本指文獻和典章制度，所以孔子將它與「禮」相對待而言。陽明卻把它看作「文（紋）理」的「文」，把「禮」說成「天理」的「理」，這樣來使「文」與「禮」成為同一個東西，為他「存天理」的觀點服務。這顯然是「六經注我」的方法。「六經注我」是南宋心學家陸九淵（象山）所發明的訓釋前人經典的方法（詳《象山全集・語錄上》），可見陽明的治學方法，與象山一脈相承。

愛問：「『道心❶』常為一身之主，而『人心』每聽命。以先生『精一』之訓推之，此語似有弊。」先生曰：「然。心一也，未雜於人謂之道心；雜以人偽❷謂之『人心』。『人心』之得其正者即『道心』，『道心』之失其正者即『人心』。初非有二心也。程子謂『人心』即人欲，『道心』即天理❸，語若分析而意實得之。今日『道心』為主而『人心』聽命，是二心也。天理人欲不並立，安有天理為主，人欲又從而聽命者！」

【章　旨】本章記陽明向徐愛解釋「道心」與「人心」的關係。

【注　釋】❶道心　與下文的「人心」，均出自偽古文《尚書・大禹謨》「人心惟危，道心惟微」。❷偽　指人為。❸程子謂人心即人欲二句　程顥說：「『人心惟危』，人欲也；『道心惟微』，天理也。」見《二程遺書》卷一一。程子，這裡指程顥。

【語　譯】徐愛問：「『道心』常為一身的主宰，而『人心』則經常聽命於『道心』，用先生您對『精一』的訓釋來加以比較，這說法似乎有毛病。」陽明先生說：「對。心只是一個，未摻雜人為的叫作『道心』，摻雜著人為的就叫『人心』。『人心』變得純正的就叫『道心』，『道心』失去了它的純正就是『人心』。當初並沒有兩個不同的心。程子說『人心』即是人欲，『道心』就是天理，話雖分開講而意思卻是對的。現在有人說『道心』是主宰而『人心』聽命於『道心』，這是把心看成兩個了。天理和人欲不能兩立，哪裡有天理為主宰，而人欲又聽命於天理的道理！」

【研析】陽明這裡對「道心」與「人心」、天理與人欲的解釋，同程朱理學家並無二致，陽明本人也承認程顥解說得正確，這說明陽明的心學與程朱的理學，在反對人欲、保存天理，即維護封建倫理綱常方面是完全一致的。

愛問文中子、韓退之❶。先生曰：「退之，文人之雄耳；文中子，賢儒也。後人徒以文詞之故推尊退之，其實退之去文中子遠甚。」愛問：「何以有擬經❷之失？」先生曰：「擬經恐未可盡非。且說後世儒者著述之意，與擬經如何？」愛曰：「世儒著述，近名之意不無，然期以明道，擬經純若為名。」先生曰：「著述以明道，亦何所效法？」曰：「孔子刪述六經❸，以明道也。」先生曰：「然則擬經獨非效法孔子乎？」愛曰：「著述即於道有所發明，擬經似徒擬其迹，恐於道無補。」先生曰：「子以明道者使其反朴還淳而見諸行事之實乎？抑將美其言辭而徒以譊譊❹於世也？天下之大亂，由虛文勝而實行衰也。使道明於天下，則六經不必述。刪述六經，孔子不得已也。自伏羲畫卦❺，至於文王、周公❻，其間言《易》如《連山》、《歸藏》❼之屬，紛紛籍籍❽，不知其幾，《易》道大亂。孔子以天下好文之風日盛，知其說之將無紀極❾，於是取文王、周公之說而贊❿之，以為惟此為得其宗。於是紛紛之說盡廢，而天下之言《易》者始一。《書》、《詩》、《禮》、《樂》、《春秋》皆然。《書》自『典』、『謨』⓫以後，《詩》自『二南』以降⓬，如《九丘》、《八索》⓭一切淫哇逸蕩⓮之詞，蓋不知其幾千百篇。《禮》、《樂》之名物度數⓯，至是亦不可勝窮。孔子皆刪削而述正之，然後其說始廢。如《書》、《詩》、《禮》、《樂》中孔子何嘗加一語，今之《禮記》諸說皆後儒附會而成，已非孔子之舊。至於《春秋》，雖稱孔子作之，其實皆魯史舊文。所謂『筆』者，筆其舊；所謂『削』者，削其繁，是有減無增⑯。孔子述六經，懼繁文之亂天下，惟簡之而不得，使天下務去其文，以求其實，非以文教之也。《春秋》以後繁文益盛，天下益亂。始皇焚書得罪是出於私意，又不合焚六經。若當時志在明道，其諸反經叛理之說，悉取而焚之，亦正暗合刪述之意。自秦漢以降，文又日盛。若欲盡去之，斷不能去，只宜取法孔子錄其近是者而表章之。則其諸恠⑰悖之說，亦宜漸漸自廢。不知文中子當時擬經之意如何，某切深有取於其事，以為聖人復起，不能易也。天下所以不治，只因文盛實衰。人出己見，新奇相高，以眩俗取譽，徒以亂天下之聰明，塗天下之耳目，使天下靡然爭務修飾文詞以求知於世，而不復知有敦本尚實、反朴還淳之行，是皆著述者有以啟之。」愛曰：「著述亦有不可缺者。如《春秋》一經，若無《左傳》，恐亦難曉。」先生曰：「《春秋》必待傳而後明，是歇後謎語矣。聖人何苦為此艱深隱晦之詞。《左傳》多是魯史舊文，若《春秋》須此而後明，孔子何必削之？」

愛曰：「伊川⑱亦云：『傳是案，經是斷⑲。』如書弒某君、伐某國，若不明其事，恐亦難斷。」先生曰：「伊川此言恐亦是相沿世儒之說，未得聖人作經之意。如書『弒君』，即『弒君』便是罪，何必更問其弒君之詳；征伐當自天子出，書『伐國』，即『伐國』便是罪，何必更問其伐國之詳。聖人述六經，只是要正人心，只是要存天理、去人欲。於存天理、去人欲之事則嘗言之，或因人請問各隨分量而說。亦不肯多道，恐人專求之言語，故曰『予欲無言⑳』，若是一切縱人欲、滅天理的事，又安肯詳以示人？是長亂導奸也。故孟子云：『仲尼之門，無道桓、文之事者，是以後世無傳焉。㉑』此便是孔門家法。世儒只講得一個伯㉒者的學問，所以要知得許多陰謀詭計，純是一片功利的心，與聖人作經的意思正相反，如何思量得通？」因嘆曰：「此非達天德㉓者，未易與言此也。」又曰：「孔子云：『吾猶及史之闕文也㉔。』孟子云：『盡信《書》，不如無《書》。吾於〈武成〉取二三策而已。』[25]孔子刪《書》，於唐、虞[26]、夏四五百年間，不過數篇，豈更無一事而所述止此？聖人之意可知矣。聖人只是要刪去繁文，後儒卻只要添上。」愛曰：「聖人作經，只是要去人欲、存天理。如五伯以下事，聖人不欲詳以示人，則誠然矣。至如堯、舜以前事，如何略不少[27]見？」先生曰：「羲、黃[28]之世，其事闊疏，傳之者鮮矣。此亦可以想見其時全是淳龐[29]朴素、略無文采的氣象。此便是太古之治，非後世可及。」愛曰：「如『三墳』[30]之類，亦有傳者，孔子何以刪之？」先生曰：「縱有傳者，亦於世變漸非所宜。風氣益開，文采日勝，至於周末，雖欲變以夏商之俗，已不可挽，況唐虞乎？又況羲、黃之世乎！然其治不同，其道則一。孔子於堯、舜則祖述之，於文、武則憲章[31]之，文、武之法即是堯、舜之道。但因時致治，其設施政令已自不同。即夏商事業施之於周，已有不合。故周公思兼三王，其有不合，仰而思之，夜以繼日[32]。況太古之治，豈復能行！斯固聖人之所可略。必欲行以太古之俗，即是佛老的學術，因時致也。」又曰：「專事無為，不能如三王之因時致治；而治不能如三王之一本於道，而以功利之心行之，即是伯者以下事業。後世儒者許多講來講去，只是講得個伯術。」

又曰：「唐虞以上之治，後世不可復也，略之可也。三代以下之治，後世不可法也，削之可也。惟三代之治可行，然而世之論三代者不明其本而徒事其末，則亦不可復矣。」

【章　旨】本章陽明借評論文中子、韓愈批評後世儒者的繁文縟禮，而歸之以返樸還淳之道。

【注　釋】❶文中子韓退之　文中子，指王通（西元五八〇～六一七年），字仲淹，絳州龍門（今山西萬榮）人，隋末舉秀才，歷官蜀郡司戶、書佐、蜀王侍讀。大業末歸隱，以著書講學終老，弟子私諡為「文中子」。韓退之，即韓愈（西元七六八～八二四年），字退之，河南河陽（今河南孟縣）人，自稱郡望昌黎，世稱「韓昌黎」，官至吏部尚書。諡號「文」，故又稱韓文公。❷擬經　摹擬儒家經典。王通曾摹仿《春秋》著《元經》，摹仿《孔子家語》、揚雄《法言》著《中說》十卷。❸六經　指《詩》、《書》、《禮》、《樂》、《易》、《春秋》六部儒家經典。❹譊譊　爭辯的聲音。❺伏羲畫卦　伏羲，傳說中的上古帝王，又作「宓羲」、「包犧」等。相傳他最早創作八卦，「以通神明之德，以類萬物之情」（《周易．繫辭下》）。❻文王周公　文王，指周文王，姓姬名昌，為周朝開國君主。周公，姓姬名旦，周武王之弟。武王死後，成王年幼，由他攝政，因以周為其封邑（今陝西岐山北部），故稱周公。❼連山歸藏　據《周禮・春官・太卜》說，古時除《周易》外，還有《連山》、《歸藏》兩種，《連山》以純艮為首，山上山下，故名「連山」。《歸藏》以純坤為首，有「萬物莫不歸而藏之」之意，故名「歸藏」。❽紛紛籍籍　形容眾多而雜亂的樣子。❾紀極　紀，綱紀。極，準則。❿贊　明；闡明。⓫典謨　指《尚書》開頭〈堯典〉、〈舜典〉、〈大禹謨〉、〈皋陶謨〉等篇。⓬二南以降　二南，指《詩經》「十五國風」的〈周南〉和〈召南〉。以降，以下。⓭九丘八索　均古書名，出處見《左傳》昭公十二年。偽古文〈尚書序〉：「八卦之說，謂之八索，求其義也。九州之志，謂之九丘。丘，聚也。言九州所有，土地所生，風氣所宜，皆聚此書也。」⓮淫哇逸蕩　指淫濫不雅正。哇，《廣韻》：「淫聲。」⓯名物度數　名物，指事物的名稱。度數，指尊卑禮度的數量。⓰所謂筆者五句　針對《史記・孔子世家》「（孔子）為《春秋》，筆則筆，削則削」數句而言。筆，記錄。削，刪削。⓱恠　「怪」的異體字。⓲伊川　指程頤。程頤（西元一〇三三～一一〇七年），字正叔，號伊川，故世稱伊川先生，河南洛陽人。與其兄程顥皆北宋理學大師，並稱「二程」。⓳傳是案二句　見《二程遺書》卷一五〈伊川先生語一〉。原文為：「《春秋》，傳為案，經為斷。」案，《正字通》：「凡官府興除成例及獄訟論定者皆曰案。」泛指法律文書。斷，對案件的裁決。⓴予欲無言　語出《論語・陽貨》：「子曰：『予欲無言。』子貢曰：『子如不言，則小子何述焉？』」㉑孟子云四句　見《孟子・梁惠王上》。原文為：「仲尼之徒，無道桓、文之事者，是以後世無傳焉，臣未之聞也。」桓文，指齊桓公、晉文公，兩人皆春秋五霸之一。㉒伯　通「霸」。㉓天德　即「天道」或「天理」。㉔吾猶及史之闕文也　見《論語・衛靈公》。史，指史書。闕文，因事有疑問而缺略不加記載。㉕孟子云四句　見《孟子・盡心下》。書，指《尚書》。武成，《尚書》中的篇名，敘武王伐紂之事，今佚。孟子對其中所描寫的「血流漂杵（木製武器）」表示懷疑，說：「仁人無敵於天下，以至仁伐至不仁，而何其血之流杵也？」策，竹簡。㉖唐虞　即堯、舜，皆上古帝王。相傳堯為帝嚳之子，姓祁，名放勳，封於唐，稱為陶唐氏，史稱唐堯。舜姚姓，名重華，號有虞氏，故史稱虞舜。㉗少　意同「稍」。稍微。㉘羲黃　指伏羲、黃帝。㉙龐　當作「厖」，通「蒙」。愚昧未開化之意。㉚三墳　〈尚書序〉：「伏犧（羲）、神農、黃帝之書，謂之『三墳』。」㉛憲章　效法。㉜故周公思兼三王四句　語出《孟子・離婁下》：「周公思兼三王，以施四事，其有不合者，仰而思之，夜以繼日；幸而得之，坐以待旦。」三王，指夏禹王、商湯王及周文王、武王，因他們是夏、商、周三代開國之君，故被稱為「三王」。

【語　譯】徐愛問文中子和韓愈。陽明先生說：「韓退之，是文人中的雄傑罷了；文中子，是一位賢儒。後人只是因為文辭的緣故推重韓愈，其實韓愈比文中子差得遠。」徐愛問：「那麼文中子為什麼有摹擬經典的缺點？」陽明先生說：「摹擬經典恐怕也不能完全加以指責。況且，後世儒者著書的意思，同文中子的摹擬經典比較起來，又怎麼樣呢？」徐愛說：「後世的儒者著書，不是沒有想出名的念頭，但他們主要的還是為了闡明儒家的主張，文中子的摹擬經典似乎純是為了求名。」陽明先生問：「後世儒者著書來闡明主張，他們效法什麼呢？」徐愛說：「他們效法孔子的刪述六經，來闡明大道。」陽明先生又問：「那麼文中子摹擬經典，難道就不是效法孔子？」徐愛說：「著書就是要對大道有所闡發，摹擬經典則似乎只是摹仿它的形式，恐怕對大道的闡發沒什麼補益。」陽明先生說：「你認為那些著書闡明大道的人是使世人返樸還淳，並且在行動中體現出來呢？還是只是修飾美好的言辭，在世上爭爭吵吵呢？天下之所以大亂，都是因為虛浮的言辭太多而實幹的風氣衰落啊。假使儒道已經在天下得到闡明，那就沒有必要傳述六經。孔子刪改、傳述六經，是出於不得已啊。自從伏羲畫卦，到周文王、周公，這期間解說《易經》的如《連山》、《歸藏》之類，紛紛雜雜，不知道有多少，《易經》之道被攪得大亂。孔子看到天下喜歡文飾的風氣一天比一天熾盛，知道《易》學將會被攪得漫無綱紀，於是取文王、周公的解說加以闡明，認為只有這些才符合《易》學的宗旨。於是這各種亂七八糟的解說才全被廢棄，解說《易經》的人才開始歸於一統。《書》、《詩》、《禮》、《樂》、《春秋》等經典也是這樣。《尚書》從『典』『謨』以後，《詩》從「二南」以下，例如《九丘》、《八索》等種種淫濫不雅的言辭，也不知有幾千幾百篇。《禮》、《樂》所記載的各種事物名稱、禮度數量，到這時已無法窮究。孔子統統加以刪除，正確地加以述說，然後各種繁雜的解說才全被廢棄不用。又如《書》、《詩》、《禮》、《樂》等經典中，孔子又何曾添加過一句話，現今《禮記》傳下來的各種解說，都是後世儒者牽強附會而成，已不是孔子時的原貌。至於《春秋》，雖說是孔子所作，其實都是魯國史書原有的。所謂「筆」，只不過記魯史舊文；所謂『削』，也不過削去繁複的文詞，是有所減少而沒有增益。孔子傳述六經，怕繁縟的文詞會搞亂天下，只因簡約難以做到，才只好要求天下人務必去掉文飾，探求它們的實際意義，並非以文飾教人。《春秋》以後繁縟的文詞更為興盛，天下也更加混亂。秦始皇焚書得罪世人是出於私心，又不應焚毀六經。如當時秦始皇的想法是為了闡明大道，那他把眾多違反經典、背離天理的學說全部搜去加以焚毀，倒也正暗暗符合孔子刪述六經的意圖。自秦漢以下，文詞又日益興盛。如想把所有的文章全都棄去，斷然做不到，只能選取那些取法孔子比較接近的加以肯定、宣傳。這樣其餘眾多的奇怪悖謬的學說，也就自然會漸漸被廢棄。我不知文中子當初摹擬經典的意圖如何，只是深深覺得他所做的有可取之處，認為即使孔聖人再生，也不能改變。天下之所以不太平，就只是因為文飾太盛而實行轉衰。人人都拿出自己的見解，以新奇比高下，來向世俗人炫耀以取得名譽，只是搞亂天下人的智慧，弄亂天下人的耳目，使天下人紛紛爭著修飾文詞以求知名於世，而不再知道有崇尚敦厚、返樸還淳的行事，這些都同那些著書立說者開啟的亂源有關。」徐愛說：「著述也有不能缺少的時候。例如《春秋》這一部經書，倘若沒有《左傳》，恐怕也很難讀懂。」陽明先生說：「《春秋》倘一定要等讀了《左傳》才能明白，那它就是歇後語和謎語之類的東西了。孔聖人何苦要寫這樣艱深隱晦難懂的言詞呢？《左傳》多半是魯史原有的文字，如果《春秋》一定要有這些文字才能讀懂，那麼孔子何必刪去它們呢？」徐愛說：「伊川也說過：『傳好比訴訟文字，經好比斷案的判決文字。』如果只寫弒某君、伐某國之類的話，卻不明白它們講的是什麼具體事情，恐怕也難以斷定誰是誰非了。」陽明先生說：「伊川這話怕也是沿襲前代儒者的說法，未能了解孔聖人創作《春秋》的意圖。如果寫的是『弒君』，那『弒君』就是他的罪行，何必再追究他弒君的詳情；征伐的命令應由天子發出，孔子寫著『伐國』，那『伐國』就是他的罪行，又何必再追問他伐國的詳情。孔聖人傳述六經，只是要端正人心、保存天理、去掉人欲。對於存天理、去人欲的事情他也曾說過，或者因為有人請教而根據具體情況有限度地說過。他不肯多說，是怕人們專門從言詞上追究，所以他說：『我想不講話了。』如果是所有一切使人放縱私欲、泯滅天理的事情，他又怎麼肯詳細地講給人聽呢？因為這是增長紛亂、導致奸邪的事啊。所以孟子說：『孔子的門人，沒有講齊桓公、晉文公之事的，因此後世也沒人傳述這些。』這就是孔門的家法。後世儒者只講得一個霸者的學問，所以要懂得許多陰謀詭計，純粹是一個追求功利的心，與孔聖人創作經書的意圖正好相反，叫人怎麼想得通？」於是陽明先生嘆息著說：「如不是懂得天道的人，不容易同他談論這些啊。」又說：「孔子說：『我還趕上了看到史書存疑的時候。』孟子說：『完全相信《書》中所說的，還不如沒有《書》。我對於〈武成〉這一篇，只取它兩三簡罷了。』孔子刪《書》時，對唐堯、虞舜、夏禹這四五百年間的文獻，不過保留了幾篇，難道就再沒一事可傳而只能傳述這些？孔聖人的意圖由此就可以知道了。孔聖人只是要刪除繁瑣的文字，後世儒者卻只是要添上。」

徐愛說：「聖人創作經書，只是要人們去人欲、存天理。如說春秋五霸以下的史事，聖人不想詳細地告訴人們，那確實如此。可是，堯、舜以前的事情，我們又為何不能多知道一點？」陽明先生說：「伏羲、黃帝時代的事情久遠，傳下來的少，這也可以想見，那時全是一派淳厚樸素、全無文采的景象。這就是太古之治，非後世所能比的。」徐愛問：「例如『三墳』一類的書，也有傳述這些的，孔子為什麼要刪去？」陽明先生說：「即使有傳述的，也由於時代的變化漸進變得不太適宜，風氣日益開放，文采一天比一天增多，到周朝末年，即使想用夏朝、商朝的風俗來改變它，也已經不能挽回了，何況用唐堯、虞舜時代的風俗呢！又何況想回到伏羲、黃帝時代呢！但是，時代雖然不同，原則卻是一致的。孔子對堯舜則加以宗奉，對周文王、周武王則加以效法，周文王、周武王的法則就是堯舜之道。只是因為不同的時代應採取不同的政治措施，周朝的制度法令才自然有所不同。就是將夏、商的法令制度施行到周代，也已有不相適應之處。所以周公考慮要對三王之政兼而取之，對與當代不相適應的地方，他就夜以繼日地加以深思。何況太古時代的政治，又怎能行於當代呢！這太古的政治本來是聖人所疏略不計的。如果一定要實行太古時代的風俗，那就是佛教、道家的學術了；

就是佛教、道家，也會根據時代採取相應的治理方法。」陽明先生又說：「如果專門無為而治，那就不能像三王時代那樣根據當時的情況採取相應的措施；如果不能像三王時代那樣一切依大道而行，卻以功利之心來行政，那就只是霸者以下的政治。後世儒者許多人講來講去，只是講了個稱霸之術。」

陽明先生又說：「唐堯、虞舜以前的政治，後世不能再施行了，可以省略不講了。夏、商、周三代以下的政治，後世不能效法了，略去不講也是可以的。即使三代的政治還可以施用，但後世討論三代之政的人不懂得它們的根本所在，卻只是效法它們的毫末枝節，那也不可施行了。」

【研　析】「心學」的特點：從治學方法來說，就是追求「簡易」，反對繁瑣。這在陸象山那裡就已如此。南宋孝宗淳熙二年（西元一一七五年），陸九淵與朱熹會於鵝湖，陸九淵就曾作詩贈其弟陸九齡云：「墟墓興哀宗廟欽，斯人千古不磨心。涓流滴到滄溟水，拳石崇成泰華岑。易簡功夫終久大，支離事業竟浮沉。欲知自下升高處，真偽先須辨只今。」詩中顯然稱自己的學術為「易簡功夫」，而指斥朱熹為代表的理學為「支離事業」。陽明在這裡藉評論王通、韓愈，對韓愈的崇尚文辭大加貶斥，顯然也是借題發揮，目的是批評宋明理學家的崇尚虛文、不務實際。為了闡明自己的觀點，他不惜對孔子的刪削六經加以曲說，甚至對秦始皇的焚書也予以委婉肯定，可見他對程朱後學的虛比浮辭是極端痛恨的。

陽明對上古時代的淳樸敦厚之風是十分嚮往的，但他又清醒地看到，由於時代不同，政治設施、學術主張也必定不同，因而必須「因時致治」。陽明之所以要拋出自己以「致良知」為核心的理論體系，其出發點也就在這裡。

愛曰：「先儒論六經，以《春秋》為史。史專記事，恐與五經事體終或稍異。」先生曰：「以事言謂之『史』，以道言謂之『經』。事即道，道即事。《春秋》亦經，五經亦史。《易》是包犧氏之史，《書》是堯舜以下史，《禮》、《樂》是三代史。其事同，其道同，安有所謂異！」

又曰：「五經亦只是史。史以明善惡，示訓戒。善可為訓者，特存其迹以示法；惡可為戒者，存其戒而削其事以杜奸。」愛曰：「存其迹以示法，亦是存天理之本；然削其事以杜奸，亦是遏人欲於將萌否？」先生曰：「聖人作經固無非是此意，然又不必泥❶著文句。」愛又問：「惡可為戒者，存其戒而削其事以杜奸，何獨於《詩》而不刪〈鄭〉、〈衛〉？先儒❷謂『惡者可以懲創人之逸志』，然否？」先生曰：「《詩》非孔門之舊本矣。孔子云：『放鄭聲，鄭聲淫❸。』又曰：『惡鄭聲之亂雅樂也❹。』鄭衛之音，亡國之音也，此是孔門家法。孔子所定三百篇，皆所謂雅樂，皆可奏之郊廟❺，奏之鄉黨❻；皆所以宣暢和平，涵泳德性，移風易俗，安得有此！是長淫導奸矣。此必秦火❼之後，世儒附會以足三百篇之數。蓋淫泆之詞，世俗多所喜傳，如今閭巷皆然。『惡者可以懲創人之逸志』，是求其說而不得，從而為之辭。」

【章　旨】本章記陽明「五經皆史」的觀點。

【注　釋】❶泥　拘泥。❷先儒　這裡指朱熹。下引「惡者可以懲創人之逸志」，見《論語集注・為政》。❸放鄭聲二句　見《論語・衛靈公》。原文為：「放鄭聲，遠佞人，鄭聲淫，佞人殆。」放，放棄；捨棄。鄭聲，鄭國的樂曲。❹惡鄭聲之亂雅樂也　見《論語・陽貨》。❺郊廟　古時祭祀天地稱「郊」，祭祀祖先稱「廟」。❻鄉黨　古代地方單位名，萬二千五百家為鄉，五百家為黨。❼秦火　指秦始皇焚書坑儒。

【語　譯】徐愛說：「前輩儒者評論六經，認為《春秋》是史書。史書專門記事，恐怕同《書》、《詩》、《易》、《禮》、《樂》等五經的內容體例終究稍有不同。」陽明先生說：「從記事的角度叫作『史』，從闡道的角度叫作『經』。事就是道，道就是事。《春秋》也是經書，五經也是史書。《易》是包犧氏的史書，《書》是堯、舜以下的史書，《禮》、《樂》是夏、商、周三代的史書。它們所記的事情相同，所闡發的主張相同，哪裡有什麼差異！」

陽明先生又說：「五經也只是史書。史書用來判明善惡，昭示訓戒。對可以引為訓導的善事，它僅僅保存一點形跡以昭示法則；對可以引以為戒的惡事，它就保存警戒之意而刪除具體事情以杜絕奸邪。」徐愛說：「保存一點形跡以昭示法則，也是保存天理的根本；但刪削具體事情來杜絕奸邪，也算是把人欲遏止在萌芽狀態麼？」陽明先生說：「聖人創作經書本來無非是這個想法，但是我們又不必拘泥於文辭字句。」徐愛又問：「既然您說惡可以引以為戒，聖人保存警戒而刪削具體事情，為什麼不刪去《詩》中的〈鄭風〉、〈衛風〉？朱子認為『惡事可以用來懲治人們的逸蕩之心』，對不對？」陽明先生說：「《詩》已不是孔門的舊本了。孔子說：『要放棄鄭國的樂曲，因為鄭國的樂曲淫蕩。』又說：『我厭惡鄭國的樂曲搞亂雅樂。』鄭衛之音，是亡國之音，這是孔門的家法。孔子所刪定的三百篇，都是所謂雅樂，都可以在郊祭時演奏，在地方聚會時演奏，都可用以宣洩人心，使人心暢達平和，沐浴聖人的德性，使不良風俗有所改變的，哪裡會有鄭衛之音這些東西！這些東西只能增長淫風誘發奸邪呀！這一定是秦始皇焚書以後，後世儒者牽強附會來湊足孔子時的三百篇之數。大凡淫佚的歌詞，世俗之人就多半喜歡傳誦，如今民間街道閭巷之人還都是這樣。朱子說『惡事可以用來懲治人們的逸蕩之心』，是想找到一種解釋卻沒有找到，只好用這種話來解釋。」

【研　析】在這段話裡，王陽明提出了一個重要觀點：「五經皆史。」這個觀點雖不是他的獨創（在他以前，已有王通、陸魯望、劉因等人提出過「經即史」的觀點），但卻比較系統，對後來李贄、傅山、袁枚特別是章學誠都有重大影響。章學誠在《文史通義．經解下》中說：「六經初不為尊稱，義取經綸為世法耳。」強調六經都是聖人因時而制定的法制行事、人倫日用，乃歷史著作而非訓戒後人的聖言，對陽明「事即道，道即事」的觀念又有所超越，成為史家的一個重要觀點。

愛因舊說汩沒❶，始聞先生之教，實是駭愕不定，無入頭處。其後聞之既久，漸知反身實踐，然後始信先生之學為孔門嫡傳，舍是皆傍蹊小徑、斷港絕河矣。如說「格物」是「誠意」的功夫，「明善」是「誠身」的功夫，「窮理」是「盡性」的功夫，「道問學❷」是「尊德性」的功夫，「博文」是「約禮」的功夫，「惟精」是「惟一」的功夫，諸如此類，始皆落落難合，其後思之既久，不覺手舞足蹈。

右曰仁所錄。

【章　旨】本章是徐愛所作的附記，主要說明自己由對陽明先生的觀點表示懷疑到逐漸信服的經過。

【注　釋】❶汨沒　埋沒。這裡指淹沒無聞。❷道問學　語出《中庸》：「尊德性而道問學。」道，說；講。

【語　譯】徐愛因為舊說淹沒無聞，開頭聽到陽明先生的教誨，確實吃驚害怕心神不寧，沒有入門之處。後來聽久了，漸漸懂得反身實踐了，然後才相信先生的學說是孔門的嫡傳，捨棄這些其餘都是傍蹊小路、斷港絕河。例如陽明先生說「格物」是「誠意」的功夫，「明善」是「誠身」的功夫，「窮理」是「盡性」的功夫，「道問學」是「尊德性」的功夫，「博文」是「約禮」的功夫，「惟精」是「惟一」的功夫，諸如此類，開始時都很難接受，後來想久了，才不知不覺手舞足蹈。

以上是徐愛所記。

【研　析】徐愛這段話一方面表明了自己對陽明先生的學說有一個認識過程，另一方面也指出了陽明之學的關鍵在於「反身實踐」，不如此即不能融貫，甚至不能接受，這對我們理解陽明之學有重要的啟發意義。

陸澄錄

陸澄❶問：「主一之功，如讀書則一心在讀書上，接客則一心在接客上，可以為主一乎？」先生曰：「好色則一心在好色上，好貨則一心在好貨上，可以為主一乎？是所謂逐物，非主一也。主一是專主一個天理。」

問立志。先生曰：「只念念要存天理，即是立志。能不忘乎此，久則自然心中凝聚，猶道家所謂結聖胎❷也。此天理之念常存，馴至❸於美大聖神❹，亦只從此一念存養擴充去耳。」

「日間功夫，覺紛擾則靜坐；覺懶看書則且看書，是亦因病而藥❺。」

「處朋友，務相下則得益，相上則損。」

【章　旨】記陽明先生回答「主一」、「立志」等問題。

【注　釋】❶陸澄　字原靜，又字清伯，湖之歸安（今浙江吳興）人，陽明弟子，弘治乙丑（西元一五〇五年）進士，授刑部主事，因議大禮不合，罷歸。❷聖胎　道家認為修煉內丹，可以無質生質，結成聖胎，如同嬰兒。❸馴至　逐漸達到。❹美大聖神　《孟子・盡心下》：「充實之謂美，充實而有光輝之謂大，大而化之之謂聖，聖而不可知之之謂神。」❺藥　這裡用作動詞，是對症下藥的意思。

【語　譯】陸澄問：「主一的功夫，如果讀書就一心在讀書上，接待客人就一心在接待客人上，可以算主一了嗎？」陽明先生說：「愛好美色就一心在愛好美色上，喜好財貨就一心在喜好財貨上，這可以算主一嗎？這是追逐物事，不是主一呀。主一就是專注於一個天理。」

陸澄又問什麼是立志。陽明先生說：「只要念念存天理，就是立志。能夠不忘記這個，久了就自然心中凝聚為一，就像道家所說的結聖胎。能經常存念這天理，逐漸養成美大聖神四種境界，也只不過是從這一個念頭開始加以保存並且擴充開去罷了。」

陽明先生說：「白天做功夫，覺得紛煩時就去靜坐；覺得不想看書時就姑且看看書，這也是對症下藥。」

陽明先生又說：「處理朋友關係，互相謙下就得益，互爭高低就受損。」

【研　析】這章主要記載了陽明兩個觀點，即「主一」和「立志」，事雖不同，歸結點卻只有一個，那就是「存天理」。「存天理」意同陽明晚年的「致良知」。陽明將它比作道家煉內功結聖胎，由此也可以看出他所主張的修養功夫深受道家影響。

孟源❶有自是好名之病，先生屢責之。一日，警責方已，一友❷自陳日來功夫，請正。源從傍曰：「此方是尋著源舊時家當。」先生曰：「爾病又發。」源色變，議擬欲有所辨❸。先生曰：「爾病又發！」因喻之曰：「此是汝一生大病根。譬如方丈地內種此一大樹，雨露之滋，土脈❹之力，只滋養得這個大根，四傍縱要種些嘉穀，上面被此樹葉遮覆，下面被此樹根盤結，如何生長得成？須用伐去此樹，纖根勿留，方可種植嘉種。不然，任汝耕耘培壅，只是滋養得此根。」

【章　旨】記陽明批評弟子孟源事。

【注　釋】❶孟源　字伯生，陽明弟子。❷友　這裡指同學。《說文》：「同志為友。」❸辨　通「辯」。❹土脈　本指地形的脈絡走向，這裡指肥沃的土質。

【語　譯】孟源有自以為是、愛出風頭的毛病，陽明先生常常責備他。一天，陽明先生剛警告責備過他，一位同學向先生陳說自己近幾天來的修養情況，請求先生指正。孟源在一旁說：「這也是我先前的病根所在。」先生說：「你老毛病又犯了。」孟源變了臉色，打算為自己辯護幾句。先生說：「你老毛病又犯了！」於是打著比方同他說：「這是你一生的大病根。譬如一丈見方的地內種這麼一棵大樹，雨露滋養它，土壤肥沃它，也只養得它這個大根，倘若要在它四周種些嘉穀，上面有這樹的枝葉遮擋，下面被這樹的根兒盤結，又怎能生長呢？一定得砍去這樹，連鬚根都不留，才能種植嘉穀。不然的話，任憑你怎樣耕耘培土，也只能養得這樹根。」

【研　析】本章記的是陽明教弟子怎樣做修養功夫的一個實例。孟源「自是好名」，喜歡對人家評頭品足，陽明以伐去大樹、種植嘉穀為喻，責令他改過。

問：「後世著述之多，恐亦有亂正學❶。」先生曰：「人心天理渾然，聖賢筆之書，如寫真❷傳神，不過示人以形狀大略，使之因此而討求其真耳。其精神意氣、言笑動止，固有所不能傳也。後世著述，是又將聖人所畫，摹倣謄寫而妄自分析加增，以逞其技，其失真愈遠矣。」

【章　旨】記陽明對後儒著述的評論。

【注　釋】❶正學　正當、正確的學術。這裡指儒學。❷寫真　描畫人像。

【語　譯】陸澄問：「後世著述很多，恐怕也會搞亂正當的學術。」陽明先生說：「人心天理渾然一體，聖賢們將它們寫在書中，就像畫師畫像傳達一個人的神態，不過給人一個大概的輪廓形狀，使人們能通過它們來探求他的真實面目罷了。他的精神氣質、言笑舉止，本來就有無法傳達之處。後世的著述，是又把聖人們所摹畫的加以摹倣謄抄並胡亂加以分割增益，來顯示他們的技巧，這就離真實面目越發遠了。」

【研　析】陽明這段話的含義頗近道家的「貴意輕言」。《莊子・秋水》云：「可以言論者，物之粗也；可以意致者，物之精也；言之所不能論，意之所不能察致者，不期精粗焉。」所以道家認為言為「糟粕」，為「陳跡」，當取其「意」而忘其「言」，直溯本源，不落筌蹄。陽明認為「天理」「人心」本「渾然」一體，明於此理者應努力踐行，而不在於講說著書。聖賢著書，也只是指示一個方向而已，後世學者紛紛著書闡述聖賢之意，反而增其糟粕而失其精華。這觀點與道家十分近似。

問：「聖人應變不窮，莫亦是預先講求否？」先生曰：「如何講求得許多？聖人之心如明鏡，只是一個明，則隨感而應，無物不照。未有已往之形尚在，未照之形先具者。若後世所講，卻是如此，是以與聖人之學大背。周公制禮作樂以文天下，皆聖人所能為，堯、舜何不盡為之而待於周公？孔子刪述六經以詔❶萬世，亦聖人所能為，周公何不先為之而有待於孔子？是知聖人遇此時，方有此事。只怕鏡不明，不怕物來不能照。講求事變，亦是照時事，然學者卻須先有個明的功夫。學者惟患此心之未能明，不患事變之不能盡。」曰：「然則所謂『沖漠無朕而萬象森然已具❷』者，其言何如？」曰：「是說本自好，只不善看，亦便有病痛。」

【章　旨】記陽明答聖人能「應變無窮」，是否「預先講求」的問題。

【注　釋】❶詔　教導之意。《爾雅．釋詁》：「導也。」❷沖漠無朕句　此程頤語，見《二程遺書》卷一五〈伊川先生語一〉。此條原文作「沖漠無朕，萬象森然已具」。沖漠，《宋元學案》卷一五〈伊川學案上〉作「沖穆」。深微之意。朕，徵兆。指形跡。森然，繁密直立的樣子。

【語　譯】陸澄問：「聖人能順應萬事萬物的變化而不會計窮力竭，是不是他們預先就對萬事萬物有所研究？」陽明先生說：「他們哪能研究這許多事物？聖人的心好像明亮的鏡子，只是一片明亮，就能根據感覺應對，對什麼事物都能明察。沒有已成過去的事物依然存在，而還沒察見的事物就預先存在的道理。像後世學者所講求的，卻正是這樣，因此他們同聖人的學說大相背離。周公制作禮樂來文飾天下，都是聖人所能做的，堯、舜為什麼不全都做掉卻要等周公去做？孔子刪述六經來教導萬世，也是聖人所能做的，周公為什麼不全都做掉卻要留待孔子去做？因此可知聖人趕上這個時世，才有這些事情。只怕鏡子不明亮，不怕事物來了不能照察。研究事物的變化，也就是照察當時的事物，但學者卻應先有使心地明亮的修養功夫。學者只怕這心不能明亮，不怕事物變化無端不能全部對付。」陸澄又問：「那麼程頤所說的『內心深微無跡，萬物自然就已完備』，這話怎樣？」陽明先生說：「這說法好是好，只是如果不善於分析，也會有毛病。」

【研　析】這一章陽明著重闡明了明「心」的重要性。他認為只要「心」明亮了，就能「隨感而應，無物不照」，因而沒有必要預先研究千變萬化的客觀世界。陸九淵也曾說：「萬物森然於方寸之間，滿心而發，充塞宇宙，無非此理。」（《陸九淵集》卷三四《語錄》上）陽明與陸九淵的主張一脈相承。如果究其根源，則可能受了禪宗的影響。禪宗北宗神秀即有「身是菩提樹，身如明鏡臺」（《六祖法寶壇經》）之說。陸九淵曾命弟子徐仲誠到處槐堂存思孟子「萬物皆備於我」一語的道理，仲誠存思了一月之後，得到的結論就是「如鏡中觀花」（事見《陸九淵集》卷三四《語錄》上）。「鏡中觀花」，所見皆為幻景；明心以觀實景，所見方更為真切，這是禪、儒之別。陸九淵、王陽明雖受禪宗影響以鏡喻心，卻並不把客觀世界看作幻象，這是他們入於禪又出於禪的具體表現。

陽明為什麼說程頤「沖漠無朕而萬象森然已具」的話「只不善看，亦便有病痛」？程頤的原話是這樣的：「沖漠無朕，萬象森然已具。未應不是先，已應不是後。如百尺之木，自根本至枝葉，皆是一貫，不可道上面一段事，無形無朕，卻待入旋安排引入來，教入塗轍。

既是塗轍，卻只是一個塗轍。」程頤這段話，本來是闡發「道器一貫」、「心物一體」的道理，與陽明的觀點大體上一致，所以陽明說「是說本自好」，加以肯定。但在程頤的後學那裡，這觀點並未得到發揚（事實上這觀點在程頤本人的思想體系中也不占主導地位），到南宋朱熹時，更以「道」、「器」、「心」、「物」為不同性質、互相對待之事物，從而使「理學」與「心學」的對立更為突出。陽明所說的「只不善看，亦便有病痛」，大概就是針對這種情形而言。

「義理無定在，無窮盡。吾與子❶言，不可以少有所得而遂謂止此也。再言之十年、二十年、五十年，未有止也。」他日又曰：「聖如堯、舜，然堯、舜之上，善無盡；惡如桀、紂，然桀、紂之下，惡無盡。使桀、紂未死，惡寧止此乎？使善有盡時，文王何以『望道而未之見❷』？」

【章旨】此章記陽明表白自己追求「義理」永無止境的決心。

【注釋】❶子　古人對男子的敬稱。這裡指陸澄。❷望道而未之見　語出《孟子．離婁下》：「文王視民如傷，望道而未之見。」意為：周文王對待人民好像對待傷員，追求大道卻像沒看到一樣，只管努力求索，毫不鬆懈自滿。

【語譯】陽明先生說：「義理沒固定在什麼地方，是無窮無盡的。我同你談論義理，不能因為稍有心得而認為它們就此為止了。再談它十年、二十年、五十年，也沒有止境。」過了幾天，陽明先生又說：「聖明如堯、舜，但在堯、舜之前，善無止境；惡如夏桀王、商紂王，但是夏桀王、商紂王之後，惡也沒有止境。假如夏桀王、商紂王沒死，難道惡到他們那兒就停止了麼？假如善有止境，周文王為什麼『已經望見了大道卻似乎沒看見』？」

【研析】此章有兩點值得注意：一是陽明認為「義理」、「善」無止境，應永無止境地追求，表明了他追求真理的執著；二是陽明認為「惡」也是沒有止境的，他雖沒明確說要同「惡」作不懈鬥爭的話，卻顯然包含有這層意思。這顯示了他的學說是以不斷地探求「善」、不斷地消除「惡」為長遠目標的。

問：「靜時亦覺意思好，才遇事便不同，如何？」先生曰：「是徒知靜養而不用克己❶功夫也。如此臨事便要傾倒。人須在事上磨，方立得住，方能『靜亦定，動亦定❷』。」

【章旨】記陽明回答陸澄關於「養靜」的問題。

【注釋】❶克己　語出《論語·顏淵》：「克己復禮為仁。」朱熹注：「克者，勝也；己，謂己之私欲也。復，反也。」（《四書集注》）何晏《論語集解》：「馬曰：『約身』。」即約束自身之意。❷靜亦定二

句　語出程顥〈定性書〉。定，指確乎不拔、堅定不移。

【語譯】陸澄問：「我靜時也覺得很好，可一遇到事情就不同，是什麼原因？」陽明先生說：「你這是只知靜養，卻不做『克服自身私欲』的功夫。這樣一遇到事情就會動搖。一個人應該在事情上磨煉，才能站得住腳，才能做到『靜也堅定，動也堅定』。」

【研析】《禮記・樂記》：「人生而靜，天之性也；感於物而動，性之欲也。」《大學》也有「知止而後有定，定而後能靜」之語，到宋代，「靜」成了理學家的一種調養心性的重要方法，心學家也不例外。陸澄所做的功夫，就是如此。陽明指出在「靜養」的同時，還要做到「克己」，即約束自己的身心，克服自己的私欲，特別是要在具體事情上磨煉自己的心性，這樣才能培養成堅韌不拔的品性。

問「上達❶」功夫，先生曰：「後儒教人，纔涉精微，便謂『上達』，未當學，且說『下學』。是分『下學』、『上達』為二也。夫目可得見，耳可得聞，口可得言，心可得思者，皆『下學』也；目不可得見，耳不可得聞，口不可得言，心不可得思者，『上達』也。如木之栽培灌溉，是『下學』也；至於日夜之所息，條達暢茂，乃是『上達』。人安能預❷其力哉！

故凡可用功、可告語者，皆『下學』，『上達』只在『下學』裡。凡聖人所說雖極精微，俱是『下學』。學者只從『下學』裡用功，自然『上達』去，不必別尋個『上達』的功夫。」

「持志如心痛，一心在痛上，豈有功夫說閒話、管閒事。」

【章　旨】記陽明論「下學」與「上達」的區別與聯繫。

【注　釋】❶上達　與「下學」相對而言。《論語・憲問》：「不怨天，不尤人，下學而上達，知我者其天乎！」皇侃《論語義疏》：「下學，學人事；上達，達天命。我既學人事，人事有否有泰，故不尤人；上達天命，天命有窮有通，故我不怨天也。」❷預　參預。

【語　譯】陸澄問「上達」功夫。陽明先生說：「後世的儒者教人，才涉及到精微之處，就說是『上達』；還未開始學習，就姑且稱為『下學』。這是把『下學』與『上達』分為兩個東西。凡眼睛可以看見，耳朵可以聽見，口裡可以說出，心裡可以想到的，都是『下學』；眼睛不能看見，耳朵不能聽見，口裡不能說出，心裡不能想到的，都是『上達』。就好比樹木，栽培灌溉，這是『下學』；至於日夜生息繁育，長得挺直茂盛，就是『上達』了。人怎能在這裡面參預用力呢！所以可以用功，可以告訴的，都是『下學』，『上達』只在『下學』裡面。凡是聖人所說的，即使極端精微，也都只是『下學』。學者只要從『下學』裡用功夫，自然就會

『上達』而去，不必再另外尋個別的什麼『上達』的功夫。」

陽明先生又說：「保持心志就像得了心痛病，一心一意專注在痛上，哪有功夫說閒話、管閒事。」

【研　析】「下學」、「上達」，是宋儒非常重視的一個修養問題。朱熹《四書集注》引二程語云：「學者須守『下學』、『上達』之語，乃學之要。蓋凡下學人事，便是上達天理。」二程對「下學」、「上達」的理解，基本上本於皇侃《論語義疏》，以「下學」為「學人事」，「上達」為「達天命」，只是改皇侃的「天命」為「天理」而已。這是把「下學」和「上達」分成兩樁不同的事情：「下學」指學習具體的、形而下的事情，「上達」指達到抽象的、形而上的境界。從「道」「器」關係說，「下學」屬「器」，「上達」屬「道」。這就是王陽明所批評的後儒「分『下學』、『上達』為二」的根據所在。

宋儒既已將「下學」、「上達」區分為兩樁不同的事，到修養實踐時，自然便把它們看作兩個不同的階段。在他們看來，「下學」屬修養的初級階段，「上達」才是修養的高級階段。由「下學」到「上達」，要經歷一個由低級向高級的循序漸進的過程。所以朱熹解釋說：「不得於天而不怨天，不合於人而不尤人，但知下學而自然上達，此但自言其反己自修，循序漸進耳。」（《四書集注》）

陽明對「下學」與「上達」的理解同宋儒不一致的地方在於：他認為凡是看得見、聽得到、說得出、想得到的事物都屬「下學」，連聖人所說的也是如此。凡是看不見、聽不到、說不出、想不到的東西，就是「上達」。「上達」是「下學」的必然結果，學者每「下學」一步，同時也就「上達」了一步。因而「下學」與「上達」是一個同步發展，密不可分的過程。正面地說，「下學」中包含「上達」；反過來說，「上達」即在「下學」之中，其中所包含的辯證統一關係是顯而易見的，而這也就是陽明「知行合一」觀的具體表現之一。

問：「『惟精惟一』❶是如何用功？」先生曰：「『惟一』是『惟精』主意，『惟精』是『惟一』功夫。非『惟精』之外，復有『惟一』也。『精』字從米❷，姑以米譬之。要得此米純然潔白，便是『惟一』意；然非加舂簸篩揀『惟精』之功，則不能純然潔白也。舂簸篩揀是『惟精』之功，然亦不過要此米到純然潔白而已。『博學』、『審問』、『慎思』、『明辨』、『篤行』❸者，皆所以為『惟精』而求『惟一』也。他如『博文』❹者即『約禮』之功，『格物』『致知』者即『誠意』之功，『道問學』即『尊德性』❺之功，『明善』即『誠身』❻之功，無二說也。」

「知者行之始，行者知之成。聖學只一個功夫，知行不可分作兩事。」

「漆雕開曰『吾斯之未能信』，夫子說之❼；子路使子羔為費宰，子曰『賊夫人之子』❽；曾點言志，夫子許之❾，聖人❿之意可見矣。」

【章旨】記陽明回答陸澄關於「惟精惟一」的問題，指出「『惟一』是『惟精』主意，『惟精』是『惟一』功夫」，兩者是目的與行為的統一。

【注釋】❶惟精惟一　語出《尚書・大禹謨》。❷精字從米　《說文》：「精，擇也，从米青聲。」❸博學審問慎思明辨篤行　《中庸》「博學之，審問之，慎思之，明辨之，篤行之」之簡縮。❹博文　與下句之「約禮」，皆《論語・雍也》「博學於文，約之以禮」之簡縮。❺道問學即尊德性　《中庸》：「故君子尊德性而道問學。」朱熹注：「尊者，恭敬奉持之意。德性者，吾所受於天之正理。道，由也。……尊德性，所以存心而極乎道體之大也；道問學，所以致知而盡乎道體之細也。」王陽明認為「道問學」就是「尊德性」，與朱熹的看法不同。❻明善即誠身　明善，明白「善」之所在。誠身，修身使心變得誠實。❼漆雕開曰二句　《論語・公冶長》：「子使漆雕開仕，對曰：『吾斯之未能信。』子說。」漆雕開，孔子的弟子，字子開。說，通「悅」。❽子路使子羔為費宰二句　見《論語・先進》。子路，（西元前五四二～前四八〇年）姓仲，名由，字子路，卞（今山東平邑東北仲村）人，孔子的弟子。子羔，姓高，名柴，字子羔，孔子的弟子。費，地名，在今山東平邑東南。宰，主管。賊，傷害。❾曾點言志二句　曾點，名皙，曾參的父親，孔子的弟子。《論語・先進》記孔子命子路、冉有、公西華、曾點各言其志，曾點說自己的志向是：「莫（暮）春者，春服既成，冠者五六人，童子六七人，浴乎沂，風乎舞雩，詠而歸。」孔子聽了，喟然嘆曰：「吾與（贊成）點也。」❿聖人　指孔子。

【語　譯】陸澄問：「怎樣在『惟精惟一』方面下功夫？」陽明先生回答：「『惟一』是『惟精』的指導思想，『惟精』是『惟一』的實踐功夫。並非在『惟精』之外，又有一個『惟一』。『精』字以『米』為偏旁，與米有關，姑且以米為喻。要使米變得精純潔白，這是『惟一』的意思；但如不經過舂、簸、篩、選等『惟精』的功夫，就不能使米變得精純潔白。舂、簸、篩、選固然是『惟精』的功夫，但其目的也不過是要米變得精純潔白而已。《中庸》所說的『博學之，審問之，慎思之，明辨之，篤行之』，都是用來做『惟精惟一』功夫的。其他如『博學於文』即是『約之以禮』的功夫，『格物』『致知』即是『誠意』的功夫，『道問學』即是『尊德性』的功夫，『明善』即是『誠身』的功夫，並沒有別的解釋。」

陽明先生又說：「『知』是『行』的開始，『行』是『知』的結果，聖人的學問只是一個功夫，『知』『行』不能分作兩件不同的事。」

陽明先生又說：「漆雕開說『我對自己能否出仕沒有信心』，孔子聽了這話很高興；子路使子羔當費邑的主管，孔子說『這是害了別人的兒子』；曾點談自己的理想，孔子表示贊同。從這些事情中可以看出孔子的想法了。」

【研　析】徐愛也曾向陽明問及「惟精惟一」的問題，陽明所答，與答陸澄大體一致（詳前面徐愛所錄）。陽明論「惟精惟一」的宗旨，大抵本於其「知行合一」之說，強調動機與行為的統一，思想與實踐的統一。

問：「寧靜存心時，可為未發之中❶否？」先生曰：「今人存心，只定得氣；當其寧靜時，亦只是氣寧靜，不可以為未發之中。」曰：「未便是中，莫亦是求中功夫？」曰：「只要去人欲，存天理，方是功夫。靜時念念去人欲，存天理；動時念念去人欲，存天理，不管寧靜不寧靜。若靠那寧靜，不惟漸有喜靜厭動之弊，中間許多病痛只是潛伏在，終不能絕去，遇事依舊滋長。以循理為主，何嘗不寧靜；以寧靜為主，未必能循理。」

【章　旨】記陽明回答「寧靜存心」是否就是「未發之中」的問題。

【注　釋】❶未發之中　指的就是喜怒哀樂未形於外的平靜狀態。《中庸》：「喜怒哀樂之未發，謂之中；發而皆中節，謂之和。中也者，天下之大本也；和也者，天下之達道也。」

【語　譯】陸澄問：「當一個人內心處於寧靜狀態時，算不算已達到了《中庸》所說的『喜怒哀樂之未發，謂之中』的狀態？」陽明先生回答：「現今人們存心，只能使氣平定下來；當他處於寧靜狀態時，也只是氣寧靜，不能認為就已達到了『喜怒哀樂未發，謂之中』的狀態。」陸澄又問：「這雖還不算『中』，莫非也可算是求『中』的功夫？」陽明先生答：「只有去人欲，存天理，才是功夫。靜時不斷想著去人欲，存天理；動時也不斷想著去人欲，存天理，不管它寧靜不寧靜。如果只靠那內心寧靜，不僅逐漸會滋生喜靜厭動的毛病，其中潛伏著許多病痛，最終不能斷絕人欲，一遇到事情人欲還會滋長起來。以遵循天理為主，內心又何嘗不能寧靜；以追求寧靜為主，未必就能遵循天理。」

【研析】宋代以來，儒者論修養，多主張寧靜存心，陽明一派也深受其影響。寧靜之說，固然有儒家自身之淵源，但也是深受道家養生論影響的結果。老子的「致虛極，守靜篤」（《老子》第十六章）是其遠源，而唐末五代鍾（離權）、呂（洞賓）一系的內丹術則是其近源。道家主靜，其要旨在於屏除一切欲念情感，使心神臻於無思無為之境，以便調和人內在固有的精、氣、神，達到強身健體之效果。儒者吸取此法，其目的卻不在於健身，而在於道德修為，這就是陽明所說的「去人欲，存天理」。這種區別不是一般初學者所能明瞭的，弄得不好，便會與道家同其波流，徒有煉氣存神之功而無「去人欲，存天理」之實。所以當陸澄問起這個問題時，他便特意挑明儒、道的這種區別，要求學者把「循天理」作為「寧靜存心」的出發點和歸宿。

問：「孔門言志❶，由、求任政事❷，公西赤任禮樂❸，多少實用。及曾皙說來，卻似耍的事，聖人卻許他❹，是意何如？」曰：「三子是有意必❺，有意必便偏著一邊，能此未必能彼。曾點這意思，卻無意必，便是『素其位而行，不願乎其外』，『素夷狄行乎夷狄，素患難行乎患難，無入而不自得❻』矣。三子所謂『汝器也❼』，曾點便有不器意。然三子之才各卓然成章，非若世之空言無實者，故夫子亦皆許之❽。」

【章旨】記陽明談論孔子門人子路、冉有、曾晳、公西華言志之事。

【注釋】❶孔門言志　指孔子叫弟子子路、曾晳、冉有、公西華四人「各言其志」的事，見《論語・先進》。❷由求任政事　由，指仲由，字子路。求，指冉有，字子求。任政事，以政事自任。子路言志，自稱「千乘之國，攝乎大國之間，加之以師旅，因之以饑饉，由也為之，比及三年，可使有勇，且知方也」；冉有言志，則自稱「方六七十，如五六十，求也為之，比及三年，可使足民」。兩人說的都是政治方面的事，所以陸澄稱之為「任政事」。❸公西赤任禮樂　公西赤，字子華，孔子弟子。孔子命他言志，他自稱「宗廟之事，如會同，端章甫，願為小相焉」。「宗廟之事」指祭祀，「會同」指諸侯會盟，都與禮樂有關，所以陸澄說他「任禮樂」。❹及曾晳說來三句　曾晳言志，說「莫（暮）春者，春服既成，冠者五六人，童子六七人，浴乎沂，風乎舞雩，詠而歸」，其意在優游自然，所以陸澄說他「卻似耍的事」。孔子對曾晳的想法深表贊同，喟然嘆曰：「吾與點也。」❺三子是有意必　三子，指子路、冉有、公西赤。意必，《論語・子罕》：「子絕四：毋意，毋必，毋固，毋我。」朱熹注：「意，私意也；必，期必也；固，執滯也；我，私己也。四者相為終始。起於意，遂於必，留於固，而成於我也。蓋意必常在事前，固我常在事後。」

《四書集注》據此,「意必」指人們事前所懷的執著自負之心。❻素其位而行五句　見《中庸》。原文是:「君子素其位而行,不願乎其外。素富貴行乎富貴,素貧賤行乎貧賤,素夷狄行乎夷狄,素患難行乎患難,君子無入而不自得焉。」素,朱熹注:「猶見在也。」❼汝器也　《論語・公冶長》:「子貢問曰:『賜也何如?』子曰:『女,器也。』曰:『何器也?』曰:『瑚璉也。』」女,同「汝」。器,器皿;器具。❽夫子亦皆許之　按照《論語・先進》記載,孔子對子路是有所批評的,認為他說話不謙讓;對冉有、公西赤,孔子則加以肯定。這裡陽明說「皆許之」,是就孔子對子路平日的肯定態度而言。

【語　譯】陸澄問:「孔門弟子各言其志,仲由、冉求以政事自任,公西赤以禮樂自任,他們談的多麼富於實際功用。到曾皙說起自己的志向時,說的卻好像遊耍的事情,孔子卻對他表示讚許,這是什麼道理?」陽明先生答:「子路、冉求、公西赤三人都很執著自負,有執著自負就會偏向一邊,能幹這個就未必能幹那個。曾點談的想法,卻沒有執著自負之意,這就《中庸》講的『君子看自己的地位行事,不希求自己地位以外的事』,『身在夷狄就在夷狄行事,身處患難就在患難中行事,無論進入什麼處境都能自得其樂』了。子路、冉求、公西赤三人都是孔子所講的『你是器皿』,曾點就有點不是器皿的意思。但子路、冉求、公西赤三人的才能也各自超拔出眾,自成文采,不像世人那樣說空話不切實際,所以孔子也都加以讚許。」

【研　析】本章通過陽明對孔門四子的評論,體現了陽明兩個觀點:一是他比較欣賞曾皙的「無意必」,即不執著於某種追求,因而能靈活地處理現實人生所面臨的各種處境和問題;二是他也肯定子路、冉求、公西赤的才能「卓然成章」,注重實際,不為空言。這兩點都說明陽明之學務實的特點。

問：「知識不長進，如何？」先生曰：「為學須有本原，須從本原上用力，漸漸盈科而進❶。仙家說嬰兒，亦善譬。嬰兒在母腹時，只是純氣，有何知識？出胎後方始能啼，既而後能笑，又既而後能識認其父母兄弟，又既而後能立能行能持能負，卒乃天下之事無不可能。皆是精氣日足，則筋力日強，聰明日開，不是出胎日便講求推尋得來，故須有個本原。聖人到位天地育萬物❷，也只從喜怒哀樂未發之中上養來。後儒不明格物之說，見聖人無不知無不能，便欲於初下手時講求得盡，豈有此理？」又曰：「立志用功如種樹然，方其根芽，猶未有幹；及其有幹，尚未有枝；枝而後葉，葉而後花實。初種根時，只管栽培灌溉，勿作枝想，勿作葉想，勿作花想，勿作實想。懸想何益，但不忘栽培之功，怕沒有枝葉花實？」

【章旨】記陽明論「長知識」、「立志」。

【注　釋】❶盈科而進　《孟子・離婁下》：「源泉混混，不舍晝夜，盈科而後進，放乎四海。」盈科，指水填滿低窪之處。科，趙岐注：「坎也。」❷位天地育萬物　指天地各安其位，萬物蕃育。《中庸》：「致中和，天地位焉，萬物育焉。」

【語　譯】陸澄問：「知識不長進，怎麼辦？」陽明先生答：「治學必須有個根本，必須先從根本上用功夫，然後才能像流水一樣逐漸填滿坑坑窪窪前進。神仙家說的嬰兒，也是個好比喻。嬰兒在母親腹內時，只是一團純淨無瑕的氣，有什麼知識？出娘胎後才能哭，接著又能笑，接著能認識自己的父母兄弟，再接著能站立，能行走，能拿東西，能背東西，以至最後天下的事情無所不能。這都是因為精氣日益充足，就筋骨氣力日益強壯，智慧日益開通，而不是一離開娘胎就研究探求得來的，所以必須要有一個根本。聖人達到了能使天地各安其位，使萬物蕃育的境界，也只是從喜怒哀樂未形於外的『中和』狀態上逐漸培養而來。後世儒者不懂得《大學》『格物』的道理，看到聖人無所不知無所不能，便想在初入門時講盡所有境界，哪有這種道理？」陽明先生又說：「立志用功就像種樹一樣。開始時只是生根發芽，還沒有主幹；等到有主幹，還沒有樹枝；有枝然後才有葉，有葉之後才有花朵果實。開始種根時，只管栽培灌溉，不要想枝幹，不要想葉子，不要想花朵，不要想果實。空想有什麼用，只是別忘記努力栽培，哪怕沒有枝葉花果？」

【研　析】陽明論「長知識」、「立志」，都強調要從「本原」、「根芽」上著手，作切實的培養功夫，循序漸進而不急於求成，且反對「懸想」，這些都體現了他一貫的務實思想。

問：「看書不能明，如何？」先生曰：「此只是在文義上穿求，故不明。如此又不如為舊時學問❶，他到看得多，解得去。只是他為學雖極解得明曉，亦終身無得。須於心體❷上用功，凡明不得，行不去，須反在自心上體當，即可通。蓋四書、五經不過說這心體，這心體即所謂道。心體明即是道明，更無二，此是為學頭腦❸處。」

「虛靈❹不昧，眾理具而萬事出，心外無理，心外無事。」

【章　旨】記陽明論看書治學。

【注　釋】❶舊時學問　從下文看，當指經學。❷心體　心學家以「心」為本體，故稱「心體」。❸頭腦　喻首要、關鍵之處。❹虛靈　指心的虛靜靈活。《朱子語類》卷五：「虛靈，自是心之本體。」又《中庸章句・序》：「心之虛靈知覺，一而已矣。」

【語　譯】陸澄問：「看書不能明白，怎麼辦？」陽明先生說：「你只是在文義上鑽探，所以不能明白。這樣還不如做那舊時的學問，他們倒因為看得多，解釋得開。只是他們治學雖然解釋得極為明白曉暢，卻終身沒有心得。必須從心這本體上用功夫，凡是不能明白、實行不了的，都必須反過來在自己心裡加以體悟，就可通曉。大抵四書、五經也不過說心這本體。

這心體就是前人所說的道了。心體光明道就明白，再沒有別的，這是治學的至關重要之處。」

陽明先生又說：「心不昏暗，就各種道理具備而萬事萬物都會產生，心外無理，心外無事。」

【研　析】從本章可以看出，陽明治學，是反對僅從文義上穿求的。他認為經學家「為學雖極解得明曉」，卻因只一味穿求文義，因而「終身無得」，因而主張學者「須於心體上用功」，通過在「心體」上作自我反省，才能明白「道」之所在。而求「道」才是為學的最終目標。

「虛靈不昧，眾理具而萬事出，心外無理，心外無事」數語，是陽明對「心學」的高度概括。他把客觀的「眾理」、「萬事」全部統一到主觀的「心」上，顯然把「心」當成了產生萬理萬事的源頭、本原。抽象地看，稱之為主觀唯心主義，似也恰當，但讀者切勿忘記，他立論的根基始終未脫離倫理。他所說的「眾理」、「萬事」與其說是客觀世界的萬事萬理，還不如說是與倫理有關的形形色色的「事」與「理」。這樣「心」就只是一個倫理本體、本原，而不是整個客觀世界的本體、本原了。這樣理解，似乎更合乎陽明「心學」的實質，而不致將他同哲學史上的主觀唯心主義者混為一談。

或問❶：「晦庵❷先生曰：『人之所以為學者，心與理而已❸』，此語如何？」曰：「心即性，性即理。下一『與』字，恐未免為二，此在學者善觀之。」

或曰：「人皆有是心，心即理，何以有為善有為不善？」先生曰：「惡人之心，失其本體。」

【章　旨】記陽明回答時人有關「心」與「理」的關係問題。

【注　釋】❶或問　此陸澄記他人請教陽明，因問者姓名不詳或不重要，故以「或」字標出。❷晦庵　朱熹的別號。❸人之所以為學者二句　語出朱熹《大學或問》。

【語　譯】有人問：「晦庵先生說：『人們所要研究的學問，只是心與理罷了。』這話怎樣？」陽明先生說：「心就是性，性就是理，在『心』、『理』之間加一個『與』字，恐怕未免將『心』、『理』看成兩個東西，這就要學者善於審察了。」

又有人問：「人都有這心，既然說心就是理，為什麼還有些人為善，有些人為不善？」陽明先生答：「惡人的心，喪失了它的本體。」

【研　析】朱熹在論及「心」與「理」的關係時，提出過「心與理一」的命題，以與佛教和陸九淵的「心學」相區別。所謂「心與理一」，是指：「心固是主宰的意，然所謂主宰者，即是理也，不是心外別有個理，理外別有個心。」（《朱文公文集》卷一）這是說，「心」作為認識主體，與作為客觀主宰的「理」是「本來貫通」的，因為「理無心，則無著處」（《朱文公文集》卷五)。這一觀點的要旨在於：他強調「心」與「理」並存而互通，與佛教的僅強調「心」而忽視「理」不同，與陸九淵的「心即理」也不相同。朱熹曾指出：「吾以心與理為一，彼(指佛教)以心與理為二。亦非固欲如此，乃是見處不同。彼見得心空而無理，此見得心雖空而萬理咸備也。」(同上，卷一二六)又說：「儒、釋之異，正為吾以心與理為一，而彼(指佛教)以心與理為二耳。然近世一種學問(指陸九淵的「心學」)，雖說心與理一，而不察乎氣稟物欲之私，故其發亦不合理，卻與釋氏同病，又不可不察。」(同上，卷五六〈答鄭子上〉)朱熹的「心與理為一」同陸九淵的「心即理」不同之處在於對「性」的理解。朱熹繼承了程頤、張載的思想，將「性」分為「天命之性」與「氣質之性」兩種，把人性中「惡」的東西歸結為「稟性」有偏差，因而主張對「氣質之性」作細緻的區別。在論及到「性」與「理」的關係時，他認為只有「天命之性」才是「理」，「氣質之性」則是「理」與「氣」相雜：「氣不可謂之性命，但性命因此而立耳。故論天地之性則專指理言，論氣質之性則以理與氣雜而言之，非以氣為性命也。」(〈答鄭子上〉)陸九淵對「性」不作這樣細緻的區分，認為「心」、「性」、「理」都是同一個東西。

王陽明繼承的是陸九淵的思路，所以他在回答別人所問朱熹的言論時，便強調「心即性，性即理」，反對朱熹在「心」、「理」之間添加一個「與」字。當別人問為什麼有些人為善，有些人為不善時，他也只是說惡人的「心」喪失了它的「本體」，而不採用朱熹的「氣質之性」稟賦有偏的見解。

問：「『析之有以極其精而不亂，然後合之有以盡其大而無餘❶。』此言如何？」先生曰：「恐亦未盡。此理豈容分析，又何須湊合得？聖人說『精一』，自是盡。省察是有事時存養，存養是無事時省察。」

【章旨】記陽明對朱熹「析之有以極其精而不亂，然後合之有以盡其大而無餘」說法的批評。

【注釋】❶析之有以極其精而不亂二句　見朱熹《大學或問》。

【語譯】陸澄問：「『把萬有細加分析以窮盡精微而不紛亂，然後又把萬有統合起來以窮盡博大而無剩餘』，這話怎樣？」陽明先生說：「恐怕也未全對。『理』這東西豈容分析，又怎能拼湊？聖人講『惟精惟一』，已把道理講盡了。省察是有事時存養，存養是沒事時省察。」

【研析】此條反映了「王學」與「朱學」不同的治學路線：朱熹治學，主張窮究萬物之理，做到「窮至事物之理，欲其極處無不到」（《大學章句》），以博大精深自任；王陽明則專注於內心的「省察」、「存養」，以「惟精惟一」、「萬物皆備於我」為鵠的。

澄嘗問象山在人情事變上做功夫之說❶，先生曰：「除了人情事變，則無事矣。喜怒哀樂非人情乎？自視聽言動以至富貴、貧賤、患難、死生，皆事變也。事變亦只在人情裡，其要只在『致中和❷』，『致中和』只在『謹獨❸』。」

【章　旨】記陽明論陸九淵「在人情事變上做功夫」之說。

【注　釋】❶象山在人情事變上做功夫之說　象山，指陸九淵。陸九淵（西元一一三九～一一九三年），字子靜，撫州金溪（今江西臨川）人，因曾講學於江西貴溪之象山，自號象山翁、象山居士，世稱「象山先生」，為南宋著名「心學家」。在人情事變上做功夫，《陸九淵集》卷三五《語錄》下作「人情物理上做功夫」。❷致中和　指達到中庸境界。語出《中庸》。❸謹獨　即「慎獨」。《中庸》：「莫見乎隱，莫顯乎微，故君子慎其獨也。」意為：君子即使獨居，內心的隱微之私不易表露在外，為人發現，也要謹慎地約束自己，堅持操守。

【語　譯】陸澄問陸象山在人情事變上做功夫的主張，陽明先生說：「一個人除了人情事變，就沒有別的事情了。喜怒哀樂不是人情是什麼？從視聽言動到富貴、貧賤、患難、死生，都是事變。事變也只在人情裡。修養的方法只在『致中和』，『致中和』的要點只在『慎獨』。」

【研　析】陽明藉陸澄之問，對陸九淵「人情物理上做功夫」的說法作了發揮。陸九淵還只是主張將修養功夫貫徹到普通日常生活之中，陽明則更強調在「人情」上體現個體的修養，認為「事變也在人情裡」，比陸九淵的觀點更加鮮明突出。

澄問：「仁、義、禮、智之名，因已發而有？」曰：「然。」他日，澄曰：「惻隱、羞惡、辭讓、是非，是性之表德❶邪？」曰：「仁、義、禮、智也是表德。『性』，一而已。自其形體也，謂之『天』；主宰也，謂之『帝』；流行也，謂之『命』；賦於人也，謂之『性』；主於身也，謂之『心』。『心』之發也，遇父便謂之『孝』，遇君便謂之『忠』。自此以往，名至於無窮，只一『性』而已。猶人一而已，對父謂之子，對子謂之父，自此以往，至於無窮，只一人而已。人只要在『性』上用功，看得一『性』字分明，即萬理燦然❷。」

【章　旨】記陽明論述「性」與「天」、「帝」、「命」、「心」等概念之間的關係。

【注　釋】❶表德　表露出來的德性。❷燦然　光亮的樣子。這裡是明白、顯著之意。

【語　譯】陸澄問：「仁、義、禮、智的名稱，是不是因為人的惻隱之心、羞惡之心、辭讓之心、是非之心都發露出來了才有的？」陽明先生答：「是的。」過了幾天，陸澄又問：「那麼惻隱、羞惡、辭讓、是非這四種心理，是人的『性』所表露出來的德性嗎？」陽明先生答：

「仁、義、禮、智也是『性』所表露出來的德性。『性』，只是一個罷了。從形體本於自然的角度說，叫作『天』；從它主宰一切的角度說，叫作『帝』；從它流行不息的角度說，叫作『命』；從它是人的先天稟賦的角度說，叫作『性』；從它主管人的身體的角度說，叫作『心』。『心』一發露出來，遇著父親便叫作『孝』，遇上君主就叫作『忠』。以此類推，各種道德名目無窮無盡，也只是一個『性』罷了。這就好比同一個人，對父親而言叫兒子，對兒子而言又是父親，以此類推，各種名稱無窮無盡，其實只是同一個人而已。一個人只要在『性』上下功夫，把一個『性』字看清楚明白了，也就萬千道理都明明白白。」

【研析】陽明主張「性」即「理」，其修養方式就是存養心性，而不去做各種哲學範疇、名稱的辨析，因而他將傳統哲學中的「天」、「帝」、「性」、「命」、「心」諸不同內涵的範疇統統歸屬到一個「性」字之下。這體現了「心學」治學追求「簡易」，不重思辨的特點。

一日論為學功夫，先生曰：「教人為學，不可執一偏。初學時心猿意馬❶，拴縛不定，其所思慮多是人欲一邊，故且教之靜坐息思慮。久之俟其心意稍定，只懸空靜守，如槁木死灰亦無用，須教他省察克治❷。省察克治之功，則無時而可間❸。如去盜賊，須有個掃除廓清之意，無事時將好色好貨好名等私逐一追究搜尋出來，定要拔去病根，永不復起，方始為快。常如貓之捕鼠，一眼看著，一耳聽著，纔有一念萌動，即與克去，斬釘截鐵，不可姑容與他方便，不可窩藏，不可放他出路，方是真實用功，方能掃除廓清。到得無私可克，自有端拱❹時在。雖曰何思何慮，非初學時事。初學必須思省察克治，即是思誠，只思一個天理，到得天理純全，便是何思何慮矣。」

【章 旨】記陽明論初學者怎樣做修養功夫。

【注 釋】❶心猿意馬 比喻心神放縱，如猿猴野馬。❷省察克治 指反省、體察、克服、懲治四種修養方法。❸間 間斷。❹端拱 端身拱手，指經過修養所達到的無思無慮、私意全消的境界。

【語 譯】一天，討論治學的功夫，陽明先生說：「教人治學，不能執著於一個方面。初學時心意如猿似馬，拴縛不住，所考慮的多是人欲方面，所以要姑且教他靜坐屏息思慮。久後等他心意稍稍安定，再讓他懸空靜坐，如枯木死灰也沒有用處，就應教他怎樣省察克治。省察克治的功夫，就一刻也不能間斷。這就像除掉盜賊，必須有個掃除肅清的想法，沒事時將那好色貪財好名等私欲逐一追查搜尋出來，定要拔除病根，永不復起，才算痛快。要經常如貓兒捕鼠，一隻眼看著，一隻耳聽著，才有一絲念頭萌動，就立即加以克服，態度斬釘截鐵，不能稍留給它方便，不能窩藏，不能放給它出路，才算真正用功，才能掃除肅清。到無私欲可克服時，自然就會進入端身拱手、無思無慮的境界。雖說無思無慮，但也不是初學時可以做到的事。初學時必須想那省察克治，也就是想那『誠』，只思考一個天理，到天理純粹完全時，就是無思無慮了。」

【研析】陽明這裡具體談了怎樣教初學者修養的方法。分為三個步驟：開頭學習靜坐，屏心靜氣；接著便做那省察克治的功夫，這一過程即是同自我作鬥爭的過程；最後才進入「何思何慮」、「天理純全」的境界。這種修行方法，與釋、道的坐禪入定頗為類似，但也有不同之處：釋、道坐禪入定，追求的是空寂無為，形如槁木，心似死灰，陽明追求的卻是「天理」，這「天理」便是倫理綱常。

澄問：「有人夜怕鬼者，奈何？」先生曰：「只是平日不能『集義❶』而心有所慊❷，故怕。若素行合於神明，何怕之有！」子莘❸曰：「正直之鬼不須怕，恐邪鬼不管人善惡，故未免怕。」先生曰：「豈有邪鬼能迷正人乎！只此一怕，即是心邪。故有迷之者，非鬼迷也，心自迷耳。」

如人好色，即是色鬼迷；好貨，即是貨鬼迷；怒所不當怒，是怒鬼迷；懼所不當懼，是懼鬼迷也。」

「定者，心之本體，天理也，動靜所遇之時也。」

澄問《學》、《庸》❹同異，先生曰：「子思❺括《大學》一書之義為《中庸》首章。」

【章旨】記陽明對「怕鬼」現象的分析。

【注釋】❶集義　指浩然之氣（即正氣）的經常積累。語出《孟子・公孫丑》：「其為氣也，至大至剛，以直養而無害，則塞於天地之間。其為氣也，配義與道；無是，餒也。是集義所生者，非義襲而取之也。」❷慊　《說文》：「疑也。」❸子莘　馬明衡，字子莘，莆（今福建莆田）人，陽明弟子，官至御史。❹學庸　《大學》、《中庸》之簡稱。❺子思　孔伋（西元前四八三～前四〇二年），字子思，孔子之孫。

【語譯】陸澄問：「有人夜間怕鬼，怎麼回事？」陽明先生說：「這只是因為他平時不能積累正氣，而內心又總是疑神疑鬼，所以怕鬼。如果他平素的所作所為合於神靈，那又怕什麼！」馬明衡說：「正直的鬼不必怕，只怕邪鬼不管人的善惡，難免怕它。」陽明先生說：「哪有邪鬼能迷惑正人君子的道理！只這一怕，就是內心不正的表現。所以有被迷惑的，不是鬼迷住了他，而是他自己的心迷惑罷了。例如一個人好色，是被色鬼迷惑；貪財，是被財鬼迷惑；

不該發怒卻發怒，是被怒鬼迷惑；不該怕的卻怕，是被怕鬼迷惑。」

陽明先生又說：「定，是心的本體，也就是天理，是動靜相遇時的一種狀態。」

陸澄問《大學》、《中庸》的異同，陽明先生說：「子思把《大學》一書的義理概括起來，寫在《中庸》的第一章。」

【研析】陽明論「怕鬼」，不是論「鬼神」之有無，而是論「心」之邪正，認為心正可破萬邪，心迷則眾生迷，頗類佛家的「幻由心生」，只不過佛家以佛法為尊，陽明以「集義」為法而已。

問：「孔子正名❶，先儒❷說上告天子，下告方伯，廢輒立郢❸，此意如何？」先生曰：「恐難如此，豈有一人致敬盡禮待我而為政，我就先去廢他？豈人情天理？孔子既肯與輒為政，必已是他能傾心委國而聽。聖人盛德至誠，必已感化衛輒，使知無父之不可以為人，必將痛哭奔走，往迎其父。父子之愛，本於天性。輒能悔痛真切如此，蒯聵豈不感動底豫❹？蒯聵既還，輒乃致國請戮。聵已見化於子，又有夫子至誠調和其間，當亦決不肯受，仍以命輒，群臣百姓又必欲得輒為君，輒乃自暴其罪惡，請於天子，告於方伯諸侯，而必欲致國於父。聵與群臣百姓亦皆表輒悔悟仁孝之美，請於天子，告於方伯諸侯，必欲得輒而為之君。於是集命於輒，使之復君衛國。輒不得已，乃如後世上皇故事❺，率群臣百姓尊聵為太公，備物致養而始退復其位焉。則君君臣臣父父子子名正言順，一舉而可為政於天下矣。孔子正名，或是如此。」

【章旨】記陽明對孔子「正名」之事的分析。

【注釋】❶孔子正名　《論語・子路》：「子路曰：『衛君待子而為政，子將奚先？』子曰：『必也正名乎！』」正名，指糾正、確立名分。❷先儒　朱熹在《論語集注》中曾引胡氏的解釋，這裡指胡氏。❸廢輒立郢　事見《左傳》定公十四年、哀公二年。輒，衛靈公太子蒯聵之子。郢，衛靈公庶子。衛靈公晚年，寵信淫蕩的寵姬南子。南子與美男子宋朝幽會，被蒯聵發覺。蒯聵深以為恥，欲殺南子，不成而奔宋。衛靈公欲立郢為太子，郢辭；靈公死後，靈公夫人又欲立郢，郢又堅辭不受，於是立蒯聵之子輒，是為衛出公。❹底豫　底，至。豫，悅。❺後世上皇故事　指後世子奪父權，父不得不退位稱「太上皇」之類的事情。

【語譯】陸澄問：「孔子的『正名』，前代儒者解釋為『上面報告天子，下面報告諸侯，要廢掉衛出公輒而立衛靈公庶子郢』，這解釋怎樣？」陽明先生說：「恐怕難以這樣解釋。哪有一個人盡心盡禮等著我從政，我卻先去廢掉他？這哪合人情天理？孔子既然肯同衛出公輒一起從政，一定是衛出公已能做到一心一意把國政委託給孔子並聽從他調治。孔子的大德至誠，也一定已經感化了衛出公，使他懂得了沒有父親不能做人，又一定會痛哭奔走，到宋國迎接他的父親蒯聵。父子之愛，本是人的天性。衛出公能做到如此悔痛真切，蒯聵豈不感動愉悅？蒯聵回衛國後，衛出公就把國政交還給他，並請求加給他刑罰。蒯聵已被兒子感化，又有孔子用至誠的態度在中間調和，也一定不肯接受君位，仍命出公為君。這時衛國的群臣百姓又一定會要出公為君。出公卻自己公布自己的罪惡，向周天子請求，並向各地諸侯報告，一定要把國政交還父親。蒯聵和群臣百姓則紛紛表奏出公悔悟仁孝的美德，也請求周天子，通報天下諸侯，一定要出公當他們的君主。於是周天子和四方諸侯一齊命令出公，要他重新當衛國的君主。出公不得已，才像後世兒子尊父親為『太上皇』一樣，率領群臣百姓尊蒯聵為太公，備辦財物供他養老，才再度登上君位。這樣就君君臣臣父父子子名正言順，一舉而可以為政於天下。孔子『正名』，可能是這樣的。」

【研析】魯哀公十年，孔子將從楚返衛，所以子路有「衛君待子而為政，子將奚先」之問。孔子答以「必也正名乎」，意思本十分含蓄，難以詳知具體所指。後世儒者如胡氏、朱熹，均認為指的是先正君臣名分。胡氏說得尤其明確：「夫蒯聵欲殺母，得罪於父，而輒據國以拒父，皆無父之人也，其不可有國也明矣。夫子為政，而以正名為先，必將具其事之本末，告諸天王，請於方伯，命公子郢而立之，則人倫正，天理得，名正言順而事成矣。」《論語集注・子路》注引）說孔子想「告諸天王，請於方伯，命公子郢而立之」，固然是一種猜測，但所說衛出公「據國以拒父」卻是根據史實。陽明的解釋，則完全拋開史實作一廂情願的推測，真正是一種「六經注我」。客觀地說，陽明治學的嚴謹性遠遠不及朱熹，這可能也是「心學」導致明中葉以後學術空疏的原因之一。

澄在鴻臚寺倉居❶，忽家信至，言兒病危。澄心甚憂悶不能堪。先生曰：「此時正宜用功，若此時放過，閑時講學何用？人正要在此等時磨鍊。父之愛子，自是至情，然天理亦自有個中和處，過即是私意。人於此處多認做天理，當憂則一向憂苦，不知已是有所憂患不得其正。大抵七情所感，多只是過，少不及者。才過便非心之本體。必須調停適中，始得就。如父母之喪，人子豈不欲一哭便死方快於心，然卻曰毀不滅性❷。非聖人強制之也，天理本體自有分限，不可過也。人但要識得心體，自然增減分毫不得。」

「不可謂未發之中常人俱有。蓋體用一源，有是體即有是用，有未發之中，即有發而皆中節之和，今人未能有發而皆中節之和，須知是他未發之中亦未能全得。」

「《易》之辭是『初九潛龍勿用❸』六字，《易》之象❹是初畫，《易》之變❺是值其畫，《易》之占是用其辭。」

「『夜氣❻』是就常人說，學者能用功，則日間有事無事皆是此氣翕聚發生處，聖人則不消說『夜氣』。」

【章旨】記陽明要求弟子在關鍵時刻鍛煉心性的實例。

【注釋】❶鴻臚寺倉居　鴻臚寺，掌管朝祭禮儀的官署。倉，倉皇、倉促、暫時之意。❷毀不滅性　語見《孝經・喪親章》。邢昺疏：「毀瘠不令至於殞滅性命。」❸初九潛龍勿用　《周易・乾卦》初九爻辭。《周易》以陽爻為「九」，乾卦的第一爻為陽爻，稱為「初九」。潛龍勿用，為初九爻辭。〈乾卦・文言〉：「潛龍勿用，何謂也？子曰：龍德而隱者也。不易乎世，不成乎名，遯世無悶，不見是而無悶，樂則行之，憂則違之，確乎其不可拔，潛龍也。」❹象　指卦象。❺變　由於陰、陽二爻位置、方向的推移而引起卦象的改變，稱為「卦變」。❻夜氣　指人夜間萌發出來的善念。《孟子・告子上》：「梏之反覆，以其夜氣不足以存。」

【語 譯】陸澄暫居鴻臚寺時，忽然家裡來信，說兒子病危。陸澄心裡很是憂悶難堪。陽明先生勸道：「這時正好做修養功夫，如這時放過，光空閒時講學又有什麼用處？一個人正要在這樣的關鍵時刻磨煉自己。父親愛兒子，自然是至情，但天理也有個中和之處，愛過了頭便是私意了。一般人多半把這種至情看作天理，一遇到可憂之事就一直憂煩苦惱下去，卻不知道這已經憂患不適度了。大凡喜怒哀樂愛惡欲七情所發，多半過頭，而很少不及。一過頭就不是心的本體了。一定要調停適中，才合宜。例如對父母的喪事，做子女的難道不想哭得死去活來才感到痛快，《孝經》上卻說『哀傷毀容卻不能毀滅性命』。並不是聖人有意強制自己的感情，而是天理本體本是有限度的，不能過分。一個人只要識得心體，自然不能增減分毫。」

陽明先生又說：「不能說喜怒哀樂未發的『中』的狀態連普通人都有。體用同一根源，有這體就有這用，有喜怒哀樂未發的『中』的狀態，就有『發而皆中節』的『和』的狀態。現在一般人都未能達到『發而皆中節』的『和』的狀態，可知他們也未能完全達到喜怒哀樂未發的『中』的狀態。」

陽明先生又說：「《易經》的辭就是『乾卦』的『初九潛龍勿用』六個字，《易經》的卦象就是『乾卦』的初爻，《易經》的『變卦』就是正遇上初爻發生變化，《易經》的占卜就是用初九的爻辭。」

陽明先生又說：「《孟子》中的『夜氣』是針對一般人說的，學者能用功修養，就白天有事沒事都是這氣的聚合發生之時，聖人就不必說『夜氣』。」

【研　析】陽明藉陸澄收到兒子病重消息一事，勸他就在這節骨眼上磨煉，其宗旨乃在於父子之情不可不發，但發而須有「度」，不能過或不及，這是對《中庸》「中和」思想的具體運用。

澄問「操存舍亡」章❶，曰：『出入無時，莫知其鄉。』此雖就常人心說，學者亦須是知得心之本體亦元❷是如此，則操存功夫始沒病痛。不可便謂出為亡，入為存。若論本體，元是無出無入的；若論出入，則其思慮運用是出，然主宰❸常昭昭在此，何出之有？既無所出，何入之有！程子所謂『腔子』❹亦只是天理而已。雖終日應酬而不出，天理即是在『腔子』裡；若出天理，斯謂之放，斯謂之亡。」又曰：「出入亦只是動靜，動靜無端，豈有鄉邪！」

【章　旨】記陽明回答《孟子・告子上》關於「操存舍亡」的問題。

【注　釋】❶操存舍亡章　見《孟子・告子上》：「孔子曰：『操則存，舍則亡，出入無時，莫知其鄉。』惟心之謂與？」原意為：（良心這東西）你堅持，它就存在；放棄，它就消亡；它出出進進，不知何去何從。鄉，通「嚮」。❷元　通「原」。❸主宰　指心。❹程子所謂腔子　《二程遺書》卷七：「心要在腔子裡。」腔子，洛中俗語，指軀殼。

【語　譯】陸澄問《孟子・告子上》「操存舍亡」一章，陽明先生說：「『出入無時，莫知其鄉』，這話雖是針對一般人的心而言，但學者應懂得心的本體原來也是這樣，這樣操存修養功夫才不會出毛病。不能說正氣出去就叫亡失，進來就叫保存。如果從本體角度說，本是無出無入的；如果講有出入的話，則心的思維運用是出，但主宰常明明白白地在這裡，又有什麼出去的呢？既然沒有出去，又哪會有進來！二程所說的『腔子』，也只是天理罷了。即使整天應酬世務正氣也不會出去，天理就是在『腔子』裡；如果心脫離了天理，那就叫作放棄，叫作消亡。」陽明先生又說：「出入也只是動靜，動靜是沒有端涯的，難道會有方向嗎！」

【研　析】《孟子・告子上》講「操舍存亡」，原只是針對存養人的良心或善良之氣而言，陽明則專講本體意義上的「心」。他認為本體意義上的心是「無出無入」的存在，因而不存在「出入無時」的問題。如果要說「出入」，也只能歸入「心體」的動靜，這就同孟子對「心」的看法有較大的不同，而更富於哲學意味。

王嘉秀❶問：「佛以出離生死誘人入道，仙以長生久視誘人入道。其心亦不是要人做不好，究其極至，亦是見得聖人上一截，然非入道正路。如今仕者有由科❷，有由貢❸，有由傳奉❹，一般做到大官，畢竟非入仕正路，君子不由也。仙佛到極處與儒者略同，但有了上一截，遺了下一截，終不似聖人之全。然其上一截同者，不可誣也。後世儒者又只得聖人下一截，分裂失真，流而為記誦、詞章、功利、訓詁，亦卒不免為異端。是四家者終身勞苦，於身心無分毫益。視彼仙佛之徒，清心寡慾，超然於世累之外者，反若有所不及矣。今學者不必先排❺仙佛，且當篤志為聖人之學。聖人之學明，則仙佛自泯。不然則此之所學，恐彼或有不屑，而反欲其俯就，不亦難乎！鄙見如此，先生以為何如？」先生曰：「所論大略亦是。但謂上一截、下一截，亦是人見偏了如此。若論聖人大中至正之道，徹上徹下只是一貫，更有甚上一截、下一截。『一陰一陽之謂道❻』，但仁者見之便謂之仁，知者見之便謂之智，百姓又日用而不知，故君子之道鮮矣。仁智豈可不謂之道？但見得偏了，便有弊病。」

「著❼固是《易》，龜❽亦是《易》。」

【章　旨】記王嘉秀論儒與佛、道之聯繫與區別，陽明對其意見表示贊同，又有所糾正。

【注　釋】❶王嘉秀　字實夫，陽明弟子，好談仙佛。❷科　指科舉。❸貢　指推薦。❹傳奉　指借父祖蔭庇入仕。❺排　排擠；抨擊。❻一陰一陽之謂道　語出《周易．繫辭》。意為：道是由陰、陽兩個既對立又統一的方面構成的。❼蓍　指用蓍草占卜吉凶。❽龜　指用龜殼占卜。

【語　譯】王嘉秀問：「佛教以超脫生死引誘人們入道，神仙家以長生久視引誘人們入道。他們的用心也不是要人們做不好的事，推究他們的根本，也是看到了聖人上面一截，但不是入道的正路。這就好比如今入仕的有的通過科舉，有的通過推薦，有的借父祖蔭庇，雖然一樣都能做到大官，但畢竟不是入仕的正路，君子不走這路。神仙家、佛教到極致處與儒家略微相同，只是他們有了上面一截，丟了下面一截，終究不像聖人那樣全面。但他們與聖人相同的上面那半截，也不能認作欺騙。後世的儒者又只得到下面一截，並加以支解，使之失真，變而為死記呆背，玩弄詞藻，追求功利，訓釋文字，最終也難免變成異端。這四家終身勞苦，卻對身心無絲毫裨益。將他們同神仙家、佛教徒對照，神仙家、佛教徒能做到清心寡欲，超然物外，他們反而有所不及。如今學者不必先排斥仙家佛教，而應姑且專心誠意從事聖人之學。聖人之學發揚光大了，仙家佛教自然就會泯滅。不然，則儒者這邊所學的，仙家佛教那邊反有人不屑一顧，儒者卻反而要他們俯首相就，這不是很困難嗎！我淺見如此，先生認為怎樣？」陽明先生說：「你所說的大致也對。但所謂上面一截、下面一截，也是人們看了片面才這樣說。如果說聖人的大中至正之道，則徹上徹下都是一貫的，哪有什麼上一截、下一截。《易經》說『一陰一陽之謂道』，只是仁者見之謂之仁，智者見之謂之智，百姓又每天應用而不知，所以君子之道就顯得寡少了。仁、智難道不能叫作道？只是看問題太片面了，就會有弊端。」

陽明先生又說：「用蓍草占卜固然是《易》，用龜殼占卜也是《易》。」

【研析】陽明之《年譜》一提到：「王嘉秀、蕭惠好談仙佛，先生警之曰：『吾幼時求聖學不得，亦嘗篤志二氏（指仙佛）。其後居夷三載（指在貴州龍場驛），始見聖人端緒，悔錯用功二十年。二氏之學，其妙與聖人只有毫釐之間，故不易辨，惟篤志聖學者始能究析其隱微，非測憶所及也。』」（《王陽明全集》卷八）這段話記錄了陽明自己的思想發展演變過程，表明了對仙、佛二教的態度，可與此章相互參看。

問：「孔子謂武王『未盡善』[1]，恐亦有不滿意。」先生曰：「在武王，自合如此。」曰：「使文王未沒[2]，畢竟如何？」曰：「文王在時，天下三分已有其二。若到武王伐商之時，文王若在，或者不致興兵，必然這一分亦來歸了。文王只善處紂，使不得縱惡而已。」

問孟子言「執中無權，猶執一[3]」。先生曰：「『中』只是天理，只是

《易》，隨時變易，如何執得？須是因時制宜，難預先定一個規矩在。如後世儒者要將道理一一說得無罅漏，立定個格式，此正是『執一』。」

【章　旨】記陽明回答《論語》、《孟子》中的有關問題。

【注　釋】❶孔子謂武王未盡善　《論語・八佾》：「子謂『韶』，『盡美矣，又盡善也』；謂『武』，『盡美矣，未盡善也。』」武，周武王時的樂曲。❷沒　同「歿」。去世。❸執中無權二句　見《孟子・盡心上》：「子莫（人名）執中，執中為近之。執中無權，猶執一也。所惡執一者，為其賊道也，舉一而廢百也。」執中，主張中道。權，權變。執一，執著於某一方面。

【語　譯】陸澄問：「孔子認為周武王的『武』樂還不夠完善，恐怕對武王還有點不滿意。」陽明先生說：「對武王，自應如此。」陸澄又問：「假使周文王沒有去世，又會怎樣？」陽明先生說：「文王在世時，就已三分天下有其二，如果到武王伐商之時，文王還在世，必然不致興兵伐商，一定是連這三分之一也歸附他了。文王只會妥善地安置商紂王，使他不能放縱為惡罷了。」

陸澄又問孟子所說的「執中無權，猶執一」。陽明先生說：「『中』只是天理，只是《易》，會根據時世變易，怎能執著？一定得因時制宜，很難預先定一個規矩在那裡。像後世儒者要把道理一一說得沒有漏洞，立下個規矩的做法，這就正是『執一』。」

【研　析】陽明對文王一定會「善處」紂王的說法，完全是根據自己的理想來推論。他認為「中」

是「隨時變易」的，反對後世儒者凡事「預先定一個規矩」，「立定個格式」，卻體現了他思想的靈活性。這正是「心學」的生命力之所在，它同逐步走向保守、僵化的傳統儒學特別是程、朱「理學」相比，具有進步性是不言而喻的。

唐詡❶問：「立志是常存個善念，要為善去惡否？」曰：「善念存時即是天理。此念即善，更思何善？此念非惡，更去何惡？此念如樹之根芽，立志者長立此善念而已。『從心所欲不踰矩❷』，只是志到熟處。」「精神、道德、言動，大率收斂為主，發散是不得已，天地人物皆然。」

【章　旨】本章記陽明回答唐詡關於「為善去惡」的問題。

【注　釋】❶唐詡　陽明弟子。❷從心所欲不踰矩　《論語・為政》：「七十而從心所欲，不踰矩。」意為：到了七十歲，便能隨心所欲，無論做什麼都不會越出規範。

【語　譯】唐詡問：「立志就是要經常保存一個善的念頭，要為善去惡嗎？」陽明先生說：「善的念頭存在時就是天理。這念頭本來就是善的，還想什麼別的善？這念頭本來就不是惡的，還要去什麼惡？這念頭就好比樹的根芽，立志的人就是要永遠確立這一善念罷了。孔子說的『從心所欲不踰矩』，也只是志向成熟時的境界。」

陽明先生又說：「精神、道德、言行，大體上以向內收斂為主，向外發散是出於不得已，天地人物都是這樣。」

【研　析】陽明在此對「善念」作了明確的界定：所謂「善念」就是「天理」。這樣就嚴格地把「善」限定在倫理綱常範圍，而不至於與佛、道的「善」相混淆。

問：「文中子❶是如何人？」先生曰：「文中子庶幾具體而微❷，惜其蚤❸死。」問：「如何卻有續經❹之非？」曰：「續經亦未可盡非。」請問，良久曰：「更覺良工心獨苦。」

「許魯齋❺謂儒者以治生為先之說，亦誤人。」

【章　旨】本章記陽明評價王通的為人和許衡的言論。

【注　釋】❶文中子　即隋末儒學大師王通。❷庶幾具體而微　庶幾，差不多。具體而微，已具備大體，但規模、氣象尚較微小。❸蚤　通「早」。❹續經　指王通摹仿《春秋》著《元經》，摹仿《孔子家語》、揚雄《法言》作《中說》。❺許魯齋　許衡（西元一二〇九～一二八一年），字平仲，學者稱魯齋先生，河內（今河南沁陽）人，南宋末元初著名理學家，入元後官至集賢大學士兼國子祭酒。

【語　譯】陸澄問：「文中子是怎樣的人？」陽明先生答：「文中子大概已規模初具而氣象尚小，可惜死得早。」陸澄又問：「為什麼卻有續經的過失？」陽明先生說：「續經的事也不可全加以非議。」陸澄請問道理何在，好久先生才說：「更覺良工心獨苦。」

陽明先生又說：「許魯齋認為儒者應把謀生當作首要事務的說法，也是貽誤人的。」

【研　析】《宋元學案》卷九〇〈魯齋學案〉「附錄」記許衡的觀點說：「學者治生，最為先務。苟生理不足，則於為學之道有所妨。彼旁求妄進，及作官謀利者，殆亦窘于生理所致。士君子當以務農為生。商賈雖逐末，果處之不失義理，或以姑濟一時，亦無不可。」這話把謀生當作儒者的首要事務，與孔子主張的「君子謀道不謀食」（《論語・衛靈公》）的觀點顯然有所背離，表現的是一種平民的功利態度。這種態度，對於恪守孔子精神的王陽明來說，自然是無法接受的，所以斥之為「誤人」。

問仙家元氣、元神、元精❶，先生曰：「只是一件，流行為氣，凝聚為精，妙用為神。」

「喜怒哀樂本體自是中和的，才自家著些意思，便過不及，便是私。」

問「哭則不歌❷」，先生曰：「聖人心體自然如此。」

「『克己❸』須要掃除廓清，一毫不存方是；有一毫在，則眾惡相引而來。」

【章　旨】記陽明答弟子的若干問題。

【注　釋】❶元氣元神元精　道教以人身之氣為元氣，人之靈魂為元神，人身固有之精氣為元精，合稱為「修仙三寶」。❷哭則不歌　見《論語・述而》：「子於是日哭，則不歌。」意為：孔子在喪禮這一天哭泣過，就不再唱歌。❸克己　見《論語・顏淵》：「克己復禮為仁。」克己即抑制或戰勝自己的欲望。

【語　譯】陸澄問道教所說的元氣、元神、元精，陽明先生答：「這三者只是同一個東西，流行時叫作氣，凝聚時叫作精，就它的妙用而言叫作神。」

陽明先生又說：「喜怒哀樂的本體自然就是中和的，才加上一點個人的意思，就變成過或不及，就是私了。」

陸澄問孔子為何「哭則不歌」，陽明先生答：「聖人的心體自然而然就是這樣。」

陽明先生又說：「『克己』就是要掃除廓清私欲，一毫不存才是；如有一毫存在，各種邪惡的東西就會被招引而來。」

【研　析】道教以元氣、元神、元精為修仙三寶，故有煉精化氣、煉氣化神、煉神還虛、復歸無極等修煉步驟。陽明認為它們是同一個東西，是根據儒家和先秦道家的理論來理解的。例如張載就曾說：「太虛者，氣之體也。氣有陰陽，屈伸相感無窮，故神之應也無窮；其散無數，故神之應也無數。雖無窮，其實湛然；雖無數，其實一而已。陰陽之氣，散則萬殊，人莫知其一也；合則混然，人不見其殊也。」（《張載集・正蒙・乾稱》）其遠源為道家的氣化說和《周易》的陰陽對立統一理論，其目的則是為了解釋天地萬物之生成、運行，與道教的內丹修煉大相逕庭。

問《律呂新書》❶。先生曰：「學者當務為急，就算此數熟，亦恐未有用。必須心中先具禮樂之本方可。且如其書說，多用管以候氣❷，然至冬至那一刻時，管灰之飛或有先後，須臾之間，焉知那管正值冬至之刻？須自心中先曉得冬至之刻始得，此便有不通處。學者須先從禮樂本原上用功。」

【章旨】此章記陽明評論蔡元定的《律呂新書》。

【注釋】❶律呂新書　南宋理學家蔡元定的著作。蔡元定（西元一一三五～一一九八年），字季通，學者稱西山先生，建州州陽（今福建建陽）人。曾師事朱熹，朱熹因其博通，視之為友。❷候氣　古人測定節氣、氣候的方法。《律呂新書》記候氣之法：「為室三重，戶閉，塗釁（指房間的縫隙）必周，密布緹縵（橘紅色的絲織品）。室中以木為桉，每律各一桉，內庳外高，從其方位。加律其上，以葭（蘆葦）灰實其端，覆以緹素，桉歷而候之。氣至則吹灰動素。小動為氣和，大動為君弱臣強，專政之應；不動為君嚴猛之應。」

【語　譯】陸澄問蔡元定的《律呂新書》。陽明先生說：「學者應以當前事務為急要，算得這些數據熟練，也恐怕未必有用。必須心裡先具備禮樂的根本才行。況且按《律呂新書》這書的說法，多用管來候氣，但到冬至那一刻時，管裡的蘆灰飛動有先有後，片刻之間，哪能知道哪根管子正值冬至時刻？必須心裡預先知道冬至那一刻才行。這就有不通之處。學者應先從禮樂的本原上用功夫。」

【研　析】我國古代用竹管校正樂律，以管的長短來確定音高，從低音管算起，成奇數的六個管稱為「律」，成偶數的六個管稱為「呂」。律呂不僅用於校正樂律，而且也用於測定節氣，其中包含曆法、天文、氣候知識，是古代自然科學的一個重要組成部分。王陽明認為這些東西非學者當務之急，所以用一種輕視的語氣來評論《律呂新書》，並只是簡單地把律呂問題看成儒家所重視的禮樂教化問題，要求「從禮樂本原」即禮樂的教化功能上用力，反映了「心學」對自然科學的漠視和偏見。

曰仁❶云：「心猶鏡也，聖人心如明鏡，常人心如昏鏡。近世『格物』

之說如以鏡照物，照上用功，不知鏡尚昏，在何能照；先生之格物，如磨鏡而使之明，磨上用功，明了後亦未嘗廢照。」

【章旨】記徐愛對陽明之學的評價。

【注釋】❶日仁　徐愛的字。

【語譯】徐愛說：「心就像鏡子，聖人的心像明亮的鏡子，一般人的心像昏暗的鏡子。近世以來的『格物』之說就像用鏡子照東西，只在照上面用功夫，不知鏡子本身還是昏暗的，又怎麼能照？先生的『格物』，就好像磨鏡使之明亮，在磨上面下功夫，鏡子明亮以後也未曾廢棄照。」

【研析】徐愛服膺於「心學」，自然對陽明大加肯定和讚揚，但他的「磨鏡」的比喻，卻形象地道出了陽明「心學」的關鍵：陽明確是以「心」的磨煉作為自己修養論的要旨。

問道之精粗，先生曰：「道無精粗，人之所見有精粗。如這一間房，人初進來，只見一個大規模如此。處久便柱壁之類一一看得明白，再久如柱上有些文藻細細都看出來，然只是一間房。」

先生曰：「諸公❶近見時少疑問，何也？人不用功，莫不自以為已知，為學只循而行之是矣。殊不知私欲日生，如地上塵，一日不掃，便又有一層。著實用功便見道無終窮，愈探愈深，必使精白無一毫不徹方可。」

【章旨】記陽明論「道」的性質及探究「道」應達到的境界。

【注釋】❶諸公　這裡是陽明稱呼弟子們。

【語譯】陸澄問道的精粗，陽明先生說：「道本身無所謂精粗，而是人們對道的認識有精粗。道就像這一間房子，人們開始進來時，只看見一個大體的規模。住久了就柱子、牆壁之類都一一看清楚了，再久些就連柱子上有些花紋都細細看了出來，然而它還是這一間房子。」

陽明先生說：「諸位近來見面時很少向我提出疑問，是什麼原因？一個人不肯用功，沒有不自以為自己已經知道的，治學時只是循著舊路走。殊不知私欲每天都會產生，就像地上的灰塵，一天不打掃，就又有一層。著實用功，便可以看到道是沒有止境的，越探究越精深，一定要使自己達到精粹純潔的境界，無一絲一毫不透徹，才好。」

【研析】陽明對「道」的探究，所主張的是一種漸進的方法。他反對因循故習，而要求每天質疑問難，以此進入精深純美的境界。從方法論角度說，無疑有積極意義。

問：「知至然後可以言誠意❶，今天理人欲知之未盡，如何用得『克己』功夫？」先生曰：「人若真實切己用功不已，則於此心天理之精微日見一日，私欲之細微亦日見一日。若不用『克己』功夫，終日只是說話而已。天理終不自見❷，私欲亦終不自見。如人走路一般，走得一段，方認得一段，走到歧路處有疑便問，問了又走，方漸能到得欲到之處。今人於已知之天理不肯存，已知之人欲不肯去，且只管愁不能盡知，只管閒講，何益之有！且待克得自己無私可克，方愁不能盡知亦未遲在❸！」

【章　旨】記陽明論怎樣做「克己」功夫。

【注　釋】❶知至句　《大學》：「物格而后知至，知至而后意誠，意誠而后心正。」❷見　通「現」。下句同。❸在　語助詞。

【語　譯】陸澄問：「《大學》認為知至之後才能說誠意，現在我們連什麼是天理、人欲的問題都尚未完全弄清楚，又怎麼能做『克己』的功夫？」陽明先生說：「一個人如果真能切身用功不止，心裡就會對天理的精微之處一天比一天看得清楚，對私欲的細微之處也一天比一天看得明白。如果不做『克己』的功夫，那就只是整天閒談而已。天理終究不會自己顯現，私欲也終究不會自行顯現。就像人走路一樣，走了一段，才認得一段，走到岔路處有疑便問，問了又走，才能逐漸到達想到的地方。如今人們對已知的天理都不肯保存，對已知的人欲也不肯去掉，卻只管為不能完全弄清天理人欲而發愁，只管閒談，有什麼益處！姑且等到自己無私欲可克，再為不能完全弄清天理人欲發愁也不算遲嘛！」

【研析】 關於「克己」的功夫，陽明已多次談到。這裡強調的不是如何弄清天理人欲的問題，而是要求先踐履，走一步看一步。與陽明「知行合一」的命題相對照，可以看出「行」似乎比「知」更為重要。

問：「道一而已，古人論道往往不同，求之亦有要乎？」先生曰：「道無方體❶，不可執著，卻拘滯於文義上求道，遠矣！如今人只說天，其實何嘗見天？謂日月風雷即天，不可；謂人物草木不是天，亦不可。道即是天，若識得時，何莫而非道？人但各以其一隅之見認定，以為道止如此，所以不同。若解向裡尋求，見得自己心體，即無時無處不是此道，亙古亙今無終無始，更有甚同異？心即道，道即天。知心則知道知天。」又曰：「諸君要實見此道，須從自己心上體認，不假外求，始得。」

【章旨】本章記陽明天、道、心三者之關係。

【注釋】❶方體　方向、形體。

【語譯】陸澄問：「道只有一個罷了，古人論道卻往往說法不同，探求道有什麼關鍵之法嗎？」陽明先生答：「道本來是沒有方向形體，不能執著的，人們卻拘泥於從文義上探求，這離道就遠了！就像當今人只管說天，其實何曾懂得天？說日月風雷就是天，不對；說人物草木不是天，也不對。道就是天，如果懂得了這一點，又有哪種東西不是道？人們都只是各以自己的一隅之見來認定道是什麼，認為道只是他們所認定的那樣，所以各人所說不同。如果懂得向內裡探求，懂得自己的心體，那就無時無處不是這道，它亙古亙今無終無始，哪有什麼同異？心就是道，道就是天，懂得心就懂得道，懂得天。」陽明先生又說：「諸位要真正看到這道，應從自己的心上體認，不假外求，才能知道道是什麼。」

【研析】陸九淵曾說：「宇宙便是吾心，吾心即是宇宙。東海有聖人出焉，此心同也，此理同也；西海有聖人出焉，此心同也，此理同也；南海北海有聖人出焉，此心同也，此理同也；千百世之上至千百世之下，有聖人出焉，此心此理，亦莫不同也。」《陸九淵集》卷三六《年譜》這是「心學」家論「心」的基礎。道也好，天也好，在「心學」家看來，都是統攝於「心」的，因而要探求道、探求天，都必須「從自己心上體認」。王陽明的「心即道，道即天。知心則知道知天」之說，只是陸九淵「宇宙便是吾心，吾心即是宇宙」說法的演繹而已。

問：「名物度數❶亦須先講求否？」先生曰：「人只要成就自家心體，則用在其中。如養得心體，果有未發之中，自然有發而中節之和，自然無施不可。苟無是心，雖預先講得世上許多名物度數，與己原不相干，只是裝綴，臨時自行不去。亦不是將名物度數全然不理，只要『知所先後，則近道❷』。」又曰：「人要隨才成就才是。其所能為，如夔之樂、稷之種❸，是他資性合下便如此。成就之者，亦只是要他心體純乎天理，其運用處皆從天理上發來，然後謂之才。到得純乎天理處，亦能不器。使夔、稷易藝而為，當亦能之。」又曰：「如『素富貴行乎富貴，素患難行乎患難』，皆是不器，此惟養得心體正者能之。」

「與其為數頃無源之塘水，不若為數尺有源之井水，生意不窮。」時先生在塘邊坐，傍有井，故以之喻學云。

【章　旨】記陽明對講求「名物度數」的態度。

【注　釋】❶名物度數　事物的名稱及儀度禮數。泛指典章制度。❷知所先後二句　語出《大學》。❸夔之樂稷之種　夔，人名，舜時掌管音樂。稷，即后稷，名棄，舜時掌管農業。

【語　譯】陸澄問：「名物度數這些東西，也要先講求嗎？」陽明先生說：「一個人只要成就了自己的心體，功用就在其中了。如涵養心體，果真有《中庸》所說的未發之『中』，自然就有發而中節之『和』，自然就無論做什麼都成。如沒這心，即使預先講求了這世上眾多的名物度數，也與自己沒有關係，只是點綴，一遇到有事時照樣行不通。也不是對名物度數全不理會，只是要知道『講求有個先後，就近於道了』。」陽明先生又說：「一個人要根據自己的才質成就自己才是。他所能夠做的，例如夔懂音樂、稷善種植，是他們生來資質才性就如此。所謂成就，也只是要他心體純是天理，他的行為也只是從天理出發，然後才叫作才。到了純是天理之時，也就不再限於某方面的才器，假如叫夔和稷互換工作，他們也一定能勝任。」陽明先生又說：「《中庸》說的『身在富貴之中就在富貴中行事，身在患難之中就在患難中行事』，都是說一個人的才能不局限於某一方面，這只有養得心體正的人才能做到。」

「與其成為數頃沒有源頭的塘水，還不如成為數尺有源泉的井水，生機無窮。」當時先生在池塘邊坐著，旁邊有口井，所以拿它來比喻學習。

【研　析】朱熹〈觀書有感〉其一云：「半畝方塘一鑑開，天光雲影共徘徊。問渠那得清如許？為有源頭活水來。」以塘水喻學，強調其有「源頭活水」；陽明以井水喻學，強調的也是「有源」。兩家時地不同，所見卻完全一致，可見學應如水之有源，方能生機不絕，乃古今哲人之共識。

問：「世道日降，太古時氣象❶如何復見得？」先生曰：「一日便是一元❷，人平旦時起坐，未與物接，此心清明景象，便如在伏羲時遊一般。」

【章　旨】此章記陽明回答「太古氣象」如何才能復見問題。

【注　釋】❶太古時氣象　指上古時代的淳樸景象。❷元　指天地萬物之初始。邵雍《皇極經世書》有「元會世運」之說，以一十二萬九千六百年為「一元」。

【語　譯】陸澄問：「世風日下，怎樣才能重見太古時代的淳樸景象？」陽明先生答：「一天就是『一元』。一個人清早起來坐著，還沒同外界接觸，這內心清明的景象就像在太古伏羲時代遊走一樣。」

【研　析】太古時代是後世許多人憧憬的淳樸時代，但隨著人類文明的演進，它離現實已越來越遙遠，越來越變得渺茫難及，嚮往者只能在現實生活中的某一瞬間去感受、體驗它了。東晉詩人陶淵明就常說自己「五六月中，北窗下臥，遇涼風暫至，自謂羲皇（即伏羲）上人」（陶淵明〈與子儼等疏〉）。王陽明把這種體驗置於清晨獨坐未與世俗交接之時，與陶淵明頗為相似，只是他更強調內心的清明而已。

問：「心要逐物❶，如何則可？」先生曰：「人君端拱清穆，六卿❷分職，天下乃治。心統五官，亦要如此。今眼要視時，心便逐在色上；耳要聽時，心便逐在聲上；如人君要選官時便自去坐在吏部，要調軍時便自去坐在兵部。如此豈惟失卻君體，六卿亦皆不得其職。」

「善念發而知之，而充之，惡念發而知之，而遏之，知與充與遏者，志也，天聰明也。聖人只有此，學者當存此。」

【章　旨】記陽明論「心」的運用。

【注　釋】❶逐物　指追逐外界的物質享受。❷六卿　隋唐以後以吏、戶、禮、兵、刑、工六部尚書為六卿。

【語　譯】陸澄問：「假如心要追逐外物，該怎樣才好？」陽明先生答：「君主端身拱手清靜無為，六卿分別負責自己的職事，天下就會大治。心統領五官，也要這樣。如果眼睛看東西時，心就追逐在色上；耳朵聽東西時，心就追逐在聲上；那就像君主要選擇官吏時，便親自去坐在吏部衙門；要調動軍隊時，便親自去坐在兵部衙門。這樣不僅有失君主的威嚴，而且六卿也都不能各守其職。」

陽明先生又說：「善念發出來時要知道它要擴充它，惡念發出來時要知道它要遏止它。知道、擴充與遏止，這就是志向，是天賦聰明。聖人也不過如此，學者應把這放在心裡。」

【研　析】陽明以人君統御六卿來比喻心統五官，其淵源可追溯到先秦一些思想家的論述。《管子・心術上》：「心術者，無為而制竅（指五官）者也，故曰君。無代馬走，無代鳥飛，此言不奪能，能不與下誠也。」荀子講得更明確：「耳、目、鼻、口、形能各有接而不相能也，夫是之謂天官；心居中虛以治五官，夫是之謂天君。」（《荀子・天論》）都是以君道無為臣道有為的政治原則來比喻心使五官。陽明藉這一理論要求心不逐物，以君道制馭臣下的態勢來制馭自己的行為，與前人的見解並無原則上的差異。

澄曰：「好色好利好名等心固是私欲，如閒思雜慮如何亦謂之私欲？」先生曰：「畢竟從好色好利好名等根❶上起，自尋其根便見。如汝心中決知是無有做劫盜的思慮，何也？以汝元❷無是心也。汝若於貨色名利等心一切皆如不做劫盜之心，一般都消滅了，光光只是心之本體，看有甚閒思慮？此便是『寂然不動❸』，便是『未發之中』，便是『廓然大公❹』，自然『感而遂通』，自然『發而中節』，自然『物來順應』！」

【章　旨】記陽明談為什麼連「閒思雜慮」都是「私欲」的問題。

【注　釋】❶根　這裡指心。❷元　通「原」。❸寂然不動　《易傳・繫辭》：「易，無思也，無為也，寂然不通，感而遂通天下之故。」❹廓然大公　程顥〈定性書〉：「故君子之學，莫若廓然而大公，物來而順應。」廓然，廣大的樣子。

【語　譯】陸澄問：「好色好利好名等心固然是私欲，閒思雜慮怎麼也叫私欲？」陽明先生說：「畢竟這閒思雜慮之類的東西也是從好色好利好名等私心產生的，你只要自己追追根源就知道。例如你心裡一定知道自己沒有當劫賊的想法，這是為什麼？因為你原本就沒有這當劫賊的心。你如能對財色名利等心全部去掉，猶如沒有劫賊之心，把一切雜念全都消滅了，光光的只剩下心的本體，看還有什麼閒思雜慮？這就是《易傳》所說的『寂然不動』，就是《中庸》所說的『未發之中』，就是程顥說的『廓然大公』了！這樣自然便會『感而遂通』，自然便會

『發而中節』，自然就會『物來順應』了！」

【研　析】陽明曾提督南贛、汀、漳等處軍務，征剿、鎮壓江西、福建、湖廣一帶的所謂「盜賊」（實為對抗朝廷之民眾、地方群眾組織），大獲全勝，卻發現「破山中賊易，破心中賊難」（《王陽明全集・年譜》），因而想用「心學」來懲治、收拾人心。他把一切紛亂的根源統統歸結於「私欲」，要求人們對待「私欲」像對待「盜賊」一樣毫不留情，肅清掃滅，毫髮不留。《傳習錄》中每每有此喻，讀者當加深思。

問志至氣次❶。先生曰：「志之所至，氣亦至焉之謂，非極至、次貳之謂。『持其志』，則養氣在其中，『無暴其氣』，則亦持其志矣。孟子救告子❷之偏，故如此夾持❸說。」

【章　旨】記陽明回答「志至氣次」的問題。

【注　釋】❶志至氣次　《孟子・公孫丑上》：「夫志，氣之帥也；氣，體之充也。夫志至焉，氣次焉。故曰：『持其志，無暴其氣。』」暴，亂。❷告子　名不害，曾同孟子辯論人性問題，見《孟子・告子》。❸夾持　兼顧。

【語　譯】陸澄問「志至氣次」的問題。陽明先生說：「這是說志到哪裡，氣也就到了哪裡。

這『至』、『次』不是極致、次貳的意思。能做到『持其志』，氣自然就在其中；能做到『無暴其氣』，則『持志』也就在其中了。孟子為了挽救告子的偏頗，所以要這樣兼顧著『志』與『氣』來加以闡說。」

【研析】關於孟子「救告子之偏」的詳情，《孟子・公孫丑上》說得很清楚，原文如下：（公孫丑問）曰：「敢問夫子之不動心與告子之不動心，可得聞與？」（孟子曰：）「告子曰：『不得於言，勿求於心；不得於心，勿求於氣。』不得於心，勿求於氣，可；不得於言，勿求於心，不可。夫志，氣之帥也；氣，體之充也。夫志至焉，氣次焉。故曰：『持其志，無暴其氣。』」關於「志至氣次」，趙岐《孟子章句》注為：「志為至要之本，氣為其次。」朱熹《孟子集注》也釋為「故志固為至極，而氣即次之。」都是把「至」解為「極致」，把「次」解為「其次」。陽明反對這種解釋，但沒有提出訓詁上的根據。清人毛奇齡見解近於陽明，他的《逸講箋》釋「次」為「舍止」，釋「志至氣次」為「志之所至，氣則隨之而止」，可以說是對陽明的補充。

問：「先儒曰：『聖人之道，必降而自卑；賢人之言，則引而自高。』[1]如何？」先生曰：「不然。如此卻乃偽也。聖人如天，無往而非天。三光之上，天也；九地之下，亦天也。天何嘗有降而自卑，此所謂『大而化之❷』也。賢人如山嶽，守其高而已。然百仞者不能引而為千仞，千仞者不能引而為萬仞，是賢人未嘗引而自高也，引而自高則偽矣。」

【章　旨】記陽明對「聖人之道，必降而自卑；賢人之言，則引而自高」說法的批評。

【注　釋】❶先儒曰五句　先儒指二程。《二程外書》卷三：「聖人之言，必降而自卑，不如此則人不親；賢人之言，必引以自高，不如此則道不尊。」❷大而化之　《孟子．盡心下》：「充實而有光輝之謂大，大而化之之謂聖。」

【語　譯】陸澄問：「先儒程子說：『聖人之道，必降而自卑；賢人之言，則引而自高。』這話怎樣？」陽明先生答：「不對，這樣卻是虛偽。聖人之道像天，無往而非天。日月星辰三光之上，是天；九泉之下，也是天。天何曾降而自卑，這就是孟子所說的『大而化之』。賢人就像山嶽，保持自己的高度罷了。但百仞之山不能拔高為千仞，千仞之山不能拔高為萬仞，這證明賢人未曾拔高自己。如果拔高自己，那就是虛偽了。」

【研　析】陽明以聖人為天，賢人為山嶽，表現的是一種尊聖崇賢的觀點。他反對聖人降而自卑之說，似有神化聖人之意，從今天的立場來看固不足取，但他反對賢人拔高自己，並認為這是一種虛偽的表現，卻是可取的。

問：「伊川謂不當於喜怒哀樂未發之前求中❶，延平卻教學者看未發之前氣象❷，何如？」先生曰：「皆是也。伊川恐人於未發前討個中，把中做一物看，如吾向所謂認氣定時做中，故令只於涵養省察上用功；延平恐人未便有下手處，故令人時時刻刻求未發前氣象，使人正目而視惟此，傾耳而聽惟此，即是戒慎不睹、恐懼不聞❸的功夫，皆古人不得已誘人之言也。」

【章　旨】記陽明對程頤、李侗關於「未發之中」問題的評論。

【注　釋】❶伊川句　伊川，即程頤。其「不當於喜怒哀樂未發之前求中」的觀點，見《二程遺書》卷一八〈伊川先生語四〉。原文為：「或曰：『喜怒哀樂未發之前求中，可否？』(伊川)曰：『不可。既思於喜怒哀樂未發之前求之，又卻是思也。既思即是已發。纔發便謂之和，不可謂之中也。』」❷延平句　延平，李侗（西元一〇九三～一一六三年），字愿中，學者稱延平先生，南劍州劍浦（今福建南平）人，為二程三傳弟子，朱熹曾師事他。《宋元學案》卷三九〈豫章學案〉說：「其始學也，默坐澄心，以驗夫喜怒哀樂未發之前氣象為如何；久之，而知天下之大本真在乎是也。」❸戒慎不睹恐懼不聞　《中庸》：「道也者，不可須臾離也，可離非道也。是故君子戒慎乎其所不睹，恐懼乎其所不聞。」朱熹注後兩句：「是以君子之心，常存敬畏，雖不見聞，亦不敢忽，所以存天理之本然。」(《中庸集注》)

【語譯】陸澄問：「伊川先生認為不應於喜怒哀樂未發前求中，延平先生卻教學者看未發之前的氣象，這兩種觀點誰對誰錯？」陽明先生答：「都是對的。伊川先生怕人們在未發之前就求中，把中當作一個物事看待，就像我先前把氣定之時看作中一樣，所以他只要學者從涵養省察上用功；延平先生怕人們沒有入門的地方，所以讓人時時刻刻追求未發前的氣象，使人正目而視，看到的只是這氣象；傾耳而聽，聽到的也只是這氣象；這就是《中庸》所說的戒慎不睹、恐懼不聞的功夫。這都是古人不得已才用這話誘導人們。」

【研析】無論理學家還是心學家，對於個人心性修養都是非常重視的，而《中庸》的「喜怒哀樂未發謂之中，發而皆中節謂之和」的論述，又是關於心性修養的最重要的言論，自然也同樣受到理學家和心學家的一致重視。《中庸》這兩句話的要義是「致中和」，即要求人們喜怒哀樂情感的抒發恰好在儒家所認可的一個「度」上。而怎樣來實現這個「中和」，說法不一，原則卻同，因而往往殊途而同歸。陽明之所以認為程頤和李侗的說法都對，原因就在這裡。

澄問：「喜怒哀樂之中和，其全體常人固不能有，如一件小事當喜怒者，平時無有喜怒之心，至其臨時亦能中節，亦可謂之中和乎？」先生曰：「在一時一事固亦可謂之中和，然未可謂之『大本』、『達道』❶。人性皆善，中和是人人原有的，豈可謂無？但常人之心既有所昏蔽，則其本體雖亦時時發見，終是暫明暫滅，非其全體大用矣。無所不中，然後謂之『大本』；無所不和，然後謂之『達道』。惟天下之至誠，然後能立天下之大本。」曰：「澄於『中』字之義尚未明。」曰：「此須自心體認出來，非言語所能喻。中只是天理。」曰：「何者為天理？」曰：「去得人欲，便識天理。」曰：「天理何以謂之中？」曰：「無所偏倚❷。」曰：「無所偏倚是何等氣象？」曰：「如明鏡然。全體瑩徹，略無纖塵染著。」曰：「偏倚是有所染著，如著在好色好利好名等項上，方見得偏倚；若未發時，美色名利皆未相著，何以便知其有所偏倚？」曰：「雖未相著，然平日好色好利好名之心原未嘗無，既未嘗無，即謂之有；既謂之有，則亦不可謂無偏倚。譬之病瘧之人，雖有時不發，而病根原不曾除，則亦不得謂之無病之人矣。須是平日好色好利好名等項一應私心掃除蕩滌，無復纖毫留滯，而此心全體廓然純是天理，方可謂之喜怒哀樂未發之中，方是天下之大本。」

【章　旨】記陽明論「達道」、「大本」。

【注　釋】❶大本達道　《中庸》：「中也者，天下之大本也；和也者，天下之達道也。」❷無所偏倚　偏倚，偏向；偏頗。朱熹《中庸集注》：「無所偏倚，故謂之中。」

【語　譯】陸澄問：「喜怒哀樂的中和狀態，它的全體一般人固然不能達到，但倘若遇到一件應喜或應怒的小事，他平時雖無喜怒發而中節之心，但在這小事上卻能一時發而中節，這也可算作中和嗎？」陽明先生答：「在一時一事上固然也可稱為中和，但尚不能稱為『大本』、『達道』。人性都是善的，中和原是人人都有的，怎能說沒有？只是一般人的心既已有所昏暗蒙蔽，則他們的本體雖也時時發露呈現，終究是時現時隱，不是全體的大用了。無所不中，然後才能稱作『大本』；無所不和，然後才能叫作『達道』。只有天下至誠之人，才能立天下之大本。」陸澄又說：「我對『中』字的意思還沒弄明白。」陽明先生說：「這中的意思要從心裡體認出來，不是言語可告知的。中只是天理。」陸澄問：「什麼是天理？」陽明先生答：「把人欲都去盡了，就識得天理。」陸澄問：「為什麼把天理也叫作中？」陽明先生答：「因為它無偏無倚。」陸澄問：「無偏無倚是怎樣的情景？」陽明先生答：「好像明亮的鏡子一般。它全體晶瑩透徹，略無絲毫灰塵沾染。」陸澄又問：「偏倚就是有所沾染，如果沾染在好色好利好名等項目上，才可算偏倚；如果喜怒哀樂都處於未發之時，美色名利都未沾著，怎麼就知道他有所偏倚？」陽明先生答：「雖然未沾著，但他平時好色好利好名之心尚未曾達到無的境界，既未能無，就稱之為有；既然稱作有，就也不能說他無偏倚。譬如一個得了瘧疾的人，雖然有時不發病，但病根原未曾消除，就不能稱為無病之人了。必須將平日好色好利好名等私心一一掃除滌蕩，再也沒絲毫私心留在心上，而這心又全體廓然純是天理，才可以叫作達到了喜怒哀樂未發之中，這才是天下的大本。」

【研析】為什麼陽明的弟子總是問怎樣才算達到了《中庸》所說的「中和」境界？這是因為陽明對「中和」有特殊的理解和要求。他所理解的「中和」，不是一時一事的喜怒哀樂之未發，而是隨時隨地都要能做到這一點。他還把「致中和」同「去人欲」、「存天理」聯繫起來，要求人們把好色好利好名等所有「私心」一一滌蕩、掃除、廓清，不留纖毫。這顯然是把「中和」境界高度理想化了，使一般人根本無法達到，連弟子也時常產生疑問。

問：「『顏子沒而聖學亡❶』，此語不能無疑。」先生曰：「見聖道之全者，惟顏子。觀喟然一嘆可見❷。其謂夫子『循循然善誘人，博我以文，約我以禮』，是見破後如此說。博文約禮如何是善誘人？學者須思之。道之全體，聖人亦難以語人，須是學者自修自悟。顏子雖『欲從之，末由也已』。即『文王望道未見❸』意。望道未見，乃是真見。顏子沒而聖學之正派遂不盡傳矣。」

【章　旨】陽明申述「顏子沒而聖學亡」的理由。

【注　釋】❶顏子沒而聖學亡　見《王文成公全書》卷七〈別湛甘泉序〉。顏子，指顏回（西元前五二一～前四九〇年），字子淵，魯國人，孔子高足。聖學，指孔學。❷觀喟然一嘆可見　《論語・子罕》：「顏淵喟然嘆曰：『仰之彌高，鑽之彌堅。瞻之在前，忽焉在後。夫子循循然善誘人，博我以文，約我以禮，欲罷不能。既竭吾才，如有所立卓爾。雖欲從之，末由也已。』」末由，不知從何著手。❸文王望道未見　見《孟子・離婁下》。

【語　譯】陸澄問：「先生說『顏子沒而聖學亡』，這話不能使人沒有疑問。」陽明先生說：「能看到聖人之道的全體的，只有顏子。你看他那喟然一嘆就可以想見。他說孔夫子『循循然善誘人，博我以文，約我以禮』，是對孔子之道看得很透徹之後才這樣說的。博文約禮怎麼是善誘人，學者應加以思考。道的全體，孔聖人也難以告訴別人，必須要學者自修自悟。顏子雖說『欲從之，末由也已』，也就是孟子講的『文王望道而未之見』的意思。望道未見，才是真見。顏子去世之後聖學的正脈就沒能全部傳下來了。」

【研　析】自宋明以來，儒者於孔門弟子中多重顏回，將他與孔子並稱為「孔顏」。陽明尤其尊重顏子，今存文集中多次提到顏回（例如其〈別三子序〉、〈別湛甘泉序〉、〈見齋說〉、〈博約說〉、〈山東鄉試錄〉等等），而以「顏子沒而聖學亡」一語為極致。從此章看，陽明推崇顏回，主要是他認為顏回能得孔學之「全體」。而「博我以文，約我以禮」乃是他對孔學基本精神的最好概括。從陸象山以來，就極重為學的「簡易」，陽明也屢屢同弟子談論「博約」問題，並著〈博約說〉，其中云：「昔者顏子之始學於夫子也，蓋亦未知道之無方體形象也，而以為有方體形象也；未知道之無窮盡止極也，而以為有窮盡止極也；是猶後儒之見事事物物皆有定理者也，是以求之仰鑽瞻忽之間，而莫得其所謂。及聞夫子博約之訓，既竭吾才以求之，然後知天下之事雖千變萬化，而皆不出於此心之一理；然後知殊途而同歸，百慮而一致，然後知斯道之本無方體形象，而不可以方體形象求之也；本無窮盡止極，而不可以窮盡止極求之也。故曰：『雖欲從之，末由也已。』蓋顏子至是而始有真實之見矣。博文以約禮，格物以致其良知也，亦寧有二學乎哉？」從這段話可以看出，在陽明心目中，顏回的由博返約的過程，也就是由理學轉向心學的過程，而「博約」之說，也就與陽明所主張的「致良知」相合。這就包含有以顏回為「心學」之祖、孔學正傳的意味了。這是陽明推尊顏回的真正用心。

問：「身之主為心，心之靈明是知，知之發動是意，意之所著為物，是如此否？」先生曰：「亦是。」

「只存得此心常見在，便是學。過去未來事，思之何益，徒放心[1]耳。」

「言語無序，亦足以見心之不存。」

【章旨】記陽明論「心」。

【注釋】❶放心　指喪失人的本心。《孟子．告子上》：「學問之道無他，求其放心而已矣。」

【語譯】陸澄問：「身的主宰是心，心的靈動清明是知，知的萌發、運動是意，意所附著的是物，是這樣的嗎？」陽明先生說：「也是的。」

陽明先生說：「只要經常保存這心，就是學問。過去未來的事，想它有什麼益處，反而白白地喪失這心。」

陽明先生又說：「語無倫次，也足可見心沒保存。」

【研析】陽明承認「意之所著為物」，足以證明他並不否認主觀（心）與客觀（物）的差別。「言語無序，亦足以見心之不存」一語，涉及到語言與思維的關係，也足見「心」並非僅是道德本體，同時也是思維器官。

尚謙❶問：「孟子之不動心❷，與告子異？」先生曰：「告子是硬把捉著此心要他不動，孟子卻是『集義』到自然不動。」又曰：「心之本體原自不動，心之本體即是性。性即是理，性元不動，理元不動。『集義』是復其心之本體。」

「萬象森然時亦沖漠無朕❸，沖漠無朕即萬象森然。沖漠無朕者『一❹』

之父，萬象森然者『精』之母；『一』中有『精』，『精』中有『一』。」

「心外無物，如吾心發一念孝親，即孝親便是物。」

【章　旨】陽明論述有關「心」的問題。

【注　釋】❶尚謙　薛侃（西元？～一五四五年），字尚謙，號中離，廣東揭陽（今廣東揭陽）人。正德十二年（西元一五一七年）進士，官至司正，因上疏觸怒明世宗罷職，遠遊江浙，宏闡陽明之學。❷孟子之不動心　《孟子・公孫丑上》記孟子語：「我四十不動心。」下言告子不動心，亦見此篇。❸萬象句　針對程頤「沖漠無朕而萬象森然已具」一語而言。程頤語見《二程遺書》卷一五。❹一　與下句的「精」皆出自偽古文《尚書・大禹謨》「惟精惟一」一語。

【語　譯】尚謙問：「孟子的不動心，與告子的不動心，有什麼不同？」陽明先生答：「告子是強行控制著心要它不動，孟子卻是『集義』到自然不動。」陽明先生又說：「心的本體原本就不動，心的本體就是性，性即是理，性原不動，理原不動。『集義』就是恢復心的本體。」

陽明先生說：「萬象森然時也沖漠無朕，沖漠無朕也就萬象森然。沖漠無朕是『一』的父親，萬象森然是『精』的母親；『一』裡面有『精』，『精』裡面有『一』。」

陽明先生又說：「心外無物，如我心裡萌發了一個孝敬父母的念頭，這孝親就是物。」

【研　析】陽明以「心」為本體，所以要強調它是「不動」的，但要跟孟子講的「不動心」協調起來，於是便將孟子由「集義」（積累善行）達到的境界說成是對本體的恢復，從而他對「心」

的理解同孟子又有了較大的差別（孟子只是把「心」當作一思維和情感器官）。

程頤講「沖漠無朕而萬象森然已具」，是說「心」處於虛靜狀態時就能萬物皆備於我，並不否定「心」與外「物」的界劃。陽明說：「萬象森然時亦沖漠無朕，沖漠無朕即萬象森然」，並將這與「惟精惟一」聯繫起來，顯然有「心外無物」的含義。

陽明的「心外無物」並非否定客觀存在，他所說的「物」是專就道德倫理而言，因而他把「孝親」這件事也看作一「物」。（按他的理解，「物」就是「事」。）所謂「心體」，其實只是一倫理本體。

先生曰：「今為吾所謂格物之學者，尚多流於口耳，況為口耳之學者，能反於此乎！天理、人欲，其精微必時時用力省察克治，方日漸有見。如今一說話之間，雖只講天理，不知心中倏忽❶之間已有多少私欲！蓋有竊發而不知者，雖用力察之，尚不易見，況徒口講而可得盡知乎！今只管講天理來頓放❷著不循，講人欲來頓放著不去，豈格物致知之學！後世之學，其極至只做得個『義襲而取❸』的功夫。」

【章　旨】記陽明對當時學者只講不做風氣的批評。

【注　釋】❶倏忽　形容非常迅速的樣子。❷頓放　擱置。❸義襲而取　由偶然的正義取得。《孟子・公孫丑上》：「是集義所生者，非義襲而取之也。」襲，朱熹注：「掩取也。」

【語　譯】陽明先生說：「如今學習我所說的格物之學的人，尚且多半流於口說耳聽，何況那些專以口說耳聽為學問的人，又怎能回到這真正的格物之學上來呢！天理、人欲，它們的精微之處必須經常下功夫省察克治，才能日漸有所了解。如今有些人說話之間，雖然講的也只是天理，可片刻之間心裡就不知萌發了多少私欲！大概有暗中萌發而不知道的，即使下功夫省察，也仍不容易發現，何況只是口裡說說，又怎能完全知曉呢！如今他們只管講天理，卻把它擱置在一邊不加遵循；只管講人欲，卻將它擱置在心中不肯清除掉，這哪裡是格物致知之學！後世的學問，做到極點，也只做得個孟子所說的『義襲而取』的功夫。」

【研　析】陽明強調「知行合一」，最重視踐履的功夫，因而對當時學者只做口講耳聽功夫，大談天理人欲，卻不肯循天理去人欲的情況極為不滿。

問格物，先生曰：「格者，正也。正其不正，以歸於正也。」

問：「知止者，知至善只在吾心，元❶不在外也，而后志定。」曰：

「然。」

問：「格物於動處用功否？」先生曰：「格物無間❷動靜，靜亦物也。孟子謂『必有事焉❸』，是動靜皆有事。」

「功夫難處全在格物致知上，此即誠意之事。意既誠，大段心亦自正，身亦自修。但正心修身功夫亦各有用力處，修身是已發邊，正心是未發邊；心正則中，身修則和。」

「自格物致知至平天下❹，只是一個『明明德』，雖『親民❺』亦明德事也。明德是此心之德，即是仁。仁者以天地萬物為一體❻，使有一物失所，便是吾仁有未盡處。」

「只說『明明德』而不說『親民』，便似老佛。」

「至善者性也，性元無一毫之惡，故曰『至善』。止之是復其本然而已。」

【章旨】記陽明論「格物致知」的問題。

【注釋】❶元　同「原」。❷間　隔開；區分。❸必有事焉　《孟子・公孫丑下》：「必有事焉，而勿正，心勿忘，勿助長也。」指自然地從事心的培養。❹自格物句　指《大學》「致知在格物，物格而後知至，知至而後意誠，意誠而後心正，心正而後身脩，身脩而後家齊，家齊而後國治，國治而後天下平」一段。❺親民　朱熹解「親」為「新」，王陽明反對，認為「『親民』猶孟子『親親仁民』之謂，親之即仁之也。」見本書首章。❻仁者句　程顥語，見《二程遺書》卷二上。

【語譯】陸澄問《大學》裡「格物」一詞的含義，陽明先生說：「格，是糾正、匡正的意思。糾正不正確的，使它歸於正確。」

陸澄說：「《大學》講的『知止』，就是說要知道至善就在我心裡，本不在心外，這樣才能使志向堅定不移。」陽明先生說：「是這樣。」

陸澄問：「格物是在動的時候用功嗎？」陽明先生說：「格物不分動靜，靜也是物。孟子說『一定要從事心的培養』，是說不管動靜都要從事這種培養。」

陽明先生說：「修養功夫難就難在格物致知上，這就是誠意的事。意誠之後，心也就自然端正，身也就自然修好了。只是正心修身的功夫也各有用力之處，修身的功夫要用在喜怒哀樂已發方面，正心則要用在未發的方面；心正就符合『中』，身修就符合『和』了。」

陽明先生說：「《大學》從格物致知到治國平天下，只是一個『明明德』，就是『親民』，講的也是明德的事。明德就是這心的德，也就是仁。『仁者以天地萬物為一體』，如果一物不得其所，就是我的仁有未完善之處。」

陽明先生說：「只說『明明德』而不說『親民』，就像道家和佛教。」

陽明先生說：「至善是人的本性，原無一毫之惡，所以叫作『至善』。『止於至善』就是恢復人的本性而已。」

【研　析】《大學》所說的「格物致知」，一直是理學家和心學家爭論的焦點之一。兩派的分歧在於：理學家主張從內向外擴張，如朱熹所說的「推極吾之知識，欲其所知無不盡也」，「窮至事物之理，欲其極處無不到也」。從這種理解出發，朱熹解「格」為「至」，解「致」為「推極」（《大學集注》）。心學家則主張由外向內收斂，把整治自己的心作為下手功夫和終極目標。陽明所說的「精神、道德、言動，大率收斂為主，發散是不得已」（《傳習錄》上），就是如此。從這種理解出發，他解「格」為「正」，把「格物致知」及治國平天下統統歸為「誠意」或「明德」，本章所言即是如此。

問：「知至善即吾性，吾性具吾心，吾心乃至善所止之地，則不為向時❶之紛然外求而志定矣。定則不擾擾而靜，靜而不妄動則安，安則一心一意只在此處。千思萬想，務求必得，此至善是能慮而得矣。如此說，是否？」先生曰：「大略亦是。」

【章　旨】記陸澄對「至善即吾性」的闡發。

【注　釋】❶向時　先前。

【語　譯】陸澄問：「懂得至善就是我的天性，我的天性具備於心中，我的心就是至善所集止的地方，這樣就不會像先前那樣忙忙碌碌地向外追求而志向堅定了。志向堅定了內心就不會煩擾而安靜，內心安靜而不妄動就會安穩，安穩了就會一心一意只在這至善上千思萬想，務必求得它，這樣至善就能通過思慮得到了。這樣解釋，對不對？」陽明先生回答：「大致上是這樣。」

【研　析】陽明曾明確說「至善是心之本體」，「至善者性也，性元(原)無一毫之惡，故曰『至善』」，陸澄所問，當是針對這些說法。陸澄的理解是：陽明說人的心性本是「至善」，目的是教人向內追求，從自己的心性中求取至善。陽明對陸澄的理解予以認可，表明以「心體」為「至善」符合他的思想。

問：「程子云：『仁者以天地萬物為一體』，何墨氏『兼愛』❶，反不得謂之仁？」先生曰：「此亦甚難言，須是諸君自體認出來始得。仁是造化生生不息之理，雖瀰漫周遍，無處不是，然其流行發生，亦只有個漸，所以生生不息。如冬至一陽生❷，必自一陽生而後漸，漸至於六陽❸。若無一陽之生，豈有六陽？陰亦然。惟其漸，所以便有個發端處；惟其有個發端處所以生，惟其生所以不息。譬之木，其始抽芽，便是木之生意發端處，抽芽然後發幹，發幹然後生枝、生葉，然後是生生不息。若無芽，何以有幹有枝葉？能抽芽必是下面有個根在，有根方生，無根便死。無根何從抽芽？父子兄弟之愛便是人心生意發端處，如木之抽芽。自此而仁民而愛物，便是發幹生枝生葉。墨氏兼愛無差等❹，將自家父子兄弟與途人一般看，便自沒了發端處。不抽芽，便知得他無根，便不是生生不息，安得謂之仁？孝弟為仁之本，卻是仁理從裡面發生出來。」

【章　旨】記陽明論儒家與墨家的區別。

【注　釋】❶墨氏兼愛　墨氏指墨翟，春秋末戰國初魯國（一說宋國）人。「兼愛」是他學說的核心內容之一，其具體含義是「兼相愛」、「交相利」。即人與人之間不僅要有愛心，還要互惠互利。❷冬至一陽生　漢人孟喜的卦氣說，以復、臨、泰、大壯、夬、乾、姤、遯、否、觀、剝、坤十二辟卦卦象中的剛柔（即陽、陰）二爻的變化來代表陰陽二氣的消長過程，並體現一年十二月、二十四節氣、七十二候的變化。復卦的卦象為䷗，初爻（最下面一爻）為陽，此卦象代表十一月中冬至，陽氣初萌，稱為「冬至一陽生」。

❸六陽　指乾卦。乾卦卦象為☰，六爻全是陽，代表四月（陰曆）中，時令為夏。❹墨氏兼愛無差等　《孟子・滕文公下》記墨子後學夷之自稱其學為「愛無差等，施由親始」，即愛不分等級，施惠要從自己的親人開始。

【語　譯】陸澄問：「程顥說：『仁者以天地萬物為一體』，為什麼墨翟講『兼愛』，反而不能稱為仁？」陽明先生答：「這很難講清楚，諸位必須要自己體認才能了解。仁是大自然生生不息的道理，雖然它瀰漫周遍，無處不是，但它的流行發生，也只是逐漸增長，才能生生不息。就像冬至一陽生，一定是從一陽萌生後逐漸上升，逐漸變為六陽。如果沒有一陽萌生，哪裡會有六陽？陰氣也是這樣。正因為是逐漸變化，所以就有個開端之時；正因為有開端之時，所以才會生長；正因為生長，所以才不會停息。譬如樹木，它開始發芽，便是樹木的生機萌發之時。抽芽然後發幹，發幹然後生枝、生葉，然後是生生不息。如果沒有芽，怎麼會有幹有枝葉？能抽芽必定是下面有根存在，有根才生，無根便死。無根怎能抽芽？父子兄弟之愛就是人心的生機發端之處，就像樹木的抽芽。從這裡發展到仁民愛物，就是發幹生枝生葉。墨翟的兼愛沒有等級差別，將自己的父子兄弟跟過路人同樣看待，自然就沒了發端之處。不能抽芽，就知道它沒有根，就不能生生不息，又怎能稱為仁？孝悌是仁的根本，仁的道理就是從這裡面生發出來的。」

【研　析】儒家與墨家都講愛，但儒家始終強調「愛由親始」，即把家庭、家族成員之間的血緣關係作為「愛」的根本，先愛自己的父母兄弟，然後「老吾老以及人之老，幼吾幼以及人之幼」，由親及疏、由近及遠地擴展到愛天下人。愛親並不是抽象的，而是具體的。因為父子、兄弟之間有個先後、長幼的關係，這就決定了父子兄弟之間有不可逾越的「序」，也就是家庭內部的等級差別。把這種家庭等級差別推及到政治領域，就是君臣的等級差別。強調「愛由親始」、「孝悌為仁之本」的實質，就是為了維護以宗法血緣為根基的等級制度，這是顯而易見的。

墨子講「尚同」，其實也強調君臣上下的等級差別。但墨子講「兼愛」時，卻強調君臣父子之間的互愛互利，並不從等級上加以區別，這樣實際上就等於否定了等級制度。墨子的這種主張，到戰國中期，便發展為以夷之為代表的「愛無差等，施由親始」的觀點，明確否定在等級基礎上講愛的觀點。這就必然遭到以維護宗法血緣等級制度自任的儒家的強烈反對。孟子曾以尖銳的措辭激烈地抨擊墨子，甚至把他與主張「為我」的楊朱（屬道家）放在一起加以咒罵：「聖王不作，諸侯放恣，處士橫議，楊朱、墨翟之言盈天下。天下之言，不歸楊則歸墨。楊氏為我，是無君也；墨氏兼愛，是無父也。無父無君，是禽獸也。」（《孟子・滕文公下》）孟子之後，儒者雖不探究墨學，卻把「辟楊墨」作為一種傳統繼承了下來。他們對墨家的批評，說來說去，都沒有脫離孟子的基本觀點，王陽明也是如此。

問：「延平云『當理而無私心❶』，『當理』與『無私心』如何分別？」

先生曰：「心即理也，『無私心』即是『當理』，未『當理』便是私心。

若析心與理言之，恐亦未善。」又問：「釋氏於世間一切情欲之私都不染著，似無私心，但外棄人倫，卻似未當理。」曰：「亦只是一統❷事，都只是成就他個私己的心。」

【章　旨】記陸澄問延平先生「當理」與「無私心」的區別。

【注　釋】❶當理而無私心　語出朱熹〈答李時可〉：「嘗聞延平先生說三仁事云：『當理而無私心，則仁矣。』」（《朱文公文集》卷五五）❷一統　猶言一碼、一回。

【語　譯】陸澄問：「延平先生說：『當理而無私心』，『當理』和『無私心』怎樣區分？」陽明先生答：「心即理，『無私心』即是『當理』，不『當理』就是私心。如果把心與理分開來說，恐怕不好。」陸澄又問：「佛教徒對世間一切情欲都不沾染，好像也沒有私心，只是他們對外拋棄人倫，卻好像不符合天理。」陽明先生說：「也只是一回事，都只是成就他們一個自私自利的心。」

【研　析】佛教徒出家修行，不染著塵俗的情欲，與儒家的去私欲頗為相似。區別就在於：佛教徒主張拋棄人倫，而儒家卻極重人倫。儒家站在自己的立場上，稱自己的做法是存天理，而稱佛教徒的做法為自私。儒家的排斥佛教，最重要的理由也就在這裡，陽明的否定佛教也是如此。

薛侃錄

侃❶問：「持志如心痛，一心在痛上，安有功夫說閒語，管閒事？」

先生曰：「初學功夫，如此用亦好。但要使知『出入無時，莫知其鄉❷』。心之神明，原是如此，功夫方有著落。若只死死守著，恐於功夫上又發病。」

【章旨】記陽明回答薛侃有關「持志」的問題。

【注釋】❶侃　指薛侃。❷出入無時二句　語出《孟子・告子上》。鄉，通「嚮」。方向。

【語譯】薛侃問：「持志就像得了心痛病，一心一意專注在痛上，哪裡有功夫說閒話，管閒事？」陽明先生說：「開始學習時，這樣用功夫也好。只是要使初學者懂得『出入無時，莫知其鄉』的含義，知道心的神明，原是這樣，功夫才有著落。如果只是死死地守著心，只怕在做功夫時又會產生毛病。」

【研析】「持志如心痛，一心在痛上，安有功夫說閒語，管閒事」，本是陽明自己的話（見前面陸澄所錄），但陽明對怎樣運用沒加說明。薛侃再度問起，他才指出：這方法只能用於初學者，而且容易因運用失當而產生弊端。

侃問：「專涵養而不務講求❶，將認欲作理，則如之何？」先生曰：「人須是知學❷，講求亦只是涵養，不講求只是涵養之志不切。」曰：「何謂『知學』？」曰：「且道為何而學，學個甚？」曰：「嘗聞先生教學，是學存天理。心之本體，即是天理。體認天理，只要自心地無私意。」曰：「如此則只須克去私意便是，又愁甚理欲不明？」曰：「正恐這些私意認不真。」曰：「總是志未切。志切目視耳聽皆在此，安有認不真的道理！『是非之心，人皆有之』，不假外求，講求亦只是體當自心所見，不成去心外別有個見？」

【章旨】記陽明回答「涵養」與「講求」的關係問題。

【注釋】❶講求　研究；探討。這裡指探討書本知識。❷知學　這裡指了解學習目的。

【語譯】薛侃問：「專講內心修養而不求探討知識，將會把人欲認作天理，那該怎麼辦？」

陽明先生說：「一個人應當『知學』，探究知識也只是修養內心，不探求只是修養的心情不迫切。」薛侃問：「什麼叫作『知學』？」陽明先生說：「你姑且先說說為什麼學習，學什麼？」薛侃說：「我曾聽說，先生所教人學的，是存天理。心的本體，就是天理。體認天理，只是從心地上去掉私意。」陽明先生說：「這樣就只須克服掉私意就是，又愁什麼理與欲分不清楚？」薛侃說：「正恐怕對這些私意認不真切。」陽明先生說：「總歸是心志不切實。如果心志切實則目視耳聽都在這上面，哪有認不真切的道理！孟子說『是非之心，人皆有之』，不假外求，研究學問也只是體當自心所見，難道到心外別有個什麼所見？」

【研析】薛侃說的「講求」，實際上指的是宋明理學家的辨析義理。通過辨析，弄清什麼是「欲」，什麼是「理」。陽明站在心學的立場上，自然反對這種學問，因而把「涵養」與「講求」說成是同一回事。

先生問在坐之友❶：「比來功夫何似？」一友舉虛明❷意思。先生曰：「此是說光景❸。」一友敘今昔異同，先生曰：「此是說效驗❹。」二友惘然請是。先生曰：「吾輩今日用功，只是要為善之心真切，此心真切，見善即遷，有過即改，方是真切功夫。如此則人欲日消，天理日明。若只管求光景，說效驗，卻是助長❺。外馳病痛，不是功夫。」

【章　旨】記陽明對弟子的批評。

【注　釋】❶友　指同學、學友。《說文》：「同志為友。」❷虛明　指心的虛靜明潔。❸光景　情景。這裡指事物的表象。❹效驗　比較；檢驗。❺助長　即揠苗助長。這裡指人為地謀求涵養，而不是出於本心，自然而然地達到某種境界。

【語　譯】陽明先生問在座的學友：「近來功夫做得怎樣？」一學友說了說對心的虛明的體會，陽明先生說：「這說的是表象。」另一學友敘說了自己今昔的異同，陽明先生說：「這說的是比較驗證。」兩位學友十分迷惘，請先生指正。陽明先生說：「我們如今用功，只是要求為善之心真切。這心真切，見善思遷，有過就改，才算是真切的功夫。如此就人欲日漸消除，天理日益彰顯。如果只管追求表面現象，談論效果，就都只是人為地助長。這樣就會使心向外馳驅而產生弊病，不是涵養功夫了。」

【研　析】陽明的心學注重於心性修養的「真切」，而不在於談說心如何「虛明」；而心性修養的核心是要做到「人欲日消」、「天理日明」，而不只是空洞而表面地追求我心今日的虛明勝於往昔。他之所以批評弟子們或「只管求光景」，或只「說效驗」，就是因為弟子們都未能得此要領。

朋友觀書多有摘議晦庵❶者，先生曰：「是有心求異，即不是。吾說與晦庵時有不同者，為入門下手處有毫釐千里❷之分，不得不辯；然吾之心與晦庵之心未嘗異也，若其餘文義解得明當處，如何動得一字！」

【章旨】記陽明對弟子指摘朱熹的批評。

【注釋】❶朋友句　朋友，古人以同門為朋，同志為友，猶今稱同學。摘，通「謫」。責備；指謫。晦庵，朱熹之號。❷毫釐千里　指相差毫釐，引申開去，便相差千里之遙。

【語譯】同學看書多有指責議論朱晦庵的，陽明先生說：「你們這樣有心追求與朱子不同，就不對。我的學說之所以同晦庵有不同，是因為我們在入門下手時所具有的毫釐之差引申開去便相差千里之遙，才不得不加以辨析。但是我的心不曾同晦庵的心有差異，至於他對經典的文義解得明白恰當之處，又怎能隨便改動得一個字！」

【研析】這章對了解陽明對朱熹的態度極為重要。陽明既指出了自己同朱熹的分歧所在，又指出了自己同朱熹用心的相同，特別是肯定了朱熹在訓釋經義方面的成就。這表現了他對前賢往哲實事求是的客觀態度。

希淵❶問：「聖人可學而至，然伯夷、伊尹❷於孔子才力終不同，其同謂之聖者安在？」先生曰：「聖人之所以為聖，只是其心純乎天理而無人欲之雜。猶精金之所以為精，但以其成色足而無銅鉛之雜也。人到純乎天理，方是聖；金到足色，方是精。然聖人之才力亦有大小不同，猶金之分兩有輕重。堯、舜猶萬鎰，文王、孔子有九千鎰，禹、湯、武王猶七八千鎰，伯夷、伊尹猶四五千鎰。才力不同，而純乎天理則同，皆可謂之聖人。猶分兩雖不同而足色則同，皆可謂之精金。以五千鎰者而入於萬鎰之中，其足色同也；以夷、尹而廁之堯、孔之間，其純乎天理同也。蓋所以為精金者，在足色而不在分兩；所以為聖者，在純乎天理而不在才力也。故雖凡人而肯為學，使此心純乎天理，則亦可為聖人。猶一兩之金比之萬鎰，分兩雖懸絕而其到足色處可以無愧。故曰『人皆可以為堯舜[3]』者，以此。學者學聖人，不過是去人欲而存天理耳，猶鍊金而求其足色。金之成色所爭[4]不多，則煅鍊之工省而功易成。成色愈下則煅鍊愈難。人之氣質清濁粹駁，有中人以上、中人以下，其於道有生知安行、學知利行，其下者必須人一己百，人十己千，及其成功則一。後世不知作聖之本是純乎天理，卻專去知識、才能上求聖人，以為聖人無所不知，無所不能，我須是將聖人許多知識、才能逐一理會始得，故不務去天理上著功夫，徒弊精竭力從冊子上鑽研，名物上考索，形迹上比擬。知識愈廣而人欲愈滋，才力愈多而天理愈蔽，正如見人有萬鎰精金，不務煅煉成色，求無愧於彼之精純，而乃妄希分兩，務同彼之萬鎰。錫鉛銅鐵雜然而投，分兩愈增而成色愈下，既其梢末，無復有金矣。」

時曰仁在傍，曰：「先生此喻，足以破世儒支離之惑，大有功於後學。」

先生又曰：「吾輩用功，只求日減，不求日增。減得一分人欲，便是復得一分天理。何等輕快脫洒，何等簡易！」

【章　旨】記陽明論聖人。

【注　釋】❶希淵　蔡宗兗，字希淵，號我齋，山陰之白洋（今江蘇泗陽西北）人，鄉書十年而取進士，留為庶吉士，不可，以教授奉母，後官至四川督學僉事。係陽明高足之一。❷伯夷伊尹　伯夷，商末孤竹君之長子，與其弟叔齊投奔周，武王伐紂，他們叩馬首而諫，武王不聽，商滅後，他們逃到首陽山，不食周粟而死。伊尹，名摯，又稱尹摯，曾為有莘氏媵臣，商湯王用為阿衡（一稱保衡，相當於後世的宰相）。❸人皆可以為堯舜　語出《孟子・告子下》。❹爭　相差。

【語譯】蔡希淵問：「聖人可通過學習達到，但伯夷、伊尹的才力同孔子相比終究不同，他們同被稱為聖人的根據何在？」陽明先生說：「聖人之所以能成為聖人，只是因為他們心裡純粹是天理而沒有人欲摻雜。就像精金之所以為精金，只是因為成色足而沒有銅鉛摻雜。人到純是天理時，才是聖人；金到成色足時，才是精金。然而聖人的才力也有大小的不同，就像金子的分量有輕重的不同。堯、舜好比萬鎰之金，周文王、孔子好比九千鎰，夏禹王、商湯王、周武王好比七八千鎰，伯夷、伊尹好比四五千鎰。才力雖然不同，而純是天理則同，都可稱為聖人。就好比分量雖不同而成色充足相同，都可稱為精金。以五千鎰之金進入萬鎰之中，是因為成色足相同；把伯夷、伊尹置於堯與孔子之間，是因為他們純是天理相同。因此精金之所以成為精金，在於成色足而不在於分量輕重；聖人之所以成為聖人，在於純是天理而不在於才力高下。所以即使是普通人，如果肯學習，能使自己的心純是天理，就也可以成為聖人。就像一兩金子同萬鎰黃金相比，分量雖然相差天懸地隔，成色之足卻可以問心無愧。孟子說『人皆可以為堯舜』，道理就在這裡。學者學習聖人，不過是學他們的去人欲存天理罷了，就像鍛煉金子而追求成色充足。金子的成色相差不多，就能節省鍛煉之時日而大功易成。成色越低鍛煉越難。人的氣質有清、濁、純粹、駁雜之分，有的屬中人以上，有的屬中人以下，他們對道也有生知安行、學知利行之分，其中屬下等的必須努力的程度超過他人，要做到人一己百，人十己千，但是他們成功之後則與聖人相同。後世人不懂得成聖的根本在於純是天理，卻專門到知識、才能上去追求聖人，認為聖人無所不知，無所不能，我們必須將聖人所具有的許多知識、才能一一領會才行，所以不力求從天理上下功夫，卻只是殫精竭力從書本上鑽研，名物上考索，形跡上比擬。知識越多而人欲越多，才力越多而天理越蒙昧不顯，正好比看到人家有萬鎰黃金，不求鍛煉成色，追求無愧於人家的精純，卻一味希求分量，務求跟人家同有萬鎰之重。錫鉛銅鐵錯雜而投，結果分量越增加而成色卻越來越低下，到最後時，就不再有金子了。」當時徐愛在旁邊，說：「先生這個比方，足以破除當世儒者支離的迷惑，對後學大有功德。」陽明先生又說：「我輩用功，只求日減，不求日增。減去了一分人欲，就是恢復了一分天理。這多麼輕快洒脫，多麼簡易！」

【研　析】古人對「聖」字的理解，有《孟子．盡心下》「大而化之之謂聖」、《說文》的「聖，通也」、《風俗通》的「聖者，聲也，言聞聲知情」等多種解釋，聖人也就成了道德、智慧、才能、學識各方面都達到最高境界的人。到宋代，無論是理學家還是心學家，都把成聖作為道德修養的最高目標，但思路卻各有不同：理學家不僅追求道德的高尚，還追求智慧、才能、學識的博通廣大，因而在重視修養的同時還主張深入鑽研學問，把「尊德性」與「道問學」結合起來。朱熹說：「尊德性，所以存心而極乎道體之大也；道問學，所以致知而盡乎道體之細也，二者修道凝道之大端也。……聖賢所示入德之方，莫詳於此。」（《中庸集注》）心學家則認為「尊德性」才是要務。陸九淵曾反駁朱熹對他的批評說：「朱元晦曾作書與學者云：

『陸子靜專以「尊德性」誨人，故遊其門者多踐履之士，然於「道問學」處欠了。某教人豈不是「道問學」處多了些子！故遊某之門者踐履多不及之。』觀此，則是元晦欲去兩短，合兩長。然吾以為不可，既不知『尊德性』，焉有所謂『道問學』？」（《陸九淵集》卷三四《語錄》上）朱、陸「鵝湖之會」，陸九淵作詩斥朱子之學為「支離」，而稱自己之學為「簡易」。

陽明繼承了陸九淵重視「尊德性」而輕視「道問學」的傳統，所以也稱當時儒者把追求知識、才能作為成聖途徑的做法為「支離」，稱自己的僅把是否「純乎天理」作為是否成聖標準的做法為「簡易」。

士德❶問曰：「格物之說，如先生所教明白簡易，人人見得。文公❷聰明絕世，於此反有未審，何也？」先生曰：「文公精神氣魄大，是他早年合下便要繼往開來，故一向只就考索著述上用功。若先切己自修，自然不暇及此。到得德盛後，果憂道之不明，如孔子退修六籍，刪繁就簡，開示來學，亦大段不費甚考索。文公早歲便著許多書，晚年方悔是倒做了。」士德曰：「晚年之悔，如謂『向來定本之悟❸』，又謂『雖讀得書何益於吾事❹』，又謂『此與守書籍、泥言語，全無交涉❺』是他到此方悔從前用功之錯，方去切己自修矣。」曰：「然此是文公不可及處。他力量大，一悔便轉，可惜不久即去世，平日許多錯處皆不及改正。」

【章　旨】記陽明評價朱熹。

【注　釋】❶士德　楊驥，字士德，潮州（今廣東潮安）人，陽明弟子。❷文公　朱熹去世後，謚號「文」，世稱朱文公。❸悟　當作「誤」。見朱熹〈答黃直卿書〉。❹雖讀得書何益於吾事　見朱熹〈與呂子約〉。原文作：「雖讀得書，亦何益於吾事邪？」❺此與守書籍泥言語二句　見朱熹〈答何叔京〉。原文作：「此與守書冊，泥言語，全無交涉。」

【語　譯】楊士德問：「格物之說，像先生所教的那樣就明白簡易，人人都懂。朱文公聰明舉世無雙，對這個問題反而有不明白之處，是什麼原因？」陽明先生說：「朱文公的精神氣魄很大，只是因為他早年就急於繼往開來，所以一直只想在考索著述上下功夫。如果他先做切身修養功夫，自然就沒功夫來考索著述。到他修到道德深厚之後，如真的擔心大道不明，像孔子那樣退而修治六經，刪繁就簡，啟示後學，也就基本上用不著費心考索之事了。朱文公早年就著了許多書，晚年才後悔把功夫做顛倒了。」楊士德說：「朱文公晚年的後悔，像他在〈答黃直卿書〉中所說的『向來定本之誤』、〈與呂子約〉中所說的『雖讀得書何益於吾事』、〈答何叔京〉中所說的『此與守書冊，泥言語，全無交涉』等都是，這說明他到這時才後悔以前用功的錯誤，才去做切身自修的功夫。」陽明先生說：「然而這正是朱文公不可企及的地方。他力量大，一後悔就能回頭，可惜不久他就去世了，平時許多錯誤之處都來不及改正。」

【研 析】陽明對朱熹的評價，大致肯定其晚年而否定其早年（包括中年）。他曾選錄朱熹晚年的一些論學的書信，加以刊刻印行，稱為《朱子晚年定論》，並親自作序冠於書首。《定論》及陽明之序均附於本書最後，讀者可以參看。

侃去花間草，因曰：「天地間何善難培，惡難去？」先生曰：「未培未去耳。」少間，曰：「此等看善惡，皆從軀殼❶起念，便會錯。」侃未達，曰：「天地生意，花草一般，何曾有善惡之分？子欲觀花，則以花為善，以草為惡；如欲用草時，復以草為善矣。此等善惡，皆由汝心好惡所生，故知是錯。」曰：「然則無善無惡乎？」曰：「無善無惡者理之靜，有善有惡者氣之動。不動於氣，即無善無惡，是謂至善。」曰：「佛氏亦無善無惡，何以異？」曰：「佛氏著在無善無惡上，便一切都不管，不可以治天下；聖人無善無惡，只是『無有作好』，『無有作惡』❷，不動於氣。然『遵王之道』『會其有極』便自一循天理，便有個裁成輔相❸。」

曰：「草既非惡，即草不宜去矣。」曰：「如此卻是佛老意見。草若有礙，何妨汝去❹？」曰：「如此又是作好作惡。」曰：「不作好惡，非是全無好惡，卻是無知覺的人。謂之不作者，只是好惡一循於理，不去又著一分意思，如此即是不曾好惡一般。」曰：「去草如何是一循於理，不著意思？」曰：「草有妨礙理，亦宜去，去之而已。偶未即去，亦不累心。若著了一分意思，即心體便有貽累，便有許多動氣❺處。」曰：「然則善惡全不在物？」曰：「只在汝心循理，便是善；動氣便是惡。」曰：「畢竟物無善惡？」曰：「在心如此，在物亦然。世儒惟不知此，舍心逐物，將格物之學錯看了。終日馳求於外，只做得個『義襲而取❻』，終身行不著，習不察❼。」曰：「『如好好色，如惡惡臭❽』，則如何？」曰：「此正是一循於理，是天理合如此。本無私意作好作惡。」曰：「如好好色，如惡惡臭，安得非意？」曰：「卻是誠意，不是私意。誠意只是循天理。雖是循天理，亦著不得一分意，故有所忿懥❾好樂則不得其正。

須是廓然大公，方是心之本體。知此即知未發之中。」伯生❿曰：「先生云：『草有妨礙理，亦宜去。』緣何又是軀殼起念？」曰：「此須汝心自體當：汝要去草是什麼心，周茂叔窗前草不除⓫，是什麼心？」

【章　旨】記陽明論「心無善惡」。

【注　釋】❶軀殼　指肉體，這裡指作為身體器官的「心」。❷無有作好二句　此二句及下文「遵王之道」、「會其有極」均見於《尚書・洪範》：「無有作好，遵王之道；無有作惡，遵王之路。無偏無黨，王道蕩蕩；無黨無偏，王道平平。無反無側，王道正直。會其有極，歸其有極。」作好、作惡，指因一己之心有所偏愛，便為非作歹。遵王之道，遵循王者的正道。會其有極，孔穎達疏：「會集其有中之道而行之。」❸裁成輔相　《周易・泰卦・象辭》：「天地交泰，后以裁成天地之道，輔相天地之宜，以左右民。」裁成，裁度、促成。輔相，輔助。❹汝去　除掉。❺動氣　《孟子・公孫丑上》：「志壹則動氣，氣壹則動志也。」朱熹注：「孟子言志之所向專一，則氣固從之；然氣之所在專一，則志亦反為之動。」《孟子集注》❻義襲而取　《孟子・公孫丑上》：「是集義之所生者，非義襲而取之也。」朱熹注：「非由只行一事偶合於義，便可掩襲於外而得之也。」❼行不著二句　《孟子・盡心上》：「行之而不著焉，習矣而不察焉，終身由之而不知道者，眾也。」著，明白；覺察。❽如好好色二句　《大學》：「所謂誠其意者，毋自欺也。如惡惡臭，如好好色，此之謂自謙。」朱熹注：「使其惡惡則如惡惡臭，好善則如好好色，皆務決去，而求必得之，以自快足於己。」❾忿懥　《大學》：「身有所忿懥，則不得其正。」朱熹注：「忿懥，怒也。」❿伯生　孟源的字。⓫周茂叔窗前草不除　周茂叔，周敦頤（西元一〇一七～一〇七三年），字茂叔，道州營道（今湖南道縣）人，北宋著名理學家。窗前草不除，《二程遺書》卷三載：「周茂叔窗前草不除去，問之，云：『與自家意思一般。』」

【語　譯】薛侃除去花間之草，順便問：「天地為什麼善難培養，惡難去掉？」陽明先生說：「只是因為未培養，未去掉罷了。」過了一會兒，陽明先生又說：「你這樣看善惡，都是因為自己心裡先存了個善惡的念頭，就會錯。」薛侃沒理解這話，陽明先生說：「天地生萬物之意，花草都是一樣，哪裡有什麼善惡之分？你想看花，就認為花善，認為草惡；如想用草時，又認為草善了。這樣的善惡，都是從你心裡的好惡所產生，所以知道它是錯的。」薛侃問：「那麼是不是就沒有善惡呢？」陽明先生說：「無善無惡，是理的安靜狀態；有善有惡，是氣躁動的結果。理不被氣擾動，即無善無惡，這就叫作至善。」薛侃問：「佛教也講無善無惡，跟您講的有什麼不同？」陽明先生說：「佛教一落在無善無惡上，就一切都不管，不能用於治理天下；聖人無善無惡，只是『沒有偏好』，也『不以私意憎惡』，不使氣血躁動。但是只要『遵循王者的正道』，『使一切歸於大中至正』，就自然一切遵循天理，就能做到『裁成天地之道，輔相天地之宜』。」薛侃問：「草既然不是惡，就不宜除去了？」陽明先生說：「這樣卻是佛、道兩家的看法。草如妨礙花生長，除去又何妨？」薛侃說：「這樣又是有意偏好，有意憎惡了。」陽明先生說：「說不有意好惡，並非是全然沒有好惡，除非是沒有知覺的人才會這樣。說不要有意偏好憎惡，只是說愛好憎惡都應遵循天理，不在天理之外再添加一點私意。這樣就像沒有偏好、憎惡一樣。」薛侃問：「除草怎麼是一切遵循天理，不添加私意？」陽明先生說：「草如有礙天理，應該去掉，那就去掉罷了。即使偶爾沒有去掉，也不使它累及心體。如果添加了一分私意，就會給心體帶來拖累，同時也使內心之氣躁動不安。」薛侃問：「那麼善惡全然不在物本身了？」陽明先生說：「只要你內心遵循天理，就是善；如果你內心之氣躁動不安，就是惡。」薛侃追問：「究竟物有沒有善惡？」陽明先生說：「在心體是這樣，在物上也是這樣。當今儒者正因為不懂這一道理，才捨棄自己的心體追逐外物，將格物之學都看錯了。他們整天向外馳逐，只能做到『偶爾行為符合道義』，做下去卻不知其當然，習慣了卻不知其所以然。」薛侃問：「能做到『如好好色，如惡惡臭』，又怎麼樣呢？」陽明先生說：「這正是一切遵循天理，是天理應當如此，這是沒有以私意偏愛，以私意憎惡。」薛侃問：「像喜歡美色，憎惡不好的氣味，怎能說沒加進一點私意？」陽明先生說：「這是誠意，不是私意。誠意只是遵循天理。雖然是遵循天理，卻不能添加一點私意。所以只要有忿怒好樂之心摻雜就不能得其正道。必須內心廓然大公，才是心的本體。懂得這個，也就懂得《中庸》所說的『未發之中』。」伯生說：「先生剛才說：『草有妨礙天理，也應除去。』這怎麼又是自己心上預先存了個善惡的念頭？」陽明先生說：「這問題你得自己在心裡體會：你要除去草，是什麼意圖；當年周茂叔不除去窗前之草，又是什麼用意？」

【研　析】陽明所說的「無善無惡者理之靜，有善有惡者氣之動」，其基本意義為：「理」，也即「天理」，它只是一種客觀的、靜態的、不以人的好惡為轉移的存在，是一個哲學意義上的「本體」概念，所以說「理」是無善無惡的，只要人們循此天理而行，便是廓然大公，沒有私意。那麼，所謂「天理」，其實質又是什麼呢？陽明說得很清楚，這就是《尚書・洪範》所說的「王道」、「王路」、「皇極」，也就是既成的封建秩序和原則。在這個原則之下的一切作為都不算私意，都不算「有善有惡」；反之，則稱為「私意」，稱為「有善有惡」，稱為「從軀殼上起念」。

先生謂學者曰：「為學須得個頭腦❶功夫，方有著落。縱未能無間❷，如舟之有舵，一提便醒。不然，雖從事於學，只做個『義襲而取』，只是行不著，習不察。非『大本』、『達道』也。」又曰：「見得時，橫說豎說皆是；若於此處通，彼處不通，只是未見得。」

【章旨】記陽明教弟子「為學」的方法。

【注釋】❶頭腦　指為首的、主要的。❷間　非議。

【語譯】陽明先生對求學的人說：「治學必得有個首要的踐履功夫，才有著落。即使未能達到無可非議的境界，也像船兒有舵，一提即醒悟。不然，即使從事學習，也只能做到孟子所說的『義襲而取』，也只是行為不能自覺，耽於某種習慣卻不知其所以然。這就不是《中庸》所說的『大本』、『達道』了。」陽明先生又說：「如果懂得這個道理，那就橫說直說都是對的；如果只是這裡想通了，那裡沒有想通，也只是沒有弄懂。」

【研　析】陽明這裡教學者為學要有個「頭腦」，至於這「頭腦」是什麼，他沒有具體說明。我們聯繫陽明其他的言論就可以知道，這「頭腦」就是「去人欲」而「存天理」。

或問：「為學以親故，不免業舉❶之累。」先生曰：「以親之故而業舉為累於學，則治田以養其親者亦有累於學乎？先正❷云：『惟患奪志❸』，但恐為學之志不真切耳。」

【章　旨】本章記陽明回答「為學以親故，不免業舉之累」的問題。

【注　釋】❶業舉　指科舉考試。❷先正　先輩。這裡指程頤。❸惟患奪志　語出《河南程氏外書》卷一一：「或謂科舉事業奪人之功，是不然。且一月之中，以十日為舉業，餘日足可為學。然人不志此，必志於彼。故科舉之事，不患妨功，惟患奪志。」奪志，改變志向。

【語　譯】有人問：「治學因為雙親的緣故，仍難免有從事科舉的拖累。」陽明先生說：「因為雙親的緣故而從事科舉，就成為治學的拖累，那種田來奉養雙親不也對治學有妨礙麼？前輩說：『只怕改變志向。』只怕治學的志向不真切罷了。」

【研　析】治學，立足於個人的道德學問的培養；科舉，則是按照官方的意志和功利目的來學習相應的知識和技能，兩者是有矛盾的。在封建社會中，常有人為了堅持個人的人格而放棄科舉。但是，由於士人在政治上、經濟上都缺乏獨立性而依附於官方，特別是士人把從政看作顯親揚名、實現自我價值的唯一途徑，因而多數人不得不放棄個人意志而致力於科舉。為了協調這一矛盾，孟子曾提出過「士之仕也，猶農夫之耕也」，程頤稱「科舉之事，不患妨功，惟患奪志」。陽明則會合孟子與二程之言，來調停「為學」與「業舉」的矛盾。

崇一❶問：「尋常意思多忙，有事固忙，無事亦忙，何也？」先生曰：「天地氣機，元❷無一息之停。然有個主宰，故不先不後，不急不緩，雖千變萬化而主宰常定。人得此而生，若主宰定時，與天運一般不息，雖酬酢❸萬變常是從容自在，所謂『天君泰然，百體從令❹』。若無主宰，便只是這氣奔放，如何不忙？」

【章　旨】記陽明回答歐陽崇一「尋常意思多忙」的問題。

【注　釋】❶崇一　歐陽德（西元一四九五～一五五四年），字崇一，號南野，江西泰和（今江西泰和）人，嘉靖二年（西元一五二三年）進士，官至禮部尚書兼翰林院學士。❷元　同「原」。❸酬酢　本意為：客人向主人敬酒後，主人再次給客人敬酒，稱為「酬」；客人回敬主人，稱為「酢」。此引申為往復來回之意。❹天君泰然二句　語出宋人范浚《香溪集》五〈心箴〉。天君，指心。《荀子・天論》：「心居中虛以治五官，夫是謂天君。」

【語　譯】歐陽崇一問：「平常心裡總是忙，有事時固然忙，沒有事時也忙，這是什麼道理？」陽明先生說：「天地之間一氣流行如同機栝，本來就沒有片刻停息之時。但因為有個主宰，所以能不先不後，不急不緩地運行，即使自然界千變萬化，但主宰卻是經常安定不變的。人得天地之氣而生，如果主宰安定時，即使跟天的運行一樣永無停息，往還反覆、千變萬化，也常會從容自在，像前人所說的『天君安然無事，全身都會聽從調遣』。如果沒有主宰，只有氣在那裡奔放不息，又怎能不忙？」

【研　析】陽明回答歐陽崇一的主旨，就是要求他能用心來主宰自己的情緒、意志，其方法就是「定心」，也就是通過修煉心性，使自己達到以不變應萬變的境界。這也就是《大學》所說的「知止而後有定，定而後能靜」的意思。

先生曰：「為學大病在好名。」侃曰：「從前歲自謂此病已輕，比來精察，乃知全未。豈必務外？為人只聞譽而喜，聞毀而悶，即是此病發來。」曰：「最是。名與實對，務實之心重一分，則務名之心輕一分；

全是務實之心，即全無務名之心。若務實之心如饑之求食，渴之求飲，安得更有功夫好名？」又曰：「『疾沒世而名不稱❶』，『稱』字去聲讀，亦『聲聞過情，君子恥之❷』之意。實不稱名，生猶可補，沒則無及矣。『四十五十而無聞❸』，是不聞道，非無聲聞也。孔子云『是聞也，非達也❹。』安肯以此望人！」

侃多悔。先生曰：「悔悟是去病之藥，然以改之為貴。若留滯於中，則又因藥發病。」

【章　旨】記陽明剖析「好名」之病。

【注　釋】❶疾沒世而名不稱　語見《論語・衛靈公》。稱，稱述。❷聲聞過情二句　語出《孟子・離婁下》。聲聞過情，名聲超過實際，即名不副實之意。❸四十五十而無聞　語出《論語・子罕》。聞，名聲。❹是聞也二句　語出《論語・顏淵》。聞，名望。達，孔子的解釋是：「夫達者，質直而好義，察言而觀色，慮以下人。在邦必達，在家必達。」劉寶楠《論語正義》：「達者，通也，通於處人處己之道，故行之無所違阻。」

【語　譯】陽明先生說：「治學的大毛病在於喜歡名聲。」薛侃說：「從前年開始，我自以為這毛病已經變得輕微了，近來仔細檢查，才知道全然沒有去掉。哪裡一定要向外追求呢？一個人只要聽到稱譽高興，聽到批評煩悶，就是這毛病犯了。」陽明先生說：「很對。名和實是相對的，務實的心重一分，務名的心就會輕一分；全是務實之心，就全無務名之心。如果務實之心如同饑餓時追求食物，乾渴時追求飲水，哪有功夫喜好名聲？」陽明先生又說：「孔子說的『君子疾沒世而名不稱』，『稱』字讀去聲，也就是『名聲超過實際，君子感到可恥』的意思。實際和名聲不相稱，活著時尚可彌補，死了就來不及彌補了。孔子說『四十五十而無聞』，是說沒有聽到真理，不是說沒有名聲。孔子說『這是聞，不是達』，他怎麼可能用名聲來要求他人！」

薛侃非常後悔。陽明先生說：「悔悟是除病的藥物，但以改過為貴。如果錯誤長期滯留在心中，就又會借著藥物發作。」

【研析】陽明從名實關係的角度論說它們的消長，表現的是重實際、輕虛名的思想。他對《論語》中有關名聞的解釋（如「疾沒世而名不稱」的「稱」，一般讀平聲，解為「稱述」，意為君子痛恨自己到死之日名字都不被人稱道；陽明卻讀去聲，解為「相稱」，意為君子終生痛恨名不副實。「四十五十而無聞」的「聞」，一般讀去聲，解為「聲譽」或「名聲」，陽明卻讀「平聲」，解為「聞見」，即「聽到」），也頗有新意，可供研究《論語》時參考。

德章❶曰：「聞先生以精金喻聖，以分兩喻聖人之分量，以鍛鍊喻學者之功夫，最為深切，惟謂堯舜為萬鎰，孔子為九千鎰，疑未安。」先生曰：「此又是軀殼上起念，故替聖人爭分兩。若不從軀殼上起念，即堯舜萬鎰不為多，孔子九千鎰不為少。堯舜萬鎰，只是孔子的；孔子九千鎰，只是堯舜的，原無彼我。所以謂之聖，只論精一，不論多寡。只要此心純乎天理處同，便同謂之聖。若是力量氣魄，如何盡同得？後儒只在分兩上較量，所以流入功利；若除去了比較分兩的心，各人儘著自己力量精神，只在此心純天理上用功，即人人自有，個個圓成，便能大以成大，小以成小，不假外慕，無不具足。此便是實實落落❷明善誠身的事。後儒不明聖學，不知就自己心地良知良能上體認擴充，卻去求知其所不知，求能其所不能，一味只是希高慕大。不知自己是桀紂心地，動輒要做堯舜事業，如何做得！終年碌碌至於老死，竟不知成就了個什麼。可哀也已！」

【章　旨】記陽明闡釋「只要此心純乎天理處同，便同謂之聖」的觀點。

【注　釋】❶德章　陽明弟子。❷實實落落　實實在在。

【語　譯】德章說：「聽到先生以精金比喻聖人，以分兩比喻聖人的分量，以鍛煉比喻學者的功夫，覺得最為深刻貼切。只是以堯舜為萬鎰，孔子為九千鎰，我疑心還不夠妥當。」陽明先生說：「你這又是心裡預先存著個念頭，所以要替聖人爭分兩。如果不是預先存著成見，即堯舜萬鎰不算多，孔子九千鎰不算少。堯舜萬鎰，只是孔子的；孔子九千鎰，只是堯舜的，本無彼此。之所以稱他們為聖人，只論他們達到『惟精惟一』，而不論他們達到了多少。只要他們心裡純粹是天理這一點相同，就同樣能稱為聖人。如果論力量氣魄，那又怎能完全相同？後世儒者只在分兩上面計較，所以流入功利；如果去掉了比較分兩的心，各人盡著自己的力量精神，只在這心的純粹合乎天理上下功夫，那就人人自有天理，個個圓滿成功，就能以大成大，以小成小，不假外求，無不完具自足。這就是實實在在明善誠身的事。後儒不懂聖學，不知道從自己心地的良知良能上去體認、擴充，卻去追求知其所不知，追求能其所不能，一味地只管希望高、羨慕大。他們不懂得自己只是桀紂心地，卻動不動就要做堯舜事業，這又怎麼做得！他們終年忙忙碌碌以至於老死，最後不知成就了個什麼。真可悲哪！」

【研　析】陽明把自己以精金比喻聖人的用意闡釋得很是明白透徹：他希望每個人都根據自己的氣稟、個性鍛煉成聖，達到「人人自有，個個圓成」、「大以成大，小以成小」的理想境地。他的這種提法，雖是針對著後儒「希高慕大」、「不知自己是桀紂心地，動輒要做堯舜事業」的弊端而發，實際上卻是在暗暗降低傳統的成聖標準，使之向世俗方面轉移，所謂「滿街人都是聖人」（《傳習錄》下）者即是。

侃問：「先儒❶以心之靜為體，心之動為用，如何？」先生曰：「心不可以動靜為體用。動靜時也，即體而言，用在體；即用而言，體在用。是謂『體用一源❷』。若說靜可以見其體，動可以見其用，卻不妨。」

問：「上智下愚❸如何不可移？」先生曰：「不是不可移，只是不肯移。」

【章旨】記陽明對朱熹「以心之靜為體，心之動為用」的評論。

【注釋】❶先儒　指朱熹。下引朱熹的觀點見《朱文公文集》卷五六〈答方賓王〉：「心固不可不識，然靜而有以存之，動而有以察之，則其體用亦昭然矣。」❷體用一源　語出《伊川易傳・序》。❸上智下愚　語出《論語・陽貨》：「子曰：『唯上知與下愚不移。』」知，通「智」。上智，上等智者。下愚，下等愚人。移，改變。

【語譯】薛侃問：「朱子以心的靜止為體，心的運動為用，怎麼樣？」陽明先生說：「心不能以動靜為體用。心運動或靜止之時，就體而言，用就在體上；就用而言，體就在用上。這就是程頤所說的『體用一源』。如果說靜時可以看到它的體，動時可以看到它的用，卻不妨。」

薛侃問：「為什麼上智和下愚不能改變？」陽明先生答：「不是不能改變，只是不肯改變。」

【研析】朱熹認為心兼動靜，靜為心之體，動為心之用，「靜而有以存之，動而有以察之，則其體用亦昭然矣。」（《朱文公文集》卷五六〈答方賓王〉）他之所以要這樣論述心的動靜體用關係，在當時也是有針對性的：「近世之言識心者則異於是，蓋其靜也初無持養之功，其動也又無體驗之實。」（同上）也就是針對當時某些學者無「持養」、「體驗」的修養功夫而發。陽明從「體用一源」的觀點出發反對朱熹的「以動靜為體用」，與朱熹論說方式不同而指歸無大異，所以他又表示：「若說靜可以見其體，動可以見其用，卻不妨。」

陽明對孔子「唯上知與下愚不移」的闡釋雖未必符合孔子原意，卻體現了對孔子思想的超越。孔子把人分為「上智」與「下愚」，且說兩者不能移易，是一種靜止的人性觀；陽明說「不是不可移，只是不肯移」則肯定了人的主觀能動性，是一種辯證的人性論。

問「子夏門人問交」章❶，先生曰：「子夏是言小子❷之交，子張❸是言成人之交。若善用之，亦俱是。」

子仁❹問：「『學而時習之，不亦說乎？』先儒以『學』為效先覺之所為❺，如何？」先生曰：「學是學去人欲存天理，從事於去人欲存天理則自正。諸先覺考諸古訓，自下許多問辨思索存省克治功夫，然不過欲去此心之人欲，存吾心之天理耳。若曰效先覺之所為，則只說得學中一件事，亦似專求諸外了。『時習』者，坐如尸，非專習坐也，坐時習此心也。立如齋，非專習立也，立時習此心也。『說』是『理義之說我心❻』之『說』。人心本自說理義，如目本說色，耳本說聲，惟為人欲所蔽所累，始有不說。今人欲日去，則理義日洽浹❼，安得不說！」

【章旨】記陽明回答弟子有關《論語》中的問題。

【注釋】❶子夏門人問交章 《論語・子張》：「子夏之門人問交於子張。子張曰：「子夏云何？」對曰：「子夏曰：『可者與之，其不可者拒之。』」子張曰：「異乎吾所聞：君子尊賢而容眾，嘉善而矜不能。我之大賢與，於人何所不容？我之不賢與，人將拒我，如之何其拒人也？」❷小子 年輕人。❸子張 顓孫師（西元前五〇三～？年），字子張，陳（今河南淮陽）人，孔子弟子。❹子仁 馮恩，字子仁，號南江，華亭（今上海市松江縣）人。陽明弟子。嘉靖丙戌（西元一五二六年）進士，官至南道御史。❺先儒句 先儒，指朱熹。其《論語集注》卷一〈學而〉注：「學之為言效也。人性皆善，而覺有先後。後覺者，必效先覺之所為。」❻理義之說我心 語出《孟子・告子上》：「故理義之悅我心，猶芻豢之悅我口。」

說，通「悅」。❼洽浹　融通；透徹。

【語譯】薛侃問《論語》中「子夏門人問交」一章，陽明先生說：「子夏說的是年輕人的交往，子張說的是成年人的交往，如能好好運用，也都是對的。」

馮恩問：「『學而時習之，不亦說乎？』朱子認為『學』就是效法先覺者之所為，怎麼樣？」陽明先生說：「學是學習去人欲存天理，從事於去人欲存天理就自然正確。眾前輩考稽古人的訓釋，自己又下了許多審問、辨析、思考和存省克治的功夫，然而只不過想去掉心中的人欲、保存我心的天理罷了。如果說學是效法先覺者的所作所為，那就只說著了學習的一個方面，且似乎專門向外追求了。『時習』，要求坐著如祭祀用的神主，卻並非要求專門練習靜坐，而是要求坐著時修習這心；要求站著如同齋戒，卻並非要求專門練習站立，而是要求站著時修習這心。『說』就是孟子講的『理義之悅我心』的『悅』。人心本來就喜歡理義，像眼睛喜歡美色，耳朵喜歡好聽的聲音，只是因為這心被人欲所遮蔽拖累，才開始不喜歡。如果人欲一天天被去掉了，理義就會一天天融貫透徹，哪有不喜悅的呢！」

【研析】陽明對「子夏之門人問交」一章的解釋，是根據子夏、子張說話所適用的對象；對「學而時習之，不亦說乎」一章，批評了朱熹的解釋，申之以己意，卻完全是「六經注我」，未必符合《論語》的原意。

國英❶問：「曾子三省❷雖切，恐是未聞一貫❸時功夫。」先生曰：

「一貫是夫子見曾子未得用功之要，故告之。學者果能忠恕上用功，豈不是一貫？『一』如樹之根本，『貫』如樹之枝葉。未種根，何枝葉之可得？體用一源，體未立，用安從生？謂『曾子於其用處，蓋已隨事精察而力行之，但未知其體之一❹』，此恐未盡。」

【章　旨】記陽明對曾參的評論。

【注　釋】❶國英　姓陳，陽明弟子。❷三省　《論語・學而》：「曾子曰：『吾日三省吾身：為人謀而不忠乎？與朋友交而不信乎？傳不習乎？』」❸一貫　《論語・里仁》：「子曰：『參乎！吾道一以貫之。』曾子曰：『唯。』子出，門人問曰：『何謂也？』曾子曰：『夫子之道，忠恕而已矣！』」❹曾子於其用處三句　語出朱熹《論語集注》卷二〈里仁〉注。

【語　譯】國英問：「曾子的『三省吾身』雖然真切，只怕是還沒達到『以一貫之』的功夫。」陽明先生說：「孔子說『一以貫之』，是因為他見曾子未得用功的要領，所以要告訴他。學者如真能在忠恕上用功，豈不是『一以貫之』？『一』就像樹木的根本，『貫』就像樹木的枝葉。沒種下根本，哪能得到枝葉？體用一源，體沒確立起來，用從哪裡產生？朱熹說『曾子於其用處，蓋已隨事精察而力行之，但未知其體之一』，這話怕並不完全對。」

【研　析】陽明雖是回答弟子的問題，實際上卻是衝著朱熹的。他認為朱熹講曾參對孔子之道的用處已在隨時精察力行，卻不懂得孔子之道「體」的一貫性，是割裂了「體」與「用」的關係，因而對曾參的評論也就不完全正確。這具體地體現了陽明「體用一源」的觀點。

黃誠甫❶問「汝與回也孰愈」章❷，先生曰：「子貢多學而識，在聞見上用功，顏子在心地上用功。故聖人問以啟之，而子貢所對又只在知見上，故聖人嘆惜之，非許之也。」

「顏子『不遷怒，不貳過❸』，亦是有未發之中始能。」

【章　旨】記陽明對顏回的評論。

【注　釋】❶黃誠甫　黃宗明（西元？～一五三六年），字誠甫，號致齋，寧波鄞縣（今浙江寧波）人，正德甲戌（西元一五一四年）進士，官至禮部侍郎。陽明弟子。❷汝與回也孰愈章　《論語・公冶長》：「子謂子貢曰：『女與回也孰愈？』對曰：『賜也何敢望回？回也聞一以知十，賜也聞一以知二。』子曰：『弗如也，吾與女弗如也。』」❸不遷怒二句　《論語・雍也》：「哀公問：『弟子孰為好學？』孔子對曰：『有顏回者好學，不遷怒，不貳過。不幸短命死矣，今也則亡，未聞好學者也。』」

【語　譯】黃誠甫問《論語・公冶長》「汝與回也孰愈」章，陽明先生說：「子貢學問廣博而且記性好，在耳目見聞上下功夫，顏子則是在心地上下功夫。所以孔子以提問來啟發子貢，而子貢的回答卻又只在知識見聞方面，所以孔子為他嘆惜，並非讚許他。」
「顏子不遷怒他人，不犯重覆性錯誤，也只有能做到未發之中的人才能如此。」

【研　析】按照《論語》，子貢說顏回「聞一知十」，也主要是從「知見」上稱讚他，孔子也並未指出顏回是在「心地上用功」。陽明加以曲解，目的是借肯定顏回來推崇他的心學，而借貶低子貢來否定追求「聞見」的程朱理學。

「種樹者必培其根，種德者必養其心。欲樹之長，必於始生時刪其繁枝；欲德之盛，必於始學時去夫外好。如外好詩文，則精神日漸漏泄❶在詩文上去，凡百外好皆然。」又曰：「我此論學，是無中生有的功夫，諸公須要信得及，只是立志。學者一念為善之志，如樹之種，但勿助勿忘❷，只管培植將去，自然日夜滋長，生氣日完，枝葉日茂。樹初生時，便抽繁枝，亦須刊落❸，然後根幹能大。初學時亦然，故立志貴專一。」

【章　旨】記陽明論立志要專一。

【注　釋】❶漏泄　耗損。❷勿助勿忘　語出《孟子・公孫丑上》：「心勿忘，勿助長也。」指不要忘記心的培養，但也不要人為地揠苗助長。❸刊落　削去；砍掉。

【語　譯】陽明先生說：「種樹的人一定要培植樹根，種德的人一定得培養內心。要讓樹生長，一定要在它剛生長時就削去過多的枝葉；要想德深厚，一定要在初學之時去掉對外物的愛好。如若愛好詩文，精神就會損耗在詩文上，其他各種愛好也是這樣。」陽明先生又說：「我這樣論學習，是無中生有的功夫，諸位如要相信，只是立志就是。學者存養為善的志向，就像種樹，既不揠苗助長，又不忘心志，只管一直培養下去，自然就會日夜增長，生氣日益充盈，枝葉日益繁茂。樹剛生長時，就抽出過多的枝葉，也應砍去，這樣根幹才能壯大。初學時也是這樣，所以立志貴專一。」

【研　析】陽明以種樹比喻培養心志，強調專一，這是有道理的。但他把詩文和其他愛好都稱作「外好」，認為要養德就必須去掉這些「外好」，就似乎是「作文害道」（《二程遺書》卷一八，程頤語）觀點的翻版了。

因論先生之門某人在涵養上用功，某人在識見上用功，先生曰：「專涵養者日見其不足，專識見者日見其有餘。日不足者日有餘矣，日有餘者日不足矣。」

【章　旨】記陽明論「涵養」與「識見」。

【語　譯】陽明先生藉有人議論先生門下某某在涵養上用功，某某在識見上用功的機會，說：「專門從事涵養的人每天看到自己不足，專門從事識見的人每天看到自己有餘。每天看到自己不足的人就會每天有餘，每天看到自己有餘的人就會每天不足。」

【研　析】陽明這番話，也是重「涵養」而輕「識見」的意思，與前面評論子貢與顏回的含義相同。

梁日孚❶問：「居敬窮理❷是兩事，先生以為一事，何如？」先生曰：「天地間只有此一事，安有兩事！若論萬殊，『禮儀三百，威儀三千❸』，又何止兩！公且道居敬是如何，窮理是如何？」曰：「居敬是存養功夫，窮理是窮事物之理。」曰：「存養個甚？」曰：「是存養此心之天理。」曰：「如此亦只是窮理矣。」曰：「且道如何窮事物之理？」曰：「如事親便要窮孝之理，事君便要窮忠之理。」曰：「忠與孝之理在君親身上，在自己心上？若在自己心上，亦只是窮此心之理矣。且道如何是敬？」曰：「只是主一。」「如何是主一？」曰：「如讀書便一心在讀書上，接事便一心在接事上。」曰：「如此則飲酒便一心在飲酒上，好色便一心在好色上，卻是逐物，成甚居敬功夫！」日孚請問，曰：「一者天理，主一是一心在天理上。若只知主一，不知一即是理，有事時便是逐物，無事時便是著空。惟其有事無事一心皆在天理上用功，所以居敬亦即是窮理。就窮理專一處說，便謂之居敬；就居敬精密處說，便謂之窮理。卻不是居敬了別有個心窮理，窮理時別有個心居敬。名雖不同，功夫只是一事。就如《易》言『敬以直內，義以方外❹』，敬即是無事時義，義即是有事時敬。兩句合說一件，如孔子言『修己以敬❺』，即不須言義；孟子言『集義❻』，即不須言敬。會得時，橫說豎說，功夫總是一般。若泥文逐句，不識本領，即支離決裂，功夫都無下落。」問：「窮理何以即是盡性？」曰：「心之體，性也。性即理也。窮仁之理，真要仁極仁；窮義之理，真要義極義。仁義只是吾性，故窮理即是盡性。如孟子說『充其惻隱之心，至仁不可勝用❼』，這便是窮理功夫。」日孚曰：「先儒❽謂『一草一木亦皆有理，不可不察』，如何？」先生曰：「夫我則不暇，公且先去理會自己性情，須『能盡人之性，然後能盡物之性❾。』」日孚悚然有悟。

【章　旨】記陽明論「居敬」、「窮理」。

【注　釋】❶梁日孚　梁焯，字日孚，南海（今廣東廣州）人，陽明弟子。❷居敬窮理　居敬，指用心恭敬嚴肅。語出《論語・雍也》：「居敬而行簡。」窮理，指窮盡事理、物理。語出《易傳・說卦》：「窮理盡性以至於命。」❸禮儀三百二句　語出《中庸》。威儀，指儀度、軌範。三百、三千，眾多之意。❹敬以直內二句　語出《周易・坤卦・文言》。意為：君子以恭敬正直作為內心修養，以處事合宜有方來應對外物。❺修己以敬　語出《論語・憲問》。❻集義　語出《孟子・公孫丑上》。指積累正義。❼充其惻隱之心二句　語出《孟子・盡心下》。原文作：「人能充其無欲害人之心，而仁不可勝用也。」❽先儒　指程頤。下引程頤語出自《二程遺書》卷一八。❾能盡人之性二句　語出《中庸》。

【語　譯】梁日孚問：「居敬和窮理是兩回事，先生認為是一回事，這是什麼道理？」陽明先生說：「天地之間，只有這一回事，哪有兩回事！如果說事物有萬種差別，如《中庸》所說的『禮儀三百，威儀三千』，又何止兩回事！你且說說居敬是怎麼回事，窮理是怎麼回事？」

梁日孚說：「居敬是存養的功夫，窮理是窮盡事物之理。」陽明先生問：「存養什麼？」梁日孚說：「就是存養這心裡的天理。」陽明先生說：「這樣居敬也就只是窮理了。」陽明先生又說：「你且說說怎樣窮盡事物之理？」梁日孚答：「例如事親就要窮盡孝之理，事君就要窮盡忠之理。」陽明先生說：「忠與孝的理是在君主和父母親身上，還是在自己身上？如果是在自己身上，那麼窮理也就只是窮盡這心的理了。你再說說什麼是敬？」梁日孚答：「敬只是主一。」陽明先生問：「什麼是主一？」梁日孚答：「例如讀書就一心在讀書上，辦事就一心在辦事上。」陽明先生說：「如果這樣的話，那飲酒就一心在飲酒上，好色便一心在好色上，這卻是追逐物欲了，還算什麼居敬功夫！」梁日孚請教，陽明先生說：「一就是天理，主一就是一心在天理上。如果只知道主一這句話，不懂得一就是理，有事時就會追逐物欲，無事時就是落空。只因為不管有事沒事都一心在天理上用功，所以居敬也就是窮理。就窮理要專一這一點說，就叫作居敬；就居敬要精密這一點說，就叫作窮理。卻不是居敬了另有個心在窮理，窮理時另有個心在居敬。說法雖然不同，功夫卻只是同一回事。就如《易傳》所說的『敬以直內，義以方外』。敬就是無事時講義，義就是有事時居敬。兩句話合起來說同一件事，就像孔子說『修己以敬』，就不必再說義；孟子講『集義』，就不必再說敬。懂得這個道理時，任你橫說豎說，修養的功夫總是一樣。如果拘泥文句，不懂根本要領，就會支離破碎，功夫都沒著落。」梁日孚問：「窮理怎麼就是盡性？」陽明先生答：「心的本體，就是性。性就是理。要窮盡仁之理，就要行仁行到仁的極致；要窮盡義的理，就要行義行到義的極致。仁義只是人的天性，所以窮理就是盡性。就像孟子所說的『擴充自己的惻隱之心，那就仁心用不盡』，這就是窮理功夫。」梁日孚說：「先儒說『一草一木也都包含著理，不能不加以明察』，這話怎樣？」陽明先生說：「要是我就沒有空閒去理會那一草一木之理，你姑且先去理會自己的性情吧。一定要『能盡人之性，然後才能盡物之性』。」梁日孚驚懼地有所領悟。

【研　析】「居敬」、「窮理」是宋明理學家非常重視的問題。朱熹說：「學者功夫，唯在居敬、窮理二事。此二事互相發。能窮理，則居敬功夫日益進；能居敬，則窮理功夫日益密。譬如人之兩足，左足行，則右足止；右足行，則左足止。」「居敬是個收斂執持的道理，窮理是個推尋究竟的道理。」（《朱子語類》卷九）陽明同理學家的分歧，不在於居敬，而在於窮理。理學家認為「一草一木皆有理，須察」（《二程遺書》卷一四）。「近而一身，遠而八荒之外，微而一草一木之眾，莫不各具此理。」（《朱子語類》卷一八）因而「學者之窮理，無一物而在所遺也。」（同上）窮理的功夫，也就是「格物致知」的功夫。陽明從「知行合一」的觀點出發，反對理學家的「格物致知」，自然也就反對他們所理解的「窮理」。他把居敬和窮理看成一回事，同他的「心即理」的本體觀也是一致的。

惟乾❶問：「知如何是心之本體？」先生曰：「知是理之靈處，就其主宰處說，便謂之心；就其稟賦處說，便謂之性。孩提之童無不知愛其親，無不知敬其兄，只是這個靈能不為私欲遮隔，充拓得盡，便完。完是他本體，便『與天地合德❷』。自聖人以下不能無蔽，故須格物以致其知。」

【章　旨】記陽明論「知」是「心」之本體。

【注　釋】❶惟乾　冀元亨，字惟乾，號闇齋，楚之武陵（今湖南常德）人，正德十一年（西元一五一六年）舉人，陽明弟子。❷與天地合德　《易・乾卦・文言》：「大人者，與天地合其德，與日月合其明，與四時合其序，與鬼神合其吉凶，先天而天弗違，後天而奉天時。」

【語　譯】惟乾問：「知怎麼是心的本體？」陽明先生答：「知是理的虛靈之處，就它的主宰作用說，就稱為心；就它的先天稟賦而言，就叫作性。孩提之童，沒有不知道愛他的父母，敬他的兄長的，就只是因為這個靈活萬能的心沒有被私欲所遮掩，擴充得盡，就完全。完全就是它的本體，就能『與天地合德』。從孔聖人以後，學者們不能做到心不被私欲遮蔽，所以他們要用格物來致知。」

【研　析】本章主要發揮陽明心即理即性的一貫主張。

守衡❶問：「《大學》功夫，只是誠意；誠意功夫，只是格物；修齊治平，只誠意盡矣。又有正心之功❷，有所忿懥好樂，則不得其正，何也？」先生曰：「此要自思得之，知此則知未發之中矣。」守衡再三請，曰：「為學功夫有淺深，初時若不著實用意去好善惡惡，如何能為善去惡？這著實用意，便是誠意。然不知心之本體原無一物，一向著意去好善惡惡又多了這分意思，便不是廓然大公。《書》所謂無有作好作惡，方是本體。所以說有所忿懥好樂則不得其正，正心只是誠意功夫。裡面體當自家心體，常要鑑空衡平❸，這便是未發之中。」

【章　旨】記陽明論「誠意」功夫。

【注　釋】❶守衡　陽明弟子。❷正心之功　指《大學》「所謂修身在正其心者，身有所忿懥，則不得其正；有所恐懼，則不得其正；有所好樂，則不得其正；有所憂患，則不得其正」數句。忿懥，忿怒。好樂，愛好；喜好。❸鑑空衡平　喻心地空靈平正。鑑，鏡子。衡，秤；天平。

【語　譯】守衡問：「《大學》裡所講的修養功夫，只是誠意；誠意功夫，只在於格物；修身、齊家、治國、平天下，只有誠意就夠了。可是它又有正心之功，所以如有所忿怒喜好，心就不能得到端正。這是怎麼回事？」陽明先生說：「這要你自己思考出來，懂得這個就懂得《中庸》所說的『喜怒哀樂之未發謂之中』了。」守衡再三請求，陽明先生說：「為學的功夫有淺有深，初學時如果不用心去培養喜好『善』厭惡『惡』的心，，又怎能做到為善去惡？這著實用意，就是誠意功夫。然而如果不懂得心的本體本無一物，一直努力用心去好善憎惡，就反而多了這一分好善憎惡的心意，那就不是廓然大公了。《尚書．洪範》所說的『無有作好』、『無有作惡』，才是心的本體。所以說只要有忿怒喜好，心就不能端正，正心只是誠意功夫。常在心裡體悟自己的心體，經常保持內心空靈如鏡，平衡如秤，這就是未發之中。」

【研析】陽明借「誠意」和「正心」關係的論述，表達了他對「心」的看法。從本體的角度說，「心」是無好無惡的，這種無好無惡也是學者修養的最高目標和努力方向。但對初學者來說，卻必須有一個「好善惡惡」的過程。這個過程，也就是「存天理去人欲」的過程。

正之❶問：「『戒懼❷』是己所不知時功夫，『慎獨』是己所獨知時功夫。此說如何？」先生曰：「只是一個功夫。無事時固是獨知，有事時亦是獨知。人若不知於此獨知之地用力，只在人所共知處用功，便是作偽，便是『見君子而後厭然❸』。此獨知處便是誠的萌芽。此處不論善念惡念更無虛假，一是百是，一錯百錯。正是王霸、義利、誠偽、善惡界頭❹，於此一立立定，便是端本澄源，便是立誠。古人許多誠身的功夫，精神命脈全體只在此處。真是莫見莫顯❺，無時無處，無終無始，只是此個功夫。今若又分戒懼為己所不知，即功夫便支離，亦有間斷。既戒懼，即是知，己若不知，是誰戒懼？如此見解，便要流入斷滅禪定。」曰：「不論善念惡念，更無虛假，則獨知之地更無無念時邪？」曰：「戒懼亦是念。戒懼之念，無時可息。若戒懼之心稍有不存，不是昏瞶，便已流入惡念。自朝至暮，自少至老，若要無念，即是己不知，此除是昏睡，除是槁木死灰。」

【章旨】記陽明論《中庸》中「戒懼」與「慎獨」的關係。

【注釋】❶正之　黃弘綱（西元一四九一～一五六一年），字正之，號洛村，江西雩縣（今江西于都）人。陽明弟子。正德十一年（西元一五一六年）舉人，官至刑部主事。❷戒懼　與下句的「慎獨」均出自《中庸》。❸見君子而後厭然　語出《大學》。厭然，朱熹《大學章句》注：「消沮閉藏之貌。」❹界頭　分界線；交界處。❺莫見莫顯　即《中庸》「莫見乎隱，莫顯乎微」的簡縮語。

【語譯】正之問：「《中庸》講的『戒懼』是自己不知時的修養功夫，『慎獨』是自己獨知時的功夫。這樣解說怎樣？」陽明先生說：「兩者只是一個功夫。無事時固然是獨知，有事時也只是獨知。一個人如若不懂得在這獨知之處下功夫，只在人所共知的地方用力，就是弄虛作假，就是《大學》講的『見君子而後厭然』。這獨知之處便是誠的萌芽。在這一點上，不論善念惡念都無虛假，一對百對，一錯百錯。這正是王霸、義利、誠偽、善惡的分界線。在這點一站站住了腳，就是正本清源，就是立誠。古人許多誠身功夫的精神命脈全都在這裡。真是莫見莫顯，無時無地，無終無始，都只有這個功夫。現在你又將戒懼分為己所不知，就使這功夫割裂了，而且也有了間斷。既然能戒懼，就是知了，若自己不知，那是誰在戒懼？作你這樣的理解，就會流入佛教的斷滅禪定上去。」正之說：「您說不論善念惡念都無虛假，那麼獨知之處就沒有無念之時嗎？」陽明先生說：「戒懼也是一種念。戒懼這念頭，沒有可息滅之時。如果戒懼之心稍有不存在，那不是昏聵糊塗，就是流入惡念了。從早到晚，從少至老，如要無念，就是己所不知，但除非是昏聵糊塗，除非成了枯木死灰才會這樣。」

【研　析】陽明所強調的，是「戒懼」與「慎獨」的統一。這與理學家的理解倒大體上一致。朱熹說：「『戒懼不睹，恐懼不聞』，非謂於睹聞之時不戒懼也。言雖不睹不聞之際，亦致其慎，則睹聞之際，其慎可知。此乃統同說，承上『道不可須臾離』，則是無時不戒懼也。然下文慎獨處既專就已發上說，則此段正是未發時功夫，只得說『不睹不聞』也。『莫見乎隱，莫顯乎微，故君子必慎其獨。』上面既統同說了，此又就中有一念萌動處，雖至隱微，人所不知而己所獨知，尤當致慎。如一片止水，中間忽有一點動處，此最緊要著功夫處！」（《朱子語類》卷六二）由此可見，理學家與心學家在強調個人修養方面，是有共同語言的。

志道❶問：「荀子云：『養心莫善於誠❷。』先儒非之❸，何也？」

先生曰：「此亦未可便以為非，誠字有以功夫說者。誠是心之本體，求復其本體，便是思誠的功夫。明道說以誠敬存之，亦是此意。《大學》：『欲正其心，先誠其意。』荀子之言固多病，然不可一例吹毛求疵。大凡看人言語，若先有個意見，便有過當處。『為富不仁』之言，孟子有取於陽虎❹，此便見聖賢大公之心。」

【章旨】記陽明由對荀子的評論推及論人的原則。

【注釋】❶志道　陽明弟子。❷養心莫善於誠　語出《荀子．不苟》。❸先儒非之　先儒，指程顥。《二程遺書》卷二上：「孟子言『養心莫善於寡欲』，寡欲則心自誠。荀子言『養心莫善於誠』，既誠矣，又何養？此已不識誠，又不知所以養。」對荀子的「養心莫善於誠」提出了批評。❹孟子有取於陽虎　陽虎，春秋末魯國正卿季氏家臣，曾一度挾持季氏而擅魯國之政，是烜赫一時的權臣。《孟子．滕文公上》引用他的話：「陽虎曰：『為富不仁矣，為仁不富矣。』」

【語　譯】志道問：「荀子說：『養心莫善於誠。』明道先生卻批評他，這是為什麼？」陽明先生說：「荀子這話也不能就認為錯。誠字有從實踐功夫的意義上說的。誠是心的本體，追求恢復誠的本體，這就是思誠的功夫。明道先生說要以誠敬存心，也不過是這個意思。《大學》也說：『欲正其心，先誠其意。』荀子的話固然有很多毛病，但也不能一概吹毛求疵。大凡人看人言語，如若先有個成見在心裡，就會有失當之處。孟子對陽虎『為富不仁』的話也有所取。這樣就體現了聖賢的大公無私之心。」

【研　析】陽明對荀子「養心莫善於誠」一語的肯定，也就是對程顥的批評。他認為程顥是抱著成見對荀子「吹毛求疵」，並由此引出一種以「大公之心」對待人的議論，體現了他比較開放的學術眼光。

蕭惠❶問：「己私難克，奈何？」先生曰：「將汝己私來替汝克。」先生曰：「人須有『為己❷』之心，方能克己；能克己方能成己。」蕭惠曰：「惠亦頗有『為己』之心，不知緣何不能克己？」先生曰：「且說汝有『為己』之心是如何？」惠良久曰：「惠亦一心要做好人，便自謂頗有『為己』之心。今思之，看來亦只是為得個軀殼的己，不曾為個真己。」先生曰：「真己何曾離著軀殼，恐汝連那軀殼的己也不曾為。且道汝所謂軀殼的己，豈不是耳、目、口、鼻、四肢？」惠曰：「正是為此。目便要色，耳便要聲，口便要味，四肢便要逸樂。所以不能克。」先生曰：『美色令人目盲，美聲令人耳聾，美味令人口爽，馳騁田獵令人發狂❸。』這都是害汝耳、目、口、鼻、四肢的，豈得是為汝耳、目、口、鼻、四肢？若為著耳、目、口、鼻、四肢時，便須思量耳如何聽，目如何視，口如何言，四肢如何動。必須非禮勿視、聽、言、動❹，方才成得個耳、目、口、鼻、四肢，這個才是為著耳、目、口、鼻、四肢。汝今終日向外馳求，為名為利，這都是為著軀殼外面的物事。汝若為著耳、目、口、鼻、四肢要非禮勿視、聽、言、動時，豈是汝之耳、目、口、鼻、四肢自能勿視、聽、言、動？須由汝心。這視、聽、言、動皆是汝心。汝心之視，發竅於目；汝心之聽，發竅於耳；汝心之言，發竅於口；汝心之動，發竅於四肢。若無汝心，便無耳、目、口、鼻。所謂汝心，亦不專是那一團血肉。若是那一團血肉，如今已死的人，那一團血肉還在，緣何不能視、聽、言、動？所謂汝心，卻是那能視、聽、言、動的。這個便是性，便是天理。有這個性，才能生；這性之生理，便謂之仁。這性之生理發在目，便會視；發在耳，便會聽；發在口，便會言；發在四肢，便會動。都只是那天理發生。以其主宰一身，故謂之心。這心之本體，原只是個天理，原無非禮，這個便是汝之真己。這個真己是軀殼的主宰。若無真己，便無軀殼。真是有之即生，無之即死。汝若真為那個軀殼的己，必須用著這個真己，便須常常保守著這個真己的本體，『戒慎不覩，恐懼不聞[5]』，惟恐虧損了他一些。才有一毫非禮萌動，便如刀割，如針刺，忍耐不過，必須去了刀，拔了針，這才是有『為己』之心，方能克己。汝今正是認賊作子[6]，緣何卻說有『為己』之心，不能克己？」

【章　旨】記陽明論「克己」的功夫。

【注　釋】❶蕭惠　陽明弟子，好談仙佛。❷為己　語出《論語・憲問》：「古之學者為己，今之學者為人。」朱熹引程子說：「為己，欲得之於己也；為人，欲見知於人也。」（《論語集注》）❸美色令人目盲四句　語出《老子》第十二章。原文作：「五色令人目盲，五音令人耳聾，五味令人口爽，馳騁田獵令人心發狂。」爽，病。❹非禮勿視聽言動　語出《論語・顏淵》：「非禮勿視，非禮勿聽，非禮勿言，非禮勿動。」❺戒慎不覩二句　語出《中庸》：「是故君子戒慎乎其所不睹，恐懼乎其所不聞。」❻認賊作子　喻錯認了對象。《五燈會元》卷七玄沙思備禪師語：「這個喚作認賊為子。」

【語　譯】蕭惠問：「自私難以克服，怎麼辦？」陽明先生說：「用你自己固有的東西來替你克服。」陽明先生又說：「一個人必得有『為己』之心，才能克服自己的私欲；能克服自己的私欲，才能成就自己。」蕭惠說：「我也很有『為己』之心，不知為什麼不能克服私欲？」陽明先生說：「你且說說你有怎樣的『為己』之心？」蕭惠好久才說：「我也一心要做好人，就自認為自己很有『為己』之心。現在想來，看來我也只是為了形體上的自己，而未曾為了真正的自己。」陽明先生說：「真正的自己又何曾離開形體。恐怕你連那形體的自己都不曾為過。況且，你所說的形體上的自己，還不是耳、目、口、鼻、四肢？」蕭惠說：「正是為了這些。眼睛要美色，耳朵要美聲，口要美味，四肢要安逸快樂。所以我無法克服私欲。」陽明先生說：「『美色令人目盲，美聲令人耳聾，美味令人口爽，馳騁田獵令人發狂。』這些都是危害你的耳、目、口、鼻、四肢的，哪裡是為了你的耳、目、口、鼻、四肢？如果要為著你的耳、目、口、鼻、四肢，那就應考慮耳怎樣聽，目怎樣視，口怎樣言，四肢怎樣動。

必須做到非禮勿視，非禮勿聽，非禮勿言，非禮勿動，這才能成其為耳、目、口、鼻、四肢，這才是為著耳、目、口、鼻、四肢。如今你整天向外馳騁追求，為名為利，這都是為著形體以外的事物。你如是為著耳、目、口、鼻、四肢能非禮勿視、聽、言、動時，又怎麼是你的耳、目、口、鼻、四肢自己能做到非禮勿視、聽、言、動呢？必須要用你的心啊。這視、聽、言、動都是你的心在起作用。你心的視，表露在眼睛這一器官；你心的聽，表露在耳朵這一器官；你心的言，表露在嘴巴這一器官；你心的動，表露在四肢這些器官。如果沒了你的心，就沒有耳、目、口、鼻。我所說的你的心，也不是專指那一團血肉。如果僅指那一團血肉，那已死的人，那一團血肉照樣存在，為什麼不能視、聽、言、動了？我所說的你的心，是指那能夠視、聽、言、動的。這個就是性，就是天理。有了這個性，才能生；這性的生理，就叫作仁。這性的生理發露在眼睛上，就會看；發露在耳朵上，就會聽；發露在嘴巴上，就會言；發露在四肢上，就會動。都只是那天理發生。因為它主宰人的全身，所以稱它為心。這心的本體，本來只是一個天理，本來就不存在不合禮，這個就是你的真正的自己。這個真正的自己就是形體的主宰。如若沒有這真正的自己，就沒有形體。這真是：有它則生，沒它即死。你如真是為著那形體的自己，就一定得用上這個真正的自己，就必須經常保守住這個真正的自己的本體，像《中庸》所說的『戒慎不覩，恐懼不聞』，生怕損害了它一點點。才有一絲非禮的念頭萌動，就如刀割，如針刺，忍受不了，一定得去了刀，拔了針，這才是有『為己』之心，才能克服自己的私欲。你現在正是認賊作子，為什麼還說自己有『為己』之心，不能克服自己的私欲？」

【研析】陽明對蕭惠的這一大篇議論，全是對《論語．顏淵》「克己復禮為仁」一語的發揮。不過，他的論證卻富於自己的特色：他把「心」分成相互聯繫的兩個：一是指「那一團血肉」，即作為思維器官的「心臟」（他沿用了古人以「心」為思維器官的錯誤）；另一個是這一思維器官的屬性，即思想。他把這稱之為「性」，並作為「心」的「本體」來定義，多少有些符合現代哲學、心理學的原理。至於他把「心」的「本體」屬性解釋為「天理」，認為「心」先天地符合封建倫理道德（禮），則反映了他的時代和個人成見。

有一學者病目，戚戚甚憂。先生曰：「爾乃貴目賤心。」

蕭惠好仙釋，先生警之曰：「吾亦自幼篤志二氏❶，自謂既有所得，謂儒者為不足學。其後居夷三載❷，見得聖人之學若是其簡易廣大，始自嘆悔錯用了三十年氣力。大抵二氏之學，其妙與聖人只有毫釐之間。汝今所學，乃其土苴❸，輒自信自好若此，真鴟鴞竊腐鼠❹耳。」惠請問二氏之妙，先生曰：「向汝說聖人之學簡易廣大，汝卻不問我悟的，只問我悔的。」惠慚謝，請問聖人之學，先生曰：「汝今只是了人事問❺，待汝辨個真要求為聖人的心，來與汝說！」惠再三請，先生曰：「已與汝一句道盡，汝尚自不會！」

【章　旨】記陽明對蕭惠好仙佛的批評。

【注　釋】❶二氏　指道、佛二教。❷居夷三載　指正德元年陽明被貶貴州龍場驛驛丞一事。❸土苴　土塊和枯草。喻糟粕。❹鴟鴞竊腐鼠　典出《莊子・秋水》，此比喻得到糟粕卻沾沾自喜，自以為得計。❺了人事問　為了完成應酬而問，出於敷衍，非出於誠心。

【語　譯】有一位學者眼睛患了病，悲悲切切很是憂傷，陽明先生說：「你這是貴目賤心。」

蕭惠喜好道、佛二教，陽明先生警告他說：「我從小也篤信道、佛二教，自認為已有所得，認為儒學不值得學習。後在貴州龍場驛三年，了解到聖人之學是如此簡易廣大，才嘆息、後悔自己錯用了三十年的氣力。大抵佛、道之學，它們的妙處同聖人之學只有毫釐之差。你現在所學的，只是它們的糟粕，就這樣自信自好，真像貓頭鷹偷了隻臭老鼠一般。」蕭惠向陽明先生請教仙、佛二教的妙處，先生說：「已同你說過：聖人之學簡易廣大，你卻不問我所領悟的，只管問我所後悔的。」蕭惠慚愧地道歉，又請教聖人之學。陽明先生說：「你現在只是應酬式地問我，等你真有想當聖人的心，再來同你說！」蕭惠再三請求，陽明先生說：「我已同你一句說盡，你還不明白！」

【研　析】陽明早年曾耽於佛、老，但自龍場「悟道」之後，便全力轉向儒學。他的「心學」，實際上仍受二氏之學浸染很深，但他卻絕口不提佛老，甚至禁止弟子研習，這顯然是傳統儒學門戶之見影響的結果。

劉觀時❶問：「『未發之中』是如何？」先生曰：「汝但『戒慎不覩，恐懼不聞』，養得此心純是天理，便自然見。」觀時請略示氣象，先生曰：「啞子喫苦瓜，與你說不得。你要知此苦，還須你自喫時。」曰仁❷在傍曰：「如此才是真知，即是行矣。」時在座諸友皆有省。

【章　旨】記陽明談《中庸》的「未發之中」。

【注　釋】❶劉觀時　武陵（今湖南常德）人，陽明弟子。❷曰仁　徐愛，字曰仁。

【語　譯】劉觀時問：「『未發之中』是怎樣的？」陽明先生說：「你只要『戒慎不覩，恐懼不聞』，把這心養得純是天理，就自然懂了。」劉觀時請求略微提示一下「未發之中」的情景，陽明先生說：「啞子喫苦瓜，同你說不得。你要知此苦，還須要你自喫時。」徐愛在一旁，說：「這才是真知，也就是行了。」當時在座的眾學友都有所領悟。

【研　析】「未發之中」是一種修養體驗，只有體驗者本人才能知曉。所以當劉觀時要求陽明

「略示氣象」時，陽明只能以「啞子喫苦瓜」為喻。

蕭惠問死生之道，先生曰：「知晝夜即知死生。」問晝夜之道，曰：「知晝則知夜。」曰：「晝亦有所不知乎？」先生曰：「汝能知晝？懵懵而興，蠢蠢而食，行不著，習不察，終日昏昏只是夢晝。惟息有養，瞬有存，此心惺惺明明❶，天理無一息間斷，才是能知晝。這便是『天德❷』，便是『通乎晝夜之道而知❸』，更有什麼死生？」

【章旨】記陽明回答蕭惠有關死生之道的問題。

【注釋】❶惺惺明明　清醒明白之意。❷天德　這裡指人的天性。語出《莊子・天地》：「君原於德而成於天，故曰：玄古之君天下，無為也，天德而已矣。」❸通乎晝夜之道而知　語出《周易・繫辭》。

【語譯】蕭惠問死生之道，陽明先生說：「懂得晝夜就懂得死生。」蕭惠於是問晝夜之道，陽明先生說：「懂得晝就懂得夜。」蕭惠問：「晝，您也有所不知吧？」陽明先生說：「你知道什麼是晝？你懵懵懂懂地起來，糊糊塗塗地喫飯，行為不自知，習染不覺察，整天昏昏沉沉，只是白日作夢。只有瞬息之間都有所存養，這心裡清醒明白，天理沒片刻間斷，才懂得什麼是晝。這就是天德了，就是《周易・繫辭》講的『通乎晝夜之道而知』了，還有別的什麼死生之道？」

【研　析】陽明對蕭惠有關「死生之道」問題，有一半是本於傳統儒學的說法，以「樂天知命」《周易・繫辭》的觀點加以迴避；另一半則是以教主自居，對弟子嚴詞訓斥務使其就範。後者從今天的立場來看，是不足取的。

馬子莘問：「修道之教❶，舊說❷謂聖人品節吾性之固有，以為法於天下，若禮樂刑政之屬。此意如何？」先生曰：「道即性，即命。本是完完全全，增減不得，不假修飾的，何須要聖人品節？卻是不完全的物件。禮樂刑政是治天下之法，固亦可謂之教，但不是子思本旨。若如先儒之說，下面由教入道的，緣何舍了？聖人禮樂刑政之教，別說出一段戒慎恐懼功夫，卻是聖人之教為虛設矣。」子莘請問，先生曰：「子思性、道、教皆從本原上說。天命於人，則命便謂之性；率性而行，則性便謂之道；修道而學，則道便謂之教。率性是誠者事，所謂『自誠明❸』，道之性也；修道是誠之者事，所謂『自明誠謂之教』也。聖人率性而行，即是道；聖人以下未能率性於道，未免有過不及，故須修道。修道則賢知者不得而過，愚不肖者不得而不及。都要循著這個道，則道便是個教。此『教』字與『天道至教❹』、『風雨霜露無非教也❺』之『教』同。『修道』字與『修道以仁❻』同。人能修道，然後能不違於道，以復其性之本體，則亦是聖人率性之道矣。下面『戒慎』、『恐懼』便是修道的功夫，『中和』便是復其性之本體，如《易》所謂『窮理盡性以至於命❼』。『中和』、『位育❽』便是盡性至命。」

【章　旨】記陽明駁朱熹對「修道之謂教」的注解。

【注　釋】❶修道之教　即《中庸》「修道之謂教」之縮語。❷舊說　指朱熹對「修道」一句所作的注。原注為：「道，猶路也。人物各循其性之自然，則其日用事物之間，莫不各有當行之路，是則所謂道也。修，品節之也。性道雖同，而氣稟或異，故不能無過不及之差。聖人因人物之所當行者而品節之，以為法於天下，則謂之教，若禮樂刑政之屬是也。」品節，按等級加以節制。即約束、管教之意。❸自誠明　《中庸》：「自誠明，謂之性；自明誠，謂之教。」❹天道至教　語出《禮記・禮器》。❺風雨霜露無非教也語出《禮記・孔子閒居》。❻修道以仁　語出《中庸》。❼窮理盡性以至於命　語出《周易・說卦》。❽位育　語出《中庸》：「致中和，天地位焉，萬物育焉。」朱熹《中庸集注》：「位者，安其所也；育者，遂其生也。」

【語　譯】馬子莘問：「《中庸》『修道之謂教』，朱晦庵認為這是說聖人用約束人性所固有的東西，來作為天下人的法則，例如禮樂刑政之類。這解釋怎樣？」陽明先生說：「道即性，也就是命。它本是完完全全，增減不得，不假修飾的，何必要聖人來約束？這就成了不完全的東西了。禮樂刑政是治理天下的方法，固然也可以稱為教，只是這不是子思的本意。如果按晦庵的說法，下面由教人道的話，子思為何放棄不提？如果他本講禮樂刑政之教，卻另外說出一段戒慎恐懼的功夫，這樣聖人之教就變成虛設了。」馬子莘請問，陽明先生說：「子思講的性、道、教，都是從本原上說的。天命於人，所以命就叫作性；人率性而行，所以性就叫作道；修道而學，所以道就叫作教。因率性是誠者的事，所以《中庸》所說的『自誠明』，講的就是符合道的性；因修道是使人成為誠者的事，所以《中庸》又說『自明誠謂之教』。聖人率性而行，就是道；聖人以下的儒者未能做到率性於道，難免有過或不及，所以要修道。修道就使賢智者不會犯『過』的毛病，愚不肖者也不會犯『不及』的缺點。大家都要遵循這個道，因而道就是教。這『教』字與《禮記》中『天道至教』、『風雨霜露無非教也』的『教』意思相同。『修道』與《中庸》中『修道以仁』的『修道』意思相同。一個人能修道，然後才能不違背道，來恢復他人性的本體，就也是聖人的率性之道了。下文講的『戒慎』、『恐懼』就是指修道的功夫，『中和』就是指恢復人性的本體，就像《周易》所說的『窮理盡性以至於命』。《中庸》講的『中和』、『位育』就是盡性至命。」

【研　析】理學家和心學家的重要分歧之一，就在於理學家除了重視人的自我修養之外，還強調外在的制約。禮樂刑政——封建的文化政治制度即是這種外在制約的集中體現，所以朱熹注《中庸》，要把「修道之謂教」注成「聖人因人物之所當行者而品節之，以為法於天下，則謂之教，若禮樂刑政之屬是也」。心學家雖然也極力維護封建的倫理綱常，卻並不強調來自外部的「教化」，而強調人道德的自我完善和自我制約，通過修心養性造就聖人人格。所以陽明極力反對朱熹的「舊說」，並引經據典，以證成自己的觀點。

黃誠甫問：「先儒[1]以孔子告顏淵『為邦』之問，是立萬世常行之道，如何？」先生曰：「顏子具體聖人，其於為邦的大本大原都已完備。夫子平日知之已深，到此都不必言，只就制度文為上說。此等處亦不可忽略，須要是如此，方盡善。又不可因自己本領是當了，便於防範上疏闊。須是要『放鄭聲，遠佞人[2]』。蓋顏子是個克己向裡、德上用心的人，孔子恐其外面末節或有疏略，故就他不足處幫補說。若在他人，須告以為政在人，取人以身，修身以道，修道以仁，達道❸，九經❹及誠身許多功夫，方始做得這個，方是『萬世常行之道』。不然，只去行了夏時❺，乘了殷輅❻，服了周冕❼，作了韶舞❽，天下便治得？後人但見顏子是孔門第一人，又問個為邦，便把做天大事看了。」

【章　旨】記陽明答《論語・衛靈公》「顏淵問為邦」一章朱注之問。

【注　釋】❶先儒　指二程。下文所云孔子告顏淵為邦之問，見《論語・衛靈公》：「顏淵問為邦。子曰：『行夏之時，乘殷之輅，服周之冕，樂則韶舞。放鄭聲，遠佞人。鄭聲淫，佞人殆。』」朱熹《論語集注》：「程子曰：問政多矣，惟顏淵告之以此。蓋三代之制，皆因時損益，及其久也，不能無弊。周衰，聖人不作，故孔子斟酌先王之禮，立萬世常行之道，發此以為之兆也。」❷放鄭聲二句　放，放棄。鄭聲，鄭國的音樂。佞人，小人。❸達道　《中庸》：「天下達道五，所以行之者三。曰君臣也，父子也，夫婦也，昆弟也，朋友之交也。五者天下之達道也。」指各種人倫關係及其處理原則。❹九經　《中庸》：「凡為天下國家有九經，曰脩身也，尊賢也，親親也，敬大臣也，體群臣也，子庶民也，來百工也，柔遠人也，懷諸侯也。」❺夏時　夏代的曆法。❻殷輅　商朝的車子。❼周冕　周代的禮帽。❽韶舞　舜時的舞蹈。

【語　譯】黃誠甫問：「二程認為孔子回答顏淵『為邦』的問題，是確立了萬世常行的原則，這說法怎樣？」陽明先生說：「顏回是一位初具規模的聖人，他在治國的大本大原方面都已完備。孔夫子平時對他了解已經很深，到這時別的都不必講了，只能就典章制度和文化設施上面說一說。這些東西也不能忽略，必須要懂得這些，才算完善。又不能因為自己的本事差不多了，就在該加以防範的地方疏忽，所以必須要『放鄭聲，遠佞人』。大約顏回是個克己內向、在德行上用功的人，孔子怕他在對外的細微末節方面有所疏略，所以就針對他的不足之處加以幫助、補充。如果對別人，孔子一定會告訴他們為政在人，取人以身，修身以道，修道以仁以及達道、九經、誠身等許多功夫，因為只有能做到這些才是確立了『萬世常行之道』。不然的話，僅僅是推行了夏曆，坐了殷輅，戴了周冕，作了韶舞，天下就能治好？後人只見顏回是孔門第一人，又問的是治國之事，就把孔子這些話當作天大的事情來看待了。」

【研析】 陽明反對二程對「顏淵問為邦」一章的評說，主要是出於兩個目的：一是，他一貫推崇顏回。除了此處說顏回是「具體聖人」，還曾說過「顏子沒而聖學亡」的話（見本書徐愛所錄部分）。二是，他要藉顏回來推崇「心學」，詆排理學。他強調「顏子是個克己向裡、德上用心的人」，因為「克己向裡、德上用功」正是陽明「心學」的骨髓。他有意地貶低孔子所說的「行夏之時，乘殷之輅，服周之冕，樂則韶舞」等典章制度、文化設施內容，也就是針對理學家重視禮樂刑政等教化而發。

蔡希淵問：「文公❶《大學》新本先格致而後誠意功夫，似與首章次第相合。若如先生從舊本❷之說，即誠意反在格致之前，於此尚未釋然。」

先生曰：「《大學》功夫即是『明明德』。『明明德』只是個『誠意』；『誠意』的功夫只是『格物致知』。若以『誠意』為主去用『格物致知』的功夫，即功夫始有下落，即為善去惡無非是『誠意』的事。如新本先去窮格事物之理，即茫茫蕩蕩都無著落處。須用添個『敬』字，方才牽扯得向身心上來。然終是沒根源。若須用添個『敬』字，緣何孔門倒將一個最緊要的字落了，直待千餘年後要人來補出？正謂以『誠意』為主，即不須添『敬』字。所以舉出個『誠意』來說，正是學問的大頭腦處。於此不察，真所謂毫釐之差，千里之繆。大抵《中庸》功夫只是誠身。誠身之極，便是至誠。《大學》功夫，只是『誠意』，誠意之極，便是至善。功夫總是一般。今說這裡補個『敬』字，那裡補個『誠』字，未免畫蛇添足。」

【章旨】記陽明批評朱熹所改《大學》。

【注　釋】❶文公　朱熹的謚號。❷舊本　指《禮記》中的《大學》原文。

【語　譯】蔡希淵問：「朱文公《大學》新本先講格物致知，然後才講誠意功夫，好像同第一章的順序相合。如果按先生依從《禮記》中舊本的說法，就誠意反而在格物致知之前，我對這還沒能想明白。」陽明先生說：「《大學》的功夫就是『明明德』；『明明德』只是個『誠意』；『誠意』的功夫只是『格物致知』。如果以『誠意』為主去運用『格物致知』的功夫，功夫才會有著落，就是為善去惡也無非是『誠意』的事。如果按朱子的新本先去窮究事物之理，就茫茫然都沒有著落。必須增添一個『敬』字，才能牽扯到身心修養上來。但這樣終究是沒有根源。如果用得著添加一個『敬』字，為什麼孔門弟子倒反將這麼一個最要緊的字掉了，一直要等到千餘年後才要人補出來？正是說以『誠意』為主，就不必添加『敬』字。所以舉出個『誠意』來說，正是學問最緊要的地方。在這一點上沒看清楚，真所謂失之毫釐，差以千里。大抵《中庸》的功夫只是誠身。誠身的極點，就是至誠。《大學》的功夫，只是『誠意』，誠意的極點，就是至善。修養功夫總是一樣。如果要這裡補一個『敬』字，那裡補一個『誠』字，就未免畫蛇添足。」

【研　析】《禮記》中的《大學》，二程認為「頗有錯簡」，所以對它的文字、句序加以調整。朱熹作《大學章句》，就是在二程的基礎上「更考經文，別為序次」而成。儒門稱為「新本」。陽明對這種做法很不滿意，曾多次加以批評，可參考本書徐愛序。

傳習錄中

錢德洪序

德洪❶曰：昔南元善❷刻《傳習錄》於越，凡二冊，下冊摘錄先師❸手書，凡八篇。其〈答徐成之〉二書，吾師自謂：天下是朱非陸論定既久，一日反之為難，二書姑為調停兩可之說，使人自思得之。故元善錄為下冊之首者，意亦以是歟？今朱陸之辨明於天下久矣，洪刻先師文錄，置二書於外集者，示未全也。故今不復錄其餘指。知行之本體，莫詳於〈答人論學〉❹與答周道通、陸清伯、歐陽崇一四書。而謂格物為學者用力日可見之地，莫詳於答羅整庵一書。平生冒天下之非詆推陷，萬死一生，遑遑然不忘講學，惟恐吾人不聞斯道，流於功利機智，以日墮於夷狄禽獸而不覺，其一體同物之心，譊譊❺終身，至於斃而後已。此孔孟已來聖賢吾心，雖門人子弟未足以慰其情也。是情也，莫詳於〈答聶文蔚〉之第一書。此皆仍元善所錄之舊。而揭「必有事焉」即「致良知」功夫，明白簡切，使人言下即得入手，此又莫詳於答文蔚之第二書，故增錄之。元善當時洶洶❻，乃能以身明斯道，卒至遭奸被斥❼，油油然惟以此生得聞斯學為慶，而絕無有纖芥憤鬱不平之氣。斯錄之刻，人見其有功於同志甚大，而不知其處時之甚艱也。今所去取，裁之時義則然，非忍有所加損於其間也。

【章　旨】此係錢德洪序，敘《傳習錄》中卷之要旨及刊刻緣起。

【注　釋】❶德洪　錢德洪（西元一四九六～一五七四年），初名寬，字洪甫，號緒山，浙江餘姚（今浙江餘姚）人。嘉靖十一年（西元一五三二年）進士，官至刑部郎中。❷南元善　南大吉（西元一四八六～一五四一年），字元善，號瑞泉，陝西渭南（今陝西渭南）人，正德六年進士，官至紹興知府。嘉靖三年

（西元一五二四年），南大吉曾命其弟逢吉校刻《續傳習錄》於浙江紹興，分上下兩冊。❸先師　指王守仁。❹答人論學　即後面的〈答顧東橋書〉。❺譊譊　爭辯之聲。❻洶洶　紛擾不安的樣子。❼卒至遭奸被斥　《明儒學案》卷二九〈郡守南瑞泉先生大吉〉：「先生治郡以循，良重一時，而執政者方惡文成（王守仁）之學，因文成以及先生也。先生致書文成，惟以不得聞道為恨，無一語及於得喪榮辱之間。」

【語　譯】德洪說：先前南元善刊刻《傳習錄》於紹興，共二冊，下冊摘錄先師的親筆信，共八篇。其中〈答徐成之〉兩信，陽明先生自己說：天下肯定朱學否定陸學成定勢已經很久，一旦要推翻這種定勢是很困難的，所以這兩信姑且作一些調停之說，使人們自己思考出來。南元善之所以把這兩封信錄在下冊卷首，大概也是這個想法吧？現今朱、陸之辨在天下明確已久，我刊刻先師文錄，把〈答徐成之〉兩信安插在先生文錄外集，主要是因為這兩信尚有不完全之處，所以如今不再選錄。先生論知行的本體，沒有比〈答人論學〉與答周道通、陸清伯、歐陽崇一四信更詳盡的。而論格物為學者平日應做的功夫，則莫詳於答羅整庵一信。先生平生冒著天下人的詆毀、誣陷，萬死一生之際，仍汲汲然不忘講學，惟恐我輩沒聽到他的主張，以致流入功利機詐，日益墮入夷狄禽獸而不自知。他那與萬物為一體的心胸，使他終身為大道爭論，一直到死才停止。這種孔孟以來的聖賢的良苦用心，具有即使是我們這些門人弟子也難以安慰的感情。這種感情的表達，莫詳於〈答聶文蔚〉的第一封信。這些都沿襲南元善所錄的舊本。而揭示「必有事焉」即是「致良知」的功夫，明白簡切，使學者一聽就知道該怎樣入手，又莫詳於〈答聶文蔚〉的第二封書信，所以加以增錄。南元善正當朝野紛擾不安之時，卻能挺身闡明先生之道，終至遭到奸人構陷而被斥逐，但他仍對先生懷著極大的敬慕之心，唯以此生能得到先生之道為幸，而絕無絲毫怨憤不平之氣。這《傳習錄》的刊刻，人們只看到它對志同道合之人功勞很大，卻不知道當時處世有多麼艱難。現在我有所去取，裁減一些也是時世使然，並非有意對它有所削損。

【研　析】〈答人論學書〉即〈答顧東橋書〉。為什麼錢德洪不提顧東橋（顧璘）而以泛稱代之？日本學者佐藤一齋說：「此書拔本塞源，辯論痛快，使人慚伏無辭也。此書傳觸，恐或辱東橋，故為匿其姓號耳。刻此錄時，東橋尚健在。」（轉引自錢明《陽明全書成書經過考》注釋三。）此說有一定道理，可供參考。

答顧東橋書

【題解】顧東橋（西元一四七六～一五四五年），名璘，字華玉，號東橋，江蘇江寧（今江蘇南京）人。進士，官至南京刑部尚書。《年譜》將此信繫於嘉靖四年（西元一五二五年）。信中陽明逐條批駁了顧璘對他的質疑和非難，系統闡明了他之所以提出「知行合一」、「致良知」的理由和動機。

來書云：「近時學者務外遺內，博而寡要❶，故先生特倡『誠意』一義，針砭膏肓，誠大惠也！」

吾子洞見時弊如此矣，亦將何以救之乎？然則鄙人之心，吾子固已一句道盡，復何言哉，復何言哉！若「誠意」之說，自是聖門教人用功第一義，但近世學者乃作第二義看。故稍與提撥緊要出來，非鄙人所能特倡也。

【章　旨】指出「誠意」乃「聖門教人用功第一義」。

【注　釋】❶博而寡要　指內容空泛、缺乏實質性的東西。

【語　譯】來信說：「近世學者只追求外在的知識學問而忽視內心的道德修養，看似廣博卻缺乏精要，所以先生特意倡導『誠意』這一要義，可以說對時弊的針砭深入膏肓，確實大惠學林！」

先生對時弊體察如此深刻，又將用什麼來挽救呢？我的心曲，先生已一句說盡，我還有什麼可說的呢？我還有什麼可說的呢！至於「誠意」之說，本來是聖門教人用功的第一義，但近世學者卻將它當作第二義看待。所以我稍稍將這關鍵之處揭示出來，並非我所能特意倡導的。

【研　析】顧璘之言，欲抑先揚；陽明則故意以謙讓之姿態，點出「誠意」乃是「聖門教人用功第一義」，並非他本人「特倡」，一來是為了「正本清源」，二來是為自己找到立論之根據，以避開時人的攻訐。

來書云：「但恐立說太高，用功太捷，後生師傳影響謬誤，未免墜於佛氏明心見性❶、定慧頓悟❷之機，無怪❸聞者見疑。」

區區❹「格致」、「誠正」之說，是就學者本心、日用事為間體究踐履，實地用功，是多少次第，多少積累在！正與空虛頓悟之說相反。聞者本無求為聖人之志，又未嘗講究其詳，遂以見疑，亦無足恠。若吾子之高明，自當一語之下便瞭然矣，乃亦謂立說太高，用功太捷，何邪？

【章旨】駁顧氏對陽明之學「未免墜於佛氏明心見性、定慧頓悟之機」的非議。

【注釋】❶明心見性　禪宗以體認自己的「本性」（「佛性」）為「明心見性」。❷定慧頓悟　定慧，佛教的修養方法和境界。通過調整身心和呼吸，使內心處於一種「念不起，空無所有」的狀態，稱為「定」；慧即開悟後所得到的智慧，「以能見念不起，空無所有」（《神會語錄》）。禪宗惠能一派（南宗）以「直指人心」的方法使人「頓入佛地」，稱為「頓悟」。❸恠　即「怪」字。❹區區　小的意思。這裡是陽明的自謙之辭。

【語譯】來信說：「只怕你立論太高深，用功太敏捷，後學者輾轉相師，謬種流傳，難免墜入佛教的明心見性、定慧頓悟的機關，也難怪聽到你高論的人會產生懷疑。」

我的「格物致知」、「正身誠意」之說，只是就學者的本心、日常為人處事之時體究、實地踐履方面立論，這裡有多少階段步驟，多少積累功夫！這正與佛教的空虛頓悟之說相反。聽到我言論的人本來就沒有追求成為聖人的志向，又沒曾鑽研我學說的具體含義，於是產生疑問，這也不值得驚怪。像先生你這樣高明的人，自然應當聽到一句就了然於心，卻說什麼我立論太高深，用功太敏捷，這是什麼意思呢？

【研析】陽明之學，本來就深受佛教影響，且打上了某些「禪」的烙印。他本人雖極力否認這一點，並竭力宣稱自己與佛教的虛空頓悟相反，但確如顧璘所預言的，到他的弟子及後學那裡，「未免墜於佛氏明心見性、定慧頓悟之機」。黃宗羲說：「陽明先生之學，有泰州（王艮）、龍溪（王畿）而風行天下，亦因泰州、龍溪而漸失其傳。泰州、龍溪時時不滿其師說，益啟瞿曇之秘而歸之師，蓋躋陽明而為禪矣。」（《明儒學案》卷三二）可見顧氏之說並非無據。

來書云：「所喻知行並進，不宜分別前後，即《中庸》『尊德性而道問學』之功，交養互發❶，內外本末❷一以貫之之道。然功夫次第不能無先後之差，如知食乃食，知湯乃飲，知衣乃服，知路乃行，未有不見是物先有是事。此亦毫釐倏忽之間，非謂有等今日知之而明日乃行也。」

既云「交養互發，內外本末一以貫之」，則知行並進之說，無復可疑矣。又云「功夫次第不能不❸無先後之差」，無乃自相矛盾已乎！「知食乃食」等說，此尤明白易見。但吾子為近聞障蔽，自不察耳。夫人必有欲食之心，然後知食，欲食之心即是意，即是行之始矣。食味之美惡必待入口而後知，豈有不待入口而已先知食味之美惡者邪！必有欲行之心，然後知路，欲行之心即是意，即是行之始矣。路岐之險夷必待身親履歷而後知，豈有不待身親履歷而已先知路岐之險夷者邪！知湯乃飲，知衣乃服，以此例之，皆無可疑。若知吾子之喻，是乃所謂不見是物而先有是事者矣。吾子又謂此亦毫釐倏忽之間，非謂截然有等今日知之而明日乃行也，是亦察之尚有未精。然就如吾子之說，則知行之為合一並進，亦自斷無可疑矣。

【章　旨】駁「功夫次第不能無先後之差」，而申之以「知行合一」。

【注　釋】❶交養互發　指「尊德性」和「道問學」兩者都得到培養，並同時體現出來。❷內外本末　「尊德性」屬「內」、「本」；「道問學」屬外、末。❸不能不　依上文，當作「不能」，後一「不」字衍。

【語　譯】來信說：「你在信中告知我：知行並進，不宜區分先後，也就是《中庸》『尊德性而道問學』的功夫，兩者同時培養，交相體現，就是內外本末一以貫之的方法。但是，修養功夫不能沒有先後階段的差別，例如要知道是食物才喫，知道是湯才喝，知道是衣服才穿，知道是路才走，沒有沒看到這一事物卻先有這一事情。當然，這先後差別也只是在非常細微短暫的時間之內產生，不是說今天知道了要等到明天才實行。」

你既已說「兩者同時培養，交相體現，就是內外本末一以貫之的方法」，則知行並進的說法，不再值得懷疑了。可你又說「修養功夫不能沒有先後階段的差別」，豈不是太自相矛盾了嗎！你的「知道是食物才喫」等說法，更是明白易見。只是先生被近世儒者的言論所蒙蔽，自己沒有覺察罷了。一個人必定要有想喫的心，然後才知道要喫，這想喫的心就是意，也就是行的開端了。食物味道的好壞一定要等入口才知道，哪裡有不等入口就已預先知道食物味道好壞的道理呢！一個人一定有想行走的心，然後才知道路，想行走的心即是意，也就是行的開端了。道路的艱險或平坦必定得等到親身經歷後才知道，哪裡有不等親身經歷就已預先知道道路是艱險的還是平坦的呢！知道是湯才喝，知道是衣服才穿，以此為例加以推論，都沒有什麼值得懷疑的。如果按照先生你所告訴我的，才真是你所說的沒看到這一事物卻先有這一事情了。先生你又說這也只是在非常細微短暫的時間之內產生，不是今天知了要等到明天才行，也是考察還不夠精密。然而即使按先生你的說法，知行是合一並進的觀點，也絕對不值得懷疑。

【研　析】顧氏「功夫次第不能無先後之差」的說法，實際上就是理學家「先知後行」或「知先行後」的另一種說法。從認識論的角度說，先「知」後「行」是符合人類先有認識後有實踐的實際情況的。陽明的「知行合一」顯然有模糊認識與實踐關係之嫌。他所說的「夫人必有欲食之心，然後知食，欲食之心即是意，即是行之始矣」、「必有欲行之心，然後知路，欲行之心即是意，即是行之始矣」，都是把屬於認識範圍的「意」當作了屬於實踐範圍的「行」，從邏輯的角度講也有概念混淆不清的毛病。「知行合一」要麼把「知」當作「行」，要麼把「行」當作「知」，實際上抹煞了兩者的特質而使它們同歸於無意義。

但是，陽明的「知行合一」的現實針對性卻是很明確的。它具體指向的是光「知」不「行」，崇尚空談理論而忽視乃至廢棄踐履的現實流弊。「知行合一」的要義是強調不僅要「知」，而且必須在「知」的同時「行」，做到「知」、「行」並舉、統一，其真實的含義是突出「行」的重要性。更進一步說，它並非一般地強調社會實踐的重要性，而是強調道德的踐履的重要性。

來書云：「真知即所以為行，不行不足謂之知，此為學者喫緊立教。俾務躬行則可，若真謂行即是知，恐其專求本心，遂遺物理，必有闇而不達之處，抑豈聖門知行並進之成法哉！」

知之真切篤實處即是行，行之明覺精察處即是知。知行功夫本不可離。只為後世學者分作兩截用功，失卻知行本體，故有「合一」、「並進」

之說。真知即所以為行，不行不足謂之知，即如來書所云「知食乃食」等說可見，前已略言之矣。此雖喫緊救弊而發，然知行之體本來如是，非以己意抑揚其間，姑為是說以苟一時之效者也。「專求本心，遂遺物理」，此蓋失其本心者也。夫物理不外於吾心，外吾心而求物理，無物理矣。遺物理而求吾心，吾心又何物邪？心之體，性也，性即理也。故有孝親之心，即有孝之理；無孝親之心，即無孝之理矣。有忠君之心，即有忠之理；無忠君之心，即無忠之理矣。理豈外於吾心邪？晦庵謂：「人之所以為學者，心與理而已。心雖主乎一身，而實管乎天下之理；理雖散在萬事，而實不外乎一人之心❶。」是其一分一合之間，而未免已啟學者心理為二之弊。此後世所以有專求本心遂遺物理之患，正由不知心即理耳。夫外心以求物理，是以有闇而不達之處。此告子「義外」之說❷，孟子所以謂之不知義也。心，一而已，以其全體惻怛而言謂之仁，以其得宜而言謂之義，以其條理而言謂之理。不可外心以求仁，不可外心以求義，獨可外心以求理乎？外心以求理，此知行之所以二也。求理於吾心，此聖門知行合一之教，吾子又何疑乎！

【章旨】駁「若真謂行即是知，恐其專求本心，遂遺物理」的論點。

【注釋】❶人之所以為學者六句　語出朱熹《大學或問》。❷告子義外之說　見《孟子．告子上》：「仁，內也，非外也；義，外也，非內也。」告子認為仁發自人的內心，而義則是由外部的對象所引起。

【語譯】來信說：「真知就是所用於實行的，不實行就不足以稱為知，這是為學者確立的一種很關鍵的說教。但是，這說教要使他們親身踐履則可以，如果真的認為行就是知，只怕會導致學者專門尋求本心，而忽視對事物道理的探究。這樣就一定會產生闇於物理不通物情的缺點，這難道是聖門知行並進的成法嗎！」

知的真切篤實之處就是行，行的明覺精察之處就是知。知與行的功夫本來不能分開。只是因為後世學者分作兩個階段來用功，失去了知行的本來意義，所以我才有「知行合一」、「知行並進」的說法。真知就是用以實行，不實行不足以稱為知，就像你來信中所說的「知食乃食」等說法就可見此理，我已在上文約略說過了。我這「知行合一」的主張雖然是為了努力挽救時弊而發，但知行的本來意義就是如此，並不是我按自己的想法故意拔高或貶低，姑且建立這樣的學說來苟且地求取一時的功效。如果有「專求本心，就會忽略物理」的人，這樣的人大概是連他的本心也失卻了。因為所謂物理並不在我們心外，如果到我們心外去尋求物理，那就沒有物理了。忽視物理來探求我們的心，我們的心裡又是什麼呢？心的本體就是性，性就是理。所以有了孝親之心，就有孝親的理；沒了孝親的心，就沒了孝親的理了。有忠君的心，就有忠君的理；沒有忠君的心，就沒了忠君的理了。理難道在我們心外嗎？晦庵說：「人們所要研究的學問，只是心與理而已。心雖然是一身的主宰，而實際上卻主管全天下之理；理雖然分散在萬事萬物之中，實際上並不在一個人的心外。」因此晦庵把心與理一分一合之間，已難免開啟了學者把心與理一分為二的弊端。後世學者之所以有專門探求本心以致遺忽物理的毛病，正是由於不懂得心就是理罷了。到心外去探求物理，因而就有闇於物理不達物情之處。這就是告子「義外」之說，被孟子說成不懂義的原因。心，只是一個罷了。從它完全具有惻隱而言叫作仁，從它處事合宜而言叫作義，從它想問題有條理而言就叫作理。不能到心外去求仁，不能到心外去求義，難道偏偏可以到心外去求理麼？到心外去求理，這是知行之所以被分作兩截的原因。到我們心裡去求理，這是聖門知行合一之教，先生又有什麼可懷疑的呢！

【研　析】顧氏承認陽明的「知行合一」之說「為學者喫緊立教」、「俾務躬行則可」，應該說是看到了陽明之學的實際意義的。他又認為陽明之說會導致學者「專求本心，遂遺物理」的流弊，其實也是一種極有預見性的言論。

陽明則並不滿足於對方承認他學說的實際功效，而是希圖確立起自己的理論體系，以取朱熹為代表的理學而代之。因此，他除了正面宣揚自己「心之體，性也，性即理也」的觀點，還大力批評朱熹把「心」與「理」加以區分的做法，甚至婉曲地把朱熹的意見與告子「義外」之說等同起來，用心不可謂不深遠。

來書云：「所釋《大學》古本❶，謂致其本體之知，此固孟子『盡心』之旨，朱子亦以虛靈知覺為此心之量。然盡心由於知性，致知在於格物。」

「盡心由於知性，致知在於格物。」此語然矣。然而推本吾子之意，則其所以為是語者，尚有未明也。朱子以「盡心知性知天」為「物格」、「知致」，以「存心養性事天」為「誠意正心修身」，以「殀壽不貳，修身以俟」為「知至仁盡」、「聖人之事」。若鄙人之見，則與朱子正相反矣。夫「盡心知性知天」者，生知安行，聖人之事也；「存心養性事天」者，學知利行，賢人之事也；「殀壽不貳，修身以俟」者，困知勉行，學者之事也。豈可專以「盡心知性」為知，「存心養性」為行乎！吾子驟聞此言，必又以為大駭矣！然其間實無可疑者。一為吾子言之。夫心之體，性也；性之原，天也。能盡其心，是能盡其性矣。《中庸》云：「惟天下至誠，為能盡其性。」又云：「知天地之化育」，「質❷諸鬼神而無疑，知天也。」此惟聖人而後能然，故曰此生知安行，聖人之事也。「存其心」者，未能盡其心者也，故須加存之之功。必存之既久，不待於存而自無不存，然後可以進而言盡。蓋「知天」之「知」，如「知州」、「知縣」之「知」❸。「知州」則一州之事皆己事也，「知縣」則一縣之事皆己事也。是與天為一者也。「事天」則如子之事父，臣之事君，猶與天為二也。天之所以命於我者，心也，性也。吾但存之而不敢失，養之而不敢害，如父母全而生之，子全而歸之者也。故曰此學知利行，賢人之事也。至於「殀壽不貳」，則與存其心者又有間矣。存其心者雖未能盡其心，固已一心於為善。時有不存，則存之而已。今使之「殀壽不貳」，是猶以殀壽貳其心者也，猶以殀壽貳其心，是其為善之心猶未能一也。存之尚有所未可，而何盡之可云乎？今且使之不以殀壽貳其為善之心，若曰死生殀壽皆有定命，吾但一心於為善，修吾之身以俟天命而已，是其平日尚未知有天命也。事天雖與天為二，然已真知天命之所在，但惟恭敬奉承之而已耳。若俟之云者，則尚未能真知天命之所在，猶有所俟者也，故曰所以立命。「立」者，「創立」之「立」，如「立德」、「立言」、「立功」、「立名」之類。凡言「立」者，皆是昔未嘗有而本始建立之謂。孔子所謂「不知命，無以為君子❹」者也。故曰此困知勉行，學者之事也。今以「盡心知性知天」為「格物致知」，使初學之士，尚未能不貳其心者，而遽責之以聖人生知安行之事，如捕風捉影，茫然莫知所措，其心幾何而不至於「率天下而路❺」也！今世致知格物之弊，亦居然可見矣。吾子所謂務外遺內、博而寡要者，無乃亦是過歟？此學問最緊要處，於此而差，將無往而不差矣。此鄙人之所以冒天下之非笑，忘其身之陷於罪戮，呶呶❻其言其不容已者也！

【章旨】駁顧氏「盡心由於知性，致知在於格物」之說，而詳陳自己對「盡心、知性、知天」等問題的看法。

【注釋】❶所釋大學古本　陽明曾對《禮記》中的《大學》原本進行釋義，並於正德十三年（西元一五一八年）刊刻。❷質　問。❸知州知縣之知　這個「知」是主管的意思。❹不知命二句　語出《論語・堯曰》。❺率天下而路　語出《孟子・滕文公上》。朱熹注：「路，謂奔走道路，無時休息也。」❻呶呶　絮絮叨叨，令人生厭之意。

【語譯】來信說：「你在你所注釋的《大學》古本中，說『致知』就是獲致本體之知，這固然符合孟子『盡心』的主旨。但朱子也把虛靈知覺看作心的屬性，卻認為盡心由於知性，致知在於格物。」

「盡心由於知性，致知在於格物」，這話是不錯的。但是我推究先生你的本意，認為你之所以說這種話，是因為你對這個問題還沒全弄明白。朱子把「盡心知性知天」看成「物格」、「知致」，把「存心養性事天」看作「誠意正心修身」，把「殀壽不貳，修身以俟」看成「知至仁盡」的「聖人之事」。如果依我的看法，則正好同朱子相反。我認為「盡心知性知天」，指的是生而知之安而行之，是聖人之事；「存心養性事天」，指的是學而知之利而行之，是賢人之事；「殀壽不貳，修身以俟」，指的是困而知之勉力而行，是學者之事。又怎能專以「盡心知性」為「知」，「存心養性」為「行」呢！先生你猛然間聽到這話，一定又感到非常驚怕了！但這裡實在沒有可疑之處。我一一同你說說。心的本體，就是性；性的本原，就是天。

能夠盡心的人，就能夠盡他的性了。《中庸》說：「惟天下至誠，為能盡其性。」又說：「知天地之化育」、「質諸鬼神而無疑，知天也。」這只有聖人才能做到，所以說這是指生而知之安而行之，是聖人之事。「存其心」，是指還未能盡心，所以必定得增加一番存養的功夫。一定要存養已久，達到不存養卻能自然無不存養的境界了，才能進一步說盡心之事。大約「知天」的「知」，就如「知州」、「知縣」的「知」。「知州」則一州之事都是他自己的事，「知縣」則一縣之事都是他自己的事。這就是心與天渾然一體了。「事天」就像子女服事父母，臣下服事君主，這還是心與天分而為二的狀態。天所用以授命給我們的，就是心，就是性。我們只要保存它們而不敢失去，培養它們而不敢損害，就像父母把子女完好地生下來，子女又完好地為父母送終一樣。所以說這是學而知之利而行之，是賢人之事。至於「殀壽不貳」，則同「存其心」的情況又有差距。存心的人雖然還未能盡心，卻已經一心於為善。有時偶爾未能存養，那就再存養下去罷了。現在要使他「殀壽不貳」，就意味著這人曾因為壽短壽長的困擾對存養問題三心二意。如因壽短壽長三心二意，就是他在為善上還未能一心一意了。他連「存心」都尚且夠不上，還談得上什麼「盡心」呢？於今姑且使他不管壽短壽長都不在為善問題上三心二意，比如同他說一些死生殀壽都是命中注定，我們只能一心一意為善，用修身來等待天命的到來而已之類的話，說明這種人平日尚不知有天命這回事。「事天」的人雖然仍與天為二，但他們已真正懂得天命之所在，只是恭敬地承順天命而已。至於「以俟天命」的人，則尚未能真正地懂得天命之所在，還在有所等待，所以孟子講他們只是「所以立命」。立，意同「創立」的「立」，如「立德」、「立言」、「立功」、「立名」之類。凡是說「立」，都是指先前未曾有現在從頭開始建立。也就是孔子說的「不知命，無以為君子」的意思。所以說這是困而知之勉力而行，是學者之事。如果把「盡心知性知天」說成「格物致知」，就是要使初學之士，即那些尚未能殀壽不貳其心的人，卻立刻去做只有聖人才能做到的生而知之安而行之的事。這樣他們必定會如同捕風捉影，茫茫然不知所措，他們心裡又怎能不像孟子所說的「率天下而路」呢！當今「格物致知」的弊端，在此也顯而易見了。先生你所說的只管往外追求知識學問卻忽視內心修養，看似廣博卻缺少精要，不也正是這樣的過錯造成的嗎？這是學問的最緊要之處，在這一點上錯了，就所有的地方全錯了。這就是我之所以冒著天下人的指責譏笑，忘記了自己會陷入罪過誅戮之地，絮絮叨叨，不厭其煩地說個不停的緣故啊！

【研　析】《大學》說「格物致知」、「誠意正心修身」，《孟子・盡心上》說「盡其性者，知其性也；知其性，則知天矣。存其心，養其性，所以事天也；殀壽不貳，修身以俟之，所以立命也」，就修養功夫而言，兩者既有相通之處，又是有細微差別的。理學家想把它們統一起來，構成一個比較嚴密的思想整體，自然難免要牽此入彼。例如朱熹注《孟子・盡心上》「盡其心也」數句，即說：「以《大學》之序言之，『知性』則『物格』之謂，『盡心』則『知至』之謂也。」又說：「至於『知至而後意誠』，『誠』則『存其心，養其性』也。聖人說知必說行，不可勝數。」（《朱子語類》卷六〇）這是把孟子的「存其心，養其性」與《大學》的「誠意」「修身」溝通起來，看作是「聖人」的知行功夫。如此等等。王陽明的「心學」則以上接孟子為主，所以對朱熹的說法很不滿意。而他同朱熹分歧的焦點則在於：朱熹把「存其心，養其性」至「殀壽不貳，修身以俟之，所以立命也」都看作「聖人」之事，他則認為只有「盡其心，知其性」才是聖人之事，「存其心，養其性」是賢者之事，而「殀壽不貳，修身以俟之」，則只是學者之事。此中包含著三個等級或三個修行階段，與《大學》的「物格」「知至」、「正心」「誠意」等根本不同。他之所以認為孟子的話包括三個層次，目的是主張學者要從凡近處下手，由學者而賢人，由賢人而聖人，循序而進，而不要一開始就急於當聖人。否則，就會如同「捕風捉影」，以至於「茫然莫知所措」。他的這一觀點相對於理學家，顯得實際，也顯得平易了。

來書云：「聞語學者，乃謂即物窮理之說亦是玩物喪志❶。又取其厭繁就約❷、涵養本原數說標示學者，指為晚年定論❸，此亦恐非。」

朱子所謂「格物」云者，在即物而窮其理也。即物窮理，是就事事物物上求其所謂定理者也。是以吾心而求理於事事物物之中，析心與理而為二矣。夫求理於事事物物者，如求孝之理於其親之謂也。求孝之理於其親，則孝之理其果在於吾之心邪，抑果在於親之身邪？假而果在於親之身，則親沒之後，吾心遂無孝之理歟？見孺子❹之入井，必有惻隱之理。是惻隱之理果在於孺子之身歟，抑在於吾心之良知歟？其或不可以從之於井歟，其或可以手而援之歟？是皆所謂理也。是果在於孺子之身歟，抑果出於吾心之良知歟？以是例之，萬事萬物之理莫不皆然。是可以知析心與理為二之非矣。夫析心與理而為二，此告子「義外」之說，孟子之所深闢也。務外遺內、博而寡要，吾子既已知之矣，是果何謂而然哉？謂之玩物喪志，尚猶以為不可歟？若鄙人所謂致知格物者，致吾心之良知於事事物物也。吾心之良知，即所謂天理也；致吾心良知之天理於事事物物，則事事物物皆得其理矣。致吾心之良知者，致知也；事事物物皆得其理者，格物也。是合心與理而為一者也。合心與理而為一，則凡區區前之所云，與朱子晚年之論，皆可以不言而喻矣。

【章旨】回答顧氏對陽明「即物窮理之說亦是玩物喪志」及標示「朱子晚年定論」的非難，而申之以「合心與理為一」之說。

【注釋】❶玩物喪志　因玩賞所喜好之物而喪失心志。❷厭繁就約　厭倦繁瑣，走向簡約。❸晚年定

論　陽明曾選錄朱熹晚年所作書信，於正德十三年刊刻，並作序，稱為《朱子晚年定論》，目的在於說明自己的主張與朱熹晚年的主張一致，互不衝突，以避免當時主程朱的理學家對他的攻擊。❹孺子　小孩。

【語　譯】來信說：「聽說你同學者們談話，竟說朱子的即物窮理之說也是玩物喪志。又取朱子所作的關於厭繁就約、涵養本原的文章對學者們一一數說揭示，稱為朱子晚年定論，這種做法只怕不對。」

朱子所說的「格物」，就在於接觸事物、窮盡其中道理。接觸事物窮盡其中道理，就是要到事事物物上去探求他所謂的確定不變之理。這是把我們的心弄到事事物物中去探求道理，這樣就把心與理分離成了兩個東西。所謂到事事物物中去探求道理，就好比到父母身上去尋求孝道。到父母身上去求孝的道理，則究竟是孝的道理就在我們心裡呢，還是真在父母身上？假如孝的道理在父母身上，那麼父母去世之後，我們心裡就沒了孝的道理了嗎？看到小孩掉進井裡，一定就有個惻隱的理。這惻隱之理是在小孩身上呢，還是就在我們這心的良知之中？或者不肯跟著他下井呢，還是肯伸手去拉他上來呢？這都是所謂的理。這理是在小孩的身上呢，還是就在我們這心的良知之中？由此推論，萬事萬物的道理都是如此。這樣就可以知道把心與理分而為二是錯的了。把心與理分離為二，這是告子「仁內義外」的言論，是孟子所重重抨擊的。當世儒者務外遺內、博而寡要的弊病，先生你早已知道了，那麼這弊端又是怎樣產生的呢？我說他玩物喪志，還有什麼不可以的呢？至於我所說的格物致知，只是把我們心的良知推及到事事物物。我們心的良知，也就是所謂天理；把我們心的良知的天理推及到事事物物，則事事物物都得到它們的天理了。把我們心的良知推致出來，這就是致知；使事事物物都得到天理，這就是格物。這是把心和理合而為一了。把心和理合而為一，則凡是我前面所說的，與朱子晚年的言論，都可以不言而喻了。

【研　析】朱熹對「心」與「理」的關係的論述與陽明不同，這一點陽明自己也是非常清楚的。他之所以刊刻《朱子晚年定論》，並非是他服膺於晚年的朱熹，而是出於一種策略的考慮，想利用朱熹晚年的較多肯定心性修養、主張由博返約的言論來證成自己之說，有點類似於「拉大旗作虎皮」。而且，他肯定朱熹的晚年，卻又否定朱熹中年以前的思想。宣稱：「世之所傳《集注》、《或問》之類，乃其（指朱熹）中年未定之說，自咎以為舊本之誤，思改正而未及。而其諸《語類》之屬，又其門人挾勝心以附己見，固於朱子平日之說，猶有大相繆戾者。而世之學者局於見聞，不過持循講習於此。」（《朱子晚年定論·序》）誠然，朱熹的思想是有一個發展過程的，他對自己中年所注的許多經典都不太滿意，一直在作補充、修訂的工作，但這只是一個學者的精益求精的過程，並不存在晚年對中年的全盤否定過程。陽明對朱熹中年所作的代表作（如《四書集注》）也加以否定，無疑是對朱熹的「釜底抽薪」，借推崇晚年的朱子打倒中年的朱子。

朱熹的「理」與陽明的「理」既有聯繫又有區別：朱熹的理除了包括仁義禮智等倫理綱常，即狹義的倫理學內容，還包括客觀事物（自然、歷史、社會生活、日常生活等方方面面）之理。誠如黃百家所說：「其為學也，主敬以立其本，窮理以致其知，反躬以踐其實。而博極群書，自經史著述而外，凡夫諸子、佛老、天文、地理之學，無不涉獵而講究也。其為間世之鉅儒，復何言哉！」《宋元學案》卷四八〈晦翁學案〉陽明之「理」則是純倫理之「理」，他的「心即性即理」實際上也只適合於倫理的範圍，如果加以推論，就會顛倒「心」「物」關係，成為地地道道的「主觀唯心主義」。

來書云：「人之心體本無不明，而氣拘物蔽❶，鮮有不昏。非學、問、思、辨以明天下之理，則善惡之機❷、真妄之辨不能自覺，任情恣意，其害有不可勝言者矣。」

此段大略似是而非。蓋承沿舊說之弊，不可以不辨也。夫學、問、思、辨、行，皆所以為學，未有學而不行者也。如言學孝，則必服勞奉養，躬行孝道，則後謂之「學」。豈徒懸空口耳講說而遂可以謂之學孝乎？學射則必張弓挾矢，引滿中的❸；學書則必伸紙執筆，操觚染翰❹。盡天下之學，無有不行而可以言學者。則學之始固已即是行矣。篤者，敦實篤厚之意。已行矣，而敦篤其行、不息其功之謂爾。蓋學之不能以無疑，則有問。問即學也，即行也。又不能無疑，則有思，思即學也，即行也。又不能無疑，則有辨，辨即學也，即行也。辨既明矣，思既慎矣，問既審矣，學既能矣，又從而不息其功焉，斯之謂篤行，非謂學、問、思、辨之後而始措之於行也。是故以求能其事而言謂之學，以求解其惑而言謂之問，以求通其說而言謂之思，以求精其察而言謂之辨，以求履其實而言謂之行。蓋析其功而言則有五，合其事而言則一而已。此區區心理合一之體，知行並進之功所以異於後世之說者，正在於是。今吾子特舉學、問、思、辨以窮天下之理，而不及篤行，是專以學、問、思、辨為知，而謂窮理為無行也已。天下豈有不行而學者邪？豈有不行而遂可謂之窮理者邪？明道云：「只窮理，便盡性至命。❺」故必仁極仁而後謂之能窮仁之理，義極義而後謂之能窮義之理。仁極仁則盡仁之性矣，義極義則盡義之性矣。學至於窮理至矣。而尚未措之於行，天下寧有是邪？是故知不行之不可以為學，則知不行之不可以為窮理矣；知不行之不可以為窮理，則知知行之合一並進，而不可以分為兩節事矣。夫萬事萬物之理，不外於吾心。而必曰窮天下之理，是殆以吾心之良知為未足，而必外求於天下之廣，以裨補增益之。是猶析心與理而為二也。夫學、問、思、辨、篤行之功，雖其困勉至於人一己百，而擴充之極，至於盡性知天，亦不過致吾心之良知而已。良知之外，豈復有加於毫末乎！今必曰窮天下之理，而不知反求諸其心，則凡所謂善惡之機、真妄之辨者，舍吾心之良知，亦將何所致其體察乎！吾子所謂氣拘物蔽者，拘此蔽此而已。今欲去此之蔽，不知致力於此而欲以外求，是猶目之不明者不務服藥調理以治其目，而徒倀倀然❻求明於其外。明豈可以自外而得哉！任情恣意之害，亦以不能精察天理於此心之良知而已。此誠毫釐千里之謬者，不容於不辨。吾子毋謂其論之太刻也。

【章　旨】駁「非學、問、思、辨以明天下之理，則善惡之機、真妄之辨不能自覺」，申之以

「知行合一」之說。

【注　釋】❶氣拘物蔽　指內為濁氣所拘繫，外為眾物所遮蔽。❷機　指事物變化的樞機、關鍵。❸的箭靶的中心。❹操觚染翰　觚，古代用以寫字的木板。翰，羽毛。指筆。❺明道云三句　下引程顥之說，見《二程外書》卷一一。原文作：「窮理、盡性、至命，一事也。纔窮理便盡性，盡性便至命。」❻倀倀然　狂行不知所之的樣子。比喻漫無目標。

【語　譯】來信說：「人的心體本來沒有不明覺的，但只要內為濁氣所拘，外為眾物所蔽，就很少不昏暗的。如果不通過學、問、思、辨來弄明白天下的道理，那麼對善惡的機變、真偽的區別就不能明察，如果放任自流下去，那害處就說不勝說了。」

這段話大體上似是而非。大概你是在沿襲舊說的弊病，不能不加以辨析。學、問、思、辨、行，都是治學的方法，沒有只學習不踐行的。比如說學孝，就一定得做勞苦之事來供養父母，親身踐行孝道，然後才能稱為「學」。難道只憑空口耳講論就可以叫作學孝嗎？學習射箭，就一定得彎弓挾箭，拉滿弓弦對準靶心；學書法，就一定得展開紙張拿起毛筆，動手寫作。天下所有的學習，沒有不踐行卻可以叫作學的。那麼，從一開始學習就是踐行了。篤，是敦實篤厚的意思。就是說已經開始踐行之後，就應踏踏實實、不間斷不停息地做這踐行功夫。學習不可能沒有疑問，有疑問就要問，問就是學習，也就是踐行。問過之後，還不可能沒有疑問，那就要思考，思考就是學習，也就是踐行。思考過之後，仍不可能沒有疑問，那就要辨析，辨析就是學習，也就是踐行。辨析已經明晰，思考已經慎重，問題已經清楚，所學已經會了，又從而堅持不歇，這就叫作篤行。不是說等學、問、思、辨過了之後才施諸實行。所以從追求能做此事的角度說就叫作學，從追求解除疑惑的角度說就叫作問，從追求貫通學說的角度說就叫作思，從追求考察精密的角度說就叫作辨，從追求履行切實的角度說就叫作行。將功夫分開來說就有五個方面，將它們合起來看就只有「行」這一個方面而已。我所主張的「心」「理」合為一體、知行並進的功夫所不同於後世儒者說法的地方，正在這裡。現在先生你僅僅只說用學、問、思、辨來窮盡天下之理，卻不提及篤行，這是僅僅把學、問、思、辨看做知，而認為窮理是不要篤行的。天下哪有不踐行只學習的呢？哪有不踐行就可叫作窮理的道理呢？明道先生說：「只窮理，便盡性至命。」所以一定要行仁達到仁的極致才能叫作窮仁之理，行義達到義的極致才能叫作窮義之理。行仁達到仁的極致就盡了仁性，行義達到義的極致就盡了義性。學習到窮理的境界就算達到極致了。到了極致卻仍未施諸實行，天下哪有這樣的事呢？所以光知不行不能稱為學，光知不行不能稱為窮理；既然光知不行不能稱為窮理，那麼就可知知行是合一、並進的，不能分成兩碼子事了。萬事萬物之理，都不在我們自心之外。如果一定要說窮盡天下之理，大概是因為我們認為我們自心的良知還不夠，一定要到外面廣大的天下去求取，來彌補增益它。這就等於把心與理分而為二了。這學、問、思、辨、篤行的功夫，即使困難到別人一次我要百次，但擴充到極點，到了盡性知天的地步時，也不過是把我們自心的良知推致出來而已。良知之外，難道還有別的什麼嗎？現在你一定要說窮盡天下之理，卻不知道反過來從自家內心追求，那你前面所說的善惡的機變、真偽的區分，捨棄了我們自心的良知，又將到哪裡去加以體察呢！先生你所說的內為濁氣所拘、外為眾物所蔽，只不過拘此心、蔽此心而已。現在你想去掉此心之蔽，不知致力於此心卻想往外探求，就好比眼睛不亮的人不去喫藥調治眼睛，卻漫無目標地到外面去探求明亮。明亮又怎能從外面得到呢！當今人任情恣意所造成的危害，也就是因為不能到此心去精察天理而已。這確實失之毫釐、差以千里，不能不加分辨。先生你不要認為我說得太尖刻了。

【研析】陽明反對把學、問、思、辨與篤行分離開來，而認為它們是一個整體，這見解是相當深刻的。他又進一步把學、問、思、辨統統統一到篤行之下，突出篤行的重要性，從而導出他的知行合一、知行並進之說，對針砭當時學者只強調「知」、不強調「行」的不良風習，無疑是一劑猛藥。但陽明仍不滿足於此點，他又進一步推出他的「致良知」的理論，認為一切「理」都只在人自心之中，自性具足，不假外求，這就把「知」「行」都引向了人的自我道德完善的意義層面，變成一種純道德概念了。

來書云：「教人以致知明德而戒其即物窮理，誠使昏闇之士深居端坐，不聞教告，遂能至於知致而德明乎？縱令靜而有覺，稍悟本性，則亦定慧無用之見，果能知古今、達事變而致用於天下國家之實否乎？其曰知者意之體，物者意之用，『格物』如『格君心之非❶』之『格』語，雖超悟獨得不踵陳見，抑恐於道未相脗合。」

區區論致知格物，正所以窮理。未嘗戒人窮理，使之深居端坐而一無所事也。若謂即物窮理，如前所云務外而遺內者，則有所不可耳。昏闇之士果能隨事隨物精察此心之天理，以致其本然之良知，則雖愚必明，雖柔必強。大本立而達道行，九經之屬可一以貫之而無遺矣。尚何患其無致用之實乎！彼頑空❷虛靜之徒，正惟不能隨事隨物精察此心之天理，以致其本然之良知，而遺棄倫理，寂滅虛無以為常，是以要之不可以治家國天下。孰謂聖人窮理盡性之學而亦有是弊哉！心者，身之主也。而心之虛靈明覺，即所謂本然之良知也。其虛靈明覺之良知應感而動者謂之意。有知而後有意，無知則無意矣。知非意之體乎！意之所用，必有其物。物即事也。如意用於事親，即事親為一物；意用於治民，即治民為一物；意用於讀書，即讀書為一物；意用於聽訟❸，即聽訟為一物。凡意之所用，無有無物者。有是意即有是物，無是意即無是物矣。物非意之用乎！「格」字之義，有以「至」字訓者，如「格於文祖❹」、「有苗來格❺」，是以「至」訓者也；然「格於文祖」必純孝誠敬，幽明之間無一不得其理，而後謂之「格」。有苗之頑，實以文德誕敷❻而後格，則亦兼有「正」字之義在其間，未可專以「至」字盡之也。如「格其非心」、「大臣格君心之非」之類，是則一皆正其不正，以歸於正之義，而不可以「至」字為訓矣。且《大學》「格物」之訓，又安知其不以「正」字為訓，而必以「至」字為義乎！如以「至」字為義者，必曰窮至事物之理而後其說始通，是其用功之要全在一「窮」字，用力之地全在一「理」字也。若上去一「窮」，下去一「理」字，而直曰致知在至物，其可通乎？夫「窮理盡性」，聖人之成訓，見於〈繫辭〉❼者也。苟格物之說而果即窮理之義，則聖人何不直曰「致知在窮理」，而必為此轉折不完之語，以啟後世之弊邪？蓋《大學》「格物」之說，自與〈繫辭〉「窮理」大旨雖同而微有分辨。窮理者，兼格致誠正而為功也。故言窮理則格致誠正之功皆在其中，言格物則必兼舉致知誠意正心而後其功始備而密。今偏舉格物而遂謂之窮理，此所以專以窮理屬知，而謂格物未常有行。非惟不得格物之旨，并窮理之義而失之矣。此後世之學所以析知行為先後兩截，日以支離決裂而聖學益以殘晦者，其端實始於此。吾子蓋亦未免承沿積習見，則以為於道未相脗合，不為過矣。

【章　旨】駁顧氏對「致知明德」的非難。

【注　釋】❶格君心之非　語出《孟子・離婁上》。格，匡正意。❷頑空　佛教語，指無思無為、無知無覺的虛無境界。❸聽訟　處理官司。❹格於文祖　《尚書・舜典》：「歸，格於藝祖。」偽孔傳：「歸告至文祖之廟。藝，文也。」❺有苗來格　《尚書・大禹謨》：「七旬，有苗格。」格，至；到來。❻文德誕敷　《尚書・大禹謨》：「帝乃誕敷文德。」偽孔傳：「遠人不服，帝乃大布文德以來之。」❼繫辭　《易傳》中的一篇。「窮理盡性以至於命」一語不是出自該篇，而是出自〈說卦〉。

【語　譯】來信說：「你教人用致知明德，卻警戒他們不要講朱子的即物窮理，假如真的要那些昏暗糊塗之人深居端坐，不聽教誨，就能獲得知識、修明道德嗎？縱使靜坐而有覺悟，能逐漸體悟本性，也只不過流入佛教的定慧無用之見而已，難道真能使他們知古今、通事變而且能運用於治國平天下的實際之中嗎？你又說知者意之體，物者意之用，『格物』的『格』就是孟子講的『格君心之非』的『格』，這些話雖然超悟獨得，不隨舊說，然而恐怕還不符合大道。」

我所論說的致知格物，正是你所講的窮理。我從未禁戒別人窮理，要他們深居端坐無所事事。至於你提到的即物窮理，則有如上文你所說的務外遺內的弊病，那就不能接受罷了。那些昏暗糊塗的人如真能隨事隨物精察此心之天理，以推致他們本來就有的良知，則即使愚暗也會明智，即使柔弱也會剛強。能確立大本，實行達道了，九經之類的東西自然也就能一以貫之而無所遺漏了。這還用擔心他不能運用於實際嗎？那些追求空寂虛靜的人們，正是因為不能隨事隨物精察此心之天理，以推致他們本來就有的良知，卻要遺棄天倫，把寂滅虛無作為經常不斷的追求，因而根本不能治國平天下。誰說聖人的窮理盡性之學也有這種弊端呢！心，是身體的主宰。心的靈明知覺，就是我所說的本來就有的良知。這虛靈知覺的良知感應於物而有所動就叫作意。有知覺然後才會有意，無知覺就沒有意。知覺難道不是意的本體嗎！意所運用的地方，必有一具體的物。物就是事。如果意用於事奉父母，即事奉父母就是一物；意用於治理人民，則治理人民就是一物；意用於讀書，則讀書就是一物；意用於處理官司，則處理官司就是一物。凡是意所用的地方，沒有沒有物的。有這意就有這物，沒這意就沒這物了。物難道不是意的運用嗎？「格」字的意義，有用「至」來訓釋的，例如「格於文祖」、「有苗來格」的「格」，是用「至」來訓釋的例子。但「格於文祖」必得要純孝誠敬，幽明之間無不與理相合，然後才叫作「格」。有苗愚頑，大舜用廣布文德的方法才使他們到來，則「格」字之中也兼有「正」字的含義，不能只以「至」字作為它的全部意義。例如「格其非心」、「大臣格君心之非」之類，這些「格」都是用正確來匡正不正確，使它歸向於正確的意思，而不能用「至」字來訓釋。況且《大學》「格物」的訓釋，又怎知不是用「正」字來訓釋，而一定要用「至」字來釋義呢！如果用「至」字來釋義，一定要說窮至事物之理然後解釋才通暢，這就是要人用功的關鍵全在一「窮」字，而用力之處全在一「理」字上了。如果將朱子「窮至事物之理」這話上面去掉一個「窮」字，下面去掉一個「理」字，而只說致知在至物，難道講得通嗎？「窮理盡性」是聖人的成訓，見於《易傳．繫辭》。如果「格物」之說真的就是窮理的意思，那麼聖人為什麼不徑直說「致知在窮理」，卻一定要說這迂曲而不完整的話，以致引起後世產生弊病呢？《大學》「格物」的話，自然與〈繫辭〉的「窮理」大意相同而稍有差別。窮理，兼有格物致知和誠意正心兩種功夫。所以說窮理就格物、致知、誠意、正心的功夫就全都包括在其中，說格物就一定得同時說致知、誠意、正心功夫才算完備而周密。現在如只說格物就是窮理，這就會導致只把窮理歸屬於知，而認為格物並不一定要踐行。這不僅沒有領會格物的要旨，就連窮理的意義也沒理解正確了。後世學者把知行分為先後兩截，使聖人之學日益變得支離破碎而殘缺隱晦，實導源於此。先生你大約也未免是承襲了積習成見，才認為我所說的不符合聖人之道。這也不算你的過失罷。

【研　析】顧氏對陽明「致知明德」從兩個方面加以非難，一是說陽明此說會使人墜入佛教的「定慧無用之見」，一是說陽明把「格物」的「格」與「格君心之非」的「格」等同起來，於訓詁上不合。對前者，陽明作了本質上的界劃；對後者，則作了細緻的文字考辨。陽明對「格」

字的考辨不能說沒有根據，但目的卻主要在證成己說，使經典與己說相互印證，這也是一種「六經注我」的做法。

來書云：「謂致知之功將如何為溫清❶，如何為奉養，即是誠意，非別有所謂格物。此亦恐非。」

此乃吾子自以己意揣度鄙見而為是說，非鄙人之所以告吾子者矣。若果如吾子之言，寧復有可通乎！蓋鄙人之見則謂意欲溫清、意欲奉養者，所謂意也，而未可謂之誠意。必實行其溫清奉養之意，務求自慊❷而無自欺，然後謂之誠意。知如何而為溫清之節，知如何而為奉養之宜者，所謂知也，而未可謂之致知。必致其知如何為溫清之節者之知，而實以之溫清；致其知如何為奉養之宜者之知，而實以之奉養，然後謂之致知。溫清之事、奉養之事，所謂物也，而未可謂之格物。必其於溫清之事也，一如其良知之所知，當如何為溫清之節者，而為之無一毫之不盡；於奉養之事也，一如其良知之所知，當如何為奉養之宜者，而為之無一毫之不盡，然後謂之格物。溫凊之物格，然後知溫凊之良知始致；奉養之物格，然後知奉養之良知始致，故曰「物格而後知至❸」。致其知溫凊之良知，而後溫凊之意始誠；致其知奉養之良知，而後奉養之意始誠，故曰「知至而後意誠」。此區區誠意、致知、格物之說蓋如此。吾子更熟思之，將亦無可疑者矣。

【章　旨】指出顧氏誤解了自己對「格物」的解釋。

【注　釋】❶溫凊　語出《禮記・曲禮上》：「凡為人子之禮，冬溫而夏凊，昏定而晨省。」溫，溫暖。凊，清涼。❷慊　滿意。❸物格而後知至　與下文的「知至而後意誠」均出自《大學》。

【語　譯】來信說：「你說致知的功夫就在於懂得怎樣使父母冬暖夏涼，怎樣供養父母，能這樣就是誠意，並非另外還有所謂的格物。這種說法恐怕也不對。」

這是先生你用自己的想法來推測我的看法才編出這種說法，並不是我用以告訴你的真正見解。如果像先生你講的那樣，哪能講得通呢！我的看法是：想使父母冬暖夏涼、想供養父母的這些想法，就是所謂的意，而不能叫作誠意。一定得實行了使父母冬溫夏涼、得到供養這些意，力求使自己感到滿意而不是自我欺心，然後才能叫作誠意。知道怎樣才能使父母冬溫夏涼適度，怎樣才能使父母的供養合宜，這就是所謂的知，而不能叫作致知。一定得推致他所懂得的怎樣才能使父母冬溫夏涼適度的知，並真正去做到能使父母冬溫夏涼；一定得推致他所懂得的怎樣供養父母才合宜的知，並真正地供養父母，然後才能叫作致知。使父母冬暖夏涼之事，供養父母之事，都是所謂的物，而不能叫作格物。一定得對於使父母冬暖夏涼的事，一切都按照他的良知所知道的應怎樣使父母冬暖夏涼適度的方法去做，而且做起來沒有一絲一毫不盡心；對於供養父母的事，也要一切都按他的良知所知道的應怎樣使父母供養合宜的方法去做，而且做起來沒有一絲一毫不盡心，然後才能叫作格物。把父母冬溫夏涼適度這一「物」做正確了，然後才知道他該使父母冬溫夏涼的良知已開始推致出來；把供養父母合宜這一「物」做正確了，然後才知道他該供養父母的良知已開始推致出來，所以說「物格而後知至」。推致了他所知道的該使父母冬溫夏涼適度的良知，然後他那要使父母冬溫夏涼的意才算誠；推致了他所知道的應供養合宜的良知，然後他那要供養父母的意才算誠，所以說「知至而後意誠」。我對誠意、致知、格物的說法大致就是這樣。先生你再加以深思，就不會有什麼疑問了。

【研　析】陽明對「格物」、「知至」、「意誠」的理解，主要就是本於他的「知行合一」之說。所謂「知」，只是「意」；必得要將所知付諸「行」，才算「格物」。「行」時能本於良知盡心盡力，而無自欺，就是「知至」，也就是「誠意」了。而「誠意」也就是「致良知」了。從這段議論可以看出，「知行合一」與「致良知」從根本上是一致的。它們的基本意義就是盡心盡意踐行倫理道德。

來書云：「道之大端❶易於明白。所謂良知良能，愚夫愚婦可與及者。至於節目時變❷之詳，毫釐千里之繆，必待學而後知。今語孝於溫凊定省，孰不知之。至於舜之不告而娶❸，武❹之不葬而興師，養志、養口❺、小杖、大杖❻、割股❼、廬墓❽等事，處常處變、過與不及之間，必須討論是非，以為制事之本，然後心體無蔽，臨事無失。」

「道之大端易於明白」，此語誠然。顧後之學者，忽其易於明白者而弗由，而求其難於明白者以為學，此其所以道在邇而求諸遠，事在易而求諸難也。孟子云：「夫道若大路然，豈難知哉？人病不由耳❾。」良知良能，愚夫愚婦與聖人同，但惟聖人能致其良知，而愚夫愚婦不能致，此聖愚之所由分也。節目時變，聖人夫豈不知，但不專以此為學。而其所謂學者，正惟致其良知以精察此心之天理，而與後世之學不同耳。吾子未暇良知之致，而汲汲焉顧是之憂，此正求其難於明白者以為學之弊也。夫良知之於節目時變，猶規矩尺度之於方圓長短也。節目時變之不可預定，猶方圓長短之不可勝窮也。故規矩誠立，則不可欺以方圓，而天下之方圓不可勝用矣；尺度誠陳，則不可欺以長短，而天下之長短不可勝用矣；良知誠致，則不可欺以節目時變，而天下之節目時變不可勝應矣。毫釐千里之謬，不於吾心良知一念之微而察之，亦將何所用其學乎！是不以規矩而欲定天下之方圓，不以尺度而欲盡天下之長短，吾見其乖張謬戾日勞而無成也已。吾子謂語孝於溫凊定省孰不知之，然而能致其知者鮮矣。若謂粗知溫凊定省之儀節而遂謂之能致其知，則凡知君之當仁者皆可謂之能致其仁之知，知臣之當忠者皆可謂之能致其忠之知，則天下孰非致知者邪？以是而言，可以知致知之必在於行，而不行之不可以為致知也明矣。知行合一之體不益較然矣乎！夫舜之不告而娶，豈舜之前已有不告而娶者為之準則，故舜得以考之何典，問諸何人而為此邪？抑亦求諸其心一念之良知，權輕重之宜不得已而為此邪？武之不葬而興師，豈武之前已有不葬而興師者為之準則，故武得以考之何典，問諸何人而為此邪？抑亦求諸其心一念之良知，權輕重之宜不得已而為此邪？使舜之心而非誠於為無後，武之心而非誠於為救民，則其不告而娶與不葬而興師乃不孝不忠之大者。而後之人不務致其良知以精察義理於此心感應酬酢之間，顧欲懸空討論此等變常之事，執之以為制事之本，以求臨事之無失，其亦遠矣。其餘數端皆可類推，則古人致知之學，從可知矣。

【章旨】駁顧氏「必待學而後知」、「必須討論是非，以為制事之本」等觀點，申之以「致知之必在於行，而不行之不可以為致知」的觀點。

【注釋】❶大端　大的方面。❷節目時變　節目，具體細節。時變，因時變化。❸舜之不告而娶　《孟子・離婁上》：「不孝有三，無後為大。舜不告而娶，為無後也，君子以為猶告也。」又見《孟子・萬章上》。❹武　指周武王，名姬發。❺養志養口　《孟子・離婁上》：「曾子養曾皙，必有酒肉。將徹，必請所與；問有餘，必曰：『有。』曾皙死，曾元養曾子，必有酒肉。將徹，不請所與；問有餘，曰：『亡矣。』將以復進也。此所謂養口體者也。若曾子，則可謂養志也。事親若曾子者，可也。」曾子，曾參。曾皙，名點，曾子之父。曾元，曾子之子。徹，指撤除食物。亡，通「無」。❻小杖大杖　《孔子家語・六本》：「曾子耘瓜，誤斬其根。曾皙怒，建大杖以擊其背。曾子撲地。久之，退而就房，援琴而歌，欲令曾皙聞之，知其體康也。孔子聞之而怒曰：『舜之事瞽叟，小杖則待過，大杖則逃走，故瞽叟不犯不父之罪，而舜不失子之孝。今參事父委身以待暴怒，殪而不避，既身死而陷父於不義，不孝孰大焉？』」❼割股　《新唐書・孝友傳》：「唐時陳藏器著《本草拾遺》，謂人肉治羸疾，自是民間以父母疾，多刲股肉而進。」❽廬墓　指在墓側結廬為親人守墓。❾夫道若大路然三句　見《孟子・告子下》。由，原文作「求」。

【語　譯】來信說：「道之大端易於明白。你所說的良知良能，一般的老百姓都有可能知道。至於禮文的具體細節、因時變化等詳情，只要失之毫釐就會差以千里，則一定要通過學習才能了解。假如只說講孝道就得使父母冬暖夏涼，對父母昏定晨省，誰不知道這個。但是要了解舜為什麼不向父親報告就娶妻，周武王為什麼不葬父親就出兵，還有養志、養口、小杖、大杖、割股、廬墓等事情，以及處於平常、處於變化之時的不同做法，防止過與不及等等，都必須討論孰是孰非，定出一個辦事的根本原則，然後心裡才不會有障蔽，做起事來也不會有過失。」

「道之大端易於明白」，這話確實如此。只是後世學者，卻忽略易於明白的不去遵循，反而探求難於明白的並把它當作學問，這就是他們之所以道在近卻偏從遠處求，事在易卻偏從難處求的原因。孟子說：「道就像大路一樣，有什麼難懂呢？只怕人不遵循罷了。」良知良能是普通百姓與聖人同有的，只是聖人能推致他們的良知，普通百姓不能推致，這就是聖人同愚民的區別所在。禮文的細節和因時變化，聖人難道不懂，只是不肯專門把這些當作學問而已。而聖人所說的學問，正只在於推致自己的良知並精察這心中的天理，因而與後世的學問不同罷了。先生你沒空閒推致自己的良知，反而忙忙碌碌地只擔心這些東西，這正有探求難於明白的並把它當作學問的那種弊病。良知同禮文的細節、因事變化等關係，就像規矩尺度同方圓長短的關係一樣。細節時變的不能預先確定，就像方圓長短變化的無窮無盡。所以只要規矩確立起來了，就無法用方圓來捉弄他，因為天下所有的方圓都能被畫出來；尺度確立起來了，就無法用長短來捉弄他，因為天下所有的長短都能被畫出來；良知確實推致出來了，就不能用細節事變來捉弄他，因為天下所有的細節事變他都能應付裕如。那些失之毫釐謬以千里的東西，你不從我心良知一念之微處加以體察，又將用哪一種學問來體察呢！這是想不依照規矩卻想確定天下的方圓，不按照尺度卻想窮盡天下的長短，我看這是違背情理而且每日勞苦而無成功之時的。先生你說講孝道對於要使父母冬溫夏涼、對父母昏定晨省誰不知道，但是能推致自己良知的人卻不多哪。如果說粗略地了解冬溫夏涼、昏定晨省的禮節就算能推致自己的良知，則凡是知道君主應當仁愛的人都能叫作推致了他仁的良知，知道臣子應當忠誠的人都可以叫作推致了他忠的良知，那天下誰沒有推致自己的良知呢？由此說來，就可見致良知一定要加以踐行，而不踐行就不能叫作致良知，這是很明白的了。知行合一的本義不更加明白了嗎！舜不報告父親就娶妻，難道是因為在舜之前已有不向父親報告就娶妻的準則嗎？他是考證了哪部經典，請教了哪個人才這樣做，還是尋求了自心一念之良知，權衡了輕重利弊不得已才這樣做的呢？周武王不安葬父親就興兵伐紂，難道是因為在周武王之前已有不安葬父親就興兵的準則嗎？他是考證了哪部經典，請教了哪個人才這樣做，還是尋求了自心一念之良知，權衡了輕重利弊不得已才這樣做的呢？假如舜心裡不是考慮到因為沒有後代，周武王心裡不是考慮到因為要拯救人民，則他們的不報告父親就娶妻、不安葬父親就出兵就是大大的不忠不孝。後世之人不懂得努力推致自心的良知來精細考察這心該怎樣應對外界千變萬化情況的道理，反而想憑空討論這些變化和恆常之事，執著於這些空洞的教條並將它們作為辦事的原則，以求遇事不發生過失，這就差得遠了。其他像養志、養口、小杖、大杖、割股、廬墓之類的事情都可以此類推，這樣古人的致知之學，就可以了解了。

【研　析】陽明針對顧氏所提出的良知良能與「節目時變」難於統一，因而必須對「討論是非」的問題作了詳細的辨析。他認為「致良知」是根本原則，只要這個原則確立起來了，其他的細節變化自然就會解決。因而，他反對把討論一些具體的禮文事變當作學問。他的這個觀點，不僅具有反對程朱之後學者走向教條、僵化弊端的意義，而且也極大地肯定了「良知」的鉅大的能動作用，肯定了人的自我意識的獨立價值。正因為如此，他也就為後世對「良知」的理解留下了廣闊的思考空間，從而誘發了晚明人性思潮。

來書云：「謂《大學》『格物』之說專求本心，猶可牽合，至於六經❶、四書❷所載『多聞多見❸』、『前言往行❹』、『好古敏求❺』、『博學審問❻』、『溫故知新❼』、『博學詳說❽』、好問好察❾，是皆明白求於事為之際，資於論說之間者用功節目，固不容紊矣。」

「格物」之義前已詳悉，牽合之疑想已不俟復解矣。至於「多聞多見」，乃孔子因子張之務外好高，徒欲以多聞多見為學而不能求諸其心以闕疑殆，此其言行所以不免於尤悔，而所謂見聞者適以資其務外好高而已，蓋所以救子張多聞多見之病，而非以是教之為學也。夫子嘗曰：「蓋有不知而作之者，我無是也❿。」是猶孟子「是非之心，人皆有之⓫」之義也。此言正所以明德性之良知非由於聞見耳。若曰「多聞擇其善者而從之，多見而識之」，則是專求諸見聞之末，而已落在第二義矣。故曰：「知之次也。」夫以見聞之知為次，則所謂「知之上」者果安所指乎？是可以窺聖門致知用力之地矣。夫子謂子貢曰：「賜也，汝以予為多學而識之者歟？非也，予一以貫之⓬。」使誠在於多學而識，則夫子胡乃謬為是說以欺子貢者邪？一以貫之非致其良知而何？《易》曰：「君子多識前言往行，以畜其德。」夫以畜其德為心，則凡多識前言往行者，孰非畜德之事？此正知行合一之功矣。「好古敏求」者，好古人之學而敏求此心之理耳。心即理也。學者，學此心也；求者，求此心也。孟子云：「學問之道無他，求其放心而已矣⑬。」非若後世廣記博誦古人之言詞以為好古，而汲汲然惟以求功名利達之具於其外者也。「博學審問」前言已盡。「溫故知新」，朱子亦以「溫故」屬之「尊德性」⑭矣。德性豈可以外求哉！惟夫知新必由於溫故，而溫故乃所以知新，則亦可以驗知行之非兩節矣。「博學而詳說之者，將以反說約也」。若無「反約」之云，則博學詳說者果何事邪？舜之「好問好察」，惟以用中而致其精一⑮於道心耳。道心者，良知之謂也。君子之學，何嘗離去事為而廢論說，但其從事於事為論說者，要皆知行合一之功正所以致其本心之良知，而非若世之徒事口耳談說以為知者，分知行為兩事，而果有節目先後之可言也。

【章　旨】駁顧氏對自己不合六經、四書所載的非難。

【注　釋】❶六經　指《詩》、《書》、《禮》、《樂》、《易》、《春秋》。❷四書　指《大學》、《中庸》、《論語》、《孟子》。❸多聞多見　《論語・為政》：「子張學干祿。子曰：『多聞闕疑，慎言其餘，則寡尤；多見闕殆，慎行其餘，則寡悔。言寡尤，行寡悔，祿在其中矣。』」❹前言往行　指前輩聖賢的言行。語出《周易・大畜卦・象》：「君子以多識前言往行，以畜其德。」❺好古敏求　語出《論語・述而》：「我非生而知之者，好古，敏以求之者也。」敏，勤奮敏捷。❻博學審問　語出《中庸》：「博學之，審問之。」❼溫故知新　《論語・為政》：「溫故而知新，可以為師矣。」❽博學詳說　《孟子・離婁下》：「博學而詳說之，將以反說約也。」反，通「返」。❾好問好察　指舜。偽古文《尚書・大禹謨》記載舜教誡禹要「無稽之言勿聽，弗詢之謀勿用」，前句指的是「好察」，後句指的是「好問」。❿蓋有不知而作之者二句　《論語・述而》：「蓋有不知而作之者，我無是也。多聞，擇其善者而從之；多見而識之，知之次也。」⓫是非之心二句　語出《孟子・告子上》。⓬賜也四句　語出《論語・衛靈公》。原文為：「子曰：『賜也，女以予為多學而識之者與？』對曰：『然，非與？』曰：『非也，予一以貫之。』」⓭學問之道無他二句　見《孟子・告子上》。⓮朱子句　朱熹解釋《中庸》「故君子尊德性而道問學，致廣大而盡精微，極高明而道中庸，溫故而知新，敦厚以崇德」五句時說：「『尊德性』，故能『致廣大』、『極高明』、『溫故』、『敦厚』。『溫故』是溫習此，『敦厚』是篤實此。」（見《朱子語類》卷六四）⓯精一　即偽古文《尚書・大禹謨》之「惟精惟一」。

【語　譯】來信說：「你說《大學》『格物』之說指的是專求人的本心，還可以勉強湊合著說過去。至於六經、四書所記載的『多聞多見』、『前言往行』、『好古敏求』、『博學審問』、『溫故知新』、『博學詳說』、好問好察，都明明白白講的是學者辦事時、論說時應當怎樣用功的具體方法，本來就不容紊亂的。」

「格物」的含義我已在上文詳盡論說，你提出的勉強湊合的疑問想必不要我再加解答了。至於「多聞多見」，是因為孔子看到子張為人外向好高，只想把多見多聞當作治學方法卻不能反求自心以闕疑闕殆，因而他的言行難免有過錯後悔，而且所謂多聞多見又恰好只是促成他的外向好高而已，因而孔子想用這些話來補救子張那追求多聞多見的毛病，而並不是教他以這個為治學方法。孔子曾說：「大概有不懂卻要憑空造作的，但我沒有這一缺點。」這就是孟子講的「是非之心，人皆有之」的意思。這話正說的是發明德性的良知並非由於聞見。至於孔子又說「多聞擇其善者而從之，多見而識之」，雖是指專意追求聞見這一末事，但這已落在次要地位上了。所以孔子又說：「知之次也。」孔子把見聞之知當作次要的，那他所說「知之上」實際上指的是什麼呢？這就可以窺探到聖門致知用力之處了。孔子又對子貢說：「端木賜啊，你認為我是多學而強記的人嗎？不是的，我只是用一個東西來貫穿我的主張。」如果孔子真把多學強記作為聖門致知用力之地，那他為什麼要胡亂地發此謬論來欺騙子貢呢？一以貫之不是致良知又是什麼呢？《易》說：「君子多多記住前代聖賢的言行，以積蓄德行。」既然他以積蓄德行為中心，那麼他所要我們多多記住的前代聖賢的言行，哪一點不是積蓄德行之事？這正是知行合一的功夫了。所謂「好古敏求」，就是喜好古人之事而勤勉敏捷地探求這心裡的天理罷了。心，就是理。學，就是學這心；求，也就是求這心。孟子說：「學問之道沒別的，只是把已經失去的心找回來罷了。」他們都不像後世的學者那樣把廣博地記誦古人的言詞當作好古，汲汲追求身外的功名利祿。關於「博學審問」，我已在上文講得很詳盡。

「溫故知新」，朱子也把「溫故」歸屬於「尊德性」。德性怎能從心外求得呢！正因為「知新」必由於「溫故」，而「溫故」又正是為了「知新」，這就證明知和行不能分作兩截了。孟子說的「廣博地學習而詳細地解說之後，又回過頭去簡約地說一說主要的東西」。如果沒有一個「回到簡約」的功夫，那麼廣博學習詳細解說些什麼呢？舜「好問好察」，只是用「允執厥中」來求致那「惟精惟一」的道心罷了。道心，就是良知。君子治學，又何曾避開事情、放棄論說，只是在處理事情、從事論說時，都懂得知行合一的功夫正是用以求致自心的良知，而不像後世的學者們那樣僅把口耳談說當作求知，把知與行分作兩碼事，而認為真有具體步驟的先後可言。

【研　析】在這段文字中，陽明對古人言論的闡釋，雖然明顯地帶有「六經注我」的色彩，卻也言之成理，持之有故。這個「故」，倒不是陽明挖空心思杜撰的，而是在古人的言論中本來就有的，陽明只是將它們發掘出來，並按照自己的理解再加闡釋而已。中國古代從孔子以來，就特別重視個人心性的修養，留下了大量這方面的言論。到宋代，理學家們更加重視心性問題，並且把先秦有關心性的典籍都集中起來加以整理、闡釋，從而形成了以四書為核心的典籍系列。這不僅極大地方便了理學家，而且也極大地方便了心學家，因為心學家無非也只是在這些經典中取捨而已。陽明之所以能「持之有故」，原因就在這裡。

來書云：「楊、墨之為仁義❶，鄉愿❷之辭忠信，堯、舜、子之之禪讓❸，湯、武、楚項之放伐❹，周公、莽、操之攝輔❺，謾無印正，又焉適從？且於古今、事變、禮樂、名物❻未嘗考識，使國家欲興明堂❼，建辟雍❽，制曆律❾，草封禪❿，又將何所致其用乎？故『《論語》曰：「生而知之」者，義理耳。若夫禮樂、名物、古今、事變，亦必待學而後有以驗其行事之實』⓫，此則可謂定論矣。」

所喻楊、墨、鄉愿、堯、舜、子之、湯、武、楚項、周公、莽、操之辨，與前舜、武之論，大略可以類推。古今、事變之疑，前於良知之說，已有規矩尺度之喻，當亦無俟多贅矣。至於明堂、辟雍諸事，似尚未容於無言者。然其說甚長，姑就吾子之言而取正焉，則吾子之惑將亦可以少釋矣。

夫明堂、辟雍之制，始見於呂氏之〈月令〉⓬。漢儒之訓疏六經、四書之中，未嘗詳及也。豈呂氏、漢儒之知乃賢於三代之賢聖乎？齊宣之時，明堂尚有未毀，則幽、厲之世，周之明堂皆無恙也。堯舜茅茨土階⓭，明堂之制未必備，而不害其為治；幽厲之明堂固猶文、武、成、康之舊，而無救於其亂，何邪？豈能以不忍人之心而行不忍人之政，則雖茅茨土階，固亦明堂也；以幽厲之心而行幽厲之政，則雖明堂，亦暴政所自出之地邪？武帝肇講於漢，而武后盛作於唐，其治亂何如邪？天子之學曰辟雍，諸侯之學曰泮宮，皆象地形而為之名耳。然三代之學其要皆所以明人倫，非以辟不辟、泮不泮為重輕也。孔子云：「人而不仁，如禮何？人而不仁，如樂何⑭？」制禮作樂必具中和之德，聲為律而身為度者，然後可以語此。若夫器數之末，樂工之事，祝史⑮之守，故曾子曰：「君子所貴乎道者三」，「籩豆之事，則有司存也」⑯。堯命羲和，欽若昊天，曆象日月星辰，其重在於敬授人時也⑰。舜在璿璣玉衡，其重在於以齊七政也⑱。是皆汲汲然以仁民之心而行其養民之政，治曆明時之本，固在於此也。羲、和曆數之學，皋、契⑲未必能之也，禹、稷⑳未必能之也。堯、舜之知而不徧物，雖堯舜亦未必能之也。然至於今循羲、和之法而世修之，雖曲知小慧之人、星術淺陋之士亦能推步占候[21]而無所忒，則是後世曲知小慧之人反賢於禹、稷、堯、舜者邪？封禪之說，尤為不經。是乃後世佞人諛士所以求媚於其上，倡為誇侈以蕩君心而靡國費，蓋欺天罔人無恥之大者。君子之所不道，司馬相如之所以見譏於天下後世[22]也。吾子乃以是為儒者所宜學，殆亦未之思邪？

夫聖人之所以為聖者，以其生而知之也。而釋《論語》者曰「『生而知之』者，義理耳。若夫禮樂、名物、古今、事變，亦必待學而後有以驗其行事之實」，夫禮樂、名物之類果有關於作聖之功也，而聖人亦必待學而後能知焉，則是聖人亦不可以謂之生知矣。謂聖人為生知者專指義理而言，而不以禮樂、名物之類，則是禮樂、名物之類無關於作聖之功矣。聖人之所以謂之生知者，專指義理而不以禮樂、名物之類，則是學而知之者，亦惟當學知此義理而已。困而知之者，亦惟當困知此義理而已。今學者之學聖人，於聖人之所能知者未能學而知之，而顧汲汲焉求知聖人之所不能知者以為學，無乃失其所以希聖之方歟？凡此皆就吾子之所惑者而稍為之分釋，未及乎拔本塞源之論也。夫拔本塞源之論不明於天下，則天下之學聖人者將日繁日難，斯人淪於禽獸夷狄而猶自以為聖人之學。吾之說雖或暫明於一時，終將凍解於西而冰堅於東，霧釋於前而雲滃於後[23]，呶呶焉危困以死而卒無救於天下之分毫也已。

夫聖人之心以天地萬物為一體，其視天下之人無外內遠近。凡有血氣皆其昆弟赤子之親，莫不欲安全而教養之，以遂其萬物一體之念。天下之人心其始亦非有異於聖人也，特其間於有我之私，隔於物欲之蔽，大者以小，通者以塞，人各有心，至有視其父子兄弟如仇讎者。聖人有[24]憂之，是以推其天地萬物一體之仁以教天下，使之皆有以克其私，去其蔽，以復其心體之同然。其教之大端，則堯舜禹之相授受，所謂「道心惟微，惟精惟一，允執厥中」；而其節目則舜之命契，所謂「父子有親，君臣有義，夫婦有別，長幼有序，朋友有信[25]」五者而已。唐虞三代之世，教者惟以此為教，而學者惟以此為學。當是之時，人無異見，家無異習，安此者謂之聖，勉此者謂之賢；而背此者雖其啟明如朱㉖，亦謂之不肖。下至閭井田野，農工商賈之賤，莫不皆有是學，而惟以成其德行為務。何者？無有聞見之雜，記誦之煩，辭章之靡濫，功利之馳逐，而但使之孝其親，弟其長，信其朋友，以復其心體之同然。是蓋性分之所固有，而非有假於外者，則人亦孰不能之乎學校之中，惟以成德為事；而才能之異，或有長於禮樂，長於政教，長於水土播植者，則就其成德，而因使益精其能於學校之中。迨夫舉德而任，則使之終身居其職而不易。用之者惟知同心一德，以共安天下之民，視才之稱否而不以崇卑為輕重勞逸。為美惡效用者，亦惟知同心一德以共安天下之民。苟當其能，則終身處於煩劇而不以為勞，安於卑瑣而不以為賤。當是之時，天下之人熙熙皞皞㉗，皆相視如一家之親。其才質之下者，則安其農工商賈之分，各勤其業以相生相養，而無有乎希高慕外之心。其才能之異若皋、夔㉘、稷、契者，則出而各效其能，若一家之務，或營其衣食，或通其有無，或備其器用，集謀并力以求遂其仰事俯育之願，惟恐當其事者之或怠而重己之累也。故稷勤其稼而不恥其不知教，視契之善教即己之善教也；夔司其樂而不恥於不明禮，視夷[29]之通禮即己之通禮也。蓋其心學純明而有以全其萬物一體之仁，故其精神流貫志氣通達而無有乎人己之分。物我之間，譬之一人之身，目視耳聽，手持足行以濟一身之用。目不恥其無聰，而耳之所涉，目必營[30]焉；足不恥其無執，而手之所探，足必前焉。蓋其元氣充周，血脈條暢，是以痒痾呼吸感觸神應有不言而喻之妙。此聖人之學所以至易至簡，易知易從，學易能而才易成者，正以大端惟在復心體之同然，而知識技能非所與論也。

三代之衰，王道熄而霸術焻；孔、孟既沒，聖學晦而邪說橫。教者不復以此為教，而學者不復以此為學。霸者之徒，竊取先王之近似者，假之於外，以內濟其私己之欲，天下靡然而宗之，聖人之道遂以蕪塞。

相倣相效，日求所以富強之說，傾詐之謀，攻伐之計，一切欺天罔人苟一時之得以獵取聲利之術，若管、商、蘇、張㉛之屬者，至不可名數。既其久也，鬬爭劫奪，不勝其禍。斯人淪於禽獸夷狄，而霸術亦有所不能行矣。世之儒者，慨然悲傷，蒐獵㉜先聖王之典章、法制而掇拾修補於煨燼之餘㉝，蓋其為心，良亦欲以挽回先王之道。聖學既遠，霸術之傳積漬已深，雖在賢知，皆不免於習染。其所以講明修飾以求宣暢光復於世者，僅足以增霸者之藩籬，而聖學之門牆遂不復可覩。於是乎有訓詁之學而傳之以為名，有記誦之學而言之以為博，有詞章之學而侈之以為麗。若是者紛紛籍籍，群起角立於天下，又不知其幾家。萬徑千蹊，莫知所適，世之學者如入百戲之場，讙謔跳踉，騁奇鬬巧，獻笑爭妍者，四面而競出。前瞻後盼，應接不遑，而耳目眩瞀，精神恍惑。日夜遨遊淹息其間，如病狂喪心之人，莫自知其家業之所歸。時君世主亦皆昏迷顛倒於其說而終身從事於無用之虛文，莫自知其所謂。間有覺其空疏謬妄支離牽滯而卓然自奮、欲以見諸行事之實者，極其所抵亦不過為富強功利五霸[34]之事業而止。聖人之學日遠日晦，而功利之習愈趨愈下。其間雖嘗瞽惑於佛老，而佛老之說卒亦未能有以勝其功利之心。雖又嘗折衷於群儒，而群儒之論終亦未能有以破其功利之見。蓋至於今，功利之毒淪浹[35]於人之心髓而習以成性也幾千年矣。相矜以知，相軋以勢，相爭以利，相高以技能，相取以聲譽。其出而仕也，理錢穀者則欲兼夫兵刑，典禮樂者又欲與於銓軸[36]，處郡縣則思藩臬[37]之高，居臺諫[38]則望宰執之要。故不能其事則不得以兼其官，不通其說則不可以要其譽。記誦之廣適以長其教也，知識之多適以行其惡也，聞見之博適以肆其辨也，辭章之富適以飾其偽也，是以皐、夔、稷、契所不能兼之事，而今之初學小生皆欲通其說，究其術。其稱名借號，未嘗不曰吾欲以共成天下之務。而其誠心實意之所在，以為不如是則無以濟其私而滿其欲也。嗚呼！以若是之積染，以若是之心志，而又講之以若是之學術，宜其聞吾聖人之教而視之以為贅疣柄鑿㊴。則其以良知為未足，而謂聖人之學為無所用，亦其勢有所必至矣。嗚呼！士生斯世，而尚何以求聖人之學乎！尚何以論聖人之學乎！士生斯世，而欲以為學者，不亦勞苦而繁難乎，不亦拘滯而險艱乎！嗚呼！可悲也已！所幸天理之在人心，終有所不可泯；而良知之明萬古一日，則其聞吾拔本塞源之論必有惻然而悲，戚然而痛，憤然而起，沛然若決江河而有所不可禦者矣。非夫豪傑之士，無所待而興起者，吾誰與望乎？

【章　旨】針對「若夫禮樂、名物、古今、事變，亦必待學而後有以驗其行事之實」加以駁斥，並順勢對日益淪喪的世風、學風加以抨擊，以說明「致良知」之學不得不行。

【注　釋】❶楊墨之為仁義　楊指楊朱，墨指墨翟。楊朱主張「拔一毛有利於天下不為」，屬道家，並不主張仁義。墨翟則主張仁義。這裡說楊朱也「為仁義」，是連類而及。❷鄉愿　《論語・陽貨》：「鄉愿，德之賊也。」據《孟子・盡心下》說，這是一種「居之似忠信，行之似廉潔，眾皆悅之，而不可與入堯舜之道」的人。❸堯舜子之之禪讓　相傳堯經過考察，即把帝位讓給了舜。子之，戰國時燕國的相。齊宣王五年（西元前三一五年），燕王噲把王位讓給子之，因國人不服，引起戰亂。禪讓，指帝王把王位讓給他人。❹湯武楚項之放伐　《孟子‧梁惠王下》：「湯放桀，武王伐紂。」放，指放逐。伐，指征討。楚項，指項羽。項羽為楚人，反秦後稱「西楚霸王」，故稱「楚項」。❺周公莽操之攝輔　周武王死時，成王年幼，周公姬旦曾代理成王行政。莽，指王莽（西元前四五～二三年）。王莽為漢元帝皇后之侄，以外戚登相位，以輔佐成帝為名，後毒死成帝自立。操，指曹操（西元一五五～二二〇年）。曹操於建安元年（西元一九六年）將漢獻帝迎至許昌，以輔佐為名對天下諸侯發號施令。攝，指代理行政。輔，指輔佐。❻名物　指各類事物的體制及名稱。❼明堂　古代天子接見諸侯的宮殿。❽辟雍　古代的學宮。《禮記‧王制》：「天子曰辟雍。」❾曆律　曆法。古代把曆法與音樂的十二律呂結合在一起，故稱「曆律」。❿封禪　古代天子祭祀泰山的典禮。⓫故論語曰五句　出自朱熹《論語集注‧述而》「子曰：『我非生而知之者』」章。⓬呂氏之月令　指《呂氏春秋》之「十二紀」。⓭茅茨土階　茅草蓋的屋頂，土築的臺階。⓮人而不仁四句　出自《論語‧八佾》。⓯祝史　祝，執掌祭祀之官。史，即史官。⓰君子所貴乎道者三三句　語出《論語‧泰伯》。籩豆之事，這裡代指禮儀中的所有具體細節。籩豆，都是裝祭品的器具。有司，主管部門。⓱堯命羲和四句　語出《尚書‧堯典》。羲和，指羲氏、和氏，相傳都是重黎氏的後代，掌管天地四時。欽若，敬順。曆，推算。象，取象；取法。人時，即民時。⓲舜在璿璣玉衡二句　語出《尚書‧舜典》。在，《爾雅‧釋詁》：「察也。」璿璣，指北斗七星的魁。玉衡，指北斗七星的杓。七政，指日、月及金、木、水、火、土五星。一說指〈舜典〉提到的祭祀、班瑞、東巡、南巡、西巡、北巡、歸格藝祖等七件政事。⓳皋契　皋，指皋陶，舜時的理官，掌刑法。契，舜時為司徒，掌教化。⓴禹稷　大禹、后稷。后稷，名棄，舜時掌管農業。㉑推步占候　推算曆法、占卜天象。㉒司馬相如句　司馬相如，漢代辭賦家，曾向漢武帝上〈封禪書〉，被後人譏為諂諛。㉓凍解於西而冰堅於東二句　比喻才解決一個問題又產生一個新問題，問題接踵而至，層出不窮。㉔有　通「又」。㉕父子有親五句　語出《孟子‧滕文公上》。㉖啟明如朱　《尚書‧堯典》：「胤子朱啟明。」胤子，後嗣。朱，丹朱，堯的兒子。啟明，開明。指明達政事。㉗熙熙皞

皞　和樂、愉悅的樣子。㉘夔　人名，舜時掌管音樂。㉙夷　伯夷，舜臣，為宗秩之官，掌管祭祀禮儀。㉚營　造；作。這裡指觀看、觀察。㉛管商蘇張　管指管仲，商指商鞅，這二人均屬法家；蘇指蘇秦，張指張儀，這二人均屬縱橫家。㉜蒐獵　本義是狩獵，這裡是搜集的意思。㉝煨燼之餘　這裡指秦始皇焚書坑儒之事。煨燼，火灰。㉞五霸　指春秋五霸。一說指齊桓公、宋襄公、晉文公、秦穆公、楚莊王。另一說指齊桓公、晉文公、楚莊王、吳王闔閭、越王句踐。㉟淪浹　侵襲；滲透。㊱銓軸　喻吏部要職。銓，選拔人才。軸，軸心。㊲藩臬　明代以布政使掌一省之財賦、人事，別稱藩臺、藩司，按察使掌一省之刑名、監察，別稱臬臺、臬司。合稱藩臬。㊳臺諫　臺，指御史臺，明代改為都察院，掌監察。諫，即諫司，明代為通政使司，掌章奏。㊴贅疣柄鑿　贅疣，肉贅。比喻多餘之物、累贅。柄鑿，即鑿柄。比喻附加之物，也有累贅之意。

【語　譯】來信說：「楊朱、墨翟都宣揚仁義，鄉愿表面上也講忠信，堯、舜、子之都曾禪讓，商湯王、周武王、項羽都曾放逐征伐，周公、王莽、曹操都曾攝政輔君，如果籠統地說而不分辨邪正，人們將何適何從？況且如果對古今、事變、禮樂、名物未曾考證辨析，一旦國家要興建明堂，建造辟雍，編制曆法，起草封禪，又將拿什麼來應用呢？所以朱子注《論語》說：『『生而知之』，只是義理罷了。至於禮樂、名物、古今、事變，就一定得通過學習之後才能在實際辦事中加以驗證、運用。』這話可以說是定論了。」

你所講的楊朱、墨翟、鄉愿、堯、舜、子之、商湯王、周武王、項羽、周公、王莽、曹操的分辨，跟我前面講過的關於舜、周武王的論點，大致上可以類推。有關古今、事變的疑問，我在上文談到良知時，已以規矩尺度作比喻加以說明，應不需要贅述了。至於明堂、辟雍等事，似乎還不容許我不說。但一說起來就話長，這裡姑且就先生你講的加以辨正，則先生你的疑惑將會稍稍得到解決。

有關明堂、辟雍的制度，最早見於《呂氏春秋》「十二紀」。後代儒者們訓釋六經、四書的著作中，尚沒有詳細談到。難道呂不韋、漢代儒者所知道的比夏、商、周三代的聖賢還多嗎？齊宣王時，明堂還沒毀圮，那麼周幽王、厲王時代的明堂一定都安然無恙了。堯、舜茅茨土階，明堂的體制必未完備，卻不妨礙他們治理天下；周幽王、厲王時明堂固然還是周文王、武王、成王、康王時的老樣子，卻無力挽救當時的紛亂，這是什麼原因呢？難道不說明能用不忍人之心來推行不忍人之政，則即使是茅茨土階，也照樣可算明堂；以幽王、厲王之心來推行幽王、厲王之政，就即使是明堂，也不過是產生暴政的場所嗎？漢武帝在漢代最早開始討論明堂、辟雍之事，武則天在唐代建明堂、辟雍最多，當時國家的治亂如何呢？天子的學宮叫辟雍，諸侯的學宮稱泮宮，都是根據學宮的地形來取名的。但夏、商、周三代的學術主要是闡明人倫，並不把辟雍不像辟雍、泮宮不像泮宮當作回事。孔子說：「一個人如果不仁德，又能對禮怎樣呢？一個人如果不仁德，又能對樂怎樣呢？」制禮作樂的人一定要具有中和之德，他本人的聲音就是呂律，他本人就是節度了，然後才可以制作這些。至於那些器具數量的細微末節，樂工的具體操作，卜祝史官的具體職守，就如曾子所說的：「君子所看重的原則有三個方面」，「禮文的具體細節，都自有有關部門的人員會做。」堯命令羲、和二氏，要恭敬地遵循上天，推算日月星辰的運行情況，他所看重的是敬慎地授予百姓曆法；舜考察北斗七星，他所看重的是協調他所做的七大政事。他們都是執著地追求以仁愛人民之心來實行生養人民之政，他們研究曆法、明辨時令的本意，本來就在這裡。羲、和二氏的曆數之學，皋陶和契未必就會，大禹和后稷也未必就會。堯、舜並不是所有的事物都知道，因而他們也未必懂曆數之學。但是後世人們遵循羲、和二氏的曆數之學並代代加以研究，即使是小智小慧之人、粗知星術之士也都能推步占候而不出差錯，難道後世這些小智小慧之人比大禹、后稷、堯、舜還賢明嗎？封禪的事，尤其荒誕不經。這是後世阿諛奉承之士想取媚於他們的君上，提倡浮誇奢侈來動搖君心、浪費國家財物，他們大約是最大的欺天騙人的人，是君子所不願提起的，這也是司馬相如被後人譏笑的原因。先生你竟認為這是儒者所應當學習的，莫非是沒加思考吧？

聖人之所以成其為聖人，是因為他們都是生而知之的。而解釋《論語》的人卻說：「『生而知之』，只是義理罷了。至於禮樂、名物、古今、事變，也一定要通過學習並在實際運用中加以辨別驗證。」如果說禮樂、名物之類真同造就聖人的功夫有關，而聖人又一定要通過學習才知道，那麼聖人就不可以說是生而知之了。如果說聖人之所以稱為生而知之，是專指義理而言，而不與禮樂、名物之類有關，這就等於說禮樂、名物之類同造成聖人的功夫無關了。如果說聖人之所以稱為生而知之，是專指義理而言，而不與禮樂、名物之類有關，那麼學而知之者，也就只學這義理罷了。困而知之者，也只是困苦地學習這義理罷了。如今學者的學習聖人，不是去學習聖人所能知道的，卻反而汲汲追求聖人所不能知道的東西，這不是在希求成聖的方法上有失誤了嗎？以上這些都只是就先生你所疑惑的問題稍加分析解說，尚未涉及到我的探本窮源之說。如果我的探本窮源的學說未能向天下人闡明，則天下學聖人的人就會日益走向繁瑣艱難，以至於淪於禽獸夷狄還自以為聖人之學。這樣我的學說即使能暫時得到闡明，也終究會問題接踵而至，層出不窮，這樣我就是嘮嘮叨叨危困到死，最終也絲毫挽救不了天下的弊端。

聖人之心以天地萬物為一體，他們看待天下人並無內外遠近之分。凡是有血氣的都是他的兄弟、孩子，無不加以保全教養，以此來實現他那萬物一體的念頭。天下人的心開始時跟聖人之心也並無什麼不同，只是後來產生了有我的私心，被物欲所間隔遮蔽，大的被縮小，通的被阻塞，人各有心，以至於有些人把父子兄弟看作仇敵。聖人又為此擔心，因而推廣他那以天地萬物為一體的仁心來教化天下；使他們都能克服私心，去掉蒙蔽，恢復那與聖人相同的心體。聖人教人的大原則，也就是堯、舜、禹代代相傳的，即所謂「道心惟微，惟精惟一，允執厥中」；而具體細節就是舜教給契的「父子有親，君臣有義，夫婦有別，長幼有序，朋友有信」五個方面而已。在唐堯、虞舜、夏、商、周三代，教的只教這些，學的也只學這些。這時的人，人人沒有不同見解，家家沒有不同風習，安於這些的就叫聖人，努力學習這些的就叫賢人；而背離這些的雖然有丹朱那樣開明，也被認為不肖。下至閭井鄉野，農、工、商賈等卑賤之人，也都學習這些，而且都只以造就自己的德行為務，這是為什麼？是因為那時人們沒有這些複雜的聞見，煩瑣的記誦，靡濫的辭章，功利的追逐，只是要人孝敬父母，尊重兄長，信任朋友，來恢復與聖人相同的心。這心是人的天性、天分中所固有的，不假外求的，又有誰不能在學校中做到，只以造就德行為事。至於才能的差異，有些人長於禮樂，有些人長於政治教化，有些人長於水土種植，那就根據他們已經成就的德行，讓他們在學校裡進一步深造，精益求精。至於選拔有德行的人來做官，就要讓他們終身擔任此職而不改變。用人的人只知選那些與他同心同德，來共同安撫天下人民；看他們才能是否稱職而不根據地位的高低來安排工作的輕重勞逸。那些被任用的人們，也只知道與君上同心同德，共同安撫天下人民。只要職務與他們的才能相稱，他們就終身擔任繁重的工作而不以為勞苦，安於卑微瑣細的工作而不以為卑賤。在這個時代，天下人都十分和諧愉悅，都把天下人看作一家人那樣親密。那些才能、素質低下的，都安於他們農、工、商賈的本分，各自勤奮地從事本業來相生相養，而沒有希求高貴、豔羨分外之心。那些才能特出像皐陶、夔、后稷、契這樣的人，則出來各自貢獻自己的才能，把天下人的事務看作一家人的事務，有的經營衣食，有的互通有無，有的備齊器用，大家同心合力來追求實現他們共同的仰事父母俯育妻子的心願，生怕承擔某種事務時因懈怠而加重自己的憂患。所以后稷只管勤於他的耕稼之事，而不以自己不懂教化為恥，他只把契的擅長教化就看作自己的擅長教化；夔只管主管音樂之事而不以自己不明禮儀為恥，他只把伯夷的精通禮儀當作自己精通禮儀。因為他們心術純粹明潔又能成全以萬物為一體的仁心，所以他們能做到精神流動貫通志氣通順暢達而沒有人己之分。物我之間，譬如人的一身，目視耳聽，手持足行以輔成全身的功用。眼睛不以自己聽不到為恥，而耳朵所聽到的，它也必定會去看；腳不以自己不能拿東西為恥，但手所探及的地方，腳也會走去。大概因為全身元氣充盈，血脈條暢，因而人的癢痛呼吸感觸精神感應都有不言而喻之妙，這聖人之學之所以至為簡易，易知易從，易學易成，正是因為他們的總原則就是恢復人人都相同的心體，而他們又並不把知識技能包括在內加以討論的緣故。

三代衰微之後，王道熄滅而霸道熾盛；孔子、孟子去世之後，聖學隱晦不明而異端邪說泛濫。教的不再以這為教，學的也不再以此為學。主張霸道的人，竊取與先王之道相近似的東西，又借助外在的力量，來成全他們內心的私欲，天下人紛紛效法他們，聖人之道由此蕪荒湮塞。人們互相倣效，每天追求那些能使國家富強的學說，互相傾軋欺詐的謀略，攻伐別國的計劃，因而使一切欺天騙人、只求一時得利而實際上只為獵取個人名利的學說，例如管仲、商鞅、蘇秦、張儀之類的學說，竟多得不可勝數。時間一久，就鬥爭劫奪，為害無窮。到人們淪落到禽獸夷狄的境地時，就是霸術也有些行不通了。（秦始皇焚書坑儒之後，）儒士們感慨著悲傷著，從劫後餘灰中搜尋先王的典章、法制加以拾掇修補，大概他們的用心，也確是想通過這些來挽回先王之道。聖學已經相隔遙遠，霸術的流傳積垢已深，即使是賢智之人，也難免受到薰染。他們用以講論、闡明、修飾的，力求順暢地恢復於當今之世的東西，僅僅只能增高霸術的籬笆，而這樣一來聖人的門牆就再也看不見了。於是有傳訓詁之學以求聲名的，有傳記誦之學以求廣博的，有光大辭章之學以求華麗的。這些人紛紛揚揚群起並立於天下，又不知有多少家。千萬條道路擺在面前，使人不知所從。後世學者如同進了百戲之場，歡謔跳躍，爭奇鬥巧，獻笑爭妍的，從四面爭先恐後出場。使人瞻前顧後，應接不暇，因而耳目昏亂，精神恍惚。學者們日夜在這裡遨遊止息，就成了喪心病狂之人，不知怎樣回到自己的家。當世的君主也都被各種學說弄得昏迷顛倒，因而終身從事的都是虛假無用的事情，卻不知自己為什麼要如此。間或有察覺到這些學術空疏謬妄支離牽強而卓然奮起想從實踐體現學術的人，充其量也不過做到追求富強功利的五霸事業為止。聖人之學日益遙遠隱晦，而追求功利的風習卻日趨低下。其間雖然也有人曾被佛、老所迷惑，但佛、老學說最終也不能戰勝這種功利之心。雖然也有人折衷群儒之見，但群儒之見也無法破除這種功利之心。到現在，這種功利之心侵蝕人心積久成性已經有幾千年了。人們以知識互相矜誇，以權勢互相傾軋，以利益互相爭奪，以技能互比高下，以聲譽互相取代。這些人一出去做官，管錢糧的就想兼管兵刑，管禮樂的又想參與吏部的銓選提拔，在郡縣做官的想躍居藩臺臬司的高位，當諫官御史的則想執掌宰相的大權。因為不會做這事的就不能兼任這方面的職務，不精通這學說的就不能獲取這方面的聲譽，又因為記誦的廣泛可以幫助他的教育，智識的眾多正好有助於推行他的惡德，見聞的廣博正好有助於放縱他的詭辯，辭章的繁富正好有助於文飾他的虛偽，所以連皋陶、夔、后稷、契都不能兼管的事情，如今剛入學的後生小子都想加以精通、窮究。他們假借著先王、聖人的名號，沒有不說自己想同聖人共同完成天下大業的。而他們的真正想法則是，不這樣就不能實現他的私心，滿足他的私欲。唉，在這種積習浸染之下，有著這樣一些心志，又講的是這樣一些學術，理所當然他們一聽到我們的聖人之教就看作累贅包袱了。這樣看來，他們認為人的良知不完足，聖人之學沒有什麼用處，也是勢所必然的了。唉，士大夫生在這樣的時代，又怎樣探求聖人之學呢！又怎樣談論聖人之學呢！士大夫生在這樣的時代，卻想治學，不是既勞苦又繁難嗎，不也既局促而又艱險嗎！唉，可悲啊！所幸的是天理在人心之中，終究有所不可泯滅；而只要良知能在萬古之中闡明一日，那些聽到我這探本窮源之論的人就一定會惻然而悲，戚然而痛，憤然而起，浩然如江河決堤而不可抵拒！如果沒有這種豪傑之士，沒有這種不期待什麼卻憤然而起的人，那我還指望誰呢？

【研析】在這一段中，陽明除回答了顧氏有關明堂、辟雍之類問題的質疑以外，還用很大的篇幅來敘述學術人心的發展演變。他極力推崇唐虞三代的學術、世風，全面否定和批判了唐虞三代之後幾千年的學術和世風。這種否定和批判，充滿著憤世嫉俗的情感，包含著強烈的反傳統精神，大有打倒唐虞三代之後一切學術的氣概，而目的則顯然是為了說明他的「致良知」之說的產生乃勢所必然，捨此別無其他學術可言。從本質上說，陽明所宣揚的歷史退化論是與老莊的「大道廢，有仁義；智慧出，有大偽」（《老子》第十八章）相一致的，儘管他打的仍是先王、孔、孟的旗號。當然，在孔、孟的思想中，也包含著一種嚮往上古、否定和批判後世、現實的傾向，與老、莊有某些相通之處，這或許是陽明立論的依據。但是，孔、孟從來都未割斷傳統，相反地倒是以繼承傳統自任，這是同陽明大不相同的。

啟問道通書

【題解】啟問，對對方的疑問加以啟發、解答。道通，周衡，字道通，號靜菴，常州宜興（今屬江蘇省）人。正德五年舉人。歷應城縣令、邵武教授、唐府長史。先師事陽明，後師事甘泉（湛若水）。此信可能作於嘉靖元年（詳第一段「研析」）。信中就周衡提出的有關修養功夫、朱、陸之辨等問題作了答覆。

吳曾兩生至，備道道通懇切為道之意，殊慰相念。若道通真可謂篤信好學者矣。憂病[1]中會，不能與兩生細論，然兩生亦自有志向、肯用功者，每見輒覺有進。在區區誠不能無負於兩生之遠來，在兩生則亦庶幾無負其遠來之意矣。臨別以此冊致道通，意請書數語，荒憒無可言者，輒以道通來書中所問數節，略下轉語奉酬。草草殊不詳細，兩生當亦自能口悉也。

【章　旨】敘作此信之緣由。

【注　釋】❶憂病　憂，指陽明正當父喪。病，指陽明患病。

【語　譯】吳、曾兩位後生來，詳細地陳述你懇切求道的心志，我頗覺欣慰，也十分思念你。像你這樣的人真可說是篤信好學之人了。我在憂病之中同吳、曾兩後生相見，不能同他們細談，但這兩個後生也是有志向、肯用功的人，每次見面，我都覺得他們有所進步。對我來說，確實不能說沒有辜負兩位後生的遠道而來；對兩位後生來說，卻差不多沒辜負他們遠來的心意了。臨別時我送給你這書冊，兩位後生請我寫幾句話，我慌亂之中無話可說，只好就你來信中問到的幾個問題，略作數語相答。匆匆之間很不詳細，兩位後生當會同你詳敘。

【研　析】此信陽明《年譜》未載作於何時，但根據信中「憂病」二字可以推知。嘉靖元年（西元一五二二年）二月，陽明之父龍山公（王華）卒，陽明為父守喪，且患病，「遠方同志（指從各地來求教的人）日至，乃揭帖於壁云：『某鄙劣無所知識，且在憂病奄奄中，故凡四方同志之辱臨者，皆不敢相見；或不得已而相見，亦不敢有所論說，請各歸而求諸孔、孟之訓可矣。』」（《年譜》）由此可推知道通派吳、曾兩後生來實為弔喪，順便請教而已。

來書云：「日用功夫只是立志，近來於先生誨言時時體驗，愈益明白。然於朋友不能一時相離。若得朋友講習，則此志纔精健闊大，纔有生意❶。若三五日不得朋友相講，便覺微弱，遇事便會困，亦時會忘。乃今無朋友相講之日，還只靜坐，或看書，或游衍❷，經行凡寓目措身，悉取以培養此志，頗覺意思和適，然終不如朋友講聚精神流動，生意更多也。離群索居❸之人，當更有何法以處之？」

此段足驗道通日用功夫所得，功夫大略亦只是如此用。只要無間斷，到得純熟後，意思又自不同矣。大抵吾人為學，緊要大頭腦只是立志。所謂困忘之病，亦只是志欠真切。今好色之人未嘗病於困忘，只是一真切耳。自家痛痒自家須會知得，自家須會搔摩❹得。既自知得痛痒，自家須不能不搔摩得。佛家謂之方便法門。須是自家調停斟酌，他人總難與力，亦更無別法可設也。

【章旨】回答道通關於獨處如何用功的問題。

【注釋】❶生意　生機；活力。❷游衍　漫無目的地遊走。❸索居　獨處。❹搔摩　爬搔、按摩。

【語譯】來信說：「日用功夫只是立志，近來將先生的教誨時時加以體驗，更加明白了這一點。但我一刻也離不開朋友。如果有朋友一起講習，這志向才會精健闊大，才會有生機。如果有三五天沒同朋友一起講論，便覺得微弱，遇事就會困躓，也時常會忘記。如今沒有朋友一起講論之時，就只或靜坐，或看書，或閒遊，凡看到、接觸到的，全部取來培養這志向。很是覺得心情和悅，但終究不如同朋友在一起講論時精神流動，生機更多。離群獨處之人，另外還有什麼別的方法解決用功的問題呢？」

這段話足以證明你在日用功夫方面已有所得，修養功夫大致也只是如此運用。只要中間不間斷，到修養純熟之後，情況又有所不同了。大抵我輩治學，最緊要、最關鍵的只是立志。你所講的遇事時會困躓、時常忘記的毛病，只是因為立志欠真切。好色的人不會有困躓、忘記的毛病，只是一切真切罷了。自己的痛癢自己一定會曉得，自己一定能通過搔爬、按摩解除。已經知道自己有痛癢，就不能不搔摩加以消除。佛教稱為方便法門。一定要自己調理斟酌，別人總是難以出力，也沒有別的辦法可施。

【研　析】陽明教給周衡解決「離群索居」苦悶的方法就是「立志」，這是他一貫堅持的原則，是「致良知」的重要內容之一。

來書云：「上蔡❶嘗問：『天下何思何慮❷？』伊川云：『有此理，只是發得太早。』在學者功夫，固是『必有事焉而勿忘❸』，然亦須識得

『何思何慮』底氣象，一併看為是。若不識得這氣象，便有『正』與『助長』之病。若認得『何思何慮』而忘『必有事焉』功夫，恐又墮於無也。須是不滯於有，不墮於無。然乎否也？」

所論亦相去不遠矣，只是契悟未盡。上蔡之問與伊川之答，亦只是上蔡、伊川之意，與孔子〈繫辭〉原旨稍有不同。〈繫〉言「何思何慮」，是言所思所慮只是一個天理，更無別思別慮耳，非謂無思無慮也。故曰：「同歸而殊途，一致而百慮，天下何思何慮。」云「殊途」，云「百慮」，則豈謂無思無慮邪！心之本體即是天理，天理只是一個，更有何可思慮得？天理原自寂然不動❹，原自感而遂通。學者用功雖千思萬慮，只是要復他本來體用而已，不是以私意去安排思索出來。故明道云❺：「君子之學，莫若廓然而大公，物來而順應。」若以私意去安排思索，便是用智自私矣。「何思何慮」正是功夫在聖人分上便是自然的，在學者分上便是勉然的。伊川卻是把作效驗看了，所以有發得太早之說。既而云「卻好用功」，則已自覺其前言之有未盡矣。濂溪❻主靜之論，亦是此意。今道通之言雖已不為無見，然亦未免尚有兩事也。

【章　旨】回答關於《易傳・繫辭》「何思何慮」應怎樣理解的問題。

【注　釋】❶上蔡　謝良佐（西元一〇五〇～一一〇三年），字顯道，壽春上蔡（今屬河南）人。元豐八年（西元一〇八五年）進士，歷仕州縣，徽宗時因口語下獄，被廢為民。係程門高足之一。謝良佐問程頤（伊川）「何思何慮」事，《二程外書》卷一二〈傳聞雜記〉載：「某（謝良佐）二十年前往見伊川，伊川曰：『近日事如何？』某對曰：『天下何思何慮！』伊川曰：『是則是有此理，賢卻發得太早。在伊川直是會鍛煉得人。』說了又恰道：『恰好著功夫也！』」❷天下何思何慮　語出《易傳・繫辭》。❸必有事焉而勿忘　語出《孟子・告子上》：「必有事焉，而勿正，心勿忘，勿助也。」❹寂然不動　語出《易傳・繫辭》：「寂然不動，感而遂通天下之故。」❺明道云　語出程顥之〈定性書〉。❻濂溪　指周敦頤。

【語　譯】來信說：「謝上蔡曾問：『天下何思何慮？』伊川說：『有這個理，只是發露得太早。』對學者的修養功夫來說，固然要遵循孟子所說的『必有事焉而勿忘』，但是也必須懂得『何思何慮』的境界，把兩者結合起來才是。如果不懂得這一境界，就有孟子講的那種『正』（預先期約）和『助長』（揠苗助長）的毛病。如果僅僅懂得『何思何慮』而忘記了『必有事焉』的功夫，又恐怕會陷入虛無。必須不拘泥於實有，又不陷入虛無。不知這想法對否？」

你所說的也相差不遠了，只是體悟還不完全。謝上蔡的問與程伊川的回答，都只是謝上蔡、程伊川他們自己的理解，與孔子所作的《易傳・繫辭》原意並不完全相同。《易傳・繫辭》講「何思何慮」，是說所思所慮的只是一個天理，而沒有別的思慮罷了，並非說無思無慮。所以他又說：「同歸而殊途，一致而百慮，天下何思何慮。」說「殊途」，說「百慮」，難道還是無思無慮嗎！心的本體即是天理，天理只是一個，還有什麼可思慮的？天理原本就寂然不動，原本就有所感觸而無所不通的。學者用功雖然千思萬慮，也只是要恢復天理本來的體用罷了，不是憑個人的想法去安排思索出來。所以明道先生說：「君子之學，莫如廓然而大公，遇到事物就加以順應。」如果用個人想法去安排思索，那就是用智自私了。「何思何慮」正是說功夫在聖人分上就是自然而然的，在學者身上就是勉強的。伊川卻是把「何思何慮」當作功夫的效果看待了，所以有發露得太早的說法。後來他又說「卻好用功」，則說明他已覺察到自己前面的話意思不完全了。周濂溪主靜的觀點，也是這個意思。現在你的說法不能說沒有見解，但未免尚有「有」和「無」兩件事情。

【研　析】《易傳・繫辭》的「何思何慮」，王弼注：「苟識其要，不在博求，一以貫之，不慮而盡矣。」孔穎達疏：「天下何思何慮者，言得一之道心既寂靜，何假思慮也。」所釋與陽明的理解頗為接近，可見陽明的理解亦自有據，只是他把「何思何慮」理解為唯思「天理」，較前人更明確而已。

來書云：「凡學者纔曉得做功夫，便要識認得聖人氣象。蓋認得聖人氣象，把做準的❶，乃就實地做功夫去，纔不會差，纔是作聖功夫。未知是否？」

先認聖人氣象，昔人嘗有是言矣，然亦欠有頭腦。聖人氣象自是聖人的，我從何處識認？若不就自己良知上真切體認，如以無星❷之稱而權輕重，未開之鏡而照妍媸❸。真所謂以小人之腹而度君子之心矣。聖人氣象何由認得？自己良知原與聖人一般，若體認得自己良知明白，即聖人氣象不在聖人而在我矣。程子嘗云❹：「覷著堯學他行事，無他許多聰明睿智，安能如彼之動容周旋中禮。」又云：「心通於道，然後能辨是非❺。」今且說通於道在何處？聰明睿智從何處出來？

【章　旨】回答怎樣體認聖人氣象的問題。

【注　釋】❶準的　準，準繩。的，靶心。喻目標。❷星　秤星。秤桿標誌斤兩的小點子。❸妍媸　妍，美。媸，醜。❹程子嘗云　程子，這裡指程頤。下面所引的話出自《二程遺書》卷一八。❺心通於道二句見《河南程氏文集》卷九〈答朱長文書〉。

【語　譯】來信說：「但凡學者才知道做修養功夫，就應該認識聖人氣象。能認得聖人氣象，並以此為準繩標的，又踏踏實實地踐履下去，才不會出差錯，才是造就聖人的功夫。不知我這樣理解對不對？」

先認識聖人氣象，先前延平先生已曾有這種說法，但是還不是很得要領。聖人氣象只是聖人的，我到哪裡去認識？如果不就在自己的良知上真切地體認，就像用沒有秤星的秤權衡輕重，用沒有開磨的鏡子來照美醜，真像人們常說的以小人之心度君子之腹了。聖人氣象怎樣才能體認？懂得自己的良知本與聖人相同，如能明白地體認自己的良知，那麼聖人氣象就不是在聖人身上，而是在我們自己身上了。程伊川先生曾說：「看著堯學他做事，如果沒有他那樣的聰明睿智，又怎能像他那樣一切行為舉止都符合禮儀。」又說：「內心能融通大道，然後才能辨別是非。」現在你姑且說說：融通道融通在哪裡，聰明睿智從哪裡產生出來？

【研　析】陽明「聖人氣象自是聖人的，我從何處識認」的話，包含有反對摹倣、自關心源，自己當家作主的涵義，這也是他要求「就自己良知上真切體認」這一觀點最富於獨創性的地方，對喚起每個人的獨立人格意識有重要意義。

來書云：「事上磨煉，一日之內不管有事無事，只一意培養本原❶。若遇事來感，或自己有感，心上既有覺，安可謂無事？但因事凝心一會，大段覺得事理當如此，只如無事處之，盡吾心而已。然乃有處得善與未善，何也？又或事來得多，須要次第與處。每因才力不足，輒為所困。雖極力扶起，而精神已覺衰弱。遇此未免要十分退省，寧不了事，不可不加培養。如何？」

所說功夫，就道通分上也只是如此用，然未免有出入在。凡人為學，終身只為這一事。自少至老，自朝至暮，不論有事無事，只是做得這一件，所謂「必有事焉」者也。若說寧不了事，不可不加培養，卻是尚為兩事也。「必有事焉而勿忘勿助」，事物之來，但盡吾心之良知以應之，所謂「忠恕違道不遠❷」矣。凡處得有善有未善及有困頓失次之患者，皆是牽於毀譽得喪，不能實致其良知耳。若能實致其良知，然後見得平日所謂善者未必是善，所謂未善者，卻恐正是牽於毀譽得喪，自賊其良知者也。

【章　旨】回答關於「培養本原」的問題。

【注　釋】❶本原　指心。❷忠恕違道不遠　語出《中庸》。

【語　譯】來信說：「在事情上磨煉，一天之內不管有事沒事，都只是一心一意培養本原。如果遇到事情來感觸，或自己心裡有所感觸，就會有感覺，又怎能說是沒事？遇到這種情況，就只是順著事勢靜一會心，大致覺得事理應如此這般，只當作沒事來對待，盡我的心罷了。然而有時事情處理得好，有時卻處理得不好，這是什麼道理？又有時事情來得多，就必須要依次加以處置。經常因為自己才力不夠，就為事所困。雖然極力振作起來，但精神已覺衰弱。遇到這種情況，就要完全退下來反省，寧願事情沒做完，也不能不對內心加以培養。這樣做對不對？」

你所說的修養功夫，就你個人而言也只能如此運用，但未免同我所理解的修養功夫有出入。但凡人要治學，終身只能做這一件事。從少到老，從早到晚，不管有事沒事，只能做這一件事，這就是孟子講的「必有事焉」的意思。如果說寧願事情沒做完，也不能不加培養，卻是仍把「心」與「事」當作兩回事。孟子所說的「必有事焉而勿忘勿助」，是說事情來了，我只管盡我心的良知來應對它，這就是《中庸》所謂的「忠恕離道不遠」了。凡是處理事情有好有不好，以及有陷於困境、忙亂失序的毛病，都是因為牽拘於毀譽得失，不能切實地推致自己的良知罷了。如果能切實地推致自己的良知，就能看出自己平時所謂好的未必就好，而所謂不好的，卻恐怕正是牽拘於毀譽得失，自己戕害了自己的良知。

【研　析】陽明主張修養不僅不能脫離日常事務，而且應該把修養同日常事務緊密結合起來，通過處事來體現修養，這正是他「知行合一」思想的精髓之所在，也是他「致良知」的精髓之所在。

來書云：「致知之說，春間再承誨益，已頗知用力，覺得比舊尤為簡易。但鄙心則謂與初學言之，還須帶格物意思，使之知下手處。本來致知格物一併下，但在初學未知下手用功，還說與格物，方曉得致知」云云。

格物是致知功夫，知得致知，便已知得格物。若是未知格物，則是致知功夫亦未嘗知也。近有一書與友人，論此頗悉。今往一通細❶觀之，當自見矣。

【章　旨】回答關於格物致知的問題。

【注　釋】❶通細　通，從頭到尾。細，仔細。

【語　譯】來信說：「您的致知的解說，今春我已再次承蒙教誨，已頗知該怎樣用力，覺得比先前尤為簡易。只是我又認為同初學者談這個問題，還得帶一點格物的意思，才能使他們知道從哪裡入手。本來致知和格物應一齊進行，只是因為初學者不知道怎樣入手用功，還得同他們說說格物，才知道怎樣格物」等等。

格物是致知的功夫，懂得致知，也就已懂得格物了。如果還不懂得格物，那就是還不曾懂得致知的功夫。近來我有一封信給朋友，對這個問題論述得很詳細，現在你去從頭到尾細細看一遍，就自然知道了。

【研　析】從道通的話來看，他對陽明的「格物是致知功夫」的論點並不是很理解的。他把「致知」與「格物」看作兩碼事情，顯然尚未擺脫程、朱觀點的影響。這說明即使是陽明的弟子，要完全接受他的觀點也是有困難的。

來書云：「今之為朱陸❶之辨者尚未已。每對朋友言：正學不明已久，且不須枉費心力為朱陸爭是非，只依先生『立志』二字點化人。若其人果能辨得此志來，決意要知此學，已是大段明白了。朱陸雖不辨，彼自能覺得。又嘗見朋友中見有人議先生之言者，輒為動氣。昔在朱陸二先生所以遺後世紛紛之議者，亦見二先生功夫有未純熟分明，亦有動氣之病。若明道則無此矣。觀其與吳涉禮論介甫之學云：『為我盡達諸介甫，不有益於他，必有益於我也。』❷氣象何等從容！嘗見先生與人書中，亦引此言，願朋友皆如此。如何？」

此節議論得極是，極是。願道通遍以告於同志，各自且論自己是非，莫論朱陸是非也。以言語謗人，其謗淺。若自己不能身體實踐而徒入耳出口，呶呶度日，是以身謗也，其謗深矣。凡今天下之論議我者，苟能取以為善，皆是砥礪切磋我也，則在我無非警惕修省進德之地矣。昔人謂攻吾之短者是吾師，師又可惡乎！

【章　旨】表明自己對「朱陸之辨」的態度。

【注　釋】❶朱陸　指朱熹和陸九淵。❷觀其與吳涉四句　《二程遺書》卷一載：「伯淳近與吳師禮（周衛作「吳涉禮」，當有誤）談介甫之學錯處，謂師禮曰：『為我盡達諸介甫。我亦未敢自以為是。如有說，願往復。此天下公理，無彼我。果能明辨，不有益於介甫，則有益於我。』」介甫，王安石（西元一〇二一～一〇八六年）的字。王安石宋神宗時官至同中書門下平章事，實行新政。其學王霸兼取，曾重注《周官》、《尚書》、《詩經》，頒之學官，稱為「三經新義」。其學則號為「新學」。

【語　譯】來信說：「現今從事朱、陸之辨的，還沒歇息。我常對朋友們說：儒家的正宗之學不明晰已經很久，你們暫且不要枉費心力為朱、陸二先生爭是非，只是依著（陽明）先生『立志』兩個字點化人就是了。如果誰真能辨得明這個『志』，並決心要了解先生這學說，也就已差不多明白了。朱、陸是非雖未辯論清楚，人們也自然能感覺出孰是孰非。我又曾看到朋友中有人議論先生您的學說，就內心很是動氣。先前朱、陸二先生之所以給後世留下許多議論，可見他們的修養功夫也還有未純熟分明之處，因而也有容易內心躁動不安的毛病。至於程明道先生就沒有這毛病了。看他同吳涉禮議論王安石的新學時說：『請你將我的話全部轉達給介甫，這樣不是對他有益，就定是對我有益。』這氣象多麼從容！我曾看先生您給人的書信中，也引用了這段話，希望朋友們都能像明道先生那樣。這想法怎樣？」

你這議論對極了，對極了！希望你能把這想法告訴所有的志同道合者，要大家各人且論自己的是非，別去辯論朱、陸的是非。用言語毀謗他人，這種毀謗並不嚴重；如果自己不能身體力行而只是耳聽口說，靠絮絮叨叨度日，這是毀謗自己，這種毀謗就嚴重了。但凡當今天下議論我的，如果他們的話能取來為善，就都是砥礪和鞭策我，對我來說，無非是加強警惕、修養、反省以增進德行。前人說道吾短者是吾師，對老師又怎能厭惡呢！

【研　析】朱、陸之辨實際上就是當時主程、朱理學一派同以陽明為代表的心學一派的矛盾、鬥爭，所以辯論中必然伴隨著對王陽明本人的議論和攻擊，給他傳播心學造成障礙，對他本人也有壓力。周道通說朱、陸二先生的功夫都有未「純熟分明」之處，都有「動氣之病」，對朱、陸各打二十大板，以示公允，無疑是以犧牲古人來換取「息戰」，為陽明「分謗」，這自然會得到陽明的贊同。

來書云：「有引程子『人生而靜以上不容說，才說性，便已不是性❶』。何故不容說，何故不是性？晦庵答云：『不容說者，未有性之可言；不是性者，已不能無氣質之雜矣。』二先生之言皆未能曉，每看書至此，輒為一惑。請問。」

生之謂性，生字即是氣字，猶言氣即是性也。氣即是性，人生而靜以上不容說，才說氣即是性，即已落在一邊，不是性之本原矣。孟子性善是從本原上說，然性善之端須在氣上始見得，若無氣亦無可見矣。惻隱、羞惡、辭讓、是非即是氣。程子謂：「論性不論氣，不備；論氣不論性，不明❷。」亦是為學者各認一邊，只得如此說。若見得自性明白時，氣即是性，性即是氣，原無性氣之可分也。

【章　旨】回答「性」與「氣」的關係問題。

【注　釋】❶人生而靜三句　係程顥語，見《二程遺書》卷一。❷論性不論氣四句　程顥語，見《二程遺書》卷六。

【語　譯】來信說：「有人引用程明道先生的話說：『人生而靜以上不容談論，才說性，就已不是性。』為什麼人生而靜以上不容談論，為什麼一說就不是性？晦庵先生回答說：『不容說，是說無性可說；不是性，是說一談論這性就不能不兼說氣質之性了。』兩位先生的話都無法弄明白，我每次看書看到這裡，就有一點疑問。請先生說說。」

生就叫作性，生字就是氣字，等於說氣就是性。氣就是性，所以人生而靜以上不容許談說，一說到氣就是性，就已經偏向了一邊，不再是性的本原了。孟子講人性善是從本原上說，但性的善端必須落在氣上才能體現出來，如果沒有氣也就無法看到了。惻隱、羞惡、辭讓、是非這四端就是氣。程明道先生說：「論性不論氣，不完備；論氣不論性，不明晰。」也是怕為學者各看到一個方面，才只好這樣講。如果他們看清了自己的性，懂得氣就是性，性就是氣，氣和性本來就沒有必要分辨。

【研　析】「生之謂性」，這本是告子的話，曾受到孟子的詰難（見《孟子．告子上》）。但程顥卻肯定了這一說法，並把它作為了自己對「性」的看法。與這一看法相協調的是，他把「性」

分成「本來之性」與「氣質之性」（按朱熹的理解，詳《朱子語類》卷九五），「本來之性」是善的，「氣質之性」則由氣稟決定。所以程顥說：『生之謂性』，性即氣，氣即性，生之謂也。人生氣稟，理有善惡，然不是性中元有此兩物相對而生也。有自幼而善，有自幼而惡，是氣稟有然也。善固性也，然惡亦不可不謂之性也。」（《二程遺書》卷一）這說法其實是對告子的說法和孟子的說法的折衷。陽明說「生之謂性，生字即是氣字，猶言氣即是性也」，「孟子性善是從本原上說，然性善之端須在氣上始見得，若無氣亦無可見矣。惻隱、羞惡、辭讓、是非即是氣」等等，顯然是對程顥的繼承和發展。

關於程顥的「人生而靜以上不容說」，朱熹還有一種解釋：「人生而靜以上，即是人物未生時。人物未生時，只可謂之理，說性未得。此所謂『在天曰命』也。『纔說性時，便已不是性』者，言纔謂之性，便是人生以後，此理已墮在形氣之中，不全是性之本體矣。故曰『便已不是性』也。此所謂『在人曰性』也。」（《朱子語類》卷九五）這雖是朱熹的理解，卻頗為明白圓轉，對於理解程顥的本意（程氏的原話本來就模糊）有一定幫助。

答陸原靜書

【題解】陸原靜，即陸澄，生平已見《傳習錄》上注中。陸澄在來信中所提的問題與佛、道的修養方法、理論有關，有些陽明予以答覆，體現了對佛、道理論的吸收；有些則予以批評、糾正甚至迴避，而始終突出他的「致良知」理論，體現了他同佛、道的區別。

來書云：「下手功夫，覺此心無時寧靜。妄心❶固動也，照心❷亦動也。心既恆動，則無刻暫❸停也。」

是有意於求寧靜，是以愈不寧靜耳。夫妄心則動也，照心非動也。恆照則恆動恆靜，天地之所以恆久而不已也。照心固照也，妄心亦照也。「其為物不貳，則其生物不息❹。」有刻暫停則息矣。非「至誠無息❺」之學矣。

【章旨】回答關於「妄心」、「照心」的動、靜問題。

【注釋】❶妄心　邪妄之心。❷照心　清靜明覺之心。❸蹔　同「暫」。短暫。❹其為物不貳二句　語出《中庸》。息，原文作「測」。❺至誠無息　語出《中庸》。朱熹注：「既無虛假，自無間斷。」

【語譯】來信說：「我做人手功夫時，總覺得內心沒有安靜的時候。妄心固然會動，可照心也動。心裡既然總是動的，就沒有片刻停歇的時候。」

你是有意追求寧靜，所以越發不寧靜。妄心是動的，照心是不動的。經常明覺就會恆動恆靜，這就是天地之所以恆久不息的原因。照心固然明覺，妄心也是明覺。《中庸》說「它對萬物沒有二心，所以能不斷生養萬物」。如果天地有片刻停歇，那生命就間斷了。間斷了就不是《中庸》的「至誠無息」的學說了。

【研析】陽明這段話的要點有二：一是做修養功夫不要刻意追求寧靜，要自然而然地達到理想境界。二是要有誠心。確立了誠心，則無論心動心靜都符合自然之道，即所謂「天地生物」的精神。這種精神，也就是《中庸》所謂的「至誠無息」。

來書云「良知亦有起❶處」云云。

此或聽之未審。良知者，心之本體，即前所謂恆照者也。心之本體無起無不起，雖妄念之發而良知未嘗不在。但人不知存則有時而或放耳。

雖昏塞之極，而良知未嘗不明，但人不知察則有時而或蔽耳。雖有時而或放，其體實未嘗不在也，存之而已耳。雖有時而或蔽，其體實未嘗不明也，察之而已耳。若謂良知亦有起處，則是有時而不在也，非其本體之謂矣。

【章　旨】回答「良知亦有起處」的問題。

【注　釋】❶起　指產生、發端。

【語　譯】來信說「良知也有發端之時」等等。

這或許是你聽講時沒聽明白。良知，是心的本體，也就是上文所說的恆照。心的本體不存在發端不發端的問題，即使產生了妄念，良知也不會不存在。只是因為人們不懂得存養有時會失去罷了。即使一個人昏憒閉塞到了極點，良知也未曾不明照，只是他不懂得體察有時就被遮蔽罷了。即使有時良知喪失了，但它的本體其實並沒喪失，只要把它存養起來就是了。即使有時良知被遮蔽了，它的本體其實仍照樣明亮，只是要自己去體察罷了。如果說良知也有發端的時候，那就意味著它有時不存在，那就不是它的本體的意義了。

【研　析】「良知者，心之本體」的「本體」，指的是心的根本屬性。陽明認為良知是與生俱來，常存不滅，絕對永恆的，所以用「本體」一詞來命名它。陸澄沒能理解陽明這個意思，說它也有「起處」，自然背離了陽明的本意，所以陽明要予以糾正。

來書云：「前日『精一』之論，即作聖之功否？」

「精一」之「精」，以理言；「精神」之「精」，以氣言。理者氣之條理，氣者理之運用。無條理則不能運用，無運用則亦無以見其所謂條理者矣。精則精❶，精則明，精則一，精則神，精則誠；一則精，一則明，一則神，一則誠，原非有二事也。但後世儒者之說與養生之說❷各滯於一偏，是以不相為用。前日精一之論雖為原靜愛養精神而發，然而作聖之功寔亦不外是矣。

【章　旨】回答有關「精一」的問題。

【注　釋】❶精則精　上一個「精」指「精一」之「精」，意為精微；下一個「精」是「精神」之「精」。

❷養生之說　指道教的養生術。

【語　譯】來信問：「先前您所說的『精一』功夫，是不是就是造就聖人的功夫？」

《尚書‧大禹謨》所說的「精一」的精，是從理的角度說；養生家所說的「精神」之「精」，是從氣的角度說。理是氣的條理，氣是理的運用。沒有條理就不能運用，沒有運用也就無法體現它的所謂條理了。能精微就有精神，能精微就能明照，能精微就能專一，能精微就能入神，能精微就能誠意；能專一就能精微，能專一就能明照，能專一就能入神，能專一就能誠意，「精」與「一」本來就不是兩碼事。只是後世儒者的說法和養生家的說法各自拘於一個方面，所以「精一」的「精」同「精神」之「精」不能相互為用。我先前關於「精一」的論述雖然是針對你愛養精神而發，但造就聖人的功夫實際上也不外乎此。

【研析】道家重視人精神的保養，而保養精神與氣功修煉是聯繫在一起的。儒家重視個體人格的培養，而個體人格的培養又以寧靜、深厚、精微為標的，這樣兩者就有了契合點。北宋理學家周敦頤的「主靜」說，就是最早融匯儒家人格論與道家養生論而形成的一種修養觀。陽明早年出入佛、老，對道家的養生論自然有較深入了解，因而也主張將兩者結合起來，作為造就聖人人格的修養方法。

來書云「元神、元氣、元精❶必各有寄藏、發生之處，又有真陰之精、真陽之氣」云云。

夫良知一也。以其妙用而言謂之神，以其流行而言謂之氣，以其凝聚而言謂之精。安可以形象方所求哉！真陰之精即真陽之氣之母，真陽之氣即真陰之精之父。陰根陽，陽根陰，亦非有二也。苟吾良知之說明，則凡若此類皆可以不言而喻。不然，則如來書所云三關❷、七返❸、九還❹之屬，尚有無窮可疑者也。

【章旨】回答關於元神、元氣、元精等問題。

【注釋】❶元神元氣元精　道家以人的靈魂、精神為元神，人身之精氣為元氣，人身固有之精氣為元精，稱為修仙三寶。❷三關　有好幾種說法，《黃庭內景經》以泥丸（穴位名）為天關，丹田為地關，絳宮為人關。❸七返　道家以七為火，為心，除心火於丹田之下，以養腹中真氣，使之重返丹田，即為七返之功。❹九還　道家以九為金，為情，攝情歸性，養之歸於圓明，以還先天真相，即為九還之功。

【語譯】來信說「元神、元氣、元精在人身上一定各有寄存、產生之所，又有真陰之精，真陽之氣」等等。

良知只是一個。從它的妙用而言叫作神，從它的流行而言叫作氣，從它的凝聚而言叫作精。怎能憑形象、地方尋找呢！真陰之精是真陽之氣的母親，真陽之氣就是真陰之精的父親。陰以陽為根本，陽以陰為根本，陰陽也沒有兩個。如果你明白了我的良知之說，則諸如此類都可以不言而喻。不然的話，則像來信中所說的三關、七返、九還之類，還會有無窮無盡的疑問。

【研析】陽明雖然兼取道家的養生理論來豐富他的人格修養理論，卻是極有分寸的，當陸澄進一步深入問到道家修煉理論的具體細節時，他便要將對方的問題一筆扳倒，使之復回到他致良知的軌道上來。從這裡我們可以看到「心學」同道家養生理論的區別。

陰陽是一對既對立又統一的辯證概念，陽明說「真陰之精即真陽之氣之母，真陽之氣即真陰之精之父。陰根陽，陽根陰，亦非有二也」，強調的不是它們的對立、區別，而是它們的聯繫和統一，從思維方法說，顯然與傳統的「天人合一」的思維方式一致。

答陸原靜第二書

【題解】這是陽明答陸澄的另一封信。在這封信裡，陽明針對陸澄的質疑，就良知同陰陽動靜、情感、欲望及佛教修養方法的關係作了全面系統的闡釋，是研究陽明「心學」的重要文獻。

來書云：「良知心之本體，即所謂性善也，未發之中也，寂然不動之體也，廓然大公也，何常人皆不能而必待於學邪？中也，寂也，公也，既以屬心之體，則良知是矣。今驗之於心，知無不良，而中、寂、大公實未有也。豈良知復超然於體用之外乎？」

性無不善，故知無不良。良知即是未發之中，即是廓然大公、寂然不動之本體，人人之所同具者也。但不能不昏蔽於物欲，故須學以去其昏蔽。然於良知之本體初❶不能有加損於毫末也。知無不良，而中、寂、大公未能全者，是昏蔽之未盡去而存之未純耳。體即良知之體，用即良知之用，寧復有超然於體用之外者乎！

【章旨】回答有關「良知」的問題。

【注釋】❶初　原初；本來。

【語譯】來信說：「良知乃心的本體，也就是孟子講的性善，《中庸》講的未發之中，《周易》講的寂然不動，程顥講的廓然大公，為什麼一般人都無法做到而一定有待於學習？未發之中也好，寂然不動也好，廓然大公也好，既然把它們都歸屬於心的本體，就都是良知了。現在我驗證自己的心，知道它沒有不良之處，但未發之中、寂然不動、廓然大公卻確實沒有。難道良知還會超然於體用之外嗎？」

性無不善，所以良知無不良。良知就是未發之中，就是廓然大公、寂然不動的本體，是人人所共同具有的東西。只是良知不可能不被物欲所遮蔽，所以需要通過學習來去掉物欲的遮蔽。但這樣做卻對良知的本體原不能有絲毫增加或減損。知道自心沒有不良，卻不能同時具有未發之中、寂然不動、廓然大公，是因為物欲的遮蔽沒能完全去掉而存養又不精純罷了。你說的體，就是良知的體；用，就是良知的用，哪裡有超然於體用之外的東西呢！

【研析】陽明認為人具有「良知」，就像孟子認為人性善一樣，都是一種先驗的假設，本來是無法驗證的，陸澄卻加以驗證，自然不會有結果。陽明說不能驗證乃是因為有物欲「昏蔽」而又存養不純，必須要通過去除物欲的修養功夫，實際上還是肯定後天學習、修養的重要性。

來書云：「周子❶曰『主靜』，程子曰『動亦定，靜亦定❷』，先生曰『定者心之本體』，是靜定也，決非不覩不聞、無思無為之謂，必常知常存，常主於理之謂也。夫常知常存，常主於理，明是動也，已發也，何以謂之靜？何以謂之本體？豈是靜定也，又有以貫乎心之動靜者邪？」

理，無動者也。常知常存，常主於理，即不覩不聞、無思無為之謂也。不覩不聞、無思無為，非槁木死灰之謂也。覩、聞、思、為一於理，而未嘗有所覩、聞、思、為，即是動而未嘗動也。所謂「動亦定，靜亦定」，「體用一原❸」者也。

【章旨】回答有關「靜定」的問題。

【注釋】❶周子　指周敦頤。❷動亦定二句　語出程顥〈定性書〉。❸體用一原　語出程頤《伊川易傳·

序》。原，當作「源」。

【語　譯】來信說：「周子說『主靜』，程子說『動也定，靜也定』，先生說『定是心的本體』，都是說靜定，而決不是不睹不聞、無思無為的意思，而是說要常知常存，常主於理的意思。這常知常存，常主於理，明明是動，是已發，為什麼叫作靜？為什麼叫它本體？難道是靜定之外，還有一個別的東西在貫穿心的動靜嗎？」

理，是不動的。常知常存，常主於理，就是不睹不聞、無思無為的意思。不睹不聞、無思無為，不是如同槁木死灰的意思。睹、聞、思、為都集中統一到理上，而未曾對別的東西睹、聞、思、為，這就是既動又未曾動。程顥先生所說的「動也定，靜也定」，就是程頤先生所說的「體用一源」。

【研　析】陽明對動靜的理解是：心的運動如果全部集中在那個具有本體意義的「理」上，那麼這種「動」則是合目的的動，同樣也就具有本體意義，為了與一般的心動區別開來，這種動便可稱為「靜定」，其實質便是要求人們一切循天理而動。

周敦頤論「作聖之功」說：「聖可學乎？曰：可。曰：有要乎？曰：有。請聞焉。曰：一為要。一者，無欲也。無欲則靜虛動直。靜虛則明，明則通；動直則公，公則溥。明通公溥，庶矣乎！」(《周子全書》卷九《通書．聖學第二十》)這是把「無欲」作為成聖的前提，而「無欲」之後，則能做到「靜虛動直」，即無論動靜都符合聖人標準，這樣就動亦靜，靜亦動了。後來程顥作〈定性書〉，把「動亦定，靜亦定，無將迎，無內外」作「性」的特徵，正是對周敦頤的繼承和發展。王陽明則從體用關係的角度進一步發展出「定者心之本體」的觀點，其脈絡是十分清晰的。

來書云：「此心未發之體，其在已發之前乎？其在已發之中而為之主乎？其無前後內外而渾然一體者乎？今謂心之動靜者，其主有事無事而言乎？其主寂然感通而言乎？其主循理從欲而言乎？若以循理為靜，從欲為動，則於所謂『動中有靜，靜中有動，動極而靜，靜極而動[1]』者，不可通矣。若以有事而感通為動，無事而寂然為靜，則於所謂『動而無動，靜而無靜』者，不可通矣。若謂未發在已發之先，靜而生動，是至誠有息也，聖人有復也，又不可矣。若謂未發在已發之中，則不知未發已發俱當主靜乎，抑未發為靜而已發為動乎，抑未發已發俱無動無靜乎，俱有動有靜乎？幸教！」

未發之中即良知也，無前後內外而渾然一體者也。有事無事可以言動靜，而良知無分於有事無事也。寂然感通可以言動靜，而良知無分於寂然感通也。動靜者所遇之時，心之本體固無分於動靜也。理無動者也，動即為欲，循理則雖酬酢萬變而未嘗動也，從欲則雖槁心一念而未嘗靜也。動中有靜，靜中有動，又何疑乎？有事而感通固可以言動，然而寂然者未嘗有增也；無事而寂然固可以言靜，然而感通者未嘗有減也。「動而無動，靜而無靜」，又何疑乎？無前後內外而渾然一體，則至誠有息之疑，不待解矣。未發在已發之中，而已發之中未嘗別有未發者在；已發在未發之中，而未發之中未嘗別有已發者存。是未嘗無動靜而不可以動靜分者也。凡觀古人言語，在以意逆志❷而得其大旨。若必拘滯於文義，則「靡有孑遺❸」者，是周果無遺民也？周子「靜極而動」之說，苟不善觀，亦未免有病。蓋其意從太極動而生陽，靜而生陰說來，太極生生之理，妙用無息而常體不易。太極之生生即陰陽之生生，就其生生之中指其妙用無息者而謂之動，謂之陽之生，非謂動而後生陽也；就其生生之中指其常體不易者而謂之靜，謂之陰之生，非謂靜而後生陰也。若果靜而後生陰，動而後生陽，則是陰陽動靜截然各自為一物矣。陰陽，一氣也，一氣屈伸而為陰陽；動靜，一理也，一理隱顯而為動靜。春夏可以為陽為動，而未嘗無陰與靜也；秋冬可以為陰為靜，而未嘗無陽與動也。春夏此不息，秋冬此不息，皆可謂之陽，謂之動也。春夏此常體，秋冬此常體，皆可謂之陰，謂之靜也。自元會運世❹歲月日時以至刻秒忽微❺，莫不皆然。所謂「動靜無端，陰陽無始❻」，在知道者默而識之，非可以言語窮也。若只牽文泥句，比擬倣像，則所謂心從《法華》轉，非是轉《法華》矣❼。

【章　旨】回答有關陰陽動靜等問題。

【注　釋】❶動中有靜四句　係從周敦頤〈太極圖說〉「太極動而生陽，動極而靜，靜而生陰，靜極復動，一動一靜，互為其根，分陰分陽，兩儀立焉」（見《周子全書》卷一）等語概括出來的話。❷以意逆志　語出《孟子・萬章上》。意為用自己的切身體驗去揣測作者的本意。❸靡有孑遺　語出《詩經・大雅・雲漢》：「周餘黎民，靡有孑遺。」意為周朝剩餘的百姓，沒有一個存留。❹元會運世　邵雍《皇極經世書》以「元會運世」來說明天地的終始更替之數。一元十二會，一會三十運，一運十二世。一世三十年，一運三百六十年，一會一萬零八百年，一元一十二萬九千六百年。❺刻秒忽微　均形容時間的短暫。❻動靜無端二句　程頤語，見《河南程氏經說》卷一〈易說．繫辭〉。❼心從法華轉二句　典出《壇經》。僧人法達常誦《法華經》七年，心迷不知正法之處，惠能指點他：「法達！心行轉《法華》，不行《法華》轉；心正轉《法華》，心邪《法華》轉。開佛知見轉《法華》，開眾生知見被《法華》轉。」佛教以誦經為「轉」，而轉又有轉動、轉變之義。惠能之意為：法達誦《法華》，不是以己心體貼經意，而僅為其字句所牽繫。

【語譯】來信說：「這心未發的本體，是在已發之前就已存在了呢？還是在已發之中起主宰作用？還是沒有前後內外之分而渾然一體呢？現在您所說的心的動靜，是主要就有事無事而言呢？還是主要就它的寂然感通而言？還是主要就它能循理從欲而言呢？如果以循理為靜，從欲為動，那就同周濂溪所說的『動中有靜，靜中有動，動極而靜，靜極而動』的話不能相通了。如果以有事而感通為動，無事而寂然為靜，則又同周濂溪所說的『動而無動，靜而無靜』不能相通了。如果說未發在已發之先，靜而生動，那就是至誠有息，聖人也有要復性的時候，這又不通了。如果說未發就在已發之中，則不知未發、已發都應主靜呢？還是未發為靜而已發為動呢？又或者未發已發都無動無靜呢？還是都有動有靜呢？希望您不吝賜教！」

未發之中就是良知，良知是沒有前後內外而渾然一體的。有事、無事可以說是動靜，但良知卻並不分有事和無事。寂然、感通可以說是動靜，但良知卻不分寂然和感通。動靜是根據心所遇之時來區分的，心的本體卻本無動靜之分。理是不動的，動了就是欲念，遵循理就即使應對千變萬化也是未曾動過，遂欲則即使心如槁木也未曾靜過。動中有靜，靜中有動，又有什麼疑問呢？有事而感通固然可以說是動，但它對寂然不動的心體卻未曾增加什麼；無事而寂然固然可以說是靜，但它對有事而感通卻也未曾減少什麼。「動而無動，靜而無靜」，又有什麼疑問呢？良知不分前後內外而渾然一體，則你那至誠有息的疑問，就不待解答了。未發在已發之中，但已發之中卻並未曾有別的什麼未發存在；已發在未發之中，但未發之中卻未曾有別的什麼已發存在。心不是沒有動靜，卻不能用動靜來加以區分。但凡看古人的言辭，在於用自己的切身體驗來推測古人的大意。如果一定要拘泥於文義，則《詩經．大雅．雲漢》所說的「周餘黎民，靡有孑遺」，難道是周朝真的沒有人民遺留下來了嗎？周濂溪「靜極而動」的說法，如果不善於考察，也難免有毛病。大概他的本意是從太極動而生陽，靜而生陰說起，再說到太極生生不息的道理，以及它的妙用永無停息但它的常體卻永遠不會改變。太極的生養眾生也就是陰陽的生養眾生。就它的生養眾生之中指出它的妙用永無停息就叫它動，說的是陽的產生，而不是說動之後才產生陽；就它的生養眾生之中指出它的常體永遠不會改變就叫它靜，說的是陰的產生，而不是說靜之後才產生陰。如果真的靜而後生陰，動而後生陽，那就意味著陰陽動靜截然分開各自為一個東西了。陰陽，是同一種氣。這氣因屈伸變化才成為陰陽。動靜，是同一道理，這道理因隱顯不同才分為動靜。春夏可以說是陽和動，但也未嘗就沒有陰和靜；秋冬可以說是陰和靜，卻也未嘗就沒有陽和動。春夏有這生生不息，秋冬也有這生生不息，都可以叫作陽，叫作動；春夏有這不變的常體，秋冬也有這不變的常體，都可以稱為陰，稱為靜。從元會運世歲月日時到刻秒忽微，莫不如此。所謂「動靜無端，陰陽無始」，在於明白大道的人在心裡默默地加以區分，不是可以用言語窮盡的。如果只是拘泥於文句，一味地比擬摹倣，那就是《壇經》裡講的心隨《法華經》轉，而不是在誦習《法華經》了。

【研　析】周敦頤〈太極圖說〉講「太極動而生陽，動極而靜，靜而生陰」，表述確有欠嚴密處，給人一種割裂陰陽辯證關係的感覺。後來程頤說「道者，一陰一陽也，動靜無端，陰陽無始」、「動靜相因而成變化」（《河南程氏經說》卷一〈易說・繫辭〉），就比周敦頤精密得多。朱熹也曾對周敦頤的表述多次加以重新闡釋，以補苴周氏的罅漏。例如他說：「『太極動而生陽，靜而生陰』，非是動而後有陽，靜而後有陰，截然為兩段，先有此而後有彼也。只太極之動便是陽，靜便是陰。方其動時，則不見靜；方其靜時，則不見動。然動而生陽，亦只是且從此說起。陽動以上，更有在，程子所謂『動靜無端，陰陽無始』，於此可見。」（《朱子語類》卷九四）王陽明的「陰陽，一氣也，一氣屈伸而為陰陽；動靜，一理也，一理隱顯而為動靜」，雖然也包含著自己的理解，但基本觀點仍來自程頤的「動靜無端，陰陽無始」。由此也可看出陽明對二程某些思想是有所繼承的。

來書云：「嘗試於心喜怒憂懼之感發也，雖動氣之極，而吾心良知一覺，即罔然消阻❶，或遏於初，或制於中，或悔於後。然則良知常若居優閒無事之地而為之主，於喜怒憂懼若不與焉者，何歟？」

知此則知未發之中，寂然不動之體而有發而中節之和，感而遂通之妙矣。然謂「良知常若居於優閒無事之地」，語尚有病。蓋良知雖不滯於喜怒憂懼，而喜怒憂懼亦不外於良知也。

【章　旨】回答「良知」與喜怒憂懼的關係問題。

【注　釋】❶罔然消阻　罔然，渾然不覺的樣子。消阻，消失；消除。

【語　譯】來信說：「我曾經試過，當我內心喜怒憂懼各種情感迸發之時，即使內心激動之極，只要我良知一覺醒，這一切即不知不覺全都消失。有時是情感一開始就被遏制，有時是感發中被制止，有時則事後翻悔。那麼良知好像總是處在悠閒無事的境地卻能主宰心情，又同喜怒憂懼之情似乎沒有什麼關係，這是什麼道理？」

懂得這個就懂得什麼是未發之中，並懂得為什麼寂然不動的本體卻有發而中節之和，感而遂通的妙用了。但你說的「良知好像總是處於悠閒無事的境地」，這話尚有毛病。良知雖然不受喜怒憂懼的牽拘，但喜怒憂懼卻並不在良知之外。

【研　析】陽明說「喜怒憂懼亦不外於良知」，意思是人不可能沒有喜怒憂懼各種情感，但這些情感的發露一定要符合某種規範，即所謂「發而皆中節」。達到了這種境界，情感與「良知」

也就和諧地統一起來了。

來書云：「夫子昨以良知為照心，竊謂良知心之本體也，照心人所用功，乃戒慎恐懼之心也，猶思也，而遂以戒慎恐懼為良知，何歟？」

能戒慎恐懼者，是良知也。

【章旨】回答戒慎恐懼是否是「良知」的問題。

【語譯】來信說：「先生在上封信中把良知說成照心，我私心認為『良知』是心的本體，照心是人所用的功夫，也就是戒慎恐懼之心，這仍是要通過思考才做得到的，先生卻把戒慎恐懼說成良知，是什麼道理呢？」

能做到戒慎恐懼，就是良知了。

【研析】按照陽明一貫的說法，良知作為本體，是寂然不動的，現在他卻說「能戒慎恐懼者，是良知也」，是把良知的「功用」當作了「本體」。這大約就是所謂「體用一源」思想的具體運用吧。

來書云：「先生又曰『照心非動也』，豈以其循理而謂之靜歟？『妄心亦照也』，豈以其良知未嘗不在於其中，未嘗不明於其中，而視聽言動之不過則者皆天理歟？且既曰妄心，則在妄心可謂之照，而在照心則謂之妄矣。妄與息何異？今假妄之照以續『至誠之無息』，竊所未明，幸再啟蒙❶。」

「照心非動」者，以其發於本體明覺之自然而未嘗有所動也。有所動即妄矣。「妄心亦照」者，以其本體明覺之自然者未嘗不在於其中，但有所動耳。無所動即照矣。「無妄無照」，非以妄為照，以照為妄也。照心為照，妄心為妄，是猶有妄有照也。有妄有照則猶貳也，貳則息矣；「無妄無照」則不貳，不貳則不息矣。

【章　旨】回答有關「照心」與「妄心」的問題。

【注　釋】❶啟蒙　開啟蒙昧，此為謙詞。

【語　譯】來信說：「先生又說『照心是不動的』，難道是因為它遵循天理才叫它靜嗎？又說

『妄心也是明覺』，莫非是因為良知未嘗不在妄心之中，良知未嘗不在妄心之中，明覺就能使視聽言動都不背離法則而都是天理嗎？況且既然叫作妄心，那麼在妄心之中的可以叫作明覺，在照心之中的就只能叫邪妄了。邪妄同停息有什麼不同？現在您藉妄心之中所包含的那點明覺來連通《中庸》的『至誠無息』，我還有點弄不明白，請再加教誨。」

我說「照心是不動的」，是因為它發自本體的明覺自然而未曾有所動；如果有所動，那就是妄心了。我說「妄心也是明覺」，是因為那明覺自然的本體未嘗不在妄心之中，只是它有所動罷了。如果它無所動，那就是照心了。我說「無妄無照」，並非把妄叫作照、把照叫作妄。但如果只說照心就是照心，妄心就是妄心，那就還是有照與妄的對立。有照與妄的對立，那就猶如把心這一本體分作兩個東西看待。分作兩個東西看待那就是「至誠有息」了。我說「無妄無照」就不是把它作兩個東西看待，不把它作兩個東西看待也就「至誠無息」了。

【研　析】陽明說「照心非動」、「妄心亦照」、「無妄無照」，都只是強調一個意思，即心作為明覺的本體是從無消失、泯滅之時的，且本體只有一個，不存在有「照心」、「妄心」之別。所謂「照」、「妄」，都只是同一心體處於「靜」與「動」兩種不同狀態下的變化，而並非是本體本身有所改變。這樣就維護了心一元論而否定了心二元論。

但是從嚴格的邏輯意義上講，陽明的解釋仍是有疑點的：既然「妄」是心體「有所動」的結果，那麼心體這種「有所動即妄」的原因又是什麼呢？看來他無法回答這個問題。

來書云：「養生以清心寡欲為要。夫清心寡欲，作聖之功畢矣。然欲寡則心自清。清心非舍棄人事而獨居求靜之謂也，蓋欲使此心純乎天理而無一毫人欲之私耳。今欲為此之功，而隨人欲生而克之，則病根常在，未免滅於東而生於西。若欲刊剝洗蕩於眾欲未萌之先，則又無所用其力，徒使此心之不清。且欲未萌而搜剔以求去之，是猶引犬上堂而逐之也，愈不可矣。」

必欲此心純乎天理而無一毫人欲之私，此作聖之功也。必欲此心純乎天理而無一毫人欲之私，非防於未萌之先而克於方萌之際，不能也。防於未萌之先而克於方萌之際，此正《中庸》「戒慎恐懼」、《大學》「致知格物」之功，舍此之外，無別功矣。夫謂「滅於東而生於西」、「引犬上堂而逐之」者，是自私自利、將迎意必❶之為累，而非克治洗蕩之為患也。今曰「養生以清心寡欲為要」，只「養生」二字便是自私自利、將迎意必之根。有此病根潛伏於中，宜其有「滅於東而生於西」、「引犬上堂而逐之」之患也。

【章　旨】回答「清心寡欲」的問題。

【注　釋】❶將迎意必　將迎，語出《莊子‧知北遊》：「不傷物者，物亦不能傷也。唯無所傷者，為能與人相將迎。」將迎，指心與外物交接，不順而逆。意必，語出《論語‧子罕》：「子絕四：毋意，毋必，毋固，毋我。」意為猜度臆測，必指絕對肯定。

【語　譯】來信說：「養生以清心寡欲最為重要。能做到清心寡欲，造就聖人的功夫就全在此了。但欲望寡少心裡就自然清明。清心並非說要放棄人情事務而獨居以求清靜，大約只是要使這心純粹只有天理而沒有一毫人欲之私罷了。現在如果想做這清心寡欲的功夫，卻追隨人欲的滋生才加以克服，那就病根常在，難免東面消滅了西面又會滋生出來。如果想在人欲尚未滋生之前就將它消除蕩滅，卻又不僅沒地方用力，反而平白地使自心不清靜。況且欲望還未萌生就搜尋挑剔以求克去，就好比把狗叫到廳堂上再把牠趕出去，就更加不行了。」

一定要使此心純是天理而沒有一毫人欲之私，這是造就聖人的功夫。要使此心純是天理而沒有一毫人欲之私，如果不是在私欲尚未萌發之前就加以預防、在私欲萌發之際就加以克服，就不能做到。在私欲尚未萌發之前就加以預防、在私欲萌發之際就加以克服，這正是《中庸》「戒慎恐懼」、《大學》「致知格物」的功夫，除此之外，再沒有別的功夫了。你說的「東面消滅了西面又會滋生出來」、「好比把狗叫到廳堂上再把牠趕出去」之類的話，都是因為自私自利、將迎意必之心在那裡拖累，而不是克治洗蕩所造成的患害。現在你說「養生以清心寡欲最為重要」，這「養生」二字就是自私自利、將迎意必產生的病根。有這病根潛伏在心裡，理所當然就會有「東面消滅了西面又會滋生出來」、「把狗叫到廳堂上再把牠趕出去」的患害了。

【研　析】陽明為什麼說「只『養生』二字便是自私自利、將迎意必之根」？這是因為在他看來，道家的養生只是為了個人形神的修煉，不肯承擔相應的道德和社會義務，與儒家所追求的通過「去人欲」以「存天理」的道德修養是格格不入、不可同日而語的。這雖然是他的一家之見，卻也顯示了儒、道兩家修養論的根本區別。

來書云：「佛氏於不思善、不思惡時認本來面目❶，於吾儒隨物而格之功不同。吾若於不思善、不思惡時用致知之功，則已涉於思善矣。欲善惡不思而心之良知清靜自在，惟有寐而方醒之時耳。斯正孟子『夜氣❷』之說，但於斯光景不能久。倏忽之際，思慮已生。不知用功久者，其常寐初醒而思未起之時否乎？今澄欲求寧靜，愈不寧靜；欲念無生，則念愈生。如之何而能使此心前念易滅，後念不生，良知獨顯而『與造物者遊❸』乎？」

不思善，不思惡時認本來面目，此佛氏為未識本來面目者設此方便。「本來面目」即吾聖門所謂良知。今既認得良知明白，即已不消如此說矣。隨物而格，是致知之功，即佛氏之常惺惺❹，亦是常存他本來面目耳。體段功夫大略相似，但佛氏有個自私自利之心，所以便有不同耳。今欲善惡不思而心之良知清靜自在，此便有自私自利、將迎意必之心。所以有不思善、不思惡時用致知之功，則已涉於思善之患。孟子說「夜氣」，亦只是為失其良心之人指出箇良心萌動處，使他從此培養將去。今已知得良知明白，常用致知之功，即已不消說「夜氣」。卻是得兔後不知守兔，而仍去守株，兔將復失之矣。欲求寧靜、欲念無生，此正是自私自利、將迎意必之病，是以念愈生而愈不寧靜。良知只是一個，良知而善惡自辨，更有何善何惡可思？良知之體本自寧靜，今卻又添一個求寧靜；本自生生，今卻又添一個欲無生。非獨聖門致知之功不如此，雖佛氏之學亦未如此將迎意必也。只是一念良知，徹頭徹尾、無始無終，即是前念不滅，後念不生。今卻欲前念易滅而後念不生，是佛氏所謂斷滅種性❺，入於槁木死灰之謂矣。

【章　旨】回答「欲求寧靜，愈不寧靜；欲念無生，則念愈生」的問題。

【注　釋】❶佛氏句　《五燈會元》卷三記南泉普願禪師語：「不思善，不思惡，思總不生時，還我本來面目來。」本來面目，即自身本來固有的狀態。❷夜氣　語出《孟子・告子上》，指人夜間安靜下來後所發出的善念。❸與造物者遊　指心與大道渾然一體，自然冥合，則能應變無窮。語出《莊子・天下》：「上與造物者遊，而下與外死生無終死者為友。」造物者，即大道。❹惺惺　佛教語，警醒之意。❺種性　佛教語，指種子和性分。

【語　譯】來信說：「佛教主張在不思善、不思惡的狀態中體認自身的本來面目，與我們儒家的隨物而格的功夫不同。我們在不思善、不思惡的狀態下做致知的功夫，就已經涉及到思善了。要想不思善、不思惡就能做到心的良知清靜自在，只有剛睡醒的時候罷了。這正符合孟子的『夜氣』之說，只是這狀況不能持久。轉眼之間，思慮就已產生。不知用功已久的人，是否常處於剛剛睡醒而思慮未起之時呢？現在我越求寧靜，就越不寧靜；越想不起念頭，就越起念頭。怎樣才能使此心前面的念頭易於消滅，後面的念頭又不產生，獨有良知顯現而能像莊子所說的那樣『與造物者遊』？」

在不思善、不思惡時體認自身的本來面目，這是佛教為未能體認自身本來面目的人所設置的方便之門。佛教講的本來面目也就是我們聖門所說的「良知」。如今你既然已經明確地知道什麼是良知，也就不必這樣講了。隨物而格，是致知的功夫，也就是佛教的常惺惺，也就是常保存他的本來面目罷了。儒佛兩家的體驗功夫大致相似，只是因為佛教徒有個自私自利之心，所以就有不同罷了。現在你想善惡不思就能使心的良知清靜自在，這就有自私自利、將迎意必之心。所以你也就有了不思善、不思惡做致知功夫時，就已涉及到思善的患害。孟子說「夜氣」，也只是為失去良心的人指出個良心萌動的所在，讓他們從這裡培養開去。如果他們已明白良知的所在，常在致知方面下功夫，那也就不必再說「夜氣」。如果抓住了兔子後不知道守住兔子，卻去守那樹樁，兔子又將會失去了。你想求寧靜、想不起念頭，這正是犯了自私自利、將迎意必的毛病，所以念頭越生而越不寧靜。良知只是一個，有了良知就自然善惡能辨，還有什麼善惡可思的？良知之體本來就寧靜，現在你卻又偏要添上一個求寧靜；良知本來就生生不息，現在你卻又偏要添上一個想要它不起念頭。不僅我們聖門致知的功夫不這樣，就是佛教也未必這樣將迎意必。只是一念良知，徹頭徹尾、無始無終，就是前念不滅，後念不生。現在你卻要前念易滅而後念不生，這就是佛教講的斷滅種性，進入槁木死灰了。

【研　析】從這段話最能看出陽明「心學」與佛教的聯繫和區別。從聯繫說，陽明說佛教的『「本來面目」即吾聖門所謂良知」、「致知之功，即佛氏之常惺惺」，明確承認兩家「體段功夫大略相似」。就區別說，他還是堅持認為佛教「有個自私自利之心」，「所以便有不同耳」。

來書云：「佛氏又有『常提念頭❶』之說，其猶孟子所謂『必有事❷』、夫子所謂致良知之說乎？其即常惺惺、常記得、常知得、常存得者乎？於此念頭提在之時，而事至物來，應之必有其道。但恐此念頭提起時少，放下時多，則功夫間斷耳。且念頭放失多因私欲、客氣之動而始，忽然驚醒而後提。其放而未提之間，心之昏雜多不自覺。今欲日精日明，常提不放，以何道乎？只此常提不放，即全功乎？抑於常提不放之中更宜加省克之功乎？雖曰常提不放，而不加戒懼克治之功，恐私欲不去；若加戒懼克治之功焉，又為思善之事，而於本來面目又未達一間❸也。如之何則可？」

戒懼克治即是常提不放之功，即是「必有事焉」，豈有兩事邪？此節所問，前一段已自說得分曉，末後卻是自生迷惑，說得支離。及有本來面目未達一間之疑，都是自私自利、將迎意必之為病。去此病，自無此疑矣。

【章　旨】回答「常提念頭」的問題。

【注　釋】❶常提念頭　佛教語，經常自我提醒、警醒之意。❷必有事　語出《孟子・公孫丑上》。❸未達一間　指未能全部達到、尚差一點。語出揚雄《法言・問神》：「顏淵亦潛心於仲尼矣，未達一間。」

【語　譯】來信說：「佛教徒又有『常提念頭』的說法，這就如同孟子所說的『必有事』、先生您所說的致良知嗎？這就是常惺惺、常記得、常知得、常存得的意思嗎？當這念頭常提在心中時，遇到有事情的時候，就一定有個正確的應付原則。只是恐怕這念頭提起來的時候少，放下的時候多，功夫就會間斷哩。況且這念頭的放失多半是因為私欲、外界氣氛的觸動引發，這時要忽然有所警覺才會被提起來。如果在放失而未被提起之時，則心裡的昏暗雜亂多半連自己也不知道。現在想要使這念頭日精日明，常被提著不放，要運用什麼方法呢？是不是常提著不放，即是全部功夫呢？還是要在常常提著不放的同時再加上反省克服的功夫呢？我想即使說常常提著不放，如果不加上戒懼克治的功夫，恐怕私欲也去除不了；如果加上了戒懼克治的功夫，又成了思善之事，這樣就同本來面目相差一點了。要怎樣才行？」

戒懼克治就是常提不放的功夫，也就是孟子講的「必有事焉」，難道有兩回事嗎？你這一段所問的，你自己在上一段話中已講清楚了，後面你卻又來自生迷惑，說得支離破碎。至於你有同本來面目相差一點的疑問，都是因為你有自私自利、將迎意必的毛病。如果把這個毛病克服掉了，自然就沒有這種疑問了。

【研　析】陽明的致良知，本為「存天理，去人欲」的另一種說法。既然要「存」，自然要「常提念頭」；既然要「去」，那就不能不「戒懼克治」。無論「存」也好，「去」也好，都不過是「思善」。「思善」雖同佛教的不思善、不思惡的本來面目不同，但陽明硬要說相同，其目的無非是要論證「心體」是常靜的，不動的。這可以說是陽明利用佛教本體論所留下的一個漏洞，是經不起邏輯追究的。陸澄希望陽明能彌補這一漏洞，所以反覆提出來。其實陽明本人也根本無法自圓其說，他只能反覆強調對方有自私自利、將迎意必的毛病，以維護自己理論的權威性。

來書云：「『質美者明得盡，渣滓便渾化❶。』如何謂『明得盡』，如何而能更『渾化』？」

良知本來自明，氣質不美者渣滓多，障蔽厚，不易開明。質美者渣滓原少，無多障蔽，略加致知之功，此良知便自瑩徹。些少渣滓，如湯中浮雪，如何能作障蔽！此本不甚難曉，原靜所以致疑於此，想是因一

「明」字不明白，亦是稍有欲速之心。向曾面論明善之義，明則誠矣，非若後儒所謂明善之淺也。

【章　旨】回答關於「質美者明得盡，渣滓便渾化」的問題。

【注　釋】❶質美者二句　程顥語。《二程遺書》卷一一云：「質美者明得盡，查（渣）滓便渾然，卻與天地同體。其次莊敬持養，及其至則一也。」

【語　譯】來信說：「明道先生說：『質美者明得盡，渣滓便渾化』，什麼叫『明得盡』？怎樣才能使渣滓『渾化』？」

良知本來就明潔，氣質不美的人渣滓多，遮蔽厚，不容易變明潔。品質美的人渣滓本來就少，沒有多少遮蔽，只要稍稍加上點致知的功夫，這良知自然就晶瑩透徹。有一點點渣滓，就好比熱水上面浮著的雪，又怎能形成遮蔽！這本來不很難懂，你之所以對這話提出疑問，想必是因為一個「明」字沒弄明白，也可能是稍有求速之心。先前我曾同你當面談論明善的道理，明善就能誠意，不像後世儒家所說的明善那樣膚淺。

【研　析】「質美者」、「渣滓」，都是比喻的用法。質美者比喻稟賦純美之人，渣滓比喻稟賦駁雜不純的人。陽明雖然反覆宣稱良知人人具足，愚夫愚婦與聖人同，似乎主張人性面前人人平等，但從這段話來看，他還是承認人的稟賦有差別。這說明他在人性問題上與程、朱理學家有共通之處。

來書云：「聰明睿知果質❶乎？仁義禮智果性乎？喜怒哀樂果情乎？私欲、客氣❷果一物乎，二物乎？古之英才若子房、仲舒、叔度、孔明、文仲、韓、范諸公❸，德業表著，皆良知中所發也，而不得謂之聞道者，果何在乎？苟曰此特生質之美耳，則生知安行者，不愈於學知、困勉者乎？愚意竊云：謂諸公見道偏則可，謂全無聞，則恐後儒崇尚記誦訓詁之過也。然乎？否乎？」

性，一而已。仁義禮知，性之性也；聰明睿知，性之質也；喜怒哀樂，性之情也；私欲、客氣，性之蔽也。質有清濁，故情有過不及，而蔽有淺深也。私欲、客氣一病兩痛，非二物也。張、黃、諸葛及韓、范諸公，皆天質之美，自多暗合道妙，雖未可盡謂之知學，盡謂之聞道，然亦自其有學，違道不遠者也。使其聞學知道，即伊、傅、周、召❹矣。

若文中子，則又不可謂之不知學者。其書雖多，出於其徒，亦多有未是處，然其大略則亦居然可見。但今相去遼遠，無有的然❺憑證，不可懸斷其所至矣。夫良知即是道。良知之在人心，不但聖賢，雖常人亦無不如此。若無有物欲牽蔽，但循著良知發用流行將去，即無不是道。但在常人多為物欲牽蔽，不能循得良知。如數公者，天質既自清明，自少物欲為之牽蔽，則其良知之發用流行處，自然是多，自然違道不遠。學者，學循此良知而已。謂之知學，只是知得專在學循良知。數公雖未知專在良知上用功，而或泛濫於多岐，疑迷於影響，是以或離或合而未純。若知得時，便是聖人矣。後儒嘗以數子者尚皆是氣質用事，未免於行不著、習不察，此亦未為過論。但後儒之所謂著、察者，亦是狃❻於聞見之狹，蔽於沿習之非，而依擬倣象於影響形迹之間，尚非聖門之所謂著、察者也。則亦安得「以己之昏昏而求人之昭昭❼」也乎！所謂生知安行，知行二字，亦是就用功上說；若是知行本體，即是良知良能。雖在困勉之人，亦皆可謂之生知安行矣。知行二字，更宜精察。

【章　旨】回答有關質、性、情、私欲、客氣等方面的問題。

【注　釋】❶質　指生質，生下來就有的品質。❷客氣　指外界的塵俗之氣。❸子房仲舒叔度孔明文仲韓范諸公　子房，張良，字子房，漢朝的開國功臣。仲舒，董仲舒，漢朝著名儒家人物。叔度，黃憲，字叔度，漢代著名的儒者。孔明，諸葛亮，字孔明，三國時蜀國的宰相。文仲，即文中子王通，隋末名儒。韓，指韓愈，唐代著名儒家、文學家。范，指范仲淹，北宋名臣。❹伊傅周召　伊，伊尹，商湯王的大臣。傅，傅說，商王武丁的大臣。周，周公姬旦，周初名臣。召，召公姬奭，周初名臣。❺的然　確切。❻狃　拘泥；因襲。❼以己之昏昏而求人之昭昭　《孟子・盡心下》：「賢者以其昭昭使人昭昭，今也以其昏昏使人昭昭。」昏昏，模糊不清的樣子。昭昭，明白的樣子。

【語　譯】來信說：「聰明睿智真是生質嗎？仁義禮智真是生性嗎？喜怒哀樂真是生情嗎？私欲、客氣究竟是同一東西呢？還是兩個不同的東西？古時的英才像張良、董仲舒、黃憲、諸葛亮、王通、韓愈、范仲淹諸人，道德事業都很顯著，都是從良知中所發出來的，卻不能稱為已了解大道的人，原因究竟何在？如果說他們只不過具備了生質之美罷了，那麼他們就屬於生知安行一類了，那不就超過了學知利行、困知勉行的人了嗎？我私下認為：說以上這些人對大道了解不全面還說得過去，如果說他們全然不了解大道，那就是後世儒者因自己崇尚記誦訓詁而造成的錯誤評價。我這看法對不對？」

　　性，只有一個罷了。仁義禮智是人性的本性，聰明睿智是人性的資質，喜怒哀樂是人性的情感，私欲、客氣是人性的障蔽。資質有清有濁，所以情感有過有不及，而障蔽也有淺有深。私欲、客氣是同一病有兩種痛，並不是兩個不同的東西。張良、黃憲、諸葛亮及韓愈、范仲淹諸人，都具有天質之美，自然同大道多有巧合，即使不能完全稱為知學，完全稱為已了解大道，但是他們也都有各自的學問，離大道並不遙遠。假如他們能聞學知道，那就是伊尹、傅說、周公、召公一流的人物了。至於文中子，又不能說他是不知學的人。他的書雖然多，又出於弟子之手，而且裡面多有不對之處，但是他的大致情況還是顯而易見的。只是如今我們同他相隔年代久遠，又沒有確切的證據，不能憑空斷定他到了何等地步罷了。良知就是道。良知在人心裡，不只是聖人有，就是普通人也都有。如果沒有物欲的牽累障蔽，只是循著良知的發動運用流行開去，就無不是道。只是在普通人那裡，良知多半被物欲牽累障蔽，因而不能依循良知。像上面所說的那幾個人，天質既然已自然清明，自然也較少受物欲的牽累障蔽，那麼他們良知的發動運用流行，自然也就較多，這樣自然也就離大道不遠了。學習，就是要學習遵循這良知罷了。叫作知學，也只是知道專門遵循良知。上述數人雖然尚不知專門在良知上用功夫，而有時徘徊歧路，有時捕風捉影，因此同大道有時背離有時相合而未能純粹。如果他們知學，那就是聖人了。後世儒者曾認為這幾個人都是憑氣質用事，尚未免於行不覺、習不察，也不算過頭的評論。只是後世儒者所謂的著、察，也是拘泥於狹隘的見聞，障蔽於沿襲的錯誤，只是一味依據、摹倣前人的影響形跡，還不是聖門所講的著、察。這樣以己之昏昏，又怎能使人之昭昭呢！所謂生知安行，知行二字也就只是從用功夫的角度說，如果說知行的本體，那就是良知良能。從這一點說，即使是困知勉行的人，也可以叫作生知安行了。知行二字，應再精細體察。

【研析】陽明說：「知行二字，亦是就用功上說；若是知行本體，即是良知良能。」由此可見「知行」與「良知」的關係：從體用關係說，「良知」是本體，「知行」是功用。「知行」的「知」，是知良知，「知行」的「行」，在於循良知。知行由此合一，便是「知得專在學循良知」。

來書云：「昔周茂叔每令伯淳尋仲尼、顏子樂處❶。敢問是樂也，與七情之樂同乎不同乎？若同，則常人之一遂所欲皆能樂矣，何必聖賢；若別有真樂，則聖賢之遇大憂大怒大驚大懼之事，此樂亦在否乎？且君子之心常存戒懼，是蓋終身之憂也，惡得樂？澄平生多悶，未嘗見真樂之趣，今切願尋之。」

樂是心之本體，雖不同於七情之樂，而亦不外於七情之樂；雖則聖賢別有真樂，而亦常人之所同有。但常人有之而不自知，反自求許多憂苦，自加迷棄。雖在憂苦迷棄之中，而此樂又未嘗不存。但一念開明，反身而誠，則即此而在矣。每與原靜論，無非此意。而原靜尚有何道可得之問？是猶未免於騎驢覓驢❷之蔽也！

【章　旨】回答有關孔、顏樂趣的問題。

【注　釋】❶昔周茂叔句　事見《二程遺書》卷二上。周茂叔，即周敦頤。伯淳，即程顥。❷騎驢覓驢　比喻東西就在面前，卻到處去找。《五燈會元》卷二記荷澤神會禪師語：「誦經不見有無義，真是騎驢更覓驢。」

【語　譯】來信說：「先前周濂溪常要伯淳尋找孔子、顏回的樂處。請問這種快樂，與一般的喜、怒、哀、懼、愛、惡、欲七種情感相同還是不同？如果相同，那就意味著人一實現自己的欲望就都會快樂，何必要聖賢才如此；如果另有真正的快樂，那麼聖賢們遇到自己大憂、大怒、大驚、大懼時，這種真正的快樂又是否還存在呢？況且君子內心常存戒懼，這大概是終身的憂患，又怎會快樂？我平生有很多苦悶，未曾感受到那真正的樂趣，很迫切地希望找到。」

樂是心的本體，雖然真樂不同於一般的七情之樂，卻也不在七情之樂之外；雖然聖賢另有真樂趣，但這種真樂趣是普通人所共同具有的。只是普通人有這真樂趣自己並不知，卻反而自己找來許多憂慮苦悶，自己使自己迷惑，放棄真樂。然而即使一個人處於憂傷、痛苦、迷惑、放棄之時，這真樂也未嘗不存在。只要一念萌動，反身而誠，這真樂就存在了。我常同你談論的，無非就是這個意思。你還要問怎樣才能得到真樂做什麼？這樣未免有騎著驢子找驢子的毛病了！

【研　析】「孔、顏樂處」是宋儒極熱門的話題。程頤年輕時遊太學，胡瑗以「顏子所好何學」試諸生，而對程頤之作最為欣賞。程頤以為顏回所獨好者，乃是「學以至聖人之道」。也就是「樂道」。但後來他又有了更深的認識。《二程外書》卷七載：「鮮于侁問伊川曰：『顏子何以能不改其樂？』正叔（即伊川）曰：『顏子所樂者何事？』對曰：『樂道而已。』伊川曰：『使顏子而樂道，不為顏子矣。』」他這裡說如果顏子樂道，就不是顏子，意思是說顏回不只是樂道，而且還踐履道，與道同化了。宋儒論孔、顏樂處者甚多，大致上都把孔、顏的樂於踐履大道、追求一種高遠的精神境界作為其樂趣的內涵。

陽明也推崇孔、顏，孔、顏樂趣自然也是他感興趣的題目。他對孔、顏樂處的理解同宋儒不同。宋儒只是從士大夫個人的思想精神境界上立論，他則把它歸之於本體意義上的所謂「真樂」。這種真樂，不僅孔、顏等聖賢有，連普通人也有，只是看他們是否能認識到。顯而易見，這就是孟子講的「萬物皆備於我矣，反身而誠，樂莫大焉」（《孟子．盡心上》）的意思，是「致良知」的另一種說法。這樣一來，所謂尋找「孔、顏樂處」，也就是「致良知」的同義語了。

來書云：「《大學》以心有好樂、忿懥、憂患、恐懼為不得其正❶，而程子亦謂『聖人情順萬事而無情❷』。所謂有者，《傳習錄》中以病瘧譬之，極精切矣。若程子之言，則是聖人之情不生於心而生於物也。何謂耶？且事感而情應，則是是非非可以就格；事或未感時，謂之有則未形也，謂之無則病根在有無之間，何以致吾知乎？學務無情，累雖輕，而出儒入佛矣，可乎？」

聖人致知之功，「至誠無息」。其良知之體皦如明鏡，略無纖翳❸。妍媸之來，隨物見❹形，而明鏡曾無留染。所謂「情順萬事而無情」也。「無所住而生其心❺」，佛氏曾有是言，未為非也。明鏡之應物，妍者妍，媸者媸，一照而皆真，即是「生其心」處；妍者妍，媸者媸，一過而不留，即是「無所住」處。病瘧之喻，既已見其精切，則此節所問，可以釋然。病瘧之人，瘧雖未發而病根自在，則亦安可以其瘧之未發，而遂忘其服藥調理之功乎！若必待瘧發而後服藥調理，則既晚矣。致知之功無間於有事、無事，而豈論於病之已發未發邪？大抵原靜所疑，前後雖若不一，然皆起於自私自利、將迎意必之為祟。此根一去，則前後所疑，自將冰消霧釋，有不待於問辨者矣。

【章旨】回答「學務無情，累雖輕，而出儒入佛」的問題。

【注釋】❶大學句 《大學》原文為：「所謂脩身在正其心者，身有所忿懥，則不得其正；有所恐懼，則不得其正；有所好樂，則不得其正；有所憂患，則不得其正。」❷聖人情順萬事而無情 程顥〈定性書〉：「夫天地之常，以其心普萬物而無心；聖人之常，以其情順萬物而無情。」❸纖翳 纖，絲毫。喻微小。翳，遮蔽。❹見 同「現」。顯現。❺無所住而生其心 語出《金剛般若波羅蜜經》。

【語譯】來信說：「《大學》認為心裡有好樂、忿怒、憂患、恐懼就不符合正心誠意的要求，而程明道也說『聖人情順萬物而無情』。所謂有情，您在《傳習錄》裡以得了瘧疾來作比喻，已講得極其精切了。如按程明道的說法，則是聖人之情不是生於心而是生於物了。為什麼這樣說呢？有事感觸，人就會產生相應的情感，是是非非之心也就立刻隨之而來；沒事感觸之時，說有情則尚未表露出來，說無情則病根尚在有無之間，又怎能致知呢？學著做到無情，人的累贅雖輕，卻已經脫離儒家進入佛教了，這樣行嗎？」

聖人致知的功夫，就是《中庸》所說的「至誠無息」。這良知的本體亮如明鏡，沒有絲毫遮蔽，美醜之物經它一照，就自然都會顯現，而鏡子本身卻毫無污染殘留，這就是明道所說的「情順萬物而無情」。「無所住而生其心」，這是佛教的話，其實不錯。明鏡照物，美則美，醜則醜，一照而皆真，這就是「生其心」。美就美，醜就醜，一過而不留滯，這就是「無所住」。我的得了瘧疾的比喻，你既然說它極為精切，那麼你這段文字中提出的疑問，也就可以消除了。得了瘧疾的人，病雖未發作但病根仍在，又怎能因病尚未發作，就忘記了服藥、做調理的功夫呢？如果一定要等到瘧疾發作然後才服藥、調理，那就已經遲了。致知的功夫無論有事還是無事都不能間斷，難道還要說什麼病根發作了沒發作？大凡你所質疑的，前後看起來似乎不一致，但都是由於自私自利、將迎意必之心在作怪。這病根一除去，則你前後所疑的，自然都將會冰消霧散，不需要再質疑辯難了。

【研　析】《壇經》記神秀和惠能作偈語，都以明鏡喻心。神秀有「心如明鏡臺」之說，惠能則說「明鏡亦非臺」。陽明這裡公然承認佛教之說「未為非也」，而且也把良知之體比作明鏡，說明他的「心學」除了上繼《孟子》、《中庸》，下承陸九淵之外，還深受禪宗的影響。

《答原靜書》出，讀者皆喜澄善問，師善答，皆得聞所未聞。師曰：「原靜所問，只是知解❶上轉，不得已與之逐節分疏。若信得良知，只在良知上用功，雖千經萬典無不脗合，異端曲學❷，一勘盡破矣，何必如此節節分解？佛家有撲人逐塊❸之喻。見塊撲人，則得人矣；見塊逐塊，於塊奚得哉？」在坐諸友聞知，惕然皆有惺悟❹。此學貴反求，非知解可入也。

【章　旨】此章為錢德洪所加的按語。

【注　釋】❶知解　指對經典字句的了解、解釋。《五燈會元》卷三記百丈懷海禪師語：「但是三乘教，皆治貪瞋等病，祇如今念念若有貪瞋等病，先須治之，不用求覓義句知解。知解屬貪，貪變成病。」❷曲學　一偏之學；有片面性的小學問。❸撲人逐塊　《五燈會元》卷九〈常侍王敬初居士〉條作「師（獅）子齩人，韓獹逐塊」。意為：獅子會齩人，狗卻只會追逐土塊，看錯了目標。撲人，即齩人。韓獹，狗名。塊，土塊。❹惺悟　同「醒悟」。

【語　譯】〈答原靜書〉一傳開，讀者都為陸澄善於提問、先生善於答疑高興，都覺得聞所未聞。先生說：「原靜所問的，都只在字句文義的理解上打轉，我不得已才向他逐節講解。如果相信了良知，只在良知上用功夫，即使千經萬典，也無不吻合；各種異端曲學，也都一勘盡破了，何必要這樣一段一段地分解？佛教有撲人逐塊的比喻。狗看到土塊而撲向人，就能齩到人；牠看到土塊卻奔向土塊，又能從土塊那裡得到什麼呢？」在座的眾學友聽到後，都警覺起來，有所醒悟。這良知之學所貴在反求諸己，不是追求字句文義可以入門的。

【研　析】錢德洪記下陽明的話，顯然是藉陽明之口批評陸澄；也藉對陸澄的批評提醒讀者，陽明的「心學」貴在做道德踐履功夫，而不是理論表述。這提醒雖然切中了陽明理論的實質，卻也暗示了陽明之學理論表述上難以嚴密的缺點。

答歐陽崇一

【題解】歐陽崇一即歐陽德，生平已見《傳習錄》上卷注中。據陽明《年譜》，此書作於明世宗嘉靖五年（西元一五二六年）。信中對良知同見聞、思索的關係及怎樣通過「致良知」來對付機詐、不信等現實問題作了詳細的闡釋。

崇一來書云：「師云：『德性之良知非由於聞見，若由「多聞，擇其善者而從之，多見而識之❶」，則是專求之見聞之末，而已落在第二義。』竊意良知雖不由見聞而有，然學者之知未嘗不由見聞而發。滯於見聞固非，而見聞亦良知之用也。今日落在第二義，恐為專以見聞為學者而言，若致其良知而求之見聞，似亦『知行合一』之功矣。如何？」

良知不由見聞而有，而見聞莫非良知之用。故良知不滯於見聞，而亦不離於見聞。孔子云：「吾有知乎哉？無知也❷。」良知之外，別無知矣。故致良知是學問大頭腦，是聖人教人第一義。今云專求之見聞之末，則是失卻頭腦，而已落在第二義矣。近時同志中蓋已莫不知有致良知之說，言其功夫尚多鶻突❸者，正是欠此一問。大抵學問功夫，只要主意頭腦是當。若主意頭腦專以致良知為事，則凡多聞多見，莫非致良知之功。蓋日用之間，見聞酬酢，雖千頭萬緒，莫非良知之發用流行。除卻見聞酬酢，亦無良知可致矣。故只是一事。若曰致其良知而求之見聞，則語意之間未免為二。此與專求之見聞之末者雖稍不同，其為未得精一之旨則一而已。「多聞，擇其善者而從之，多見而識之」，既云「擇」，又云「識」，其良知亦未嘗不行於其間。但其用意乃專在多聞多見上去擇識，則已失卻頭腦矣。崇一於此等處見得當已分曉，今日之問，正為發明此學，於同志中極有益。但語意未瑩❹，則毫釐千里，亦不容不精察之也。

【章旨】回答良知與見聞的關係問題。

【注釋】❶多聞三句　語出《論語・述而》。識，記住。❷吾有知乎哉二句　語出《論語・子罕》。❸鶻突　糊塗。❹瑩　明白；透徹。

【語譯】你來信說：「先生說：『德性之良知不是由於見聞，如果是由「多聞，擇其善者而從之，多見而識之」，那就是專門從見聞末事去求良知，這樣就已落在第二義。』我私下想，良知雖然不因為見聞才有，但學者的良知卻未嘗不是因為見聞才發露。拘泥於見聞固然不對，但見聞也是良知的運用。現在您說已落入第二義，恐怕是針對那些專門以見聞為學的人而言，如果是因為致良知而求見聞，似乎也是『知行合一』的功夫了。這看法怎樣？」

良知不因為見聞而存在，但見聞卻莫非良知的運用。所以良知不拘泥於見聞，卻也不脫離見聞。孔子說：「我有知嗎？我無知。」可見良知之外，再沒別的知了。所以致良知是學問的首要之事，是聖人教人的第一義。如果是專門探求見聞末事，那就丟掉了首要之事，已落在第二義了。現在與我們志同道合的人沒有不知我這致良知之說的，然而對致良知的功夫還多半糊糊塗塗，正因為欠缺你這一問。大凡學問功夫，只是要思想綱領正確。如果從思想綱領上能以致良知為事，那麼所有的多聞多見，也無非是致良知的功夫。這樣就能在日用之間，遇到各種見聞應酬，縱使千頭萬緒，也無非是良知的發用流行。去掉了見聞應酬，也就沒什麼良知可致了。所以都是一回事。如果說為了致良知才求見聞，那就意味著致良知和求見聞尚是兩回事。這同專門探求見聞末事的做法雖有不同，但尚未明白「惟精惟一」要旨的缺點卻是相同的。孔子講「多聞，擇其善者而從之，多見而識之」，既說「擇」，又說「識」，那就意味著良知並非沒有運用在其間。只是如果他的心專門用在多聞多見上去擇識，那就丟失首務了。你在這些問題已看得比較正確、清楚，如今提問，正是為了闡明我這良知之學，對我們的志同道合者極有益處。只是語意尚未清晰，就會失之毫釐差以千里，也就不容我不精細辨析了。

【研析】求見聞與致良知的問題，實際上就是《中庸》所講的「道問學」與「尊德性」的問題。陽明在很多場合都貶斥見聞，沒能將見聞同良知的關係講明白。這段話則十分透徹地闡明了兩者的關係。「良知不滯於見聞，而亦不離於見聞」，「除卻見聞酬酢，亦無良知可致矣」等語，都從「知行合一」的角度肯定了兩者的辯論關係。只是他所說的「見聞」，與一般的「見聞」也有區別，他所講的「見聞」主要限於倫理意義上的「見聞」，如「見父母自然知孝，見兄長自然知悌」之類，一般的「見聞」則指追求知識學問，意義廣泛得多。

來書云：「師云：『《繫》❶言「何思何慮」，是言所思所慮只是天理，更無別思別慮耳。非謂無思無慮也。心之本體即是天理，有何可思慮得？學者用功，雖千思萬慮，只是要復他本體，不是以私意去安排思索出來。若安排思索，便是自私用智矣。學者之敝大率非沉空守寂❷，則安排思索。』德辛壬之歲❸，著前一病，近又著後一病。但思索亦是良知發用，其與私意安排者何所取別？恐認賊作子❹，惑而不知也。」

「思曰睿」、「睿作聖」❺、「心之官則思，思則得之❻」，思其可少乎！沉空守寂與安排思索，正是自私用智，其為喪失良知一也。良知是天理之昭明靈覺處，故良知即是天理，思是良知之發用。若是良知發用之思，則所思莫非天理矣。良知發用之思自然明白簡易，良知亦自能知得。若是私意安排之思，自是紛紜勞擾，良知亦自會分別得。蓋思之是非邪正，良知無有不自知者。所以認賊作子，正為致知之學不明，不知在良知上體認之耳。

【章　旨】回答良知與「思索安排」的關係問題。

【注　釋】❶繫　指《易傳・繫辭》。❷沉空守寂　沉溺於虛無，自守於寂靜。❸辛壬之歲　辛，指辛巳年，即明武宗正德十六年（西元一五二一年）。壬，指壬午年，即明世宗嘉靖元年（西元一五二二年）。❹認賊作子　喻錯認了對象。《五燈會元》卷七玄沙思備禪師語：「這個喚作認賊為子。」❺思曰睿睿作聖　思慮應通達，通達方能聖明。均出自《尚書・洪範》。睿，通達。❻心之官則思二句　語出《孟子・告子上》。

【語　譯】來信說：「先生說：『〈繫辭〉說「何思何慮」，是說所思所慮的都是天理，再無別的思慮罷了。也不是說完全沒有思慮。心的本體就是天理，有什麼可思慮的？學者用功，即使千思萬慮，也只是要恢復他的本體，而不是憑私意安排思索出來。如果安排思索，就是自私用智了。學者的毛病大概不是沉空守寂，就是安排思索。』我自辛巳到壬午年間犯的是前一種毛病，最近又犯上了後一種毛病。只是思索也是良知的發出運用，它與私意安排有什麼區別呢？我怕認賊作子，迷惑不知呢。」

《尚書・洪範》說「思曰睿」、「睿作聖」，孟子說「心之官則思，思則得之」，思又怎能缺少呢！沉空守寂和安排思索，都正是自私用智，它們在喪失良知這一點上是相同的。良知是天理的昭明靈覺之處，所以良知就是天理。思慮是良知的發散運用。如果是良知發散運用的思慮，則所思慮的就沒有不是良知了。良知發散運用的思慮自然明白簡易，良知也自然能知道。如果是私意安排的思慮，自然是紛紜攪擾的，良知也自然能加以區別。大凡思慮的是非邪正，良知沒有不自然知曉的。所以你那認賊作子的說法，正是因為對致良知的學說不明瞭，不懂得在良知上體認罷了。

【研　析】在本段裡，陽明對良知與思慮的關係作了較細緻的辨析。他把「思」分成兩種，一種是「良知發用之思」，這種「思」只限於思天理，是值得肯定的；一種是「私意安排之思」，這種「思」會擾亂人的心緒，導致人走向邪惡，因而陽明加以否定。這樣他就把良知與「思」的關係理清並統一了起來。

來書又云：「師云：『為學終身只是一事，不論有事無事只是這一件，若說寧不了事，不可不加培養，卻是分為兩事也。』竊意覺精力衰弱，不足以終事者，良知也；寧不了事，且加休養，致知也。如何卻為兩事？若事變之來，有事勢不容不了，而精力雖衰，稍鼓舞亦能支持，則持志以帥氣❶可矣。然言動終無氣力，畢事則困憊已甚，不幾於暴其氣已乎？此其輕重緩急，良知固未嘗不知。然或迫於事勢，安能顧精力；或困於精力，安能顧事勢。如之何則可？」

寧不了事，不可不加培養之意，且與初學如此說，亦不為無益。但作兩事看了，便有病痛在。孟子言「必有事焉」，則君子之學終身只是「集義」一事。義者，宜也，心得其宜之謂義。能致良知則心得其宜矣。故「集義」亦只是致良知。君子之酬酢萬變，當行則行，當止則止，當生則生，當死則死，斟酌調停，無非是致其良知以求自慊❷而已。故「君子素其位而行❸」，「思不出其位❹」。凡謀其力之所不及，而強其知之所不能者，皆不得為致良知；而凡「勞其筋骨，餓其體膚，空乏其身，行拂亂其所為，動心忍性，以增益其所不能❺」者，皆所以致其良知也。若云寧不了事，不可不加培養者，亦是先有功利之心較計成敗利鈍，而愛憎取舍於其間。是以將了事自作一事，而培養又別作一事。此便有是內非外之意，便是自私用智，便是「義外❻」，便有「不得於心，勿求於氣❼」之病，便不是致良知以求自慊之功矣。所云鼓舞支持，畢事則困憊已甚，又云迫於事勢，困於精力，皆是把作兩事做了，所以有此。凡學問之功，一則誠，二則偽。凡此皆是致良知之意欠誠一真切之故。《大學》言誠其意者「如惡惡臭，如好好色，此之謂自慊」。曾見有惡惡臭、好好色而須鼓舞支持者乎，曾見畢事則困憊已甚者乎，曾有迫於事勢、困於精力者乎？此可以知其受病之所從來矣。

【章旨】回答「寧不了事，且加休養」的問題。

【注 釋】❶持志以帥氣 《孟子·公孫丑上》：「夫志，氣之帥也。氣，體之充也。夫志至焉，氣次焉。故曰：持其志，無暴其氣。」帥，統帥。❷慊 滿足；滿意。❸君子素其位而行 語出《中庸》。素，朱熹注：「猶見在也。」❹思不出其位 語出《論語·憲問》。位，指職位。❺勞其筋骨六句 語出《孟子·告子下》：「故天將降大任於斯人也，必先苦其心志，勞其筋骨，餓其體膚，空乏其心，行拂亂其所為，所以動心忍性，曾（增）益其所不能。」行拂亂其所為，朱熹注：「拂，戾也，言使之所為不遂，多背戾也。」❻義外 《孟子·告子上》引告子曰：「仁，內也，非外也；義，外也，非內也。」❼不得於心二句 語出《孟子·公孫丑上》。這是告子的話，意為：如果不得於心，即不必求助於氣。把「心」與「氣」區分為兩個不同的東西。

【語 譯】來信又說：「先生說：『為學終身只是一件事，不論有事、無事都只是這一件事。說寧願沒把事情做完，也不能不對良知加以培養，卻是把做事和培養良知分成兩回事了。』我私下認為：能覺察出自己精力衰弱，不足以完成事情，這就是良知；寧願事情沒有完結，姑且加以休養，這就是致良知。怎麼卻是兩回事？如果有緊急事情來了，情勢迫使人不得不把事情做完，這時精力雖然衰弱，稍稍振作也還能支持，那就保持志向鼓足勇氣，也是可以的。但是當他說話行動全無力氣，要完成任務就會疲憊過度，不是差不多跟孟子所說的濫用自己的志氣一樣了嗎？這裡面的輕重緩急，良知本來不會不知道。但有時迫於事勢，又怎能顧及精力；有時困於精力，又怎能顧及事勢。究竟該怎樣才對？」

寧願不完成事情，也不能不培養良知這意思，如果同初學者說說，也不算無益。只是把做事和培養良知當作兩回事看了，就有毛病。孟子講「必有事焉」，就是說君子終身只是「集義」一件事。義，是宜的意思，心得其宜就叫作義。能致良知就心得其宜了。所以「集義」也只是致良知。君子應對千變萬化，當行則行，當止則止，當生則生，當死便死，斟酌調攤，無非是推致他的良知以求得自心滿意而已。所以《中庸》說「君子素其位而行」，曾子說「君子思不出其位」。凡是考慮自己能力做不到的，強迫自己智力達不到的，都不能算是致良知。而凡是像孟子講的「勞其筋骨，餓其體膚，空乏其身，行拂亂其所為，所以動心忍性，增益其所不能」，都是致良知。如果說寧願沒完成事情，也不能不加以培養，那就是先有功利之心計較事情的成敗利害，而對它採取愛憎取捨的態度。這是把完成事情看作一回事，而把培養良知看作另一回事。這就有肯定內心否定外物之意，就是自私用智，就是告子「義外」的觀點，從而也就會有告子那種「不得於心，勿求於氣」的毛病，就不是致良知以求自我滿意的功夫了。你所說的振作支持，完成事情就疲憊過度，又說迫於事勢、困於精力，都是把做事與致良知當作兩事來做，所以有這種毛病。凡學問功夫，專一則誠，有二心就偽。所有你這些毛病都是因為你致良知之意欠精誠專一真切的緣故。《大學》說誠意的人「如惡惡臭，如好好色，這就叫作自我滿意」。你看到過有厭惡惡臭、喜好美色而需要振作支持的嗎，看到過完成事情就疲憊過度的嗎，看到過有迫於事勢、困於精力的嗎？這就可以知道你產生毛病的緣由了。

【研　析】「寧不了事，不可不加培養」的問題，周衝在給陽明的信中提出過，陽明已作出過簡明的答覆，見〈啟問道通書〉。這裡歐陽德又提出這個問題，陽明解答雖詳，基本觀點卻並無二致，兩書信可以互相參看。

來書又有云：「人情機詐百出，御之以不疑，往往為所欺；覺則自入於逆億❶。夫逆詐，即詐也；億不信，即非信也。為人欺又非覺也，不逆不億而常先覺，其惟良知瑩徹乎！然而出入毫忽之間，背覺合詐❷者多矣！」

不逆不億而先覺，此孔子因當時人專以逆詐億不信為心，而自陷於詐與不信；又有不逆不億者，然不知致良知之功，而往往又為人所欺詐，故有是言，非教人以是存心而專欲先覺人之詐與不信也。以是存心，即是後世猜忌險薄者之事；而只此一念，已不可與入堯舜之道矣。不逆不億而為人所欺者，尚亦不失為善，但不如能致其良知而自然先覺者之尤為賢耳。崇一謂其惟良知瑩徹者，蓋已得其旨矣。然亦穎悟所及，恐未實際也。蓋良知之在人心，亙萬古❸，塞宇宙而無不同，不慮而知，恆「易以知險❹」，不學而能，恆「簡以知阻❺」，「先天而天不違，天且不違，而況於人乎！況於鬼神乎❻！」夫謂背覺合詐者，是雖不逆人，而或未能無自欺也；雖不億人，而或未能果自信也。是或常有求先覺之心而未能常自覺也。常有求先覺之心，即已流於逆億，而足以自蔽其良知矣。此背覺合詐之所以未免也。君子學以為己，未嘗虞❼人之欺己也，恆不自欺其良知而已；未嘗虞人之不信己也，恆自信其良知而已；未嘗求先覺人之詐與不信也，恆務自覺其良知而已。是故不欺則良知無所偽而誠，誠則明矣；自信則良知無所惑而明，明則誠矣。明誠相生，是故良知常覺常照；常覺常照，則如明鏡之懸，而物之來者自不能遁其妍媸矣。何者？不欺而誠，則無所容其欺，苟有欺焉而覺矣；自信而明，則無所容其不信，苟不信焉而覺矣。是謂「易以知險」，「簡以知阻」。子思所謂「至誠如神」，「可以前知」❽者也。然子思謂如神，謂「可以前知」，猶二而言之，是蓋推言思誠者之功效，是猶為不能先覺者說也。若就至誠而言，則至誠之妙用即謂之神，不必言「如神」。至誠則無知而無不知，不必言「可以前知」矣。

【章　旨】回答怎樣對待機詐不信的問題。

【注　釋】❶逆億　出於《論語・憲問》：「不逆詐，不億不信，抑亦先覺者，是賢乎！」逆，預先懷疑他人。億，毫無根據地猜測別人。❷背覺合詐　背離預先覺察的賢者之道而合於機詐。❸亙萬古　亙，延續不斷、萬古長存之意。❹易以知險　語出《易傳・繫辭》：「夫乾，天下之至健也，德行恆易以知險。」易，易略；平易簡略。❺簡以知阻　語出《易傳・繫辭》：「夫坤，天下之至順也，德行恆簡以知阻。」簡，簡靜。阻，險阻。❻先天而天不違四句　語出《周易・乾卦・文言》。違，背離。❼虞　預料；猜測。❽至誠如神二句　語出《中庸》。前知，預先知道。

【語　譯】來信又說：「人情機巧變詐百出，如果不以疑心對付，就往往被人所欺騙；如果預先覺察就陷入預先懷疑、猜測。預先懷疑別人機詐，本身就是機詐；猜測別人不老實，本身就是不老實。被人家欺騙又不符合賢者的先覺之道，不預先懷疑、猜測而又常能先覺，怕只有良知明白透徹的人才做得到呢！然而只要有絲毫的出入，就多半流入背離先覺而迎合機詐了！」

不預先懷疑他人欺詐、猜測他人不誠實而又能預先覺察他人的欺詐和不誠實，這是孔子因當時有些人專門以懷疑欺詐、猜測不誠實為心，結果使自己陷入欺詐與不誠實；又有些人雖然不預先懷疑、猜測，卻因為不懂得致良知的功夫，又往往被他人所欺詐，所以才有「不逆詐，不億不信，抑亦先覺者，是賢乎」這番話，並非教導人們以機詐存心而專門預先覺察他人的欺詐與不誠實。以機詐存心，這是後世猜忌、陰險、淺薄者的事情；而只要有這麼一個念頭，就不能同他一起進入堯、舜之道了。不預先懷疑、猜測而被人欺騙的，尚不失為善人，只是不如能致其良知而自然預先覺察的人更為賢明罷了。你說這只有良知明白透徹的人才做得到，大概已得到要領了。但只要生性穎悟的人也能做到，這樣的人恐怕實際上未必就已良知明白透徹。良知之在人心，綿延萬古，充塞宇宙而無不同，可以不慮而知，常常「易以知險」，不學而能，常常「簡以知阻」，像〈文言〉所說的「先天而天不違，天且不違，而況於人乎！況於鬼神乎！」你說的背離先覺而合乎機詐，雖然沒預先懷疑人，卻也許不能做到不自欺；雖然沒預先猜測人，卻也許未能做到真正自信。這也許是常有追求先覺之心卻並未能常自覺。一個人常有追求先覺之心，就已流入懷疑、猜測，而這樣就足以遮蔽自己的良知了。這就是之所以不能免於背離先覺、迎合機詐的原因。君子學習是為了提高自己的修養，而未曾預料人家欺騙自己，總是不欺騙自己的良知而已；未曾預料人家不相信自己，總是相信自己的良知而已；未曾欲求先覺他人的欺詐和不誠信，總是從事覺察自己的良知而已。所以不欺詐就良知無所偽飾而誠實，誠實就光明了；自信就良知無所困惑而明覺，明覺就誠實了。光明與誠實相生，所以良知就能常覺常照；能常覺常照，就像掛著一面明鏡，凡來照鏡的就美醜無法遁形。這是為什麼？是因為不欺就誠實，誠實則不能容受欺詐，如果有欺詐就會覺察了；自信就明覺，明覺就不能容受不誠實，如果有不誠實就會覺察了。這就叫作「易以知險」、「簡以知阻」，也就是子思在《中庸》中所講的「至誠如神」，「可以前知」了。但子思講「如神」，講「可以前知」，還是把它們當作兩回事來說，他大概只是推論思誠之事的功效，是針對那些不能先覺的人講的。如果是針對至誠之人而言，那麼至誠的妙用就叫作神，不必說「如神」；至誠就無知而無不知，也就不必說「可以前知」了。

【研　析】儒家講究道德自我完善，以誠信待人，但現實社會是複雜的，機詐、欺騙是在所難免的。這樣就存在著怎樣對待機詐、欺騙的問題。孔子提出的「不逆詐，不億不信」卻又能「先覺」的辦法，從分寸上是很難把握的，甚至可以說是有矛盾的，歐陽德提出的疑問便是這種矛盾的反映。陽明則企圖用他的「致良知」的學說來解決這個問題。他宣稱「良知之在人心，亙萬古，塞宇宙而無不同」，有了良知就能「易以知險」、「簡以知阻」，能「無知而無不知」，實際上已置現實問題於不顧，而陷入對「良知」、「神」效的誇誇其談。這可以說是「良知」在「無奈」的現實面前所表現的一種「無奈」，儘管其中也包含著美好的道德理想。

答羅整庵少宰書

【題解】羅整庵，羅欽順（西元一四六五～一五四七年），字允升，號整庵，江西泰和（今江西泰和）人，弘治六年（西元一四九三年）進士，官至南京吏部尚書。少宰，吏部侍郎的別稱，羅欽順給陽明寫信時，正官任南京吏部右侍郎，故陽明以少宰稱之。據陽明《年譜》「（正德十五年）六月，（陽明）如贛。……十八日，至吉安，遊青原山，和黃山谷詩，遂書碑，行至泰和，少宰羅欽順以書問學，先生答曰」云云，可知此信作於正德十五年（西元一五二〇年）。羅給陽明的信，保存在羅著《困知記》附錄卷五。本文陽明針對羅對他背離程、朱的責難作了詳盡的闡釋。

某頓首啟：昨承教及《大學》。發舟匆匆，未能奉答。曉來江行稍暇，復取手教而讀之。恐至贛❶後人事復紛沓，先具其略以請。

來教云：「見道固難，而體道尤難。道誠未易明，而學誠不可不講，恐未可安於所見而遂以為極則也。」

幸甚，幸甚！何以得聞斯言乎！其敢自以為極則而安之乎！正思就天下之有道以講明之耳。而數年以來，聞其說而非笑之者有矣，詬訾之者有矣，置之不足較量辨議之者有矣，其肯遂以教我乎！其肯遂以教我而反覆曉諭、惻然惟恐不及救正之乎！然則天下之愛我者，固莫有如執事❷之心深且至矣。感激當何如哉！夫「德之不修，學之不講❸」，孔子以為憂。而世之學者稍能傳習訓詁，即皆自以為知學，不復有所謂講學之求，可悲矣！夫道必體而後見，非已見道而後加體道之功也；道必學而後明，非外講學而復有所謂明道之事也。然世之講學者有二：有講之以身心者，有講之以口耳者。講之以口耳，揣摸測度，求之影響者也；講之以身心，行著習察，實有諸己者也。知此則知孔門之學矣。

【章旨】回答關於體道與講學的問題。

【注釋】❶贛　指江西。❷執事　指對方的辦事人員，這裡是對對方的謙稱。❸德之不修二句　《論語・述而》：「子曰：『德之不修，學之不講，聞義不能徙，不善不能改，是吾憂也。』」

【語　譯】鄙人頓首敬啟：昨天接到來書，承蒙教誨，論及《大學》。因開船匆匆，未能奉答。今天早晨在船上稍有空閒，又將您的手教拿來再讀。恐怕到江西後人事又會紛至沓來，所以我先講講我的大致想法，來向您請教。

來信說：「了解道固然困難，體認道則更加困難。道確實不容易弄明白，而學問也就確實不能不講習，恐怕不能安於自己的所見，把它當作最高的準則。」

幸運，幸運！我怎麼有機會聽到這樣的話呢！我怎敢自以為自己的見解就是最高準則而安於此呢！正想向天下有道之人請教，以求個明白罷了。但數年以來，聽到我學說的，有的人非難譏笑，有的人詬罵指責，有的人置之不理，認為不值得同我較量辯論，有誰肯教誨我呢！有誰肯像您這樣在教誨我的同時又反覆告誡，生怕來不及補救、糾正我的不足呢！那麼，天下愛我之人，原本就沒有像您這樣愛得深厚、周至了。真不知該怎樣感激才好！「德之不修，學之不講」，孔子也感到憂慮。但是當世學者只要稍微能傳習訓詁，就自以為知學，不再有講學的追求，這就可悲了！道是必須要先體認然後才能了解，而不是先了解道然後才做體認的功夫；道必須通過學習才會明瞭，而不是在講學之外又有所謂明道之事。但當世講學的人有兩種：有的人是以身心來講，有的人是以口耳來講。用口耳來講的人，只是揣摩測度，探求古人的形跡；以身心來講的人，重在覺察行為風習，要確實使自己有所得。懂得這一點，就懂得孔門的學問了。

【研　析】本段的開頭，是針對羅欽順對自己「安於所見而遂以為極則」的批評加以辯解；接下來「夫道必體而後見，非已見道而後加體道之功也；道必學而後明，非外講學而復有所謂明道之事也」數語，是針對羅「見道」與「體道」、「明道」與「講學」關係的論述進行正面的「糾謬」和批駁。臨末把講學分為兩類，實則將自己歸入「講之以身心」，而將羅歸入「講之以口耳」一類，是對羅的反攻。

來教謂：某《大學》古本❶之復，以人之為學但當求之於內，而程、朱格物之說不免求之於外，遂去朱子之分章而削其所補之傳❷。

非敢然也。學豈有內外乎？《大學》古本乃孔門相傳舊本耳，朱子疑其有所脫誤而改正補緝之，在某則謂其本無脫誤，悉從其舊而已矣。失在於過信孔子則有之，非故去朱子之分章而削其傳也。夫學貴得之心，求之於心而非也，雖其言之出於孔子，不敢以為是也，而況其未及孔子者乎；求之於心而是也，雖其言之出於庸常❸，不敢以為非也，而況其出於孔子者乎！且舊本之傳數千載矣，今讀其文詞既明白而可通，論其功夫又易簡而可入，亦何所按據而斷其此段之必在於彼，彼段之必在於此，與此之如何而缺，彼之如何而補，而遂改正補緝之。無乃重於背朱而輕於叛孔已乎！

【章旨】回答關於否定朱熹所定《大學》、恢復《大學》古本的非難。

【注釋】❶大學古本　即《禮記》中《大學》原文。❷所補之傳　即朱熹所作的〈大學補傳〉，也即朱熹所定《大學》第五章之傳文。❸庸常　指普通人、一般人。

【語譯】您在來信中說：我恢復《大學》古本，是認為人們為學只應向內探求，而程、朱的格物之說卻不免向外追求，於是去掉朱子對《大學》所分的章節並刪去了他所補的第五章傳文。

我不敢這樣。學問哪裡有內外之分呢？《大學》古本本是孔門相傳的舊本罷了，朱子懷疑它有所脫誤而加以改正彌補，在我看來則本來沒有脫誤，全依它的原貌而已。如果說我有過分相信孔子的過失倒有可能，卻並非故意去掉朱子的分章並刪掉他所作的〈補傳〉。學貴得於心，求之於心倘覺不對，即使是出自孔子口裡的話，也不敢認為正確，何況是出自不及孔子的人之口呢；求之於心如覺得正確，即使是出自普通人的話，也不敢就認為不對，又何況是出自孔子之口呢！況且《大學》原本流傳已數千年了，現在來讀它的文詞既明白可通，而且探討它的修養功夫又簡易而可入手，又有什麼根據就斷定這一段一定在那裡，那一段一定在這裡，這裡怎麼怎麼缺失了，那裡應怎麼怎麼彌補，於是就動手改正添補它。您這樣說豈不是太看重背離朱子而忽視背叛孔子嗎！

【研析】陽明所說的「學貴得之心，求之於心而非也，雖其言之出於孔子，不敢以為是也，而況其未及孔子者乎；求之於心而是也，雖其言之出於庸常，不敢以為非也，而況其出於孔子者乎」，不僅包含著高揚人的主體精神的涵義，而且也包含著「真理面前人人平等」的平民意識，這是他敢於向程、朱權威挑戰的思想動力，也是他學說中最富於時代精神、最有光彩的部分。

來教謂：如必以學不資於外求，但當反觀內省❶以為務，則「正心誠意」四字亦何不盡之有？何必於入門之際便困以格物一段功夫也？

誠然，誠然。若語其要，則「修身」二字亦足矣，何必又言「正心」？「正心」二字亦足矣，何必又言「誠意」？「誠意」二字亦足矣，何必又言「致知」、又言「格物」？惟其功夫之詳密，而要之只是一事，此所以為「精一」之學，此正不可不思者也。夫理無內外，性無內外，故學無內外。講習討論未嘗非內也，反觀內省未嘗遺外也。夫謂學必資於外求，是以己性為有外也，是「義外」也，用智者也；謂反觀內省為求之於內，是以己性為有內也，是有我也，自私者也。是皆不知性之無內外也。故曰「精義入神，以致用也；利用安身，以崇德也❷」，「性之德也，合內外之道也❸」，此可以知格物之學矣。格物者，《大學》之實下手處，徹首徹尾、自始學至聖人，只此功夫而已，非但入門之際有此一段也。夫正心、誠意、致知、格物，皆所以脩身。而格物者，其所用力日可見之地。故格物者，格其心之物也，格其意之物也，格其知之物也；正心者，正其物之心也；誠意者，誠其物之意也；致知者，致其物之知也。此豈有內外彼此之分哉！理，一而已。以其理之凝聚而言則謂之性，以其凝聚之主宰而言則謂之心，以其主宰之發動而言則謂之意，以其發動之明覺而言則謂之知，以其明覺之感應而言則謂之物。故就物而言謂之格，就知而言謂之致，就意而言謂之誠，就心而言謂之正。正者，正此也；誠者，誠此也；致者，致此也；格者，格此也。皆所謂窮理以盡性也。天下無性外之理，無性外之物。學之不明，皆由世之儒者認理為外，認物為外，而不知「義外」之說，孟子蓋嘗闢❹之，乃至襲陷❺其內而不覺。豈非亦有似是而難明者歟？不可以不察也。

凡執事所以致疑於格物之說者，必謂其是內而非外也，必謂其專事於反觀內省之為而遺棄其講習討論之功也，必謂其一意於綱領本原之約而脫略於支條節目之詳也，必謂其沉溺於枯槁虛寂之偏而不盡於物理人事之變也。審如是，豈但獲罪於聖門，獲罪於朱子，是邪說誣民、叛道亂正，人得而誅之也，而況於執事之正直哉！審如是，世之稍明訓詁聞先哲之緒論者，皆知其非也，而況執事之高明哉！凡某之所謂格物，其於朱子九條❻之說，皆包羅統括於其中。但為之有要，作用不同，正所謂毫釐之差耳。然毫釐之差而千里之繆，實起於此，不可不辨。

【章　旨】回答「學不資於外求，但當反觀內省」的問題。

【注釋】❶反觀內省　反過來觀照自己，從內心進行自我反省。❷精義入神四句　語出《易傳．繫辭》。意為：精研事物的義理，使之進入出神入化的境地，然後便致力於運用；運用無所不利，自己也身心安泰，這樣就能提高自己的品德。❸性之德也二句　語出《中庸》。朱熹注：「是皆吾性之固有，而無內外之殊。」❹闢　駁斥；排除。❺襲陷　因襲、陷入。❻九條　朱熹在《大學集注》中以「在明明德，在親民，在止於至善」為「《大學》之綱領」，以格物、致知、正心、誠意、修身、齊家、治國、平天下八者為《大學》之「條目」，合起來即所謂「九條」。

【語譯】來信說：如果一定認為學問不借助於向外求索，而只應從事反觀內省，那豈不只有「正心誠意」四個字就夠了，何必要在入門之時加上一段「格物」功夫來使人為難？

確實如此，確實如此。如果說最重要的，那就有「修身」兩字也就夠了，何必又說「正心」？有「正心」兩字就夠了，何必又說「誠意」？有「誠意」兩字就夠了，何必又說「致知」、又說「格物」？這只是體現《大學》修養功夫的詳密，然而概要起來又只是一件事，這就是古人之所以為「精一」之學的原因，也正是我們不能不加以思考的事情。理無內外，性無內外，所以學問也無內外之分。講習討論未嘗不是內心之事，反觀內省也未嘗遺棄外面的事情。如果說學問一定要借助於向外追求，是認為自己的本性有「外」的一面，這就是告子的「義外」，是用智；說反觀內省是向內追求，是認為自己的本性有「內」的一面，這就是有我，是自私了。這都是不懂性無內外的道理。所以〈繫辭〉說「精義入神，以致用也；利用安身，以崇德也」，《中庸》說「性之德也，合內外之道也」，懂得這些就懂得格物之學了。所謂格物，《大學》的實際修養功夫，徹頭徹尾、從開始學習到成為聖人，都只是這一個功夫而已，並不是在入門之時才有「格物」這段功夫。正心、誠意、致知、格物，都是為了用於修身。而格物，也就是要每天在看得見的地方用功夫。所以格物，就是格其心之物事，格其意之物事，格其知之物事；正心，就是要正其物事之心；誠意，就是要誠其物事之意；致知，就是致其物事之知。這哪裡有內外彼此之分呢！理，只有一個而已。從理的凝聚而言就叫作性，從理的凝聚之主宰而言就叫作心，從主宰的發動而言就叫作意，從發動的明覺而言就叫作知，從明覺所感應的對象而言就叫作物。所以從物的角度說就叫作格，從知的角度說就叫作致，從意的角度說就叫作誠，從心的角度說就叫作正。正，就是正這個心；誠，就是誠這個心；致，就是致這個心；格，就是格這個心。講的都是窮理盡性之事。天下無性外之理，也無性外之物。學問的不明白，都是因為後世儒者把理看作心外之理，把物看作心外之物，卻不知道告子的「義外」之說，孟子已曾加以駁斥，而仍沿襲、陷溺於其中而不自覺。這豈不也是似是而非卻難以弄明白的事嗎？這不能不加考察。

凡是您對我的格物之說所提出的疑問，都是因為您認為我一定是肯定內而否定外的，一定是專門從事反觀內省的修養而遺棄那講習討論的功夫的，一定只是一心一意關注修養綱領、心性本原的簡約而忽略修養的支節細目的詳密的，一定是沉溺在枯槁虛寂的偏見之中而不去窮盡物理人事的變化的。如果真是您所認為的這樣，那我豈只得罪了孔門，得罪了朱子，還成為鼓吹邪說欺騙人民、離經叛道的人哩，這樣的人人人可得而誅之，何況是您這樣的正直之士呢！如果真是您所認為的這樣，那就當世稍稍懂一點訓詁、聽到過一點先哲遺訓的人都知道這是不對的，何況像您這樣的高明之士呢！凡是我所說的格物，都已將朱子所說的九條統統包括在內了。只是做起來有重點，作用也不相同，正所謂只有毫釐之差罷了。但毫釐之差所引起的千里之謬，實起因於您對我的不了解，不能不加以分辨。

【研析】此段陽明針對羅欽順對自己學說的誤解，申明了「內外合一」的基本主張。其要點有二：從本體說，「理無內外」、「性無內外」，理、性、心、意、知、物都是同一個統一體不同角度的不同稱謂；從功夫說，正心、誠意、致知、格物都屬「修身」，都是「窮理盡性」之功。從這兩個要點出發，他強調：「學無內外。講習討論未嘗非內也，反觀內省未嘗遺外也」，把「尊德性」和「道問學」兩者也統一了起來。這樣，他就順理成章地把比較偏重「道問學」的程、朱理學統一到了自己的學說之內，宣稱「凡某之所謂格物，其於朱子九條之說，皆包羅統括於其中」，儼然以集大成的姿態自居了。

孟子闢楊、墨至於無父無君[1]。二子亦當時之賢者，使與孟子並世而生，未必不以之為賢。墨子兼愛行仁而過耳，楊子為我行義而過耳，此其為說，亦豈滅理亂常之甚，而足以眩天下哉！而其流之弊，孟子至比於禽獸、夷狄，所謂以學術殺天下後世也。今世學術之弊，其謂之學仁而過者乎？謂之學義而過者乎？抑謂之學不仁不義而過者乎？吾不知其於洪水猛獸何如也！孟子云：「予豈好辯哉，予不得已也❷！」楊、墨之道塞天下。孟子之時，天下之尊信楊、墨當不下於今日之崇尚朱說，而孟子獨以一人呶呶❸於其間。噫，可哀矣！韓氏云❹：「佛、老之害，甚於楊、墨。韓愈之賢不及孟子，孟子不能救之於未壞之先，而韓愈乃欲全之於已壞之後，其亦不量其力，且見其身之危莫之救以死也。」嗚呼！若某者，其尤不量其力，果見其身之危莫之救以死也矣！夫眾方嘻嘻❺之中而獨出涕嗟若，舉世恬然以趨而獨疾首蹙額以為憂。此其非病狂喪心，殆必誠有大苦者隱於其中，而非天下之至仁，其孰能察之！其為《朱子晚年定論》，蓋亦不得已而然。中間年歲早晚誠有所未考，雖不必盡出於晚年，固多出於晚年者矣。然大意在委曲調停，以明此學為重。平生於朱子之說如神明蓍龜❻，一旦與之背馳，心誠有所未忍，故不得已而為此。「知我者謂我心憂，不知我者謂我何求❼。」蓋不忍牴牾朱子者，其本心也；不得已而與之牴牾者，道固如是，不直則道不見也。執事所謂決與朱子異者，僕敢自欺其心哉！夫道，天下之公道也；學，天下之公學也；非朱子可得而私也，非孔子可得而私也。天下之公也，公言之而已矣。故言之而是，雖異於己，乃益於己也；言之而非，雖同於己，適損於己也。益於己者，己必喜之；損於己者，己必惡之。然則某今日之論，雖或於朱子異，未必非其所喜也。「君子之過，如日月之食，其更也，人皆仰之❽」，而「小人之過也，必文❾」。某雖不肖，固不敢以小人之心事朱子也。執事所以教反覆數百言，皆以未悉鄙人格物之說。若鄙說一明，則此數百言皆可以不待辨說而釋然無滯。故今不敢縷縷❿，以滋瑣屑之瀆⓫。然鄙說非面陳口析，斷亦未能了了於紙筆間也。嗟乎！執事所以開導啟迪於我者，可謂懇到詳切矣。人之愛我寧有如執事者乎？僕雖甚愚下，寧不知所感刻佩服！然而不敢遽舍其中心之誠然，而姑以聽受云者，正不敢有負於深愛，亦思有以報之耳。秋盡東還⓬，必求一面，以卒所請，千萬終教。

【章　旨】陳說自己之所以背棄朱子之說的理由。

【注　釋】❶孟子闢楊墨句　《孟子・滕文公下》：「聖王不作，諸侯放恣，處士橫議，楊朱、墨翟之言盈天下。天下之言不歸楊，則歸墨。楊氏為我，是無君也；墨氏兼愛，是無父也。無父無君，是禽獸也。」❷予豈好辨哉二句　語出《孟子・滕文公下》。辨，通「辯」。❸呶呶　絮絮不休，令人生厭的樣子。❹韓氏云　韓氏指韓愈，下面所引見韓愈的〈與孟尚書書〉。❺嘻嘻　嬉笑歡樂的樣子。❻蓍龜　蓍，蓍草。龜，指龜殼。二者皆占卜之具。❼知我者謂我心憂二句　語出《詩經・王風・黍離》。意為：了解我的人說我內心有憂患，不了解我的人說我在尋求什麼。❽君子之過四句　語出《論語・子張》。❾小人之過也二句　語出《論語・子張》。❿縷縷　條分縷析；詳細陳說。⓫瑣屑之瀆　瑣屑，瑣碎、細屑。瀆，輕慢不敬。⓬東還　指回到南京。

【語　譯】孟子批駁楊朱、墨翟，說他們已到無父無君的地步。楊、墨二子也是當時的賢人，假如他們同孟子生活在同一時代，孟子也未必不把他們看作賢人。墨子只不過兼愛行仁有點過頭罷了，楊子也只不過為我行義有點過頭罷了，他們這些學說，難道就毀滅天理、擾亂倫常得很嚴重，以至於足以惑亂天下之人嗎！但是他們所造成的流弊，卻以至於被孟子比作禽獸、夷狄，被後人稱為以學術殘殺天下後世。當今學術的弊病，是他們學仁過了頭呢？還是他們學義過了頭？或者是他們學不仁不義過了頭？我不知道他們同洪水猛獸相比會怎樣！孟子說：「我哪裡是喜歡辯論呢，我是不得已呀！」當時楊、墨之道充滿天下，到孟子的時代，天下人尊信楊、墨不下於今天人們的崇尚朱子之說，可是孟子卻在當中獨自絮絮不休。噫，可悲哪！韓愈說：「佛、老之害，比楊、墨嚴重。我韓愈的賢能比不上孟子，孟子不能在儒術被毀壞之先就加以挽救，我韓愈卻想在儒術已遭破壞之後加以保全，這也是不自量力，並足見我本人的危殆無法挽救而只能走向死路了。」唉，像我這樣的人，尤其不自量力，也真是足見自身危殆無人挽救而只能一死了呀！大家都在歡欣喜悅之中我卻偏偏流淚嗟嘆，所有人都安然趨向我卻偏偏痛心疾首皺著額頭為之憂慮。這如果不是喪心病狂，就一定是有大痛苦隱藏在心，而如果不是天下最仁愛的人，又怎能體察！我所編的《朱子晚年定論》，也是因為不得已才這樣。在所編選的朱子文章中年代的早晚，確有些未能考證明白，但即使不全是出於朱子晚年，也多半同他晚年的思想一致。我的大致想法還是同朱子婉轉調停，以闡明心學為重。我平生對朱子的學說敬若神明蓍龜，一旦同他背道而馳，心裡確有點不忍，所以不得已才這樣做。《詩經．王風．黍離》說：「知我者謂我心憂，不知我者謂我何求。」不忍心同朱子對抗，這是我的本意；不得已而同他有了牴觸，是因為大道本來如此，不正道直行就看不到大道。您說我下決心要同朱子立異，我又怎敢自欺其心呢！道，是天下人公共的；學，也是天下人公共的，不是朱子個人所能占有的，也不是孔子個人所能占有的。既然是天下人公共的，我也只不過同天下人共同談論而已。所以如果人家說得正確，即使同自己不同，也對自己有益；人家說得不對，即使與自己相同，也只能有損於自己。有益於自己的，自己一定喜歡；有損於自己的，自己一定厭惡。那麼我如今的言論，雖然可能與朱子不同，卻未必不是他所喜歡的。「君子有了過錯，就像發生日蝕月蝕，當他改正以後，人們都抬著頭仰望。」而「小人有了過失，就一定加以文飾」。我雖愚鈍，卻不敢以小人之心對待朱子。您在信中用數百言反覆教誨我，都是因為尚未完全了解我的格物之說。如果我的學說一經闡明，這數百言都可以不要我辨解就釋然無滯。所以我現在也不敢細加陳說，以免增加瑣碎不敬的毛病。但是我的學說如果不是當面陳說、親口辨析，也絕不是在紙筆之間就可以述說清楚的。唉，您對我所開導啟迪的，也真可以說懇切周詳了。別人愛我能比得上您嗎？我雖很愚下，難道就不知道感激佩服嗎？然而我不敢立刻放棄我真實的想法，並姑且把我的想法說給您聽，正是因為不敢辜負您對我的深愛，也是想有所回報罷了。秋後我東歸南京，一定要見您一面，以便請教完我所要請教的問題，到時候請您務必賜教。

【研　析】在此段裡，陽明將朱子本人與朱子學說所造成的流弊作了區分，對個人對朱子的崇敬及編《朱子晚年定論》的衷曲陳述尤詳，從中我們可以看出陽明否定程、朱（主要是朱子）的基本出發點和某些真實意圖（之所以說「某些真實意圖」，意謂陽明的真實意圖並非全在於此。例如他編《朱子晚年定論》時，因自己的學說尚未形成影響，而尊崇程、朱的一派又詆之甚力，他不得不通過尊朱來否定朱，就是一個真實意圖）。他在此信中所說的「夫道，天下之公道也；學，天下之公學也；非朱子可得而私也，非孔子可得而私也。天下之公也，公言之而已矣」，不僅極富於學術勇氣，而且也極富於學術民主精神，這倒是他能力挫群儒、別開生面的動力之所在。

答聶文蔚

【題解】聶豹（西元一四八七～一五六三年），字文蔚，號雙江，江西永豐（今屬江西省）人。正德十二年（西元一五一七年）進士，官至兵部尚書、太子少傅。平生對陽明之學比較崇敬，但直至陽明去世之後，他才設位北面而拜，自稱門生。據《年譜》：「是年（指嘉靖五年，即西元一五二六年）夏，豹以御史巡按福建，渡錢塘來見先生（指陽明）。別後致書，謂：『思、孟、周、程無意相遭於千載之下，與其盡信於天下，不若真信於一人。道固自在，學亦自在。』先生答書，略曰（即此信）。」在這封信中，陽明表達了對當時現實嚴重不滿、希望用良知之學解救民生疾苦的良苦用心。

春間遠勞迂途❶，枉顧問證❷，惓惓❸此情，何可當也。已期二三同志更處靜地扳留旬日，少效其鄙見，以求切劘❹之益，而公期俗絆❺，勢有不能，別去極怏怏❻，如有所失。忽承箋惠❼，反覆千餘言，讀之無甚浣慰❽。中間推許太過，蓋亦獎掖之盛心，而規礪❾真切，思欲納之於賢聖之域。又托諸崇一以致其勤勤懇懇之懷，此非深交篤愛，何以及是。

知慼知媿，且懼其無以堪之也。雖然，僕亦何敢不自鞭勉⑩，而徒以慼媿辭讓為乎哉！其謂「思、孟、周、程⑪無意相遭於千載之下，與其盡信於天下，不若真信於一人。道固自在，學亦自在，天下信之不為多，一人信之不為少」者，斯固「君子不見是而無悶⑫」之心，豈世之譾譾屑屑⑬者知足以及之乎！乃僕之情則有大不得已者存乎其間，而非以計人之信與不信也。

【章旨】表達對來信獎掖之情的感激，並聲明自己為學乃是出於不得已，而不計較人們相不相信。

【注釋】❶迂途　繞道。《明儒學案》卷一七：「陽明在越，先生（指聶豹）以御史按閩，過武林，欲渡江見之。人言力阻，先生不聽。」❷枉顧問證　枉顧，謙詞。枉，委曲。顧，光顧。指登門拜訪。問證，問學、證道。❸惓惓　懇切之意。❹切劘　義同切磋。劘，削；切。❺俗絆　為俗務所繫累。指官場上必須應付的事務。❻怏怏　悶悶不樂的樣子。❼箋惠　指對方來信。惠，惠贈。敬辭。❽浣慰　猶言欣慰、寬慰。❾規礪　規勸、砥礪。❿鞭勉　鞭策、勉勵。⓫思孟周程　指子思、孟軻、周敦頤、程顥與程頤。⓬君子不見是而無悶　語出《周易・乾卦・文言》。孔穎達《正義》：「不見是而無悶者，言舉世皆非，雖不見善，而心亦無悶也。」即君子我行我素，不求世譽之意。⓭譾譾屑屑　淺薄瑣屑之意。

【語　譯】春間勞你遠道而來，光臨論道，惓惓此情，如何能當。當時我已約了二三志同道合之人另到安靜之地挽留你十天半月，稍稍陳說我的鄙陋之見，以求切磋之益，然而你官場事務纏身，情勢不允許我這樣做，離別之後我尚一直怏怏不樂，若有所失。近來忽然接到你的來信，信中反覆陳說，雖長達千餘言，我讀了之後仍不很感到寬慰。你在信中對我的推許太過度，大概也是因為你出於鼓勵的美意，才這樣情真意切地規勸我，砥礪我，想讓我進入聖賢的境地。你又託歐陽崇一向我轉達你的誠誠懇懇之意，如果不是深交厚愛，怎能做到這樣。我知感知愧，且害怕自己難以承受如此美意。雖然如此，我怎敢不自我鞭策、勉勵，而只是感愧謙讓呢！你說「子思、孟子、周濂溪、二程本無意於在千載之後相遇，與其全相信天下人，不如真心真意相信一個人。道本來獨自存在，學也本來獨自存在，天下人都信不算多，一個人相信不算少」，這本是出於《周易・乾卦・文言》所說的「君子不見是而無悶」之心，哪裡是世上那些淺薄瑣屑之輩的智力所能比的呢！就我的情況來說，心裡實是出於大不得已，而並不計較別人相不相信的。

【研　析】聶豹所說的「與其盡信於天下，不若真信於一人」，是表示自己對陽明之學的真心推重，鼓勵陽明堅持己見。陽明則推開一步，以「非以計人之信與不信」答之，表明自己自有立論之理由，並不以他人信否為轉移。

夫人者，天地之心，天地萬物本吾一體者也。生民之困苦荼毒❶，孰非疾痛之切於吾身者乎？不知吾身之疾痛，無是非之心者也。是非之心不慮而知，不學而能，所謂良知也。良知之在人心，無間❷於聖愚，天下古今之所同也。世之君子惟務致其良知，則自能公是非，同好惡，視人猶己，視國猶家，而以天地萬物為一體，求天下無治，不可得矣。古之人所以能見善不啻❸若己出，見惡不啻若己入，視民之飢溺猶己之飢溺，而一夫不獲，「若己推而納諸溝中❹」者，非故為是而以蘄❺天下之信己也。務致其良知，求自慊而已矣。堯、舜、三王之聖言而民莫不信者，致其良知而言之也；行而民莫不說者，致其良知而行之也。是以其民熙熙皞皞❻，殺之不怨，利之不庸❼，施及蠻貊❽，而凡有血氣者莫不尊親，為其良知之同也。嗚呼，聖人之治天下，何其簡且易哉！

【章　旨】闡說將「致良知」之學推行於天下的理想。

【注　釋】❶荼毒　毒害。這裡喻疾苦之深。❷間　區分。❸不啻　不只；如同。❹若己推而納諸溝中　《孟子・萬章下》：「思天下之民匹夫匹婦有不與被堯舜之澤者，若己推而內之溝中，其自任以天下之重也。」❺蘄　通「祈」。祈求。❻熙熙皞皞　和樂、淳樸的樣子。❼庸　通「用」。❽蠻貊　指少數民族。蠻，指南方的少數民族。貊，指北方的少數民族。

【語　譯】人，是天地之心，天地萬物跟我本是一體。人民的困難疾苦，又怎麼不是我自己切身的疾痛呢？不懂得人民的疾苦就是自身的疾苦，那就是沒有是非之心的人。是非之心不用思考就能知曉，不用學習就自然會有，這就是孟子所謂的良知。良知在人心中，不分聖人愚者，天下古今人人相同。如當世學者只是從事致良知，就自然能公正地判斷是非，與他人有相同的喜好或憎惡，看待別人就像對待自己，對待國家就像自己的家，而以天地萬物為一體，這樣就是想要天下不大治，也不可能了。古人之所以能看到善的如同出於自己，看到惡的如同自己陷入，看到人民的饑餓、水深火熱就好像自己遭受著饑餓，遭受著水深火熱，而只要有一個人沒得到救助，就像是自己把他推進了溝壑之中，而不是為了這個人利益才希望天下人相信自己。他只是力求致良知，以求得自己滿意罷了。堯、舜及禹、湯、文武三王的聖言人民之所以無不聽從，是因為他們所說的本於良知；實行起來人民無不順從，是因為他們所做的也是本於良知。所以那時人民和樂淳樸，殺他不怨，利他不用，他們的政策就是施行到少數民族地區，那裡凡是有血氣的人也沒有不尊崇他們、親善他們的，就是因為他們的良知與人民完全相同啊。唉，聖人治天下，多麼簡易啊！

【研　析】孟子曾說：「禹、稷、顏回同道。禹思天下有溺者，由（猶）己溺之也；稷思天下有饑者，由（猶）己飢之也，是以如是其急也。」又說：「天之生斯民也，使先知覺後知，使先覺覺後覺。予，天民之先覺者也。予將以此道覺此民也。思天下之民匹夫匹婦有不與被堯舜之澤者，若己推而內之溝中，其自任以天下之重也。」（分別見《孟子．萬章》上、下）他主張人性本善，個個都有惻隱、恭敬、羞惡、是非之心，人人都有良知良能，在很大程度上是在提倡一種對民生疾苦的同情心和解救這種疾苦的道義感、責任心，具有極其深厚的民本意識和人道精神，也是他思想中最有價值的所在。陽明的「致良知」之說上承孟子，也繼承了孟子的民本意識和人道精神，並將這與二程的「仁者與天地萬物為一體」及張載的「民胞物與」思想結合起來，體現出一種廣博的仁愛精神和迫切的時代使命感，這是他思想中最動人的所在。

後世良知之學不明，天下之人用其私智以相比軋❶，是以人各有心，而偏瑣僻陋之見、狡偽陰邪之術，至於不可勝說。外假仁義之名而內以行其自私自利之實，詭辭❷以阿俗，矯行以干譽，揜人之善而襲以為己長，訐人之私而竊以為己直。忿以相勝，而猶謂之徇義❸；險以相傾，而猶謂之疾惡；妬賢忌能，而猶自以為公是非；恣情縱欲，而猶自以為同好惡。相陵相賊❹，自其一家骨肉之親已不能無爾我勝負之意，彼此藩籬之形，而況於天下之大、民物之眾，又何能一體而視之！則無恠❺於紛紛籍籍，而禍亂相尋於無窮矣。僕誠賴天之靈，偶有見於良知之學，以為必由此而後天下可得而治。是以每念斯民之陷溺，則為之戚然痛心。忘其身之不肖，而思以此救之，亦不自知其量者。天下之人見其若是，遂相與非笑而詆斥之，以為是病狂喪心之人耳。嗚呼，是奚足恤哉！吾方疾痛之切體，而暇計人之非笑乎！人固有見其父子兄弟之墜溺於深淵者，呼號匍匐，裸跣顛頓❻，扳懸崖壁而下拯之。士之見者，方相與揖讓談笑於其傍，以為是棄其禮貌衣冠而呼號顛頓若此，是病狂喪心者也。故夫揖讓談笑於溺人之傍而不知救，此惟行路之人無親戚骨肉之情者能之，然已謂之「無惻隱之心，非人❼」矣。若夫在父子兄弟之愛者，則固未有不痛心疾首、狂奔盡氣，匍匐而拯之。彼將陷溺之禍有不顧，而況於病狂喪心之譏乎！而又況於蘄人之信與不信乎！嗚呼，今之人雖謂僕為病狂喪心之人，亦無不可矣。天下之人心，皆吾之心也。天下之人猶有病狂者矣，吾安得而非病狂乎；猶有喪心者矣，吾安得而非喪心乎！

【章旨】對天下各種醜惡情狀的揭露，對自己主張良知之學意圖的宣示。

【注釋】❶比軋　比，勾結。軋，傾軋。❷詭辭　詭辯；狡辯。❸狥義　為正義而犧牲。狥，同「殉」。❹相陵相賊　陵，同「淩」。侵犯。賊，傷害。❺恠　同「怪」。❻裸跣顛頓　裸，裸身。跣，赤足。顛頓，顛沛困頓。❼無惻隱之心二句　語出《孟子・公孫丑上》。

【語譯】後世良知之學未能闡明，天下之人用私智來互相勾結、傾軋，因而人各有心，而各種偏頗瑣碎狹隘鄙陋的見解、狡猾虛偽陰險邪惡的方術，以至於不可勝數。他們外藉仁義之名而內行自私自利之實，用詭辯來阿順世俗，用矯揉造作來求取聲譽，掠人之美，襲取為自己的長處；攻訐他人的陰私，卻自以為正直。他們以私憤互相壓倒對方，還自以為這是以身殉義；陰險地互相傾軋，卻說這就是痛恨邪惡。妒賢忌能，還自以為是非本於公論；恣情縱欲，還自以為好惡出於公心。他們互相侵陵傷害，就是跟自己的家人也不能做到無你勝我敗之意，此疆彼界之形，又怎能做到同廣大的天下，眾多的民物渾然一體呢！這樣天下紛紛擾擾、禍亂相繼、災難無窮無盡，也就不足為怪了。我託上天之福，偶然在良知之學方面有所發現，認為只要遵循它天下就會大治。每當我想到人民陷於水深火熱，就感到傷心沉痛。我忘記了自己的愚鈍，卻想用這良知之學去拯救他們，也算是不自量力了。天下人看到我這樣，就一起對我加以指責譏笑詆毀排斥，認為我只不過是一個喪心病狂的人罷了。唉，這又哪裡值得憂慮！我正在專意於切身之痛，哪有空閒時間來計較他人的指責譏笑呢！人本來應看到自己的父子兄弟掉進深淵，就呼叫爬行、裸身赤足，不畏艱險，扳著懸崖絕壁下去拯救他們。但是有人看到了，卻在一旁作揖談笑，反認為那下去拯救的人丟棄了禮貌衣冠大呼小叫，是喪心病狂之人。所以在被淹沒的父子兄弟旁邊揖讓談笑、不知救助，這只有過路客、無親戚骨肉之情的人才有可能，然而這樣的人已被孟子稱做「無惻隱之心，不是人」。如果是有父子兄弟之情的人，沒有不痛心疾首、盡力狂奔、全力以赴加以救助的。他們連自己將會同被淹沒都不顧，又怎麼會顧及他人譏笑自己，說自己喪心病狂呢！又怎麼會考慮別人對他相不相信呢！咳，當今之人即使把我叫作喪心病狂之人，我也無所謂了。天下人的心，都是我的心。天下還有病狂之人，我又怎能不病狂呢；天下還有喪心的人，我又怎能不喪心呢！

【研　析】從這段文字可以看出，陽明創立良知之學，是曾承受過來自各方面的非議、譏笑、誹謗、排斥的。但他看到當時社會充滿著爾虞我詐、巧取豪奪，人民大眾陷於水深火熱而眾多的士人卻在一旁「揖讓談笑」、麻木不仁時，便更加對自己的「良知」之學充滿了自信，認為「必由此而後天下可得而治」。他這種為民生疾苦而呼號奔走、置「裸跣顛頓」、「病狂喪心之譏」於不顧的精神，確實也是根於惻隱、發於良知的，是對先秦以來歷代志士仁人精神的繼承和發揚。

昔者孔子之在當時，有議其為諂者❶，有譏其為佞者，有毀其未賢，

詆其為不知禮❷，而侮之以為東家丘❸者，有嫉而沮之者，有惡而欲殺之者。晨門、荷蕢之徒❹，皆當時之賢士，且曰「是知其不可而為之者歟？」「鄙哉，硜硜乎，莫己知也，斯已而已矣。」雖子路在升堂❺之列，尚不能無疑於其所見，不悅於其所欲往❻，而且以之為迂❼。則當時之不信夫子者，豈特十之二三而已乎！然而夫子汲汲遑遑，若求亡子於道路而不暇於煖席者，寧以蘄❽人之知我、信我而已哉！蓋其天地萬物一體之仁，疾痛迫切，雖欲已之而自有所不容已。故其言曰：「吾非斯人之徒與而誰與❾？」「欲潔其身而亂大倫❿」、「果哉，末之難矣⓫。」嗚呼，此非誠以天地萬物為一體者，孰能以知夫子之心乎！若其「遯世無悶⓬」、「樂天知命⓭」者，則固無入而不自得，道並行而不相悖也。僕之不肖，何敢以夫子之道為己任，顧其心亦已稍知疾痛之在身，是以徬徨四顧，將求其有助於我者，相與講去其病耳。今誠得豪傑同志之士扶持匡翼，共明良知之學於天下，使天下之人皆知自致其良知，以相安相養，去其自私自利之蔽，一洗讒妬勝忿之習，以濟於大同，則僕之狂病固將脫然以愈，而終免於喪心之患矣，豈不快哉！

【章旨】以孔子當年受到各種非議為例說明自己的遭遇，並表明自己不以此為懷的態度。

【注釋】❶有議其為諂者　《論語・八佾》：「子曰：『事君盡禮，人以為諂也。』」諂，諂媚。❷詆其為不知禮　《論語・八佾》：「子入太廟，每事問。或曰：『孰謂鄹人之子知禮乎？入太廟，每事問。』子聞之曰：『是禮也。』」孔子的父親曾當過魯國鄹邑的大夫，所以別人稱孔子為「鄹人之子」。❸東家丘　《文選》卷四一陳琳〈為曹洪與魏帝書〉張銑注：「魯人不識孔子聖人，乃云：『我東家丘者，吾知之矣。』言輕孔子也。」❹晨門荷蕢之徒　晨門，守門人。《論語・憲問》：「子路宿於石門，晨門曰：『奚自？』子路曰：『自孔氏。』曰：『是知其不可而為之者與？』」荷蕢，挑著草筐的人。《論語・憲問》：「子擊磬於衛，有荷蕢而過孔氏之門者，曰：『有心焉，擊磬乎！』既而曰：『鄙哉，硜硜乎！莫己知也，斯已而已矣。』」硜硜，象聲詞，指磬聲。❺升堂　比喻學問修養已達到一定境界。《論語・先進》：「子曰：『由也升堂矣，未入於室也。』」由，仲由，字子路。❻不悅於其所欲往　據《論語》之〈雍也〉、〈陽貨〉記載，孔子到衛國，要去拜見衛靈公夫人，子路「不說（悅）」；季氏的家臣公山弗擾盤踞費邑圖謀作亂，召孔子，孔子欲往，子路也「不說（悅）」。❼而且以之為迂　《論語・子路》：「子路曰：『衛君待子而為政，子將奚先？』子曰：『必也正名乎！』子路曰：『有是哉，子之迂也！奚其正？』」❽蘄　通「祈」。求。❾吾非斯人之徒與而誰與　《論語・微子》。❿欲潔其身而亂大倫　語出《論語・微子》。按：這本是子路批評荷篠丈人的話，陽明當作了孔子的話，是誤記。⓫果哉二句　語出《論語・憲問》。意為：（這荷蕢者)好堅決,我沒辦法說服他了。末,無。⓬遯世無悶　語出《周易・乾卦・文言》。遯世,指隱遁。

⓭樂天知命　語出《易傳・繫辭》。

【語　譯】先前孔子在世的時候,就有人把他服事君主盡禮說成諂諛,把他遊說諸侯譏為花言巧語,有人毀謗他,說他不賢明;有人詆毀他,說他不懂禮儀;而有些人則侮辱他,稱他為東家丘;有嫉妒他阻撓他的,有厭惡他想殺害他的。像晨門、荷蕢這些人,都是當時的賢者,都譏諷孔子說「這就是那個明知不行卻勉強為之的人嗎」、「那磬聲真可鄙呀!沒有人了解你,你也就算了吧。」雖然子路在孔門中已算有一定造詣的一類,也並不是對孔子的見解沒有質疑,對孔子想去的地方他也常不高興,而且認為孔子迂腐固執。這樣看來,當時不相信孔子的,豈止十之二三而已!然而孔子勞勞碌碌匆匆忙忙,好像在路上奔走尋找走失的孩子,每到一個地方連席子都沒睡熱就立刻趕路,哪裡只是希望人家了解他、相信他而已呢!大凡具有以天地萬物為一體的仁心的人,總會急切地為療救他人的疾痛奔走,即使想停歇下來也停不住。所以孔子說:「我不是同這人類在一起同誰在一起?」、「想要潔身自好卻攪亂了君臣關係這一大的倫理」、「真堅決啊,沒辦法說服他了」。唉,如果不是真正以天地萬物為一體的人,又怎能了解孔夫子的內心呢!至於他講「逃離現實就沒有苦悶」、「樂天知命」這類的話,本來就體現了他到哪裡都能心安理得,同大道並行而不相背離。我雖然愚鈍,豈敢以孔子之道為己任,只是我也稍稍懂得疾痛在身,因此彷徨四顧,希望找到對我有所幫助的人,共同醫好我的疾痛罷了。如果真能找到志同道合的豪傑之士來扶持我,匡正我,輔翼我,同我一起向天下人闡明我的良知之學，使天下人都知道致良知，來相安相養，去掉自身自私自利的毛病，完全清洗讒佞、嫉妒、好勝、激忿的習氣，以實現大同理想，我的狂病就會徹底治癒，而最終免於喪心的病患，這豈不痛快！

【研析】孔子為了實現自己救世的理想，周遊列國，所到之處，不僅未受到重視，反而歷盡了艱難困苦。但他從不灰心喪氣，改變初衷，表現了一種「知其不可為而為之」的執著的積極用世精神。這種精神，為陽明所充分繼承。當他的主張受到非議，甚至他本人受到人身攻擊之時，他便從孔子那裡尋找精神支柱，以堅持自己的理想和主張。

嗟乎，今誠欲求豪傑同志之士於天下，非如吾文蔚者而誰望之乎！如吾文蔚之才與志，誠足以援天下之溺者。今又既知其具之在我，而無假於外求矣。循是而充，若決河注海，孰得而禦哉！文蔚所謂一人信之不為少，其又能遜以委之何人乎！會稽素號山水之區，深林長谷，信步皆是；寒暑晦明❶，無時不宜。安居飽食，塵囂❷無擾；良朋四集，道義日新。優哉游哉，天地之間寧復有樂於是者！孔子云：「不怨天，不尤人，下學而上達❸。」僕與二三同志，方將請事斯語，奚暇外慕。獨其切膚之痛，乃有未能恝❹然者，輒復云云爾。咳疾暑毒，書扎絕懶。盛使遠來，遲留經月，臨岐執筆，又不覺累紙。蓋於相知之深，雖已縷縷至此，殊覺有所未能盡也。

【章旨】勉勵文蔚，同時也申明自己樂天安命的情懷。

【注釋】❶晦明　晦，暗。指黑夜。明，指白晝。❷塵囂　塵土、喧囂。指官場、世俗生活。❸不怨天三句　語出《論語・憲問》。尤，責備。下學而上達，皇侃《論語義疏》：「下學，學人事；上達，達天命。」即通過學習具體的生活知識進而體悟高深的天道。❹恝　漫不經心，無動於衷。

【語譯】唉，如果真想尋求天下志同道合的豪傑之士，不找你文蔚這樣的人又指望誰呢！像文蔚你這樣的才能和志向，確實足以能援救天下處於水深火熱之中的人民。現在你又已懂得了良知在自己身上就已具備，就無須向外求取了。循著自身的良知加以擴充，就會如同洪濤沖決河堤注入大海，誰能夠抵禦呢！文蔚你所說的即使一個人相信也不算少，如果你遜讓，叫我把希望寄託在誰身上呢！會稽一帶素來號稱天下的山水名區，這裡深林長谷，信步而行，到處都是；無論寒暑晝夜，無時無刻不氣候宜人。我們可以安居飽食，而不受世俗塵囂的煩擾；良朋好友從四方前來會集，共同探討道義，每天都有新的收穫。我們每天優哉游哉，天地之間難道有比這更快樂的嗎！孔子說：「不抱怨天，不指責人，學習一些日常的人事知識，而體悟那高深的天道。」我與二三志同道合的朋友，正在按這話去做，哪有空閒希求身外的東西。只是我對於切膚的疾痛，卻不能無動於衷，就又講了上面這許多話。我咳得厲害，加上天氣酷熱，懶於寫信。你的使者遠道而來，留住了一月，到分手時我執筆給你寫這封信，不知不覺寫了一張又一張。大約因為我們交情深厚的緣故，我接連不斷地講了這麼多，還很是覺得餘意未盡。

【研　析】陽明對聶文蔚的極力稱許，是勉勵他共同致力於「良知」之學。由於他對文蔚能推心置腹，文蔚對他更為欽敬仰慕，兩人逐漸由朋友關係發展成了師生關係。

答聶文蔚第二書

【題解】據信中所述，此信當作於嘉靖七年（西元一五二八年）十月，其時陽明尚在廣西。這年十一月，陽明因病乞歸，卒於南安，因而此信可能是他的絕筆信。信中主要針對世人對「勿忘勿助」的錯誤理解加以批評，並進而申明他的「致良知」之道。

得書見近來所學之驟進，喜慰不可言。諦視數過❶，其間雖亦有一二未瑩徹處，卻是致良知之功尚未純熟，到純熟時自無此矣。譬之驅車，既已由於康莊大道之中，或時橫斜迂曲者，乃馬性未調，御勒❷不齊之故。然已只在康莊大道中，決不賺❸入傍蹊曲徑矣。近時海內同志到此地位者，曾未多見。喜慰不可言，斯道之幸也。賤軀舊有咳嗽畏熱之病，近入炎方，輒復大作。主上聖明洞察，責付甚重，不敢遽辭；地方軍務冗沓❹，皆與疾從事。今卻幸已平定，已具本乞回養病。得在林下，稍就清涼，或可瘳耳。人還，伏枕草草，不盡傾企。外惟濬❺一簡，幸達致之。

【章　旨】對聶文蔚學問有所長進加以鼓勵，並對其不足加以指正。

【注　釋】❶諦視數過　諦視，仔細看。過，遍。❷御勒　拉住馬韁繩。❸賺　騙。❹冗沓　繁冗複雜。❺惟濬　陳九川（西元一四九三～一五六二年），字惟濬，號明水，臨川（今屬江西省）人，正德九年（西元一五一四年）進士，官至禮部郎中，陽明弟子。

【語　譯】得到你的來信，見你近來學習進步很快，欣慰不可名狀。你的信我仔細看了幾遍，信中雖然仍有一兩處還不夠明晰透徹，卻只是因為致良知的功夫尚未純熟，到純熟時自然就不會有這樣的毛病了。這就好比趕車，車子已在康莊大道上行走，有時仍橫斜迂曲著走，是因為馬性未調和，馬韁繩拉得不整齊的緣故。但車子已只在康莊大道上行走，決不會被騙入小路曲徑了。近來天下做致良知功夫的朋友能達到你這地步的，並不多見。我欣慰不可名狀，認為這是我道之大幸。我先前曾患過咳嗽怕熱的病症，近來一到南方，就又嚴重地發作起來。皇上聖明，洞察秋毫，對我督責託付很重，我不敢立馬推辭；地方上軍務繁雜，我只能帶病工作。現幸得動亂都已平定，我已上表請求回鄉養病。能在林泉之下，稍得清涼，或許病會好的。我回來後，伏在枕上草草成書，不能盡傾慕之意。我給惟濬的信，希望你能轉送給他。

【研　析】從信中「近入炎方」、「幸已平定，已具本乞回養病」等語可知，陽明此信作於平思、田之後。嘉靖六年（西元一五二七年）二月，陽明以兵部尚書兼都察院左都御史之職征思、田，事後又移師廣西八寨斷藤峽，消滅了長期盤踞在此的四千多名少數民族。嘉靖七年（西元一五二八年）十月，因咳痢之疾復發嚴重，上疏告歸。《王文成公全書》卷一五有〈乞恩暫容回籍就醫養病疏〉，此信當作於此疏之後，歸鄉之前。

來書所詢，草草奉復一二。近歲來山中講學者，往往多說「勿忘」、「勿助」功夫甚難。問之，則云：「才著意便是助，才不著意便是忘，所以甚難。」區區❶因問之云：「忘是忘個什麼，助是助個什麼？」其人默然無對，始請問，區區因與說：「我此間講學，卻只說個『必有事焉』，不說『勿忘』、『勿助』。」「必有事焉」者，只是時時去「集義」。若時時去用「必有事」的功夫，而或有時間斷，此便是忘了，即須「勿忘」；時時去用「必有事」的功夫，而或有時欲速求效，此便是助了，即須「勿助」。其功夫全在「必有事焉」上用，「勿忘」、「勿助」只就其間提撕❷警覺而已。若是功夫原不間斷，即不須更說「勿忘」；原不欲速求效，即不須更說「勿助」。此其功夫何等明白簡易，何等灑脫自在！今卻不去「必有事」上用功，而乃懸空守著一個「勿忘勿助」，此正如燒鍋煮飯，鍋內不曾漬水下米，而乃專去添柴放火，不知畢竟煮出個什麼物來！吾恐火候未及調停而鍋已先破裂矣。近日一種專在「勿忘勿助」上用功者，其病正是如此。終日懸空去做個「勿忘」，又懸空去做個「勿助」，渀渀蕩蕩❸，全無實落下手處。究竟功夫只做得個沉空守寂，學成一個痴騃❹漢。才遇些子事來，即便牽滯紛擾，不復能經綸宰制。此皆有志之士，而乃使之勞苦纏縛，擔閣一生，皆由學術誤人之故。甚可憫❺矣！

【章　旨】強調「必有事焉」的功夫，反對有意地去做「勿忘」、「勿助」的功夫。

【注　釋】❶區區　謙詞，指作者自己。❷提撕　提掣；引導。❸渀渀蕩蕩　廣闊無邊的樣子。渀渀，同「漭漭」。❹痴騃　傻；愚蠢。❺憫　憂愁；憂慮。

【語　譯】對你來信所問的，我只能奉答一二。近年在山中講學的人，往往多說孟子講的「勿忘」、「勿助」的功夫很難做到。我問他們，他們說：「只要著了一點意思，就是助；只要不著一點意思，就是忘，所以很難。」我於是又問：「忘是忘個什麼，助是助個什麼？」這些人默然無話可答，這才向我請教。我告訴他們：「我在這裡講學，只講孟子所說的『必有事焉』，不講『勿忘』、『勿助』。」「必有事焉」的意思，是教人只管時時刻刻去「集義」。如果時時刻刻去做「必有事焉」的功夫，有時偶或有所間斷，這就是忘了，就要「勿忘」；時時刻刻去做「必有事焉」的功夫，有時偶或急於求成，這就是助了，就要「勿助」。這功夫全在「必有事焉」上使用，「勿忘」、「勿助」只是在其間起提掣、引導作用而已。如果功夫本來就沒有間斷，就不必另外再說「勿忘」；如果本來就沒有急於求成，就不必另外再說「勿助」。這樣的功夫多麼明白簡易，多麼灑脫自在！現在他們卻不去在「必有事」上面用功，而只憑空守著一個「勿忘勿助」，這正如燒鍋煮飯，鍋裡未曾放水下米，就專心添柴放火，不知究竟能煮出個什麼東西來！我怕他們火候還沒調停鍋子就已先破裂了。近來有一種專門在「勿忘勿助」上用功夫的，他們的毛病正是如此。他們整天憑空去做個「勿忘」，又憑空去做個「勿助」，沒頭沒腦的，全無切實下手的功夫。最後他們只做得個沉空守寂的功夫，學成一個痴呆漢。才遇到一點點事來，就會受到牽制，變得手忙腳亂，再也不能籌劃宰制。到他們那裡來學習的都是有志之士，現在教的人卻使他們勞苦束縛，耽誤一生，都是這種學術誤害人的緣故。這種情況，真令人憂慮！

【研　析】陽明強調的「必有事焉」，就是「集義」，也就是時時刻刻、從不間斷地做那「致良知」的功夫。但當時就有人對他的學說產生錯誤理解，他們丟掉了「良知」這一根本，卻專去做那「勿忘勿助」的功夫，這樣就無異於沒有加水放米就燒火做飯，必然不是落入佛、道二教式的「沉空守寂」，就是使人愚鈍，變成「痴騃漢」。陽明認為這樣的學術是誤人的學術，並深深感到憂慮。

夫「必有事焉」只是「集義」，「集義」只是「致良知」。說「集義」則一時未見頭腦，說「致良知」即當下便有實地步可用功，故區區專說「致良知」。隨時就事上致其良知，便是格物；著實去致良知，便是誠意；著實致其良知而無一毫意必固我[1]，便是正心。著實致良知則自無「忘」之病，無一毫意必固我則自無「助」之病。故說格、致、誠、正，則不必更說個「忘」、「助」。孟子說「忘」、「助」，亦就告子得病處立方。告子強制其心，是「助」的病痛，故孟子專說助長之害。告子助長，亦是他以義為外，不知就自心上「集義」，在「必有事焉」上用功，是以如此。若時時刻刻就自心上「集義」，則良知之體洞然明白，自然是是非非纖毫莫遁，又焉有「不得於言，勿求於心；不得於心，勿求於氣❷」之弊乎！孟子「集義」、「養氣」之說，固大有功於後學，然亦是因病立方，說得大段，不若《大學》格、致、誠、正之功尤極精一簡易，為徹上徹下、萬世無弊者也。聖賢論學多是隨時就事，雖言若人殊，而要其功夫頭腦，若合符節。緣天地之間原只有此性，只有此理，只有此良知，只有此一件事耳。故凡就古人論學處說功夫，更不必攙和兼搭而說，自然無不脗合貫通者。才須攙和兼搭而說，即是自己功夫未明徹也。近時有謂「集義」之功必須兼搭個「致良知」而後備者，則是「集義」之功尚未了徹也。「集義」之功尚未了徹，適足以為「致良知」之累而已矣。謂「致良知」之功必須兼搭一個「勿忘勿助」而後明者，則是「致良知」之功尚未了徹也。「致良知」之功尚未了徹，適足以為「勿忘勿助」之累而已矣。若此者皆是就文義上解釋牽附，以求混融湊泊❸，而不曾就自己實功夫上體驗，是以論之愈精，而去之愈遠。文蔚之論其於大本達道既已沛然無疑，至於致知窮理及忘助等說，時亦有攙和兼搭處，卻是區區所謂康莊大道之中，或時橫斜迂曲者。到得功夫熟後，自將釋然矣。

【章　旨】闡述自己的「致良知」與孟子的「集義」之關係。

【注　釋】❶意必固我　《論語・子罕》：「子絕四：毋意，毋必，毋固，毋我。」意，憑空揣測。必，絕對肯定。固，拘泥固執。我，唯我獨是。❷不得於言四句　語出《孟子・公孫丑上》。❸混融湊泊　融匯貫通之意。

【語　譯】孟子講的「必有事焉」只是「集義」之意，而「集義」就只是我所說的「致良知」。說「集義」則一時看不到綱領，說「致良知」就立刻有實際用功之地，所以我專說「致良知」。隨時根據所遇到的事情致良知，這就是格物；踏踏實實致良知，這就是誠意；踏踏實實致良知而又沒有絲毫意必固我，這就是正心。踏踏實實致良知就自然沒了「忘」的毛病，沒有絲毫意必固我就自然沒了「助」的毛病。所以說了格物、致知、誠意、正心，就不必再另外說個「忘」和「助」了。孟子說「忘」、「助」，也只根據告子的毛病建立處方。告子強制自己的心，是「助」的毛病，所以孟子專門陳說揠苗助長的害處。告子揠苗助長，也是因為他把義看作來自心外，不懂得在自己心上「集義」，在「必有事焉」上用功夫，所以如此。如能時時刻刻就在自己的心上「集義」，那麼良知的本體自然就會洞徹明白，自然就是是非非絲毫無所隱遁，又哪會有「不得於言，勿求於心；不得於心，勿求於氣」的弊病呢！孟子的「集義」、

「養氣」之說，本來大有功於後世，但也是根據病情下處方，只說得一個大體，不如《大學》講的格物、致知、誠意、正心之功那樣極為精一簡易，那樣徹頭徹尾、萬世之後都看不出弊病。聖賢們談論學問多是隨時就事論事，雖然看起來人人說法不同，但他們的功夫綱要，卻極為吻合。這是因為天地之間原本只有這性，只有這理，只有這良知，只有這一件事罷了。所以凡是在古人論學上談論修養功夫，不必摻和兼搭著加以解說，就自然而然無不吻合貫通。只要須摻和兼搭著說，就說明自己的功夫還沒有做到明白透徹。近來有人說「集義」功夫必須要兼搭個「致良知」才算完備，這就是對「集義」功夫還未能透徹了解。對「集義」之功尚未徹底了解，那「集義」就恰好成了「致良知」的累贅罷了。如果認為「致良知」的功夫必須兼搭一個「勿忘勿助」然後才算明白，則是對「致良知」的功夫尚未透徹了解。對「致良知」的功夫尚未透徹了解，那就正好使「致良知」成了「勿忘勿助」的累贅罷了。造成這些弊病的原因都是因為他們只從文義上牽強附會作解釋，以求融匯貫通，而不曾在自己的實際功夫中體驗，因而討論得越精細，離原意越遙遠。你的論說在大本達道方面已經充沛無疑，至於在解釋致知窮理及「忘」、「助」等問題時，間或也有摻和兼搭之處，卻只是像我上文所說的已走在康莊大道上，偶或有橫斜迂曲、偏離正軌罷了。等到你功夫純熟之後，這些毛病自然就沒有了。

【研　析】從本段可知，陽明的「致良知」，實與孟子的「集義」同義，所以他說：「『集義』只是『致良知』。」所謂「集義」，就是經常不斷地積累正氣，培養良知。陽明之所以不採用

「集義」而用「致良知」這一說法，是因為他認為孟子的「集義」講得比較粗闊，缺乏具體的修養步驟，而《大學》講的格物、致知、誠意、正心卻「精一簡易」得多，能使學者一目了然。他在「致知」中間加上一個「良」字，就把孟子的培養「良知」同《大學》的「致知」溝通了起來，使之成為一個較完備的「心學」修養體系。

文蔚謂「致知之說，求之事親從兄之間，便覺有所持循」者，此段最見近來真切篤實之功。但以此自為，不妨自有得力處；以此遂為定說教人，卻未免又有因藥發病之患，亦不可不一講也。蓋良知只是一個天理自然明覺發見處，只是一個真誠惻怛[1]便是他本體。故致此良知之真誠惻怛以事親，便是孝；致此良知之真誠惻怛以從兄，便是弟；致此良知之真誠惻怛以事君，便是忠。只是一個良知，一個真誠惻怛。若是從兄的良知不能致其真誠惻怛，即是事親的良知不能致其真誠惻怛矣；事君的良知不能致其真誠惻怛，即是從兄的良知不能致其真誠惻怛矣。故致得事君的良知，便是致卻從兄的良知；致得從兄的良知，便是致卻事親的良知。不是事君的良知不能致卻，須又從事親的良知上去擴充將來。如此又是脫卻本原，著在支節上求了。良知只是一個隨他發見流行處，當下具足，更無去來，不須假借。然其發見流行處，卻自有輕重厚薄，毫髮不容增減者，所謂天然自有之中也。雖則輕重厚薄毫髮不容增減，而原又只是一個。雖則只是一個，而其間輕重厚薄又毫髮不容增減。若可得增減，若須假借，即已非其真誠惻怛之本體矣。此良知之妙用所以無方體，無窮盡，「語大天下莫能載，語小天下莫能破❷」者也。孟氏「堯舜之道，孝弟而已❸」者，是就人之良知發見得最真切篤厚、不容蔽昧處提省人，使人於事君處友、仁民愛物，與凡動靜語默間皆只是致他那一念事親從兄真誠惻怛的良知，即自然無不是道。蓋天下之事雖千變萬化，至於不可窮詰，而但惟致此事親從兄一念真誠惻怛之良知以應之，則更無有遺缺滲漏者，正謂其只有此一個良知故也。事親從兄一念良知之外，更無有良知可致得者。故曰：「堯舜之道，孝弟而已矣。」此所以為「惟精惟一」之學，放之四海而皆準，施諸後世而無朝夕者也。文蔚云「欲於事親從兄之間而求所謂良知之學」，就自己用功得力處如此說，亦無不可；若曰致其良知之真誠惻怛以求盡天事親從兄之道焉，亦無不可也。明道❹云：「行仁自孝弟始，孝弟是仁之一事，謂之行仁之本則可，謂是仁之本則不可。」其說是矣。

【章　旨】指出聶文蔚來信中所存在的理論缺陷並加以糾正。

【注　釋】❶惻怛　憂傷；愁苦。這裡是真心關切之意。❷語大天下莫能載二句　語出《中庸》：「故君子語大，天下莫能載焉；語小，天下莫能破焉。」意為：君子論道，談到道大的方面，以天下之大都無法容載；談到道的精微方面，通天下都無人能再加分析。❸堯舜之道二句　語出《孟子・告子下》。弟，通「悌」。❹明道　當作「伊川」。下文所引「行仁自孝弟始」數語，出自《二程遺書》卷一八〈伊川先生語四〉。

【語　譯】你所說的「致良知的學說，到事奉父母、依從兄長這些事情中去探求，就覺有所依憑」，這段話最能體現你近來修養功夫的真切深厚。但如果只是自己依照這話去做，那也不妨礙自己有得力之處；但如果把這當作定論去教誨他人，卻未免又有因藥物不對誘發病痛的憂患，也不能不一一加以討論。良知只是一個天理自然明覺發現的所在，它的本體只是一個真誠關切。把這良知的真誠關切用於事奉父母，就是孝；把這良知的真誠關切用於依從兄長，就是悌；把這良知的真誠關切用於服事君主，就是忠。只是一個良知，一個真誠關切。如果是依從兄長的良知不能推致真誠關切，也就是事奉父母的良知不能推致真誠關切了；如果是服事君主的良知不能推致真誠關切，也就是依從兄長的良知不能推致真誠關切了。所以能推致服事君主的良知，也就能推致依從兄長的良知；能推致依從兄長的良知，就是能推致事奉父母的良知。而不是不能推致服事君主的良知，就必須從事奉父母的良知上去擴充開來。這樣就是丟掉了本原，只在枝節上探求了。良知只是一個隨外物發露流行的所在，當時就已充分具備，沒有來往，也不需假借。但當它發露流行之時，卻自然就有輕重厚薄之分，不容有絲毫的增減，正所謂天然自有之中。雖然它輕重厚薄不容有絲毫增減，但實際上卻只有一個。雖然只有一個，但其間的輕重厚薄卻又絲毫不容增減。如果可以增減，如果需要假借，就已不是那真誠關切的良知的本體了。這就是良知的妙用之所以沒有方向形體、無窮無盡，像《中庸》所說的「語大天下莫能載，語小天下莫能破」的原因之所在。孟子講的「堯舜之道，孝悌而已矣」，是就良知發露得最真切篤厚、不容掩蔽之時提醒人們，使人們在事君處友、仁民愛物，以及所有的動靜語默之時都只是推致他們事親從兄時那一念真誠關切的良知，這樣就自然無不是大道。天下之事千變萬化，以至於不可窮究，然而只要用這事親從兄時的那一念真誠關切的良知來應付，就再不會有缺失遺漏，正因為只有這一個良知的緣故。在事親從兄這一念良知之外，再沒有別的良知可以推致的。所以說：「堯舜之道，孝悌而已矣。」這就是之所以這「惟精惟一」的學說，能放之四海而皆準，施於後世無朝夕而不適用的原因。你所說的「想到事親從兄之間探求所謂良知之學」，如果只就自己用功的得力處這樣講，也未嘗不可；如果說是推致自己的良知的真誠關切來窮盡事親從兄之道，也未嘗不可。明道先生說：「行仁從孝悌開始，孝悌是仁的一個方面的事，說孝悌是行仁的根本尚可以，說孝悌是仁的根本就不對了。」他這說法是正確的。

【研　析】在這段文字，陽明反覆強調的觀點是：良知只有一個，其本體只是「真誠惻怛」。這「真誠惻怛」不僅可以用於「事親從兄」，而且也可以「事君」，可以應付世上千變萬化的事情，因而它是一條「放之四海而皆準，施諸後世而無朝夕」的永恆的、絕對的「定理」。聶文蔚只是把「致良知」放在「事親從兄之間」加以探求，實際上是對「致良知」原理的普遍性、永恆性、絕對性認識不足，沒能真正理解陽明創立「致良知」（或「惟精惟一」）學說的良苦用心，所以陽明要不厭其煩地加以闡說，希望他能認清自己學說的深刻意義。

億、逆、先覺❶之說，文蔚謂「誠則旁行曲防❷，皆良知之用」，甚善，甚善！間有攙搭處，則前已言之矣。惟濬之言亦未為不是。在文蔚須有取於惟濬之言而後盡，在惟濬又須有取於文蔚之言而後明。不然，則亦未免各有倚著❸之病也。舜察邇言而詢芻蕘❹，非是以邇言當察，芻蕘當詢而後如此，乃良知之發見流行，光明圓瑩，更無罣礙遮隔處。此所以謂之大知。才有執著意必，其知便小矣。講學中自有去取分辨，然就心地上著實用功夫，卻須如此方是。盡心三節❺，區區曾有生知、學知、困知之說，頗已明白，無可疑者。蓋盡心知性知天者，不必說存心養性事天，不必說「殀壽不貳，修身以俟」，而存心養性與修身以俟之功已在其中矣。存心養性事天者，雖未到得盡心知天的地位，然已是在那裡做個求到盡心知天的功夫，更不必說「殀壽不貳，修身以俟」，而「殀壽不貳，修身以俟」之功已在其中矣。譬之行路，盡心知天者如年力壯健之人，既能奔走往來於數千百里之間者也。存心事天者如童穉之年，使之學習步趨於庭除❻之間者也。「殀壽不貳，修身以俟」者，如襁抱之孩，方使之扶牆傍壁而漸學起立移步者也。既已能奔走往來於數千里之間者，則不必更使之於庭除之間而學步趨，而步趨於庭除之間自無弗能矣；既已能步趨於庭除之間，則不必更使之扶牆傍壁而學起立移步，而起立移步自無弗能矣。然學起立移步便是學步趨庭除之始，學步趨庭除便是學奔走往來於數千里之基。固非有二事，但其功夫之難易則相去懸絕矣。心也，性也，天也，一也。故及其知之成功則一，然而三者人品力量自有階級，不可躐等❼而能也。細觀文蔚之論，其意似恐盡心知天者廢卻存心修身之功，而反為盡心知天之病。是蓋為聖人憂功夫之或間斷，而不知為自己憂功夫之未真切也。吾儕❽用功卻須專心致志，在「殀壽不貳，修身以俟」上做，只此便是做盡心知天功夫之始。正如學起立移步，便是學奔走千里之始。吾方自慮其不能起立移步，而豈遽慮其不能奔走千里，又況為奔走千里者而慮其或遺忘於起立移步之習哉！

【章旨】論修養的層次，而以盡心知性知天為最高境界。

【注釋】❶億逆先覺　《論語・憲問》：「不逆詐，不億不信，抑亦先覺者，是賢乎！」逆，預先。億，猜測。先覺，及早發覺。❷旁行曲防　旁行，小路。曲防，彎曲的堤防。比喻不正規的方法或手段。❸倚著　偏向一邊。❹蒭蕘　指割草打柴的人。❺盡心三節　指《孟子・盡心上》首章。陽明以「盡其心者，知其性也。知其性，則知天矣」為第一節，以「存其心，養其性，所以事天也」為第二節，以「殀壽不貳，修身以俟之，所以立命也」為第三節，各代表一個修養的層次。❻庭除　指庭院。除，臺階。❼躐等　越過等級。躐，踏。❽吾儕　我輩。儕，類。

【語譯】對《論語》的億、逆、先覺的解說，你解釋為「只要意誠，即使是方法不太正規，也都是良知的運用」，很好，很好！只是稍有摻雜兼搭之處，這我已在前面說過了。惟濬的話也不能說不對。對你來說，應汲取惟濬的意見才算完備；對惟濬來說，又應汲取你的見解才算明白。不然的話，就各人都難免有偏向一邊的毛病。舜能體察淺近之言，向樵夫請教，非不是淺近之言一定要體察，樵夫一定該詢問才這樣做，而是他的良知發露流行，光明圓徹，而沒有一點掛礙遮隔之處。這就是舜之所以被稱為大智的原因。只要他有一點兒執著意必，他的智慧就小了。講學時自然會有去取分辨，但就要在心地上著實用功夫而言，卻必須這樣才是。盡心的三個層次，我曾有生知、學知、困知的講法，已經講得很明白，無可疑之處了。能做到盡心知性知天的人，就不必再講存心養性事天，也不必講「殀壽不貳，修身以俟」了，因為存心養性與修身以俟的功夫都已包括在盡心知性知天之中了。存心養性事天的人，雖然還未能達到盡心知天的地步，但是他已經在做追求達到盡心知天的功夫，就不用再說「殀壽不貳，修身以俟」，而「殀壽不貳，修身以俟」的功夫就已經包括在存心養性事天的功夫之中了。比如走路，盡心知天的人好比年輕力壯的人，他們早已能往來奔走於數千里之間了。存心事天的人好比兒童，要讓他們在庭院之間學習走路。「殀壽不貳，修身以俟」的人，就好比襁褓中的幼兒，要讓他們扶著牆壁學習站立移步。早已能往來奔走於數千里之間的人，就不必再讓他們在庭院之間學習走路，但在庭院之間學習走路的卻不能往來奔走於數千里之間；已經能在庭院之間行走的人，就不必再讓他們扶著牆壁學習站立移步，但扶著牆壁學習站立移步的人卻不能在庭院間行走。然而，學習站立移步就是在庭院間學習行走的開端，學習在庭院間行走就是學習往來奔走於數千里的基礎。本來沒有兩回事，只是它們之間功夫難易的程度卻相差極遠。心，性，天，都是一回事。所以他們致知的成功雖然一樣，但三者的人品功力卻自有等級，不能越等而能。我仔細地考察了你的言論，你的意思似乎怕盡心知天的人廢棄了存心修身的功夫，卻反而成了盡心知天的病累。這就好比只擔心聖人的修養功夫時而間斷，卻不擔心自己的修養功夫不夠真切。我輩只需專心致志，在「殀壽不貳，修養以俟」上下功夫，這樣就是做盡心知天功夫的開始。正如學習站立移步，就是學習奔走千里的開始。我們應擔心自己不能站立移步，又怎能立刻就憂慮自己不能奔走千里，更何必擔心奔走千里的人遺忘了自己當年的學習站立移步呢！

【研　析】陽明曾對徐愛說：「『盡心、知性、知天』，是生知安行事；『存心、養性、事天』，是學知利行事；『殀壽不貳，修身以俟』，是困知勉行事。」他又解釋之所以如此劃分的理由：「性是心之體，天是性之原，盡心即是盡性。『惟天下至誠為能盡其性，知天地之化育。』『存心』者，心有未盡也。『知天』如『知州』、『知縣』之『知』，是自己分上事，已與天為一。『事天』如子之事父、臣之事君，須是恭敬奉承，然後能無失，尚與天為二。此便是聖賢之別。至於『殀壽不貳其心』，乃是教學者一心為善，不可以窮通殀壽之故，便把為善的心變動了。只去修身以俟命，見得窮通壽殀有個命在，我亦不必以此動心。事天雖與天為二，已自見得個天在面前；俟命便是未曾見面，在此等候相似。此便是初學立心之始，有個困勉的意在。」（《傳習錄》上）他以盡心知性知天為聖人境界，以存心養性事天為賢人地步，以「殀壽不貳，修身以俟」為初學者所處的階段，所劃分的修養層次十分清楚，可與本段文字互相參看。

文蔚識見本自超絕邁往，而所論云然者，亦是未能脫去舊時解說文義之習。是為此三段書分疏比合，以求融會貫通，而自添許多意見纏繞，反使用功不專一也。近時懸空去做「勿忘勿助」者，其意見正有此病，最能擔誤人，不可不滌除耳。所謂「尊德性而道問學❶」一節至當歸一，更無可疑。此便是文蔚曾著實用功，然後能為此言。此本不是險僻難見的道理，人或意見不同者，還是良知尚有纖翳❷潛伏。若除去此纖翳，即自無不洞然矣。已作書後，移臥簷間，偶遇無事，遂復答此。文蔚之學既已得其大者，此等處久當釋然自解，本不必屑屑如此分疏。但承相愛之厚，千里差人遠及，諄諄下問，而竟虛來意，又自不能已於言也。然直戇❸煩縷已甚，恃在信愛，當不為罪。惟濬處及謙之❹、崇一處各得轉錄一通，寄視之，尤承一體之好也。

右南大吉錄。

【章　旨】對文蔚之說既予以獎掖，又指出其不足。

【注　釋】❶尊德性而道問學　語出《中庸》。❷纖翳　細微的遮蔽。❸直戇　憨厚直爽。這裡是質樸直截之意。❹謙之　鄒守益（西元一四九一～一五六二年），字謙之，號東廓，江西安福（今屬江西省）人。正德六年（西元一五一一年）進士，官至南京國子監祭酒。係陽明高足之一。

【語　譯】你的識見本來超邁卓越，但仍這樣解釋《孟子・盡心上》首章，也是還未能擺脫過去學者們解說文義的習氣。你這樣為這三段文字分別疏解比照，來求得融會貫通，卻增添了許多個人見解繞來繞去，反而使人用功不專一了。近時憑空做「勿忘勿助」功夫的人，他們的意見正有這種毛病，最會耽誤人，不能不加以清除。你所解釋的「尊德性而道問學」一節，最為恰當合於宗旨，再無可質疑之處。這是因為你曾踏實用功夫，然後才能說出這樣的見解。這本來也不是什麼深奧偏僻難以理解的道理，人們之所以仍解說不同，還是因為良知尚有些微雜念遮蔽潛伏的緣故。如果除去了這些細小的遮蔽，就自然無不洞然明白了。我寫完字後，到後簷下仰臥休息，偶遇無事，就又給你寫了這封回信。你的學問已得到我的大旨，這樣的小疑問自然會自己消除，本來不需要我這樣瑣屑地條分縷析。只是承蒙你相愛之意深厚，又不遠千里派人前來，不恥諄諄下問，而我竟然有虛來意，這樣又不得不說了。然而已樸直煩瑣過度，仗著你的信任厚愛，諒不會見責。這封信，可鈔錄三份，分別寄給惟濬、謙之、崇一看，以顯示情同一體之好。

以上為南大吉錄。

【研　析】「尊德性而道問學」，陽明從他的「知行合一」觀點出發，是強調前者否定後者，或是把後者納入到前者的，〈答顧東橋書〉言之甚詳。這裡他肯定聶豹「所謂『尊德性而道問學』一節至當歸一」，可見聶豹的解釋也是本於「知行合一」的精神，強調「尊德性」而否定「道問學」，或直接將「道問學」納入「尊德性」的範圍之內。賀麟說陽明「及徐愛短命死後，他便很少談知行合一的問題。到晚年他便專揭出致良知之教，以代替比較有純理論意味的知行合一說」，「他的各派門徒，對他的知行合一之說，不唯沒有新的發揮，甚至連提也絕少提到」（《近代唯心論淺釋》），似乎不是確切之論。因為陽明不僅晚年仍常提「知行合一」，而且「致良知」與「知行合一」實際上是一致的，晚年他之所以提「致良知」較多而提「知行合一」較少，是他更加重視「尊德性」，而否定「道問學」的必然結果。

訓蒙大意示教讀劉伯頌等

【題解】 據《年譜》，明武宗正德十三年（西元一五一八年）四月，陽明平定江西動亂之後，班師時，認為民風不善，由於教化未明，於是告諭南贛所屬各縣父老子弟，互相戒勉，興立學社，延師教子，歌詩習禮。此文便作於此時。劉伯頌，不詳。訓蒙，訓導童蒙。教讀，教師。

古之教者，教以人倫，後世記誦詞章之習起，而先王之教亡。今教童子，惟當以孝弟忠信禮義廉恥為專務，其栽培涵養之方，則宜誘之歌詩以發其志意，導之習禮以肅其威儀，諷之讀書以開其知覺。今人往往以歌詩習禮為不切時務，此皆末俗庸鄙之見，烏足以知古人立教之意哉！大抵童子之情，樂嬉遊而憚拘檢❶，如草木之始萌芽，舒暢之則條達，摧撓之則衰痿❷。今教童子，必使其趨向鼓舞，中心喜悅，則其進自不能已。譬之時雨春風霑被，卉木莫不萌動發越，自然日長月化；若冰霜剝落，則生意蕭索，日就枯槁矣。故凡誘之歌詩者，非但發其志意而已，亦所以洩其跳號呼嘯於詠歌，宣其幽抑結滯於音節也；導之習禮者，非但肅其威儀而已，亦所以周旋揖讓❸而動蕩其血脈，拜起屈伸而固束其筋骸也；諷之讀書者，非但開其知覺而已，亦所以沈潛❹反復而存其心，抑揚諷誦以宣其志也。凡此皆所以順導其志意，調理其性情，潛消其鄙吝，默化其麤頑❺，日使之漸於禮義而不苦其難入於中和，而不知其故。是蓋先王立教之微意也。若近世之訓蒙稺者，日惟督以句讀課倣❻。責其檢束，而不知導之以禮；求其聰明，而不知養之以善。鞭撻繩縛，若待拘囚。彼視學舍如囹獄而不肯入，視師長如寇仇而不欲見，窺避掩覆以遂其嬉遊，設詐飾詭❼以肆其頑鄙，偷薄庸劣，日趨下流。是蓋驅之於惡而求其為善也，何可得乎！凡吾所以教其意實在於此。恐時俗不察，視以為迂，且吾亦將去，故特叮嚀以告：爾諸教讀，其務體吾意，求以為訓，毋輒因時俗之言改廢其繩墨❽，庶成「蒙以養正❾」之功矣。念之，念之！

【章　旨】申明自己的教育主張，以揭示訂立下述「教約」的用意所在。

【注　釋】❶拘檢　約束；拘束。❷痿　通「萎」。❸周旋揖讓　指行禮時相互間的種種禮儀行為。❹沈潛　深入探究。沈，同「沉」。❺麤頑　粗鄙、愚頑。麤，同「粗」。❻句讀課倣　古人把文詞停頓之處稱為「句讀」。課，功課。倣，摹寫書帖。❼設詐飾詭　指弄虛作假，欺騙老師和家長。❽繩墨　法度；規矩。❾蒙以養正　《易傳・蒙卦・彖》：「蒙以養正，聖功也。」意為：兒童雖然無知無識，卻純潔無邪，順著他們這種天性加以教養，容易使他們歸於純正，聖人的做法正是如此。

【語　譯】古時候從事教化的人，教人以倫理道德，後世記誦詞章的風氣一興起，先王的教化就歸於消亡。現在我們教兒童，應當只把孝悌忠信禮義廉恥這些倫理道德作為主要內容，至於栽培涵養德性的方法，則宜以歌詠詩章來誘發他們的情志，以學習禮儀來引導他們整肅自己的威儀，以誦讀書文來開化他們的智慧。當今人認為歌詠詩章演習禮儀不切時務，其實這都是末俗鄙陋之見，又哪裡懂得古人確立教化的本意呢！大凡小孩，都樂於嬉戲遊玩而害怕限制拘束，就好比草木才開始發芽，順著它們的本性，它們就長得枝繁葉茂；摧折它們，它們就會衰落枯萎。如今我們教育兒童，一定要使他們自願跟從，心裡高興，這樣他們就會進取不能自已。就好比沐浴春風春雨之後，花卉草木無不萌發滋長，自然一天天、一月月增長變化；如果遇到冰霜的摧殘，就會生機衰敗，一天天走向枯槁了。所以用歌詩來誘發，就不僅僅只是誘發他們的情志而已，而且也通過歌詠詩章讓他們跳叫呼嘯，在音樂韻律中宣洩內心的幽憂積鬱；用演習禮儀來引導，不僅僅只是整肅他們的威儀而已，而是通過相互間的揖拜推讓來活動他們的血脈，通過一屈一伸來加固他們的筋骨；要求誦讀書文，也不僅僅只是開化智慧，而是通過反覆深思來存養內心，通過抑揚諷誦來表明志向。所有這些都是用來順導他們的志意，調理他們的性情，潛消他們的鄙吝，默化他們的粗頑，使他們日益接受禮儀的熏陶而不感到難以進入中和境界，進入了中和境界也不知自己是怎樣進入的。這大概就是先王立教的深意。近世訓教童蒙的人，每天只是督促他們學習句讀，摹臨字帖。責備他們沒有嚴格約束自己，卻不知用禮儀加以誘導；要求他們聰明，卻不知培養他們的善性。鞭打綑綁，好像對待囚犯。他們看到學堂就像看到監獄而不肯進去，看到師長如同看到仇敵而不願相見。他們窺伺躲避師長來實現自己的嬉戲遊樂，說謊扯騙來放縱自己的愚頑，淺薄庸劣，日趨低下。這是把他們趕向惡的境地卻希望他們為善，又怎麼可能呢！所有我訓教童蒙的想法都基於此。恐怕世俗人不能體察我的內心，把我看作迂腐，而且我又即將離去，所以特意叮嚀以告：你們這些教書的，一定要體察我的本意，永遠記住我的訓誡，不要因為世俗的議論就改變、廢除我所立的規矩，這樣才有希望成就「蒙以養正」的聖人之功！記住，記住！

【研　析】陽明認為傳統的教育方式以「記誦詞章」為主，每天對孩子「惟督以句讀課倣。責其檢束」，嚴重地束縛了孩子的身心，造成他們濃厚的厭學情緒，以至於「視學舍如囹獄而不肯入，視師長如寇仇而不欲見」，從而主張改變這一做法，建立起一種新的教育原則和教學方法。其原則是順應兒童的天真好動的天性，從志意、性情等方面誘導他們，使他們在詩書禮樂的熏陶之中接受倫理道德教化；其方法則是歌詠詩章，演習禮儀，誦讀書文，並盡可能把這些活動搞得生動靈活，以達到「寓教於樂」的效果。陽明的這些想法，在當時普遍陷於僵化、呆板的教風之下，自然具有革新的意義。但是，從今天的眼光來看，他的「惟當以孝弟忠信禮義廉恥為專務」的主張，實際上只是把倫理學作為兒童的唯一課程，未免就顯得狹隘、偏窄。且封建倫理本身就有制約、束縛人身心的一面，不加以強制、馴化很難達到教育者的預期目的，因而他那通過靈活生動的方式就能使孩子樂於接受倫理教化的想法，其實也只是一廂情願的想法。從下面的「教約」看，事實上也難以做到。

教約

每日清晨，諸生參揖畢，教讀以次遍詢諸生：在家所以愛親敬長之心，得無懈忽，未能真切否？溫凊定省之儀，得無虧缺，未能實踐否？往來街衢❶，步趨禮節，得無放蕩，未能謹飭❷否？一應言行心術❸，得無欺妄非僻，未能忠信篤敬否？諸童子務要各以實對，有則改之，無則加勉❹。教讀復隨時就事曲加誨諭開發，然後各退就席肄業❺。

凡歌詩，須要整容定氣，清朗其聲音，均審其節調，毋躁而急，毋蕩而囂❻，毋餒而懾❼，久則精神宣暢，心氣和平矣。每學量童生多寡，分為四班，每日輪一班歌詩，其餘皆就席斂容肅聽。每五日則總四班遞歌於本學，每朔望❽集各學會歌於書院。

凡習禮，須要澄心肅慮，審其儀節，度其容止，毋忽而惰，毋沮而怍❾，毋徑而野❿。從容而不失之迂緩，脩謹而不失之拘局。久則體貌習熟，德性堅定矣。童生班次皆如歌詩，每間一日則輪一班習禮，其餘皆就席斂容肅觀。習禮之日，免其課倣，每十日則總四班遞習於本學，每朔望則集各學會習於書院。

凡授書不在徒多，但貴精熟。量其資稟，能二百字者，止可授以一百字。常使精神力量有餘，則無厭苦之患，而有自得之美。諷誦之際，務令專心一志，口誦心惟，字字句句，紬繹⓫反覆，抑揚其音節，寬虛其心意。久則義禮浹洽，聰明日開矣。

每日功夫，先考德，次背書、誦書，次習禮，或作課倣，次復誦書、講書，次歌詩。凡習禮歌詩之類，皆所以常存童子之心，使其樂習不倦，而無暇及於邪僻。教者知此，則知所施矣。雖然，此其大略也。「神而明之，則存乎其人⑫。」

【章　旨】「教約」的具體條目。

【注　釋】❶街衢　街道。衢，四通八達的道路。❷謹飭　嚴謹、整飭。❸心術　指居心、動機。❹有則改之二句　語出朱熹《論語集注·學而》。意為：有過錯加以改正，沒有過錯就自我勉勵，更加進取。❺肄業　學習功課。❻蕩而囂　這裡指放開聲音亂喊亂叫。❼餒而懾　這裡指聲音收斂過小，運氣不足。餒，失去勇氣。懾，害怕。❽朔望　陰曆每月初一叫「朔」，十五叫「望」。❾沮而怍　這裡指精神萎靡不振。沮，沮喪。怍，慚愧。❿徑而野　這裡指行為失於檢束，顯得粗野。⓫紬繹　引出頭緒。這裡指不斷引申、體味。⓬神而明之二句　語出《易傳·繫辭》。意為：能對出神入化境界有所了解，則在於每個具體的人了。

【語　譯】每天清晨，學生們參見揖拜先生完畢，先生就依次序問遍每一個弟子：在家時愛親敬長之心，有沒有懈怠，或不夠真切？對父母冬溫夏涼、昏定晨省的禮儀，有沒有欠缺，或未曾踐履？在街道上往來，走路的姿態儀表，是不是放蕩，或不夠謹飭？平時所有的言行心地，有沒有欺妄邪僻，或未能忠信篤敬？眾弟子一定要從實回答，有則改之，無則加勉。先生又要根據具體事例詳細地加以教誨開導，然後弟子們才退回自己的座位開始學習。

凡歌詠詩章，必須要整肅面容平定氣息，聲音要清朗，節奏音調要均勻，不要急躁，不要亂喊亂叫，不要低聲下氣，久了就會精神暢快，心氣和平了。每個學堂都要根據學生數量多少，將學生分成四班，每天輪一班歌詠詩章，其餘的都在座位上認真聽著。每過五天就集合四班在本學堂挨班輪詠，每月初一、十五就各學堂集合到書院會歌。

凡演習禮儀，必須要心裡清明嚴肅，要辨明儀節，調適容貌舉止，不要疏忽懈怠，不要沮喪愧怍，不要放縱粗野。要從容不迫而不流於迂曲遲緩，要修飾謹飭而不流於拘謹局促。久了就體貌熟習，德性堅定了。學生分班的情況跟歌詠詩章一樣，每隔一天就輪一班演習禮儀，其餘的都在自己的座位上認真觀看。習禮的這一天，免除課堂作業，每十天就集合四班在本學堂輪流演習，每到初一、十五就集中各學堂到書院演習。

凡傳授書本知識，不在於圖多，只貴精熟。要根據每個人的天資，能記熟二百字的，只能教一百字。要常使學生精神力量有餘，這樣他們就不會感到厭倦煩苦，而有自我收穫之美。諷讀書文時，務必要讓學生專心致志，口讀心想，字字句句，反覆體會，要讀出音節的抑揚頓挫，要做到心裡寬緩虛靜。久了就義理融貫，智慧日開了。

每天的踐履功夫，要先考查德行，其次是背書、讀書，其次是演習禮儀，或做作業練習，其次再讀書、講解，再其次是歌詠詩章。凡演習禮儀歌詠詩章之類，都只是為了孩子們常能存心養性，使他們樂習不倦，而沒空閒去做邪僻之事。教者懂得這個道理，就懂得該怎麼做了。雖然如此，這仍只是一個大體原則。《易傳》說：「神而明之，則存乎其人。」

【研　析】「教約」所規定的具體課程、做法，是陽明前述教育思想、教育方法的具體體現。雖然他極力想體現遵循兒童天性的原則，但今天看來，仍顯得有違教育原理，是一種純封建功利主義的做法。

傳習錄下

陳九川錄

正德乙亥❶，九川初見先生於龍江❷。先生與甘泉先生❸論格物之說，甘泉持舊說。先生曰：「是求之於外了。」甘泉曰：「若以格物理為外，是自小其心也。」九川甚喜舊說之是。先生又論〈盡心〉一章，九川一聞，卻遂無疑。後家居，復以「格物」遺質，先生答云：「但能實地用功，久當自釋。」山間乃自錄《大學》舊本讀之，覺朱子「格物」之說非是，然亦疑先生以「意之所在為『物』」。「物」字未明。

【章旨】陳九川記正德十年向陽明數次請教事。

【注釋】❶正德乙亥　明武宗正德十年（西元一五一五年）。❷龍江　即龍江關，今江蘇南京之下關。這時陽明任南京鴻臚寺卿。❸甘泉先生　湛若水（西元一四六六～一五六〇年），字元明，號甘泉，世稱甘泉先生，廣東增城（今屬廣東）人，弘治十八年（西元一五〇五年）進士，官至南京吏、禮、兵三部尚書。初從學白沙（陳獻章），後與陽明同講學，各立門戶。

【語譯】正德乙亥年，陳九川初次在龍江見到陽明先生。陽明先生同甘泉先生一起論《大學》的「格物」之說，甘泉先生持朱子以來之說。陽明先生批評甘泉先生說：「你這是到心外追求了。」甘泉先生說：「如果把格物理看作心外之事，這是自己把自己的心局限變小了。」九川當時很喜歡朱子舊說的正確。陽明先生又講論了《孟子・盡心》一章，九川一聽，卻再也沒有疑問。後來九川回到自己家裡，又把「格物」的問題致信質疑，陽明先生回信說：「只要能踏實用功，久了自然就能疑慮全消。」九川住在山裡時又親手鈔錄《大學》舊本來讀，覺得朱子對「格物」的解說不正確，而對陽明先生的以「意之所在為『物』」也有疑問，認為「物」字不明確。

【研析】《傳習錄》上卷陽明答徐愛說：「身之主宰便是心，心之所發便是意，意之本體便是知，意之所在便是物。如意在於事親，即事親便是一物；意在於事君，即事君便是一物；意在於仁民愛物，即仁民愛物便是一物；意在於視聽言動，即視聽言動便是一物。所以某說無心外之理，無心外之物。」這段話，正好解釋陳九川「意之所在為『物』。『物』字未明」的疑問。陽明所說的「物」，並非指物質之「物」，而指的是「事」，尤指倫理道德之事。他所說的「格物」，也不是格致一般的所謂「物理」，而是端正自己的心，盡心做好該做的一切事情。

己卯❶歸自京師，再見先生於洪都❷。先生兵務倥傯，乘隙講授，首問：「近年用功何如？」九川曰：「近年體驗得『明明德』功夫只是『誠意』。自『明明德於天下』，步步推入根源，到『誠意』上，再去不得。如何以前又有格致功夫？後又體驗覺得意之誠偽，必先知覺乃可。以顏子『有不善未嘗知之，知之未嘗復行❸』為證，豁然若無疑，卻又多了『格物』功夫。又思來吾心之靈，何有不知意之善惡，只是物欲蔽了，須格去物欲，始能如顏子未嘗不知耳。又自疑功夫顛倒，與『誠意』不成片段❹。後問希顏❺，希顏曰：『先生謂格物致知是誠意功夫，極好。』九川曰：『如何是誠意功夫？』希顏令再思體看，九川終不悟。請問。」

先生曰：「惜哉，此可一言而悟！惟濬所舉顏子事便是了。只要知身、心、意、知、物是一件。」九川疑曰：「物在外，如何與身、心、意、知是一件？」先生曰：「耳、目、口、鼻、四肢，身也，非心安能視聽言動？心欲視聽言動，無耳目口鼻四肢亦不能。故無心則無身，無身則無心。但指其充塞處言之謂之身，指其主宰處言之謂之心，指心之發動處謂之意，指意之靈明處謂之知，指意之涉著處謂之物：只是一件。意未有懸空的，必著事物，故欲誠意則隨意所在某事而格之，去其人欲而歸於天理，則良知之在此事者無蔽而得致矣，此便是誠意的功夫。」九川乃釋然破數年之疑。

【章　旨】陳九川記在南昌再度向陽明請教，破數年之疑。

【注　釋】❶己卯　明武宗正德十四年（西元一五一九年）。❷洪都　江西南昌之別稱。這時王陽明正在江西指揮、組織平定寧王朱宸濠的叛亂。❸有不善未嘗知之二句　語出《易傳・繫辭下》。朱熹《論語集注・雍也》：「程子曰：『顏子之怒，在物不在己，故不遷；有不善未嘗不知，知之未嘗復行，不貳過也。』」知之，當作「不知」。❹不成片段　指互相脫節，缺乏聯繫。❺希顏　蔡宗兗，字希淵，一字希顏，號我齋，山陰之白洋（今浙江紹興）人。官至四川督學僉事，為陽明高足之一。

【語　譯】己卯年陳九川從京師回去，在南昌再次見到陽明先生。這時陽明先生軍務忙碌，乘空閒時間為九川講授，先問：「近年用功怎樣？」九川說：「近年我已體驗到『明明德』功夫只是誠意。但是從『明明德於天下』開始，步步推入根源，到『誠意』時，我就再也推不下去了。為什麼在『誠意』之前又有格物致知的功夫？後來通過體驗我又認識到意的誠實與否，一定得通過知覺才行。以顏子『有不善未嘗不知，知之未嘗復行』為證，豁然開朗似無疑問，可是又多了『格物』這段功夫。我又想到，以我心之靈明，哪有不知意的善惡的道理，只是被物欲遮蔽了，必須格去物欲，才能像顏子那樣『有不善未嘗不知』罷了。我又疑心自己功夫做顛倒了，同『誠意』未能聯繫銜接上來。後來問希顏，希顏說：『陽明先生說格物致知就是誠意功夫，很好。』我又問：『為什麼格物致知就是誠意功夫？』希顏要我再思量體驗看看，我始終未能悟出。請問。」陽明先生說：「可惜，這能一句話就醒悟的！你所舉的顏子的事例就是了，只要懂得身、心、意、知、物只是一回事。」九川質疑說：「物在心身之外，怎麼與身、心、意、知是一回事？」陽明先生答：「耳、目、口、鼻、四肢，都是身，沒有心又怎能視聽言動？心想視聽言動，沒有耳目口鼻四肢也不能。所以沒有心就沒有身，沒有身就沒有心。只是就那充塞處而言就叫作身，就那主宰的角度而言就叫作心，就心的發動時而言就叫作意，就意的靈明而言就叫作知，就知落實到的對象而言就叫作物：所以只是一回事。意沒有懸空的，一定得落實到事物上，所以要想做到誠意就必須隨著意所落實的某一具體事物來格致，去掉那人欲而歸於天理，這樣良知在這事物上就不會被遮蔽而獲致了，這就是誠意的功夫。」九川幾年來的疑問這才完全消除。

【研　析】陳九川所記載的陽明的身、心、意、知、物本為同一回事的觀點，陽明曾多次論及。如〈答羅整庵少宰書〉中說：「理，一而已。以其理之凝聚而言則謂之性，以其凝聚之主宰而言則謂之心，以其主宰之發動而言則謂之意，以其發動之明覺而言則謂之知，以其明覺之感應而言則謂之物。故就物而言謂之格，就知而言謂之致，就意而言謂之誠，就心而言謂之正。正者，正此也；誠者，誠此也；致者，致此也；格者，格此也。皆所謂窮理以盡性也。」講得更為具體詳盡，可以互相參看、發明。

又問：「甘泉近亦信用《大學》古本，謂『格物』猶言『造道❶』，又謂『窮理』如窮其巢穴之『窮』，以身至之也。故『格物』亦只是隨處體認天理。似與先生之說漸同。」先生曰：「甘泉用功，所以轉得來。當時與說『親民❷』字不須改，他亦不信。今論『格物』亦近，但不須換『物』字作『理』字，只還他一『物』字便是。」後有人問九川曰：「今何不疑『物』字？」曰：「《中庸》曰：『不誠無物』，程子曰：『物來順應❸』，又如『物各付物❹』、『胸中無物❺』之類，皆古人常用字也。」

他日先生亦云然。

【章　旨】陳九川記自己同陽明談及湛若水改變觀點之事，以證明陽明的正確。

【注　釋】❶造道　指達到「道」（天理）的境界。湛若水〈答陽明〉：「格即造詣之意，格物者即造道也。」（《明儒學案》卷三七〈甘泉學案〉）❷親民　指《大學》首句：「大學之道，在明明德，在親民。」朱熹認為「親」當作「新」。❸物來順應　語出程顥〈定性書〉：「故君子之學，莫若廓然而大公，物來而順應。」❹物各付物　《二程遺書》卷六〈二先生語六〉：「致知在格物，物來則知起，物各付物，不役其知。」意為因任萬物，不以人力智慧役使萬物。❺胸中無物　當作「胸中無事」。《二程外書》卷一一：「范堯夫經筵坐睡，先生曰：『堯夫胸中無事如此』。」

【語　譯】陳九川又問：「甘泉先生近來也相信《大學》古本，說『格物』的意思猶如『造道』，又說『窮理』的『窮』就如同窮探那巢穴的『窮』，因為親身踐履到此。所以『格物』也只是隨所接觸到的事物身上體認天理。這些說法似乎與您的說法漸漸相近了。」陽明先生說：「甘泉是個用功的人，所以能轉變過來。當時我同他講《大學》『親民』兩字不必改，他也不相信。現在他論『格物』意思也同我接近，只是不必換『物』字作『理』字，只仍舊還它一『物』字即可。」後來有人問九川：「現在你為什麼不對『物』字產生疑問了？」九川答：「《中庸》說『不誠無物』，程子說『物來順應』，又如『物各付物』、『胸中無物』之類，都是古人常用的字。」後來陽明先生也認為九川說得對。

【研　析】陳九川舉《中庸》「不誠無物」、程顥「物來順應」、程頤「物各付物」為例，目的都是為了說明「物」是隨著「心」的存在而存在、隨著「心」的變化而變化的，因而主體是關鍵，客體依附於主體。這是對「心學」本質的領悟，所以得到了陽明的認同。

九川問：「近年因厭泛濫之學❶，每要靜坐，求屏息念慮，非惟不能，愈覺擾擾。如何？」先生曰：「念如何可息，只是要正。」曰：「當自有無念時否？」先生曰：「實無無念時。」曰：「如此卻如何言靜？」曰：「靜未嘗不動，動未嘗不靜，戒謹恐懼即是念，何分動靜！」曰：「周子何以言『定之以中正仁義而主靜❷』？」曰：「無欲故靜。是『靜亦定，動亦定❸』的『定』字，主其本體也。戒懼之念，是活潑地，此是天機不息處。所謂『維天之命，於穆不已❹』。一息便是死；非本體之念，即是私念。」

【章　旨】陽明回答「心」是否能「靜」的問題。

【注 釋】❶泛濫之學 指追求博覽多聞的程朱理學。❷定之以中正仁義而主靜 語出周敦頤〈太極圖說〉：「聖人定之以中正仁義，而主靜，立人極焉。」意為：聖人確立中正仁義，以靜為主，來作為人道的標準。❸靜亦定二句 語出程顥〈定性書〉。❹維天之命二句 天道是多麼美好啊。《詩經・周頌・維天之命》中的詩句。於，嘆詞，表示讚美。穆，美。

【語 譯】陳九川問：「近年來我厭倦博覽多聞之學，常要靜坐，以求屏息思慮，但不僅沒能做到無思無慮，反而更覺煩擾不安。這是怎麼回事？」陽明先生說：「思慮又怎能屏息，只要端正就可以了。」九川問：「會有自然而然就無思無慮的時候嗎？」陽明先生答：「其實並沒有無思無慮的時候。」九川問：「既然如此，為什麼還說靜？」陽明先生答：「靜未嘗不動，動未嘗不靜。《中庸》講的戒謹恐懼就是思慮，又分什麼動靜！」九川問：「周濂溪為什麼說『定之以中正仁義而主靜』？」陽明先生答：「從沒有私欲的角度說，心是靜的。這是明道先生講的『靜亦定，動亦定』的『定』字，是從心的本體意義而言的。戒懼這種思慮，是活潑的，這正是心天機不息的表現。《詩經》講『維天之命，於穆不已』。心如一停息下來，就是死亡；如果不是發自本體的思慮，就是私念。」

【研 析】關於「心」的動靜關係，陽明也曾多次談到。其基本觀點是：「靜」是「心」的本體屬性，是與「天理」相聯繫的，「心」要進入「靜」的境界，必須不斷地去「私欲」，這就是「動」。從這個意義上說，無論「動」、「靜」，都是為了「存天理」。

又問：「用功收心時，有聲色❶在前，如常聞見，恐不是專一。」曰：「如何欲不聞見，除是槁木死灰、耳聾目盲則可。只是雖聞見而不流去，便是。」曰：「昔有人靜坐，其子隔壁讀書，不知其勤惰。程子稱其甚敬，何如？」曰：「伊川恐亦是譏他。」

【章　旨】記陽明談論「心」是否能「聞見」的問題。

【注　釋】❶聲色　這裡泛指刺激耳目感官的東西。

【語　譯】九川又問：「一個人當用功收心之時，如果有聲色在面前，仍像平時一樣能聞能見，恐怕不是專一吧？」陽明先生答：「怎麼不想聞見，除非他是槁木死灰、耳聾目盲還差不多。只是即使想聞見也不追隨聲色，就差不多了。」九川說：「先前有人靜坐，他兒子在隔壁讀書，他也不知兒子是勤奮還是懶惰，伊川先生稱讚他很誠敬，這事該怎樣看？」陽明先生答：「伊川先生怕是譏諷他吧。」

【研　析】陽明主張靜心，目的無非是使心歸於天理，而絕非釋氏那種槁木死灰般的修行。他也不否認人會對聲色產生觸動，只是要求「雖聞見而不流去」而已。

又問：「靜坐用功，頗覺此心收斂；遇事又斷了，旋起個念頭去事上省察。事過又尋舊功，還覺有內外，打不作一片。」先生曰：「此格物之說未透。心何嘗有內外？即如惟濬今在此講論，又豈有一心在內照管？這聽講說時專敬，即是那靜坐時心。功夫一貫，何須更起念頭。人須在事上磨鍊，做功夫乃有益。若只好靜，遇事便亂，終無長進。那靜時功夫，亦差似收斂而實放溺也。」後在洪都復與于中、國裳❶論內外之說，渠❷皆云：「物自有內外，但要內外並著，功夫不可有間耳。」以質先生，曰：「功夫不離本體，本體原無內外。只為後來做功夫的分了內外，失其本體了。如今正要講明功夫不要有內外，乃是本體功夫。」是日俱有省。

【章　旨】主要記陽明論「功夫不要有內外」的觀點。

【注　釋】❶于中國裳　于中，姓夏，名良勝。國裳，舒芬（西元一四八三～一五二七年），字國裳，號梓溪，江西進賢（今江西進賢）人，正德十二年（西元一五一七年）進士，官至翰林修撰，曾數次向陽明請教。❷渠 他；他們。

【語 譯】陳九川又問：「靜坐用功時，覺得這心是收斂的；可遇到事情時就又斷了，要立刻起個念頭到事上省察。事情過去後再探尋先前功夫，又覺得功夫有內外，打不成一片。」陽明先生說：「這是你對格物之說理解尚未透徹。心何嘗有內外之分？就比如你在這裡講論，難道還有另外一顆心在裡面照管？這聽講時專敬的心，就是那靜坐時的心。功夫是一貫的，何必另起念頭。人須在事情上磨煉，做功夫才有益。如果只是好靜，遇到事情就忙亂，終究沒有長進。那靜時的功夫，也看似收斂，實際上仍是放恣沉溺的。」後九川在南昌同于中、國裳談論內外之說，他們都說：「物自然有內外之分，只是做功夫時內外都要著力，不能間斷罷了。」九川就這種說法向陽明先生質疑，陽明先生說：「功夫離不開本體，本體原本是無內外之分的。只是因為後來做功夫的人分了內外，就失去了它的本體了。如今我正要闡明功夫不要有內外之分，才是本體功夫的道理。」這天大家都有所領悟。

【研 析】所謂「內外」，是指「心」與「物」；所謂「本體原無內外」，是指「心」本渾淪一體，無內外之分；所謂「功夫不要有內外」，是指做修養功夫時，要專心專意、一以貫之，不要為外物所動，屏除一切「私欲」而徹頭徹尾、徹裡徹外地「存天理」。這些思想，都是陽明多次闡發過的。

又問：「陸子❶之學何如？」先生曰：「濂溪、明道之後，還是象山，只還粗些。」九川曰：「看他論學，篇篇說出骨髓，句句似鍼膏肓❷，卻不見他粗。」先生曰：「然。他心上用過功夫，與揣摹依倣，求之文義，自不同。但細看有粗處，用功久當見之。」

【章　旨】評論陸九淵的「心學」。

【注　釋】❶陸子　指陸九淵。❷膏肓　古人把心尖脂肪稱作「膏」，心臟與膈膜之間稱作「肓」，認為這是藥力不能到達之處，比喻事情的嚴重。

【語　譯】陳九川又問：「陸象山先生之學如何？」陽明先生答：「周濂溪、程明道之後，還是象山之學最高，只是略嫌粗糙些。」九川說：「看他談論學術，篇篇深入骨髓，句句如同鍼砭膏肓，卻看不出他哪些地方粗糙。」陽明先生說：「是的。他在心上用過功夫，同那些揣摩摹倣，從文義上求索的人，自然有所不同。只是細看仍有粗糙之處，用功久了就能看出來。」

【研　析】陽明在〈象山文集序〉中敘述宋代理學的發展脈絡時說：「至宋周（濂溪）、程（明道）二子，始復追尋孔、顏之宗，而有『無極而太極』、『定之以仁義中正而主靜』之說，『動亦定，靜亦定，無內外，無將迎』之論，庶幾精一之論矣。自是而後，有象山陸氏，雖其純粹平和若不逮於二子，而簡易直截，真有以接孟子之傳。其議論開闔，時有異者，乃其氣質意見之殊，而要其學之必求諸心，則一而已。故吾嘗斷以陸氏之學，孟氏之學也。」他把陸九淵看作上接孟子，下接周、程的重要儒家繼承人，顯然是推崇陸學，以為自己張本。他之所以認為陸氏之學在「純粹平和」方面仍不如周、程（也就是本條所說的「細看有粗處」），實是為自己超越陸氏做鋪墊。

庚辰❶往虔州❷，再見先生。問：「近來功夫，雖若稍知頭腦，然難尋個穩當快樂處。」先生曰：「爾卻去心上尋個天理，此正所謂理障❸。此間有個訣竅。」曰：「請問如何？」曰：「只是致知。」曰：「如何致？」曰：「爾那一點良知，是爾自家底準則。爾意念著處他是，便知是；非，便知非。更瞞他一些不得。爾只不要欺他，實實落落依著他做去，善便存，惡便去，他這裡何等穩當快樂。此便是格物的真訣，致知的實功。若不靠著這些真機，如何去格物！我亦近年體貼出來。如此分明，初猶疑只依他恐有不足，精細看無些小欠闕。」

【章　旨】記陽明闡說「致知」的道理。

【注　釋】❶庚辰　明武宗正德十五年（西元一五二〇年）。❷虔州　今江西贛州。❸理障　佛家語。程頤解釋說：「釋氏有此說，謂既明此理，而又執持是理，故為障。此錯看了理字也。天下只有一個理，既明此理，夫復何障。若以理為障，則是已與理為二。」（《二程遺書》卷一八〈伊川先生語四〉）

【語　譯】庚辰年陳九川到虔州，再次見到陽明先生，問：「近來我做功夫，雖說好像已稍知頭緒，但仍難以找到個穩當快樂之時。」陽明先生說：「你卻到心上尋個天理，這正如釋氏所說的理障。我這裡有個訣竅。」九川說：「請問是什麼訣竅？」陽明先生說：「只是致知。」九川問：「怎樣致？」陽明先生說：「你那一點良知，就是你自己判斷是非的準則。你的良知感覺到是對的，那就可知它是對的；良知感覺到是錯的，那就可知它是錯的。一點也隱瞞它不得。你只不要欺騙它，扎扎實實地依著它去做，善的加以保存，惡的就去掉，這樣它這裡就會多麼穩當快樂。這就是格物的真訣，致知的實際功夫。如果不靠著這些真機，又如何去格物！這也是我近幾年體悟出來的。如此清楚明白，開頭我還疑心只依它恐怕不夠，現在細細看來，它一點也不欠闕。」

【研　析】程顥說：「吾學雖有所授受，『天理』二字，卻是自家體貼出來。」（《上蔡語錄》卷上）揭示了自己學術的獨立性和新義所在。這裡陽明說「我亦近年體貼出來」，也是為了表明「致良知」之說乃是他的獨創。

在虔與于中、謙之❶同侍先生，曰：「人胸中各有個聖人，只自信不及，都自埋倒了。」因顧于中曰：「爾胸中原是聖人。」于中起，不敢當。先生曰：「此是爾自家有的，如何要推？」于中又曰不敢。先生曰：「眾人皆有之，況在于中！卻何故謙起來，謙亦不得。」于中乃笑受。

又論：「良知在人，隨你如何，不能泯滅。雖盜賊亦自知不當為盜，喚他做賊，他還忸怩。」于中曰：「只是物欲遮蔽，良心在內自不會失。如雲自蔽日，日何嘗失了！」先生曰：「于中如此聰明，他人見不及此。」

【章旨】論「人胸中各有個聖人」。

【注釋】❶謙之　鄒守益的字。

【語譯】在虔州時，陳九川和于中、謙之一同陪陽明先生坐。陽明先生說：「人人胸中都有一個聖人，只是自信心不足，都掩埋掉了。」於是回頭對于中說：「你胸中原是聖人。」于中站起來，表示不敢當。先生說：「這是你自己有的，為什麼要推辭？」于中又說不敢當。先生說：「眾人都有，何況你呢！卻為何謙讓起來，謙讓也謙讓不掉。」于中這才笑著接受了。陽明先生又論道：「良知在人心上，隨你怎樣，都不能泯滅。即使是盜賊，也知道自己不應該當盜賊，叫他做盜賊，他還忸怩不安。」于中說：「只是物欲遮蔽了良知，良知在內心本不會失去。就好比雲遮住太陽，太陽又何曾失去了！」陽明先生說：「于中如此聰明，別人就看不到這一點。」

【研　析】陽明說「人胸中各有個聖人」，同孟子的「人皆可以為堯舜」（《孟子．告子下》）是同一含義，都是說人有成為聖人的條件，只要肯加強自我修養，存善而去惡，就可以成為聖人。

先生曰：「這些子❶看得透徹，隨他千言萬語，是非誠偽，到前便明。合得的便是，合不得的便非，如佛家說心印❷相似，真是個試金石❸、指南針。」

【章　旨】陽明將「良知」喻為「試金石」、「指南針」。

【注　釋】❶這些子　指關於「致良知」的道理。❷心印　佛教禪宗主張不立文字，直接以心證道，以求頓悟，稱為「心印」。❸試金石　一種礦物，用黃金在它上面畫一條紋，就可以看出黃金的成色。常用以比喻精確驗證事物的方法和依據。

【語　譯】陽明先生說：「這些道理看得透徹了，就隨他千言萬語，是非真偽，到面前就明白。與這些道理相符合的就是對的，不相符合的就不對，這就好比佛家說的心印一樣，真是個試金石、指南針。」

【研　析】陽明以「良知」為試金石、指南針，為判斷是非真偽的標準和尺度，體現的是一種對主體是非判斷能力的深信不疑，其實質是以人的自我標準為價值尺度，因而對既成的封建價值體系有強大的衝擊作用。

先生曰：「人若知這良知訣竅，隨他多少邪思枉念，這裡一覺，都自消融。真個是靈丹一粒，點鐵成金❶！」

【章　旨】陽明讚美「良知」的妙用。

【注　釋】❶點鐵成金　道教仙術。相傳能用一粒靈丹，使鐵變成黃金。常比喻把不好的東西改造成好的東西。

【語　譯】陽明先生說：「人們倘若知道了良知這一訣竅，隨他有多少邪惡的念頭，心裡一覺悟，都自然會消融掉。真個是靈丹一粒，點鐵成金呀！」

【研　析】陽明將「良知」喻為「靈丹一粒，點鐵成金」，表明他對「良知」的信心和希望。

崇一❶曰：「先生致知之旨，發盡精蘊，看來這裡再去不得。」先生曰：「何言之易也！再用功半年，看如何？又用功一年，看如何？功夫愈久，愈覺不同，此難口說。」

【章旨】陽明論「致知」功夫之不易。

【注釋】❶崇一　陽明高足歐陽德的字。

【語譯】歐陽崇一說：「先生對致知要旨的闡發，已經發盡其中的精要、內蘊，看來在這裡再也無法深入下去了。」陽明先生說：「怎麼說得這樣容易！再用功半年，看怎麼樣？又用功一年，看怎麼樣？功夫越久，越覺得境界不同，這是很難口頭上說的。」

【研析】歐陽德之意，是說「致良知」之學已被陽明闡發盡了，在理論上再難有什麼發展。陽明則強調踐履功夫，認為只有通過堅持不懈地踐履，才能不斷達到新的高度。

先生問九川：「於致知之說體驗如何？」九川曰：「自覺不同往時。操持常不得個恰好處，此乃是恰好處。」先生曰：「可知是體來與聽講不同。我初與講時，知爾只是忽易，未有滋味。只這個要妙，再體到深處，日見不同，是無窮盡的。」又曰：「此致知二字，真是個千古聖傳之秘。見到這裡：『百世以俟聖人而不惑❶。』」

【章　旨】陽明強調「良知」必須體驗踐履。

【注　釋】❶百世以俟聖人而不惑　語出《中庸》。意為：即使百世之後，聖人復出，也不會認為我的說法值得懷疑。

【語　譯】陽明先生問陳九川：「你對致知之說體驗得怎麼樣了？」九川說：「自己覺得已不同以往。我認為操持常常不能恰到好處，這正是恰到好處。」陽明先生說：「可見體驗得來的同聽講得來的不同。我起初同你講時，知道你只是看得輕易，還沒體驗到其中滋味。只是這個奧妙，再體驗到深處，就會日見不同，境界是無窮無盡的。」又說：「這致知二字，真是個千古聖傳的秘訣，能懂得這個，就像《中庸》所說的『百世以俟聖人而不惑』了。」

【研　析】陽明的「致知」之學，不只是口頭上講論，而是要人們身體力行，堅持不懈地體驗的。陳九川的實踐，就證明了這一點。

九川問曰：「伊川說到『體用一原，顯微無間❶』處，門人已說是泄天機。先生致知之說，莫亦泄天機太甚否？」先生曰：「聖人已指以示人，只為後人揜匿❷，我發明耳。何故說泄！此是人人自有的，覺來甚不打緊一般，然與不用實功人說，亦甚輕忽，可惜彼此無益。與實用功而不得其要者提撕❸之，甚沛然❹得力。」

又曰：「知來本無知，覺來本無覺❺。然不知則遂淪埋。」

先生曰：「大凡朋友，須箴規指摘❻處少，誘掖獎勸意多，方是。」

後又戒九川云：「與朋友論學，須委曲謙下，寬以居之。」

【章　旨】陽明論「致知」之功易為「不用實功人」所輕忽，而對「實用功」者作用甚大。

【注　釋】❶體用一原二句　語出程頤《程氏易傳・序》。原，當作「源」。❷揜匿　掩蓋；藏匿。❸提撕　提挈；引導。❹沛然　充沛；盛大。❺知來本無知二句　意為：良知本來就人人具足，即使知曉、覺悟到它的存在，它也同沒有知曉、覺悟時一樣。❻指摘　指責。摘，通「謫」。

【語　譯】陳九川問道：「伊川先生說到『體用一原，顯微無間』時，門人已說他泄露了天機。先生您的致知之說，莫非也太泄露天機了？」陽明先生說：「聖人早已把致知之說指示給了人們，只是因為後世人將它掩藏了起來，我將它發明、揭示出來而已。說什麼泄露天機！這良知是人人自身都有的，覺悟起來輕而易舉，但同不實際用功的人說，他們也很是輕視，可惜彼此無益。然而對那些著實用功仍不得要領的人略加引導，卻也有很大的作用。」

陽明先生又說：「知來本無知，覺來本無覺。然而倘不知不覺，良知就會沉淪、埋沒。」

陽明先生又說：「大凡對待朋友，應規勸、指責的時候少，誘導、鼓勵的時候多，才對。」

後來又告誡九川說：「同朋友討論學術，應當委曲謙下，對人寬容。」

【研析】《二程外書》卷一二〈傳聞雜記〉載：「和靖（程頤的弟子尹焞，號和靖處士）嘗以〈易傳序〉請問曰：『至微者理也，至著者象也。體用一原，顯微無間，莫太泄漏天機否？』伊川曰：『如此分明說破，猶自人不解悟。』」這條記載，是陳九川問話之所本。陽明卻並不把道破「致良知」的奧秘看作「泄露天機」，相反，他認為「良知」本來人人具足，「致知」之學古已有之，自己只是對那些肯實際用功的人略加提頓、引導而已。從這裡可以看出，陽明不僅不想把自己的學說神秘化，反而力求使之平易、平凡化，以求得更多人的理解和運用。

九川臥病虔州，先生云：「病物亦難格，覺得如何？」對曰：「功夫甚難。」先生曰：「常快活，便是功夫。」

九川問：「自省念慮，或涉邪妄，或預料理天下事，思到極處，井井有味，便繾綣❶難屏。覺得早則易，覺遲則難。用力克治，愈覺扞格❷。」

惟稍遷念他事，則隨兩忘。如此廓清，亦似無害。」先生曰：「何須如此，只要在良知上著功夫。」九川曰：「正謂那一時不知。」先生曰：「我這裡自有功夫，何緣得他來？只為爾功夫斷了，便蔽其知。既斷了，則繼續舊功便是，何必如此！」九川曰：「直是難鏖❸！雖知，丟他不去。」先生曰：「須是勇用功，久自有勇。故曰『是集義所生』者，勝得容易，便是大賢。」

九川問：「此功夫卻於心上體驗明白，只解書不通。」先生曰：「只要解心。心明白，書自然融會；若心上不通，只要書上文義通，卻自生意見。」

【章　旨】陽明論隨事做「致良知」的功夫。

【注　釋】❶繾綣　難捨難分的樣子。❷扞格　互相抵觸。❸鏖　鏖戰；苦戰。

【語　譯】陳九川在虔州臥病，陽明先生說：「病這東西也很難對付，你覺得怎樣？」九川回答：「這功夫很難做。」陽明先生說：「你心裡常感到快活，就是功夫。」

陳九川問：「我常反省自己所想的，有時涉及邪妄之事，有時預料治理天下之事，想到極點時，便感到津津有味，難以捨棄。發覺得早就容易克服，發覺得遲就難以克服。用力克服整治，越發覺得互相抵觸。這時只有漸漸轉念想別的事情，才會思慮與克服兩事俱忘。這樣來廓清思慮，似乎也沒有害處。」陽明先生說：「何必這樣，只要在良知上下功夫就可以了。」九川說：「我正是說，到那時就不知致良知了。」陽明先生說：「我這裡自有功夫，為什麼又尋求別的方法？只因你致良知的功夫間斷了，良知便被遮蔽了。既然功夫斷了，那就繼續過去的功夫就是，何必這樣！」九川說：「真難以戰勝它們哪！雖然知道該致良知，可是也拋閃不開那些念頭。」陽明先生說：「必須勇於用功，久了自然就有勇力。所以孟子說『這是積聚正義所產生的』，容易戰勝這些雜念，就是大賢之人。」

九川問：「這致良知的功夫只能在心裡體驗明白，從字句上解釋卻不通。」陽明先生說：「只要解釋心就可以了。心裡明白，文句上自然能融會貫通；如若心上不通，只要字面上文義通，卻會產生種種歧見。」

【研　析】陽明總希望用「致良知」來解決人生所面臨的一切問題。陳九川病了，他要他「常快活」；陳九川雜念紛陳，不得不以轉念想別的事情來消除，他就責備他不該間斷了「致良知」的功夫。在陽明看來，「致良知」就像一副包醫百病的良藥，只要肯「勇用功」，就可以輕而易舉戰勝人生所遇到的任何困難。這正是他對自己學說的自信和執著之處。

有一屬官，因久聽講先生之學，曰：「此學甚好，只是簿書❶訟獄繁難，不得為學。」先生聞之，曰：「我何嘗教爾離了簿書訟獄，懸空去講學？爾既有官司之事，便從官司的事上為學，纔是真格物。如問一詞訟，不可因其應對無狀，起個怒心；不可因他言語圓轉，生個喜心；不可惡其囑托，加意治之；不可因其請求，屈意從之；不可因自己事務煩冗，隨意苟且斷之；不可因旁人譖毀羅織，隨人意思處之。這許多意思皆私，只爾自知。須精細省察克治，惟恐此心有一毫偏倚，杜人是非，這便是格物致知。簿書訟獄之間，無非實學。若離了事物為學，卻是著空。」

【章旨】陽明論怎樣在處理官司時「致良知」。

【注釋】❶簿書　指法律文書。

【語譯】有一下屬官員，因長期聽陽明先生講學，說：「這學說很好，只是我公文獄訟繁難，不能做這學問。」陽明先生聽到這話，對他說：「我何曾教你丟下公文獄訟，憑空去探求學問？你既然有官司之事，就應從這官司之事上治學，才是真正的格物。例如你處理一場官司時，不能因為犯人應對不像話，就起個怒心；不能因為他說話圓轉，就起個喜心；不能因為厭惡託人說情，就加意處罰；不能因為他苦苦請求，就曲意依從；不能因為自己事務繁冗，就隨意苟且決斷；不能因為旁人譖毀羅織罪名，就按人家的意思處置。這許多心思都是出於私意，只有你自己知曉。你必須精細地加以省察克治，生怕自己心中有絲毫偏差，因對他人上述種種不好的做法不滿而拒絕公正處理，這就是格物致知。公文獄訟這些事情，無非是實際學問。如果離開了具體事物去探求學問，卻是落空了。」

【研　析】這一事例，最能說明陽明「致良知」中所包含的務實精神。他的「若離了事物為學，卻是著空」的觀點，正是他「知行合一」觀點的深化。

虔州將歸，有詩別先生云：「良知何事繫多聞？妙合當時已種根。好惡從之為聖學，將迎無處是乾元。」先生曰：「若未來講此學，不知說『好惡從之』，從個甚麼？」敷英❶在座，曰：「誠然。嘗讀先生〈大學古本序〉，不知所說何事。及來聽講許時，乃稍知大意。」

【章　旨】陳九川作詩贈別，自敘學習「致良知」的心得。

【注　釋】❶敷英　陽明弟子。

【語　譯】陳九川將從虔州歸去前，有詩贈別陽明先生說：「良知何事繫多聞？妙合當時已種根。好惡從之為聖學，將迎無處是乾元。」陽明先生說：「如果你沒來此處聽我講學，不知你說『好惡從之』，將跟從什麼？」當時敷英在座，說：「確實如此。我曾讀先生的〈大學古本序〉，不知所說的是怎麼回事。到這裡來聽了許多時日，才稍稍懂得一個大致的意思。」

【研　析】陳九川詩的意思是：「良知」之學重在「尊德性」，因而與博覽多聞無關；「良知」自父母妙合之時已種下根子，人人先天具足，不假外求；「致良知」就是一循「天理」，「無有作好」、「無有作惡」（即不存有個人好惡）；「良知」也就是《周易・乾卦・彖辭》所說的「大哉乾元，萬物資始」的「乾元」，是天地萬物的根源，它無動靜，無將迎，是一個永恆而絕對的存在。這首詩，可以說是學習陽明「良知」之學的一個總結，且符合「致良知」的基本含義。

于中、國裳輩同侍食，先生曰：「凡飲食，只是要養我身。食了要消化，若徒蓄積在肚裡，便成痞❶了，如何長得肌膚！後世學者博聞多識，留滯胸中，皆傷食❷之病也。」

【章　旨】陽明論學要消化。

【注　釋】❶痞　指腹腔內可以摸得到的硬塊。❷傷食　指飲食失度所造成的消化不良。

【語　譯】于中、國裳等人一起陪陽明先生喫飯。陽明先生說：「凡是飲食，都只是為了保養我們的身體。喫了東西要消化，如果白白地積蓄在腹胃裡，就結成痞塊了，又怎能長育肌膚！後世學者追求博聞多識，滯留在胸中，都造成了傷食的毛病。」

【研　析】陽明的「心學」以「尊德性」為主，所以他曾多次在強調「尊德性」的同時對「道問學」的程朱理學加以批評。這條記載也是如此。不過他強調「博學多識」應注意消化，似乎比純粹地批評「道問學」更富於合理性。

先生曰：「聖人亦是學知，眾人亦是生知。」問曰：「何如？」曰：「這良知人人皆有，聖人只是保全，無些障蔽，兢兢業業，亹亹翼翼❶，自然不息，便也是學。只是生的分數多，所以謂之生知安行。眾人自孩提之童莫不完具此知，只是障蔽多，然本體之知自難泯息。雖問學克治，也只憑他。只是學的分數多，所以謂之學知利行。」

【章　旨】陽明闡釋他「聖人亦是學知，眾人亦是生知」的觀點。

【注　釋】❶亹亹翼翼　勤勉不倦的樣子。

【語　譯】陽明先生說：「聖人也是學而知之，普通人也是生而知之。」陳九川問：「這話怎講？」陽明先生說：「這良知人人都有，聖人只是保全它，使它沒有一點障蔽，他們兢兢業業，勤勤懇懇，自然不息，就也是學習。只是他們生而知之的成分多一點，所以稱他們為生知安行。普通人從兒童時就無不完全具備了這良知，只是障蔽多一點，然而良知的本體卻難以泯滅。雖經過問學克治，也只是循此良知。他們只是學的成分多一點，所以就稱之為學知利行。」

【研　析】陽明曾將學者分為「生知安行」、「學知利行」和「困知勉行」三個層次，認為各個層次之間存在著較大的差異，因而修養要循序漸進，逐步由低層次向高層次邁進（參考《傳習錄》上的有關論述及《傳習錄》中之〈答顧東橋書〉）。現在他又提出「聖人亦是學知，眾人亦是生知」，雖仍承認聖人「生知」的「分數多」，眾人「學」的「分數多」，但畢竟縮短了聖人與眾人之間的天賦差距，且由原來的三個層次降為兩個層次，就體現了一種平等意識的增長，也體現了他本人不斷探索人性問題所取得的進步。

黃直錄

黃以方❶問：「先生格致之說，隨時格物以致其知，則知是一節之知，非全體之知也。何以到得『溥博如天，淵泉如淵❷』地位？」先生曰：「人心是天、淵。心之本體無所不該，原是一個天，只為私欲障礙，則天之本體失了。心之理無窮盡，原是一個淵，只為私欲窒塞，則淵之本體失了。如今念念致良知，將此障礙窒塞一齊去盡，則本體已復，便是天、淵了。」乃指天以示之，曰：「比如面前見天，是昭昭之天；四外見天，也只是昭昭之天。只為許多房子牆壁遮蔽，便不見天之全體。若撤去房子牆壁，總是一個天矣。不可道眼前天是昭昭之天，外面又不是昭昭之天也。於此便見一節之知即全體之知，全體之知即一節之知，總是一個本體。」

【章　旨】陽明論「一節之知即全體之知」。

【注　釋】❶黃以方　黃直，字以方，金谿（今江西金溪）人，陽明弟子。❷溥博如天二句　語出《中庸》。意為：廣博如天，深沉如淵。

【語　譯】黃以方問：「先生的格物致知之說，要求人們隨時格物以致其知，這樣的知只是一部分的知，而不是知的全體，又怎能達到《中庸》所說的『溥博如天，淵泉如淵』的地步呢？」陽明先生說：「人心就是天、淵。心之本體無不完備，原本就是一塊天，只是因為私欲障礙，天的本體就失去了。心之理無窮無盡，原本就是一個淵，只是因為私欲窒塞，淵的本體就失去了。如今我們念念不斷地致良知，將這些障礙窒塞一齊消除乾淨，本體就會恢復，就仍是天、淵了。」於是指著天告訴以方說：「比如我們面前看到的這塊天，是明明白白的天；從四外看到的天，也是明明白白的天。只是因為有許多房子牆壁遮掩，就看不到天的全體。如果撤去房子牆壁，總還是一塊天吧。不能說我們眼前的這塊天是明明白白的天，外面的就不是明明白白的天。由此可見部分的知就是全體的知，全體的知也就是部分的知，總之都是一個本體。」

【研　析】陽明主張「隨時格物以致其知」，是教人們本著「良知」去做好隨時可能遇到的每一件事情。而每件事情所致「良知」的總和，也就是「知」之全體。而且，「致良知」的過程同時也就是一個消除「私欲」的過程。當「私欲」全部被消除之後，剩下的也就是純粹的「良知」，這樣也就恢復了如天如淵的「良知」的本體。

先生曰：「聖賢非無功業節氣❶，但其循著這天理，則便是道，不可以事功氣節名矣。」

「『發憤忘食❷』，是聖人之志，如此真無有已時；『樂以忘憂』，是聖人之道，如此真無有戚❸時，恐不必云得不得也。」

【章旨】陽明論聖賢。

【注釋】❶節氣　別本作「氣節」。❷發憤忘食　與下句「樂以忘憂」，均出《論語・述而》：「葉公問孔子於子路，子路不對。子曰：『女奚不曰：「其為人也，發憤忘食，樂以忘憂，不知老之將至」云爾。』」❸戚　憂戚；憂愁。

【語譯】陽明先生說：「聖賢並不是沒有功業氣節，只是他們遵循天理而行，就是道，不能再以功業氣節來稱指了。」

陽明先生又說：「『發憤忘食』，是聖人之志，這樣就真正沒有停止之時；『樂以忘憂』，是聖人之道，這樣就真正沒有憂愁的時候，恐怕不必談得失的問題了。」

【研析】聖賢循天理而動，並不把功業、氣節當作最高追求，因而只能以「道」稱名，而不以功業氣節著稱。「發憤忘食」，體現的是一種孜孜不倦的執著精神；「樂以忘憂」，表現的是一種忘懷得失的達觀態度，這些都是陽明所追求的人生境界。

先生曰：「我輩致知，只是各隨分限❶所及。今日良知見在如此，只隨今日所知擴充到底；明日良知又有開悟，便從明日所知擴充到底。如此方是精一功夫。與人論學，亦須隨人分限所及。如樹有這些萌芽，只把這些水去灌溉；萌芽再長，便又加水。自拱把❷以至合抱，灌溉之功皆是隨其分限所及。若些小萌芽，有一桶水在，盡要傾上，便浸壞他了。」

【章　旨】陽明提出「致良知」要「隨人分限所及」，逐漸提高，不要急於求成。

【注　釋】❶分限　天分、限度。這裡指每個人在特定階段下的特定條件。❷拱把　這裡指樹木尚小。拱，兩手合圍。把，一手握持。

【語　譯】陽明先生說：「我們致良知，只是各自根據各自的條件來進行。今天良知是這個樣子，就只根據今天的情況擴充到最大限度；明天良知又有開悟，就從明天的基點上擴充到最大限度。這樣才是『惟精惟一』的功夫。同他人談論良知之學，也必須根據不同人的能力和條件所及。比如樹木只有這些嫩芽，就只用這麼多水去澆溉；萌芽後再增長，就又加水。從拱把大小一直到合抱之木，澆灌的分量都要根據它的生長狀況進行。如果只有一點嫩芽，有一桶水在這裡，你全都澆掉，便將它淹壞了。」

【研　析】陽明主張「致良知」要根據對象的接受條件來加以灌輸，從教育角度說，體現的是一種「因材施教」的原則。

問知行合一。先生曰：「此須識我立言❶宗旨。今人學問，只因知行分作兩件，故有一念發動，雖是不善，然卻未曾行，便不去禁止。我今說個知行合一，正要人曉得，一念發動處，便即是行了，發動處有不善，就將這不善的念克倒了，須要徹根徹底，不使那一念不善潛伏在胸中。此是我立言宗旨。」

【章　旨】陽明論「知行合一」的宗旨。

【注　釋】❶立言　指建立學說。

【語　譯】黃直問知行合一。陽明先生說：「這必須弄清楚我建立這一主張的宗旨。今人從事學問，只因把知和行分作兩回事，所以當有一種念頭產生時，雖然是不好的念頭，卻因為尚未打算實行，就不去加以禁止。現在我提倡個知行合一，正是要人們懂得，一種念頭才產生，就是實行了。念頭如果不善，就要將這不善的念頭克服掉，要克服得徹根徹底，不讓那不好的念頭潛伏在胸中。這就是我建立這學說的宗旨。」

【研　析】「知行合一」是陽明的重要理論主張之一。他建立這一學說的目的就是為了糾正當時人們把知行分作兩件，只知不行的空疏風氣。他認為「知者行之始，行者知之成」（《傳習錄》上）。知行是並行不悖、密不可分的過程。而且，「知行合一」與「致良知」也是統一的。「致良知」就是要在不善的念頭剛產生時就加以克服，這樣來「存天理」、「去私欲」，以臻於善的境界。這個過程，也就是「知行合一」的過程。

「聖人無所不知，只是知個天理；無所不能，只是能個天理。聖人本體明白，故事事知個天理所在，便去盡個天理。不是本體明後，卻於天下事物都便知得，便做得來也。天下事物如名物度數❶草木鳥獸之類，不勝其煩，聖人須是本體明了，亦何緣能盡知得。但不必知的，聖人自不消求知；其所當知的，聖人自能問人。如『子入太廟，每事問❷』之類。先儒謂雖知亦問，敬謹之至❸，此說不可通。聖人於禮樂名物不必盡知，然他知得一個天理。便自有許多節文度數出來，不知能問，亦即是天理節文所在。」

【章　旨】陽明論知天理與知名物度數的關係。

【注　釋】❶名物度數　事物的名稱、禮儀的規範和數量。❷子入太廟二句　語出《論語・學而》。❸先儒謂雖知亦問二句　朱熹《論語集注・學而》「子入太廟」章引尹氏說：「禮者，敬而已矣。雖知亦問，謹之至也。其為敬莫大於此。謂之不知禮者，豈足以知孔子哉！」先儒，指尹氏（尹焞）。

【語　譯】陽明先生說：「聖人無所不知，只是知個天理；無所不能，只是能個天理。聖人的本體明白，所以事事都知道天理之所在，便到事事上盡個天理。不是說本體明白之後，就天下事事物物都知曉，就都做得來。天下事物例如名物度數、草木鳥獸之類，名目不勝其煩，聖人縱使本體明白了，又怎能知曉得盡。只是不必知曉的，聖人自然不消求知；那應當知曉的，聖人自然能請教別人。例如『子入太廟，每事問』之類。前輩儒者說孔子即使知曉也問，是謹慎之至，這是講不通的。聖人對禮樂名物不一定全知曉，但他懂得一個天理。就是有許多禮節度數出來，他能做到不知就問，也就是天理禮節之所在了。」

【研　析】尹氏把孔子入太廟每事問解釋為「雖知亦問，謹之至也」，意在為孔子回護，因為他認為聖人是無所不知的。陽明雖然也承認聖人無所不知，但強調聖人所知曉的主要是天理，對於形形色色、千變萬化的具體事物，聖人也有不懂的時候。聖人解決不懂問題的方法就是向他人請教，而請教也屬於「天理」的內容。這樣的解釋，比起尹氏來就實事求是多了。

問：「先生嘗謂善惡只是一物。善惡兩端如冰炭相反，如何謂只一物？」先生曰：「至善者，心之本體，本體上才過當些子，便是惡了。不是有一個善，卻又有一個惡來相對也。故善惡只是一物。」直因聞先生之說，則知程子所謂「善固性也，惡亦不可不謂之性❶。」又曰：「善惡皆天理，謂之惡者，本非惡，但於本性上過與不及之間耳❷。」其說皆無可疑。

【章　旨】陽明論「善惡只是一物」。

【注　釋】❶善固性也二句　程顥語，見《二程遺書》卷一。❷善惡皆天理四句　程顥語，《二程遺書》卷二上作：「天下善惡皆天理，謂之惡者，非本惡，但或過或不及便如此。」黃直所引，末句不符合原意。

【語　譯】黃直問：「先生曾說善惡只是一個東西。善惡兩方面如同冰炭相反，怎能說只是一個東西？」陽明先生說：「至善是心的本體，本體才過了一點點，就是惡了。並不是有了一個善，就又有一個惡來同它相對立。所以善惡只是一個東西。」黃直因為聽了先生的這一解說，於是就明白了程明道先生所說的「善固然是性，惡也不能不稱為性。」明道先生又說：「善惡都是天理，之所以稱為惡，並非本來就惡，只是有時過有時不及才如此。」這些說法都無可疑之處。

【研析】除了黃直所引的外，程顥還曾說：「生之謂性，性即氣，氣即性，生之謂也。人生氣稟，理有善惡，然不是性中元（原）有此兩物相對而生也。有自幼而善，有自幼而惡，是氣稟有然也。善固性也，然惡亦不可不謂之性也。」（《二程遺書》卷一）他繼承了告子「生之謂性」的觀念，又把人性的善惡同王充的稟氣說結合起來，以解釋人生而有善有惡的差別。陽明則繼承了程顥的觀點。但兩者也略有不同：程顥根據稟氣說來闡釋善惡因人而異，並沒有堅持人性全都是善的。陽明則主張人性的本體是「至善」的，在本體上由於過與不及，才產生惡，因而惡只是由於善的過或不及的結果。

先生嘗謂：「人但得好善如好好色，惡惡如惡惡臭，便是聖人。」直初時聞之覺甚易，後體驗得來，此個功夫著實是難。如一念雖知好善惡惡，然不知不覺又夾雜❶去了。才有夾雜，便不是好善如好好色，惡惡如惡惡臭的心。善能實實的好，是無念不善矣；惡能實實的惡，是無念及惡矣。如何不是聖人？故聖人之學，只是一誠而已。

【章　旨】黃直敘自己對「好善如好好色，惡惡如惡惡臭」的體悟。

【注　釋】❶夾雜　這裡指善惡混淆。

【語　譯】陽明先生曾說：「人只要能喜好善如同喜好美色，憎惡惡如同憎惡惡臭，就是聖人。」黃直開始聽到這話時覺得很容易，經過體驗之後，才知道這個功夫確實是難。比如有時在一念之間雖然也知道好善惡惡，但不知不覺就又善惡夾雜起來了。只要有夾雜，就不是喜好善如同喜好美色，憎惡惡如同憎惡惡臭的心了。對善能的的確確地喜好，就沒有哪個念頭不是善了；對惡能確確實實地憎惡，就沒有哪個念頭是惡的了。這怎麼還不是聖人？所以聖人的學問，只是一個誠字罷了。

【研　析】《大學》說：「所謂誠其意者，毋自欺也。如惡惡臭，如好好色，此之謂自謙。」陽明的論點，即源於此；黃直的體驗，也是對此所作的發揮。

問《修道說》❶言「率性之謂道，屬聖人分上事；修道之謂教，屬賢人分上事。」先生曰：「眾人亦率性也，但率性在聖人分上較多，故率性之謂道，屬聖人事；聖人亦修道也，但修道在賢人分上多，故修道之謂教，屬賢人事。」又曰：「《中庸》一書，大抵皆是說修道的事。故後面凡說君子，說顏淵，說子路，皆是能修道的；說小人，說賢知愚不肖，說庶民，皆是不能修道的。其他言舜、文、周公、仲尼至誠至聖之類，則又聖人之自能修道者也。」

【章旨】陽明回答黃直有關〈修道說〉中的問題。

【注釋】❶修道說　陽明所作，見《王文成公全書》。但今存〈修道說〉中沒有下面四句話。

【語譯】黃直問陽明所作〈修道說〉中所說的「率性之謂道，屬聖人分上事；修道之謂教，屬賢人分上事」該怎麼理解。陽明先生說：「眾人也是率性，只是率性在聖人分上較多一些，所以說率性之謂道，屬聖人之事；聖人也修道，只是修道在賢人分上較多一些，所以修道之謂教，屬賢人之事。」又說：「《中庸》一書，大抵都是說修道的事。所以後文凡是說君子，說顏淵，說子路，說的都是能修道的；說小人，說賢智愚不肖，說庶民，說的都是不能修道的。其他說舜、周文王、周公、孔子至誠至聖之類的地方，則又是說的聖人當中自然能修道的。」

【研析】陽明「眾人亦率性也」、「聖人亦修道也」的觀點，同他的「聖人亦是學知」、「眾人亦是生知」的觀點一樣，都是想拉近聖人和眾人之間的差距，從而勉勵人們努力「修道」。

問：「儒者到三更時分，掃蕩胸中思慮，空空靜靜，與釋氏之靜只一般。兩下❶皆不用，此時何所分別？」先生曰：「動靜只是一個。那三更時分空空靜靜的，只是存天理，即是如今應事接物的心。如今應事接物的心，亦是循此天理，便是那三更時分空空靜靜的心。故動靜只是一個，分別不得。知得動靜合一，釋氏毫釐差處，亦自莫揜❷矣。」

【章　旨】陽明論儒、釋「靜」時的差別。

【注　釋】❶兩下　兩方面。❷揜　掩蓋；遮蔽。

【語　譯】黃直問：「儒者到夜半三更時分，掃蕩過胸中所有的思慮之後，心裡變得空空靜靜的，跟釋氏的靜完全一樣。這時兩方面都不用思慮，怎樣區別？」陽明先生說：「動靜只是同一個東西。那夜半三更時分空空靜靜的心，只是存天理，也就是現在應事接物的心，也只是循天理而動，也就是夜半三更那空空靜靜的心。所以動靜只是一個，不能分開。懂得了動靜合一的道理，釋氏同儒者的細微差別，也就自然顯露出來了。」

【研　析】陽明反覆強調，儒、釋的差別就在於儒者始終不放棄「存天理」，釋氏卻只追求空寂。由於儒者始終追求「存天理」，因而即使內心處於寧靜之時，也始終保持著自己思想的同一性、不間斷性。這種同一性和不間斷性，用程頤的話說，就是「體用一源，顯微無間」（《程氏易傳・序》），用陽明的話說，就是「動靜只是一個」、「動靜合一」。

門人在座，有動止甚矜持❶者，先生曰：「人若矜持太過，終是有弊。」曰：「矜持太過，何如有弊？」曰：「人只有許多精神，若專在容貌上用功，則於中心照管不及者多矣。」有太直率❷者，先生曰：「如今講此學，卻外面全不檢束，又分心與事為二矣。」

【章　旨】記陽明對過分矜持和過分直率者的批評。

【注　釋】❶矜持　拘謹；拘束。這裡指對容貌儀表比較講究。❷直率　直爽。這裡指容貌儀表比較草率，不修邊幅。

【語　譯】門人們都在座時，陽明看到有人行為舉止過分矜持，就說：「一個人如果過分矜持，終究有毛病。」有人問：「矜持過分，怎麼會有毛病？」陽明先生說：「一個人只有這麼多精力，如果專門在儀容上用功夫，對內心來不及照管的時候就多了。」有太直率的，陽明先生又說：「如今我在這裡講這心學，你卻對儀容全不檢點，這又是把心與事分成兩個東西了。」

【研　析】陽明既反對過分矜持，又反對過分直率，與孔子所說的「過猶不及」相同，是一種中庸思想。

門人作文送友行，問先生曰：「作文字不免費思，作了後又一二日常記在懷。」曰：「文字思索亦無害，但作了常記在懷，則為文所累，心中有一物矣，此則未可也。」又作詩送人，先生看詩畢，謂曰：「凡作文字，要隨我分限所及，若說得太過了，亦非『修辭立誠❶』矣。」

【章旨】陽明談對創作詩文的看法。

【注釋】❶修辭立誠　《易傳・乾卦・文言》：「修辭立其誠，所以居業也。」意為：修飾言辭，當本於事實，心口如一，才可以積累功業。

【語譯】弟子當中有作文贈別友人的，對陽明先生說：「寫文章難免費心思，寫完後又一兩天常常記掛在懷。」陽明先生說：「寫文章思索也沒有害處，只是寫完之後常記在懷，被文章所牽累，這樣心裡就有一個東西梗塞著，就不好了。」又有弟子作詩為人送別，陽明先生讀完詩後，對那人說：「凡寫東西，都要根據自己的能力所及，如果說過了頭，也就不是『修辭立其誠』了。」

【研析】這兩條記載反映了陽明的文學觀，他並不反對作文，但反對作後牽繫於心；他繼承了《易傳》「修辭立其誠」的思想，因而反對言過其實。

「文公❶格物之說，只是少頭腦。如所謂『察之於念慮之微❷』，此一句不該與『求之文字之中』、『驗之於事為之著』、『索之講論之際』混作一例，看是無輕重也。」

【章旨】陽明對朱熹格物之說的批評。

【注釋】❶文公　朱熹的謚號。❷察之於念慮之微　朱熹《大學或問》：「若其用力之方，則或考之事為之著，或察之念慮之微，或求之文字之中，或索之講論之際，使於身心性情之德，人倫日用之常，以至天地鬼神之變，鳥獸草木之宜。」

【語譯】陽明先生說：「朱文公的格物之說，只是缺少綱領。例如《大學或問》中所說的『察之於念慮之微』這一句，就不應該同『求之文字之中』、『驗之於事為之著』、『索之講論之際』等混作一例，看起來好像沒輕重主次似的。」

【研析】朱熹釋「格物」為「格，至也；物，猶事也。窮至事物之理，欲其極處無不到也」（《大學集注》）。因而他主張從多條途徑來達到窮致事物的目的。在「察之於念慮之微」、「求之文字之中」、「驗之於事為之著」、「索之講論之際」諸方法中並不專門突出哪一種方法（其實朱子還是有重點的，他認為「驗之於事為之著，察之於念慮之微」兩條相對於其他條就重要一些）。陽明則釋「格物」之「格」為「正」，把「格物」與「正心」、「誠意」看作一回事，因而特別看重「察之於念慮之微」這一條。他同朱熹，可謂「道不同不相為謀」了。

問「有所忿懥❶」一條，先生曰：「忿懥幾件，人心怎能無得？只是不可有耳。凡人忿懥，著了一分意思，便怒得過當。非廓然大公之體了。故『有所忿懥』，便『不得其正』也。如今於凡忿懥等件，只是個物來順應，不要著一分意思，便心體廓然大公，得其本體之正了。且如出外見人相鬬，其不是的，我心亦怒，然雖怒卻此心廓然，不曾動些子氣。如今怒人亦得如此，方纔是正。」

【章旨】陽明對《大學》「有所忿懥」一條的解釋。

【注釋】❶有所忿懥　《大學》：「所謂修身在正其心者，身有所忿懥，則不得其正；有所恐懼，則不得其正；有所好樂，則不得其正；有所憂患，則不得其正。」忿懥，憤怒。

【語譯】黃直問《大學》「有所忿懥」一條該怎樣理解，陽明先生說：「忿懥、恐懼、好樂、憂患等幾種情感，人怎麼可能沒有呢？只是不可以有罷了。大凡一個人憤怒，只要帶著一分私意，便會憤怒失度，不是廓然大公的本體了。所以《大學》說『有所忿懥』，便『不得其正』。如果我們現在能對忿懥、恐懼、好樂、憂患等幾種情感，都只是採取物來而順應的態度，不帶著絲毫私意，那就能做到廓然大公，得到心的本體之正了。且比如出外看到人們爭鬥，對其中不對的那一邊，我們心裡也發怒，但即使發怒也是本於公心，不曾動絲毫個人意氣。如今對別人發怒也應這樣，才算正確。」

【研析】陽明對「有所忿懥」一段的解釋，基本上本於《大學》原意。

先生嘗言：「佛氏不著相❶，其實著了相。吾儒著相，其實不著相。」請問，曰：「佛怕父子累，卻逃了父子；怕君臣累，卻逃了君臣；怕夫婦累，卻逃了夫婦。都是為個君臣、父子、夫婦著了相，便須逃避。如吾儒有個父子，還他以仁；有個君臣，還他以義；有個夫婦，還他以別。何曾著父子、君臣、夫婦的相。」

【章旨】陽明批評佛教背棄倫理。

【注　釋】❶相　佛教語，指世間一切事物的外觀、形象、狀態等。執於「相」，便稱為「著相」。

【語　譯】陽明先生曾說：「佛教自稱不著相，實際上是著了相。我們儒者被他們說成著相，實際上並不著相。」黃直請問這話的含義，陽明先生說：「佛教徒怕父子關係拖累，就逃避父子關係；怕君臣關係拖累，就逃避君臣關係；怕夫婦關係拖累，就逃避夫婦關係。都是因為他們在君臣、父子、夫婦關係上著了相，所以才要逃避。像我們儒者，有個父子關係，就還他一個仁；有個君臣關係，就還他一個義；有個夫婦關係，就還他一個別。這又何曾著父子、君臣、夫婦的相。」

【研　析】佛教主張四大皆空，所以主張斷絕人倫，出家自修。儒家則極看重現有的人倫關係，對佛教的斷絕人倫的做法極為不滿。歷代儒者批評或攻擊佛教，這一條是最重要的。宋明以來，儒者在本體論、修養方法等多個方面對佛教都有所吸取，但在這一點上卻始終判若水火。儒者常以是否堅持倫理綱常、承擔社會義務看成是儒、道的分界線。王陽明自然也是如此。他借用佛教的語言、詞彙來諷刺批評佛教，說他們逃避君臣、父子、夫婦等人倫關係就是因為他們太執著於形相，而儒者倒能隨緣，符合佛家的教義。

黃修易錄

黃勉叔❶問：「心無惡念時，此心空空蕩蕩的，不知亦須存個善念否？」先生曰：「既去惡念，便是善念，便復心之本體矣。譬如日光被雲來遮蔽，雲去光已復矣。若惡念既去，又要存個善念，即是日光之中添燃一燈。」

【章旨】陽明回答是否須存善念的問題。

【注釋】❶黃勉叔　黃修易，字勉叔，陽明弟子。

【語譯】黃勉叔問：「心裡沒有惡念時，這心就空空蕩蕩的，不知是否還應該存個善念？」陽明先生說：「既然已經去掉了惡念，剩下的就是善念，就已經恢復了心的本體了。譬如日光被雲來遮蔽了，雲朵去後光芒就恢復了。如果惡念去掉之後，又要存一個善念，那就好比在日光之下又點亮一盞燈。」

【研析】陽明認為惡念去掉以後，剩下的就是善念，而「善」正是心的「本體」屬性，所以惡念的消除就意味著本體的恢復。因而他反對在心中再存一個善念。

問：「近來用功亦頗覺妄念不生，但腔子裡黑窣窣❶的，不知如何打得光明？」先生曰：「初下手用功，如何腔子裡便得光明！譬如奔流濁水，纔貯在缸裡，初然雖定也，只是昏濁的。須俟澄定既久，自然渣滓盡去，復得清來。汝只要在良知上用功，良知存久，黑窣窣自能光明矣。今便要責效❷，卻是助長，不成功夫。」

【章旨】陽明回答應怎樣才能達到心地光明的問題。

【注釋】❶黑窣窣　黑暗無光的樣子。❷責效　要求見效。

【語譯】黃勉叔問：「我近來用功，也頗覺自己已做到了妄念不生。只是這胸腔裡黑魆魆的，不知該怎樣才打磨得光明？」陽明先生說：「你才剛入手用功，胸腔裡怎麼就會光明！譬如奔流濁水，剛貯存在水缸裡，開始時即使靜止不動，也只是昏濁的。必須等沉澱很久之後，待渣滓自然去盡，才又會變清。你只要在良知上用功夫，良知存養日久，黑魆魆的胸腔自然就會變得光明了。你現在就要求成效，卻是揠苗助長，做不成功夫了。」

【研析】陽明的意思，是要求堅持做修養功夫，經過長期的積累，才能自然達到心地光明的境界。如果想一蹴而就，反而達不到目的。

先生曰：「吾教人致良知，在格物上用功，卻是有根本的學問。日長進一日，愈久愈覺精明。世儒教人事事物物上去尋討，卻是無根本的學問。方其壯時，雖暫能外面修飾，不見有過，老則精神衰邁，終須放倒❶。譬如無根之樹，移栽水邊，雖暫時鮮好，終久要憔悴。」

【章　旨】陽明論「致良知」之學較世儒教人「事事物物上去尋討」的優越之處。

【注　釋】❶放倒　弄倒。指支撐不住，倒了下去。

【語　譯】陽明先生說：「我教人們致良知，在格物上面用功夫，是極有根本的學問。學致良知會使人一天比一天長進，越久越覺得精明。當世儒者教人們到事事物物上去探尋天理，卻是沒有根本的學問。當他們年輕力壯時，雖然暫時能做一些表面的修飾，看不見過失，老了就精神衰落，終久難以支撐下去。譬如沒有根子的樹，移栽到水邊，雖然暫時鮮嫩嬌好，時間一久就終歸憔悴。」

【研　析】陽明認為「致良知」能使人精神充沛，久而彌堅，因而是一種培植人根本的學說。而當世學程朱的儒者教人於事事物物上探求，久了就會使人精神衰弊。這可能是他的自我感覺，是對自己學說充分自信的表現。

問「志於道❶」一章。先生曰：「只『志道』一句，便含下面數句，功夫自住不得。譬如做此屋，『志於道』是念念要去擇地鳩材❷，經營成於區宅；『據德』卻是經畫已成，有可據矣。『依仁』卻是常常住在區宅內，更不離去；『游藝』卻是加些畫采，美此區宅。藝者，義也，理之所宜者也。如誦詩、讀書、彈琴、習射之類，皆所以調習此心，使之熟於道也。苟不志道而游藝，卻如無狀小子不先去置造區宅，只管要去買畫掛做門面，不知將掛在何處。」

【章　旨】陽明談對《論語》「志於道」一章的理解。

【注　釋】❶志於道　語出《論語・述而》：「子曰：『志於道，據於德，依於仁，游於藝。』」❷鳩材　聚集建築材料。

【語　譯】黃勉叔問《論語・述而》「志於道」一章。陽明先生說：「只『志於道』一句，就包含了下面數句，就功夫而言，自然不能僅止於此。譬如建這房屋，『志於道』就是念念不忘要去選擇宅地鳩集建材，要將它經營成個大宅；『據於德』就是籌建已經成功，有所依託了；

『依於仁』就是要經常住在這大宅裡，再不離開；『游於藝』就是在房子裡增加一些彩飾圖畫，使它更加華美。藝，是義的意思，就是適宜的道理。比如誦詩、讀書、彈琴、習射之類，都是用以調習這內心，使它更嫻熟於道。如果不志於道就游於藝，就像莽撞的年輕人不先去置造房宅，只管要去買畫掛起來裝飾門面，卻不知將那畫掛在哪裡。」

【研析】孔子講「志於道，據於德，依於仁，游於藝」，實際上也是把道、德、仁、藝四個方面當作一個整體來看待的。四者之間，很可能也有先後輕重之分。朱熹解釋為：「蓋學莫先於立志，志道則心存於正而不他，據德則道得於心而不失，依仁則德性常用而物欲不行，游藝則小物不遺而動息有養。學者於此，有以不失其先後之序，輕重之倫焉。」（《論語集注》）雖具體解釋與陽明有異，但對四句關係的理解卻是一致的。

問：「讀書所以調攝❶此心，不可缺的。但讀之之時，一種科目❷意思牽引而來，不知何以免此？」先生曰：「只要良知真切，雖做舉業，不為心累。總有累，亦易覺，克之而已。且如讀書時，良知知得強記之心不是，即克去之；有欲速之心不是，即克去之；有誇多鬭靡❸之心不是，即克去之。如此亦只是終日與聖賢印對❹，是個純乎天理之心。任他讀書，亦只是調攝此心而已，何累之有！」曰：「雖蒙開示，奈資質庸下，實難免累。竊聞窮通有命，上智之人恐不屑此。不肖為聲利牽纏，甘心為此，徒自苦耳。欲屏棄之，又制於親，不能舍去，奈何？」先生曰：「此事歸辭❺於親者多矣，其實只是無志。志立得時，良知千事萬為，只是一事。讀書作文，安能累人，人自累於得失耳！」因嘆曰：「此學不明，不知此處擔閣❻了幾多英雄漢！」

【章　旨】陽明論「致良知」與科舉之間的關係。

【注　釋】❶調攝　調養。❷科目　指科舉。❸誇多鬬靡　爭著炫耀自己的繁多、靡麗。指逞強好勝。❹印對　印證、對照。❺歸辭　找藉口推辭責任。❻擔閣　同「耽擱」。耽誤。

【語　譯】黃勉叔問：「讀書本是用於調養這心，不可或缺的。只是讀著讀著，就有一種科舉的念頭牽引而來，不知該怎樣才能避免這種現象？」陽明先生說：「只要你良知真切，即使從事科舉，也不會成為心的累贅。即使有累贅，也容易發覺，把它克服掉就是了。比如讀書時，良知懂得強記之心不好，就克服掉；急於求成之心不好，就克服掉；誇多鬥靡之心不好，就克服掉。這樣整天把自己的心同聖賢之心對照，就是個純乎天理的心了。即使讀書，也只是調養這心而已，有什麼拖累！」勉叔說：「雖然蒙您啟發，怎奈我資質低下，實在難免此累。我聽說窮達有命，上智之人恐怕不屑於科舉。我被名聲利益所牽纏，甘心情願從事這科舉之事，平白地使自己受苦罷了。我想拋棄科舉之事，又被父母所牽制，不能拋棄，該怎麼辦？」陽明先生說：「把從事科舉的理由推到父母身上的人很多，其實都是沒有志向。如果立了志，在良知面前縱有千事萬事，也只是一件事。讀書作文，又怎會拖累人，是人自己被得失之心所拖累罷了！」又嘆息著說：「這良知之學未闡明，不知在這個問題上貽誤了多少英雄好漢！」

【研　析】在封建社會裡，科舉是士子最重要的、甚至是唯一的出路，在未能解決這個問題之前，從事純學術性的研究必然不能安心。事實上，歷史上許多從事學術研究的人，包括王陽明自己在內，都是走這條路出身的。怎樣解決從事科舉與從事學術的矛盾，是學者不能不正視的問題。程頤說：「或謂科舉事業奪人之功，是不然。且一月之中，以十日為舉業，餘日足可為學。然人不志此，必志於彼。故科舉之事，不患妨功，惟患奪志。」（《河南程氏外書》卷一一）陽明也要求學者立志，認為有了志向就「致良知」和從事科舉可以並行不悖，是本於程氏之說而設的調停之法。

問：「『生之謂性❶』，告子亦說得是，孟子如何非之？」先生曰：「固是性，但告子認得一邊去了，不曉得頭腦。若曉得頭腦，如此說亦是。孟子亦曰：『形色，天性也❷。』這也是指氣說。」又曰：「凡人信口說，任意行，皆說此是依我心性出來，此是所謂『生之謂性』，然卻要有過差。若曉得頭腦，依吾良知上說出來，行將去，便自是停當。然良知亦只是這口說，這身行，豈能外得氣，別有個去行去說。故曰『論性不論氣，不備；論氣不論性，不明❸』。氣亦性也，性亦氣也，但須認得頭腦是當。」

【章旨】陽明評論告子的「生之謂性」之說。

【注釋】❶生之謂性　戰國時告子的觀點，見《孟子・告子上》。❷形色二句　語出《孟子・盡心上》：「形色，天性也，惟聖人然後可以踐形。」❸論性不論氣四句　程顥語，見《二程遺書》卷六。

【語譯】黃勉叔問：「『生之謂性』，告子也說得對，孟子為什麼說他不對？」陽明先生說：「生之固然是性，只是告子把問題看偏了，不曉得要領所在。如果他曉得要領所在，這樣說也對。孟子也說：『形色，天性也。』這也是指氣而言。」陽明先生又說：「大凡人信口說，任意行，都說這是依著自己的心性說出來做出來的，這就是所謂的『生之謂性』，但這樣卻會有偏差。如果曉得要領所在，依著自己的良知說出來，做下去，就自然得當。但良知也只是這口說，這身行，怎能在氣之外，另有個別的東西在行在說。所以說『論性不論氣，不備；論氣不論性，不明。』氣也就是性，性也就是氣，只是應認得要領才是。」

【研析】告子說「生之謂性」，在當時遭到了持性善論的孟子的駁斥。但到宋代程顥那裡，告子之說卻得到了肯定。程顥說：「『生之謂性』，性即氣，氣即性，生之謂也。」（見《二程遺書》卷一）他把「性」與「氣」聯繫起來，通過稟氣說來解釋人性的有善有惡，物性的有清有濁，比較成功地解決了孟子與告子之間的矛盾，得到了理學家們一致的肯定。他的「論性不論氣，不備；論氣不論性，不明」因此就成為名言。朱熹說：「孟子之論，盡說是性善。至有不善，說是陷溺，是說其初無不善，後來方有不善耳。若如此，卻似『論性不論氣』，有些不備。卻得程氏說出氣質來接一接，便接得有首尾，一齊圓備了。」（《朱子語類》卷四）陽明的闡釋，雖夾雜著自己的「良知」在內，基本觀點卻是從程朱而來。

又曰：「諸君功夫，最不可助長。上智絕少，學者無超入聖人之理。一起一伏，一進一退，自是功夫節次。不可以我前日用得功夫了，今卻不濟，便要矯強做出一個沒破綻的模樣。這便是助長，連前些子功夫都壞了。此非小過。譬如行路的人遭一蹶跌，起來便走，不要欺人做那不曾跌倒的樣子出來。諸君只要常常懷個『遁世無悶❶』之心，依此良知忍耐做去，不管人非笑，不管人毀謗，不管人榮辱，任他功夫有進有退，我只是這致良知的主宰不息，久久自然有得力處，一切外事亦自能不動。」又曰：「人若著實用功，隨人毀謗，隨人欺慢，處處得益，處處是進德之資。若不用功，只是魔❷也，終被累倒。」

【章　旨】陽明強調做良知功夫不能揠苗助長，要堅韌不拔。

【注　釋】❶遁世無悶二句　語出《易傳・乾卦・文言》。意為：君子甘心隱退，別人認為他這樣做不對，他也不感到苦悶。❷魔　魔鬼。指上文提到的毀謗、欺慢。

【語　譯】陽明先生又說：「諸位做功夫，千萬不要揠苗助長。上智之人是極少的，學者沒有不經過努力就超先進入聖人境界的道理。一起一伏，一進一退，是做功夫時自然而然出現的反覆現象。不能因為我前階段下了功夫，這階段功夫不夠，就勉強做出一個沒有破綻的模樣。這就是助長，這樣就會連前階段所做的那點功夫都會弄糟。這不是小錯誤。譬如走路的人摔了一跤，起來就走，不要裝出沒有跌倒的樣子來欺瞞他人。諸位只要經常懷著一顆『遁世無悶』的心，依著這良知忍耐著做下去，不管別人指責譏笑，不管別人毀謗攻擊，不管別人讚譽侮辱，任憑它功夫有進有退，都只這樣永不停息地堅持這致良知的功夫，時間一久自然就有功力，一切身外的事情自然就不能動搖我們的意志。」陽明先生又說：「人如能踏實用功，任憑他人毀謗，任憑他人欺侮，就會處處得益，處處都是增進德行的資藉。如果不用功，別人的毀謗欺侮就會變成魔鬼，終究要將你拖垮。」

【研　析】陽明指出做功夫時會出現「一起一伏，一進一退」的反覆現象，並且會遭到時俗的非笑、毀謗、欺慢，因而需要一種「遁世無悶，不見是而無悶」的超邁態度和「忍耐」精神，體現的是一種堅持信仰、堅韌不拔的治學風範，值得肯定。

先生一日出遊禹穴❶，顧田間禾曰：「能幾何時，又如此長了！」范兆期❷在傍曰：「此只是有根學問，能自植根，亦不患無長。」先生曰：「人孰無根？良知即是天植靈根，自生生不息。但著了私累，把此根戕賊蔽塞，不得發生耳。」

【章　旨】陽明藉禾苗為喻，說明「良知」即是人的「天植靈根」。

【注　釋】❶禹穴　在今浙江紹興會稽山上。❷范兆期　陽明弟子。

【語　譯】陽明先生有一天出外遊禹穴，回頭看到田裡的禾苗，說：「曾幾何時，又長到這麼高了！」范兆期在旁，說：「這只是有根的學問，它能自己紮根，不怕不長。」陽明先生說：「人誰能無根？良知就是人天然種下的靈根，自然會生生不息。只是因為受了私欲之累，把這根傷害蔽塞了，使它不能發育生長罷了。」

【研　析】陽明的「良知即是天植靈根」之說，道出了他對良知的篤信不疑。

一友常易動氣責人，先生警之曰：「學須反己，若徒責人，只見得人不是，不見自己非。若能反己，方見自己有許多未盡處，奚暇責人！舜能化得象❶的傲，其機括❷只是不見象的不是。若舜只要正他的姦惡，就見得象的不是矣。象是傲人，必不肯相下，如何感化得他？」是友感悔，曰：「你今後只不要去論人之是非，凡當責辯人時，就把做一件大己私克去，方可。」

先生曰：「凡朋友問難，縱有淺近粗疏，或露才揚己❸，皆是病發。當因其病而藥之可也。不可便懷鄙薄之心，非君子與人為善之心矣。」

【章　旨】陽明論怎樣對待別人和自己。

【注　釋】❶象　舜的異母兄弟。相傳舜的父親瞽叟和象都曾謀害舜，但舜仍大度地對待他們。舜當了天子以後，還將象封到有庳，以德來感化他。❷機括　比喻事物的關鍵。機，弩的機關。括，箭末扣弦處。❸露才揚己　顯露自己的才能，以宣揚自己。

【語　譯】有一位學友容易生氣責備別人，陽明先生警醒他說：「為學應反省自己，如果只責備別人，只看到別人不對，就看不到自己的缺點。如果能反省自己，才能看到自己也有許多不完美之處，這樣哪還有空閒責備別人！舜能感化象的傲慢，關鍵是他只是不見象的不對。如果舜只是要糾正象的姦邪，就會只看到象的不對。象對人是很傲慢的，一定不甘心居人之下，那舜又怎能感化得他？」這位學友聽了，深有感觸並且後悔起來。先生又說：「你今後不要只是議論他人的是非。凡是遇到要責備他人之時，就把這當作一種大私心加以克服，才是。」

陽明先生說：「凡是朋友間質疑辯難，即使對方有淺近粗疏之處也不要責備，有些人藉機露才揚己，都是自私之病復發。應根據病情加以治療。千萬不要因此便鄙薄他們，如果這樣，就不是君子與人為善之心了。」

【研　析】陽明主張對人對己要採取「躬自厚而薄責於人」（《論語・衛靈公》）的態度，對人寬，責己嚴，對人不求全責備，對己不露才揚己，嚴於律己，與人為善，這在今天，對我們怎樣做人都有借鑑價值。

問：「《易》，朱子主卜筮❶，程傳❷主理，何如？」先生曰：「卜筮是理，理亦是卜筮。天下之理，孰有大於卜筮者乎？只為後世將卜筮專主在占卦上看了，所以看得卜筮似小藝。不知今之師友問答，博學、審問、慎思、明辯、篤行之類，皆是卜筮。卜筮者，不過求決狐疑，神明吾心而已。《易》是問諸天人。有疑自信不及，故以《易》問天。謂人心尚有所涉，惟天不容偽耳。」

【章　旨】陽明論《易》。

【注　釋】❶卜筮　以龜殼占吉凶叫卜，用蓍草占吉凶叫筮。❷程傳　指程頤所作的《易傳》，一般稱《程氏易傳》或《伊川易傳》。

【語　譯】黃勉叔問：「對《易經》的理解，朱子以卜筮為主，伊川《易傳》以理為主，怎麼樣？」陽明先生說：「卜筮是理，理也是卜筮。天下之理，哪有比卜筮還大的呢？只因為後世把卜筮專門看作占卦，所以把卜筮看作似是一種小技藝。不知如今的師生問答，《中庸》講的博學、審問、慎思、明辯、篤行之類，都是卜筮。卜筮，不過是為了決斷猶疑，使此心清明而已。《易》是卜問天人之事。有疑問自信心不足，所以用《易》來問天。這是說人心尚有所偏私，只有天不容許虛假。」

【研析】朱熹作有《周易本義》、《易學啟蒙》，對《易》有過比較深入的探討。他強調經傳之間的區別，認為《易》本起源於卜筮：「《易》本為卜筮之書，後人以為止於卜筮，至王弼用老莊解，後人便只以為理，而不以為卜筮，亦非。想當初伏羲畫卦之時，只是陽為吉，陰為凶，無文字。某不敢說，竊意如此。後文王見其不可曉，故為之作〈彖辭〉，或占得爻處不可曉，故周公為之作爻辭；又不可曉，故孔子為之作『十翼』，皆解當初之意。……今人須以卜筮之書看之，方得；不然不可看《易》。」（《朱子語類》卷六六）朱熹說的「後人便只以為理」的「後人」，主要指程頤。程頤的《程氏易傳》說《易》，就是專主於理。他的著名論點「至微者理也，至著者象也，體用一源，顯微無間」（《程氏易傳・序》），就是他治《易》的綱領。

陽明論《易》，基本是折中程朱。他認為「卜筮是理，理亦是卜筮」，是既沒有否定程頤的主理，也沒有否定朱熹的主於卜筮。但他對卜筮的理解比較寬泛。他繼承了古代「卜以決疑」的觀點，把生活、治學中所有疑難問題答案的抉擇都看作卜筮，而不專主於對吉凶的卜問。

黃省曾錄

黃勉之❶問：「『無適也，無莫也，義之與比❷』，事事要如此否？」

先生曰：「固是事事要如此，須是識得個頭腦乃可。義即是良知，曉得良知是個頭腦，方無執著。且如受人餽送也，有今日當受的，他日不當受的；也有今日不當受的，他日當受的。你若執著了今日當受的，便一切受去；執著了今日不當受的，便一切不受去，便是『適』、『莫』，便不是良知的本體，如何喚得做義！」

【章旨】陽明回答是否事事要「無適也，無莫也，義之與比」的問題。

【注釋】❶黃勉之　黃省曾，字勉之，號五岳，蘇州人，嘉靖十年（西元一五三一年）舉人。陽明在越時，求為弟子。《明儒學案》卷二五說黃省曾作有《會稽問道錄》，「《傳習後錄》有先生（指黃省曾）所記數十條，當是採之《問道錄》中，往往失陽明之意。」❷無適也三句　語出《論語·里仁》：「子曰：『君子之於天下也，無適也，無莫也，義之與比。』」朱熹解「適」為「專主」，「莫」為「不肯」，「比」為「從」。

【語　譯】黃勉之問：「《論語》說『無適也，無莫也，義之與比』，是不是事事都要這樣？」陽明先生說：「固然事事都要這樣，但也要懂得一個要領才行。義就是良知，懂得良知就是要領，才不會執著死板。例如接受人家的餽贈，有今天應該接受，過些日子不能接受的；也有今天不應該接受，過些日子可以接受的。你如果執著於今天應該接受，就什麼時候都接受；執著於今天不應該接受，就什麼時候都不接受，這就是『適』、『莫』，就不是良知的本體，怎麼能叫作義！」

【研　析】陽明對「無適也，無莫也，義之與比」的理解是：「無適」、「無莫」（即「無可無不可」）講的是靈活性，「義」即「良知」，是主腦、綱領，也就是原則性。這三句話的意思就是強調靈活性與原則性的統一。這跟宋儒的理解是一致的。

問：「『思無邪❶』一言，如何便蓋得三百篇❷之義？」先生曰：「豈特三百篇，六經只此一言，便可該貫❸；以至窮古今天下聖賢的話，『思無邪』一言，也可該貫。此外更有何說？此是一了百當❹的功夫！」

【章　旨】陽明回答「思無邪」一句能否涵蓋《詩》三百之義的問題。

【注　釋】❶思無邪　語出《詩經・魯頌・駉》。指思慮沒有不正當之處。❷三百篇　指《詩經》。《詩經》

共有三百零五篇，三百篇只是一個概數。❸該貫　全面貫通。❹一了百當　一個問題明瞭透徹，其餘各種問題都能恰當解決。

【語　譯】黃勉之問：「『思無邪』一句話，就能涵蓋《詩》三百的義理嗎？」陽明先生說：「哪裡只是《詩》三百，六經只此一句，就可完全貫通，以至於窮盡古今天下聖賢的話，『思無邪』這句話，也可完全貫通。另外還有別的什麼話可以說，這可是一通百通的功夫！」

【研　析】孔子曾從《詩經・魯頌・駉》中拈出「思無邪」三個字，來概括全部《詩經》的思想性質。他說：「《詩》三百，一言以蔽之，曰：『思無邪。』」意謂《詩經》的內容純正，沒有不正派的東西。這是對《詩經》思想內容價值的全面肯定。陽明則在孔子的基礎上引而申之，對全部儒家經典、古今聖賢之言用「思無邪」三字作了概括和肯定。

問「道心」、「人心」❶，先生曰：「『率性之謂道❷』，便是『道心』；但著些人的意思在，便是『人心』。『道心』本是『無聲無臭❸』，故曰『微』；依著『人心』行去，便有許多不安穩處，故曰『惟危』。」

【章　旨】陽明回答「道心」與「人心」的區別。

【注　釋】❶道心人心　語出偽古文《尚書・大禹謨》：「人心惟危，道心惟微，惟精惟一，允執厥中。」

❷率性之謂道　語出《中庸》。朱熹注：「率，循也。道，猶路也。人物各循其性之自然，則其日用事物之間，莫不各有當行之路，是則所謂道也。」（《中庸集注》）❸無聲無臭　語出《詩經・大雅・文王》：「上天之載，無聲無臭。」鄭玄箋：「上天之道難知也，耳不聞聲音，鼻不聞香臭。」臭，氣味。

【語譯】黃勉之問「道心」、「人心」，陽明先生說：「『率性之謂道』，就是『道心』；只要摻著一點人的私意在裡面，就是『人心』。『道心』本來是『無聲無臭』的，所以說它『微』；依著『人心』去做，就有許多不穩當的地方，所以說『惟危』。」

【研析】二程說：「人心，私欲也，危而不安；道心，天理也，微而難得。惟其如是，所以貴於精一也。」（《河南程氏粹言》卷二〈心惟篇〉）又說：「人心，私欲，故危殆；道心，天理，故精微，滅私欲則天理明矣。」（《二程遺書》卷二四）是以「人心」為「人欲」，「道心」為「天理」。朱熹則說：「指其生於形氣之私者而言，則謂之人心；指其發於義理之公者而言，則謂之道心。」（《朱文公文集》卷六五《雜著「尚書・大禹謨」》）他對「道心」、「人心」的理解比二程寬泛，並不全限於「天理」「人欲」。陽明的理解，接近於朱熹。

問：「『中人以下，不可以語上❶』，愚的人與之語上尚且不進，況不與之語，可乎？」先生曰：「不是聖人終不與語，聖人的心憂不得人人都做聖人。只是人的資質不同，施教不可躐等❷。中人以下的人便與他說性說命，他也不省得，也須慢慢琢磨他起來。」

【章旨】陽明解釋《論語》「中人以下，不可以語上」的含義。

【注釋】❶中人以下二句　語出《論語・雍也》：「中人以上，可以語上也；中人以下，不可以語上也。」語上，談論高深的學問。❷躐等　越過等級。躐，超越。

【語譯】黃勉之問：「孔子說『中人以下，不可以語上』，和愚人談論高深學問，他們都不能上進，何況不和他們談，行嗎？」陽明先生說：「不是聖人始終不同愚人談論，聖人是擔心人人都不能成為聖人。只是每個人的資質不同，施教時不能越等。中人以下的人，就和他們談性談命，他們也不懂得，必須慢慢地把他們培養起來。」

【研析】朱熹對「中人以下，不可以語上」的解釋是：「言教人者，當隨其高下而告語之，則其言易入而無躐等之弊也。」（《論語集注》）陽明的解釋，跟朱熹相同。

一友問：「讀書不記得，如何？」先生曰：「只要曉得，如何要記得？要曉得，已是落第二義❶了。只要明得自家本體。若徒要記得，便不曉得；若徒要曉得，便明不得自家的本體。」

【章旨】陽明回答讀書不記得該怎麼辦的問題。

【注釋】❶第二義　指次要的意義層面。

【語譯】一學友問：「讀了書不記得，該怎麼辦？」陽明先生說：「只要懂得它的意思，要記得做什麼？懂得意思，都已經落在第二義了。只要明白自家的本體。如果只要記得，就不懂得；如果只求懂得，就不能明白自家的本體。」

【研析】陽明「心學」類似禪宗，以直契心源為上，對一般地通曉文字大意並不推重，而尤其反對記誦之學。

問：「『逝者如斯❶』，是說自家心性活潑潑地否？」先生曰：「然。須要時時用致良知的功夫，方才活潑潑地，方才與他川水一般；若須臾間斷，便與天地不相似。此是學問極至處，聖人也只如此。」

【章旨】陽明答「逝者如斯」之問。

【注釋】❶逝者如斯　語出《論語・子罕》：「子在川上曰：『逝者如斯夫！不舍晝夜。』」

【語譯】黃勉之問：「孔子說『逝者如斯』，是說自家心性活潑潑的嗎？」陽明先生說：「是的。但必須要時時刻刻用致良知的功夫，才能活潑潑的，像那河水一樣；如果有片刻間斷，就與天地生生不息的精神不一致。這是學問的最高境界，就是聖人也不過如此。」

【研　析】孔子「逝者如斯」，本意應是嘆息時光流逝，歲月一去不復返。但自漢以來，儒者如董仲舒（見《春秋繁露‧山川頌篇》）、揚雄（見《法言‧學問篇》）均以為比喻進德如流水不舍晝夜。宋儒自二程到朱熹都認為比喻心性修養。朱熹說：「天地之化，往者過，來者續，無一息之停，乃道體之本然也。然其可指而易見者，莫如川流，故於此發以示人，欲學者時時省察，而無毫髮之間斷也。」（《論語集注》）陽明的解釋，與朱熹的主旨相同。

問「志士仁人」章❶。先生曰：「只為世上人都把生身命子看得來太重，不問當死不當死，定要宛轉委曲保全，以此把天理卻丟去了。忍心害理，何者不為！若違了天理，便與禽獸無異。便偷生在世上百千年，也不過做了千百年的禽獸。學者要於此等處看得明白。比干、龍逢❷，只為他看得分明，所以能成就得他的人。」

【章　旨】陽明對《論語》「志士仁人」一章的發揮。

【注釋】❶志士仁人章　《論語・衛靈公》：「志士仁人，無求生以害仁，有殺身以成仁。」❷比干龍逢　比干，殷之宗室，因勸諫紂王，被剖心而死。龍逢，姓關，夏時賢臣，因勸諫夏桀被殺。

【語譯】黃勉之問《論語》「志士仁人」一章。陽明先生說：「只因世人把身體性命看得太重，不問應不應當死，就一定要婉轉委曲以求保全，因此把天理都丟掉了。忍心害理，什麼事不肯做！如果違背天理，便同禽獸沒有兩樣。在世上即使偷生千百年，也不過是當了千百年禽獸而已。學者要在這個問題上認識清楚。比干、關龍逢，只因為他們看得清楚，所以能成全他們的人品。」

【研析】殺身成仁、捨生取義，這是儒家一貫推崇的優良傳統，只不過陽明是從維護「天理」的角度來說而已。

問：「叔孫武叔毀仲尼❶，大聖人如何猶不免於毀謗？」先生曰：「毀謗自外來的，雖聖人如何免得。人只貴於自修，若自己實實落落是個聖賢，縱然人都毀他，也說他不著。卻若浮雲揜日，如何損得日的光明！若自己是個象恭色莊❷、不堅不介的，縱然沒一個人說他，他的惡慝❸終須一日發露。所以孟子說『有求全之毀，有不虞之譽❹』。毀譽在外的，安能避得！只要自修何如爾。」

【章　旨】陽明藉《論語》談怎樣對待毀謗。

【注　釋】❶叔孫武叔毀仲尼　事見《論語・子張》：「叔孫武叔毀仲尼。子貢曰：『無以為也！仲尼不可毀也。他人之賢者，丘陵也，猶可踰也；仲尼，日月也，無得而踰焉。人雖欲自絕，其何傷於日月乎？多見其不自量也。』」又：「叔孫武叔語大夫於朝曰：『子貢賢於仲尼。』」叔孫武叔，名州仇，魯國的大夫。❷象恭色莊　指人的外表恭敬莊重。❸惡慝　罪惡、邪念。❹有求全之毀二句　語出《孟子・離婁上》。二句原文互倒。意為：有意想不到的稱譽，也有因委曲求全而招致的毀謗。

【語　譯】黃勉叔問：「叔孫武叔毀謗孔子，為什麼大聖人也難免遭人毀謗？」陽明先生說：「毀謗是從外面來的，即使是聖人又怎能免得。人可貴的只在於自修，如果自己確確實實是個聖賢，縱使人們都毀謗他，也說他不倒。這就像浮雲遮掩太陽，又怎能有損於太陽的光明！如果自己只是個外表恭敬莊重、實際上既不堅強也不耿介的人，縱然沒有一個人議論他，他的惡念有朝一日也終歸會顯露出來。所以孟子說『有不虞之譽，有求全之毀』。毀譽都在人身外，怎能逃避得掉！只要看他怎樣自我修養罷了。」

【研　析】陽明主張通過加強自我修養來抵禦來自外界的毀謗，顯然是一種積極的態度。

劉君亮❶要在山中靜坐，先生曰：「汝若以厭外物之心去求之靜，是反養成一個驕惰之氣了；汝若不厭外物，復於靜處涵養，卻好。」

【章　旨】陽明反對有厭世之心。

【注　釋】❶劉君亮　劉邦采，字君亮，號師泉，吉之福安（今江西吉安）人。嘉靖七年（西元一五二八年）舉人。陽明在越時，為弟子。

【語　譯】劉君亮要到山裡靜坐，陽明先生說：「你如果懷著厭世之心去求內心寧靜，這樣反而會養成一種驕傲懶惰之氣；你如果不厭棄外物，再在靜處涵養，卻好。」

【研　析】儒家主張積極入世，因而反對厭棄外物，也就是反對有厭世之心。陽明「致良知」雖也求靜，但靜只是為了求心地光明，並非像釋、道那樣，只求內心的枯寂。

王汝中❶、省曾侍坐，先生握扇命曰：「你們用扇。」省曾起對曰：「不敢。」先生曰：「聖人之學不是這等綑縛苦楚的，不是裝作道學❷的模樣。」汝中曰：「觀仲尼與曾點言志一章略見。」先生曰：「然。以此章觀之，聖人何等寬洪包含氣象！且為師者問志於群弟子，三子皆整頓以對，至於曾點飄飄然不看那三子在眼，自去鼓起瑟來，何等狂態！

及至言志，又不對師之問目，都是狂言。設在伊川，或斥罵起來了。聖人乃復稱許他，何等氣象！聖人教人，不是個束縛他，通做一般。只如狂者❸，便從狂處成就他；狷者，便從狷處成就他。人之才氣，如何同得！」

【章　旨】陽明反對束縛個性。

【注　釋】❶王汝中　王畿（西元一四九八～一五八三年），字汝中，號龍溪，學者稱龍溪先生，山陰（今浙江紹興）人。嘉靖五年（西元一五二六年）進士，官至南京兵部郎中。為陽明高足之一。❷道學　指理學。❸狂者　與下文「狷者」對稱。《論語・子路》：「子曰：『不得中行而與之，必也狂狷乎！狂者進取，狷者有所不為也。』」狂者，指思想行為比較偏激的人。狷者，指操守品性比較耿介的人。

【語　譯】王汝中、黃省曾陪陽明先生坐。陽明先生握著扇子命：「你們用扇。」黃省曾站起來回話說：「不敢。」陽明先生說：「聖人之學不是這樣束縛人，使人痛苦的，不是要裝出一副道學的模樣。」王汝中說：「看《論語》中孔子同曾點言志的那一章就可以約略看到一個大概。」陽明先生說：「是的。從這章來看，聖人有多麼大的寬洪包容的氣度！況且當先生的向眾弟子詢問各自的志向時，子路、冉有、公西華三人都嚴肅地回話，曾點卻飄飄然不把那三人看在眼裡，自己到一邊鼓起瑟來，這是怎樣的一副狂態！到言志時，他又不按先生的提問回答，說的全是一派狂言。假如是在伊川先生那裡，或許他就指責、詈罵起來了。孔聖人卻又稱讚他，這是何等的氣度！聖人教人，不是束縛弟子，讓他們都成為同一種模式。如果是狂者，就從狂的方面去成就他；如果是狷者，就從狷的方面成就他。人的才氣各各不同，怎能要求相同！」

【研析】陽明「心學」，極為後世所推崇的是它所包含的張揚獨立人格、張揚個性的精神。這裡陽明將程頤同孔子比較，說對待曾點那種我行我素的「狂者」，程頤可能會加以「斥罵」，壓制他，迫使他向自己預先設定的人格模式就範；而孔子卻對他加以稱許，從「狂」的方面來成就他「狂者」的人格。陽明所說的「聖人之學不是這等細縛苦楚的，不是裝作道學的模樣」，顯然是對以程朱為代表的宋明道學的批評。這實乃晚明批判假道學、張揚個性解放思潮之先聲。

先生語陸元靜❶曰：「元靜少年，亦要解五經，志亦好博。但聖人教人，只怕人不簡易，他說的皆是簡易之規。以今人好博之心觀之，卻似聖人教人差了。」

【章旨】陽明批評陸澄「好博」。

【注　釋】❶陸元靜　即陸澄。元，當作「原」。

【語　譯】陽明先生對陸元靜說：「你尚年輕，就要注解五經，志向也真夠大的。只是聖人教人，只怕人不簡易，他們說的都是簡易的規範。在今天喜歡博雜的人們看來，好像聖人教人教錯了。」

【研　析】「心學」自陸九淵始，就崇尚簡易，反對程朱一派的追求廣博。陽明繼承了陸九淵的傳統，以「致良知」為簡易之學，反對弟子們旁涉。

先生曰：「孔子無不知而作❶，顏子有不善未嘗不知❷，此是聖學真血脈路。」

【章　旨】陽明敘「聖學真血脈路」。

【注　釋】❶孔子無不知而作　《論語．述而》：「子曰：『蓋有不知而作之者，我無是也。』」不知而作，朱熹注：「不知其理而妄作也。」❷顏子有不善未嘗不知　《易傳．繫辭下》：「顏氏之子，其殆庶幾乎！有不善未嘗不知，知之未嘗復行也。」

【語　譯】陽明先生說：「孔子沒有不知其理而妄作的情況，顏回有不善之處未曾不知，這是聖人之學的真血脈。」

【研　析】孔子「無不知而作」，體現的是一種實事求是，不憑空虛構的態度，顏回「有不善未嘗不知」，體現的是一種嚴於自律、勤於自我反省的精神。陽明認為這些態度和精神都是「心學」的核心，與孔、顏一脈相承。

何廷仁❶、黃正之❷、李侯璧❸、汝中、德洪侍坐，先生顧而言曰：「汝輩學問不得長進，只是未立志。」侯璧起而對曰：「珙亦願立志。」先生曰：「難說不立，未是必為聖人之志耳。」對曰：「願立必為聖人之志。」先生曰：「你真有聖人之志，良知上更無不盡。良知上留得些子別念掛帶，便非必為聖人之志矣。」洪初聞時，心若未服。聽說到，不覺悚汗。

【章　旨】陽明批評弟子未能立聖人之志。

【注　釋】❶何廷仁　（西元一四八六～一五五一年）字性之，號善山，江西雩縣（今江西于都）人。嘉靖元年（西元一五二二年）舉人。官至南京工部主事。陽明高足之一。❷黃正之　即黃弘綱。❸李侯璧　名珙，陽明弟子。

【語　譯】何廷仁、黃正之、李侯璧、王汝中、錢德洪陪陽明先生坐。先生環顧眾人，說：「你們學問未能長進，只是因為未立志。」李侯璧站起來回答：「我也願意立志。」先生說：「很難說你不立志，只是你所立的未必是聖人之志罷了。」李侯璧又說：「我也希望所立的定是聖人之志。」先生說：「你如真立的是聖人之志，良知上的雜念就沒有去不盡的。如果良知上留了些別的念頭牽掛著，就定然不是聖人之志了。」錢德洪剛開始時，心裡好像有點不服氣。聽到這裡，不知不覺驚出汗來。

【研　析】立志，是陽明反反覆覆向弟子們提出的要求。因為如不立志，良知之學就必然不能深入他們的思想深處，更談不上堅持不懈地踐行。此章當是錢德洪所記。

先生曰：「良知是造化的精靈。這些精靈生天生地、成鬼成帝❶。皆從此出，真是與物無對。人若復得他完完全全無少虧欠，自不覺手舞足蹈，不知天地間更有何樂可代！」

【章　旨】陽明對良知的讚美。

【注　釋】❶成鬼成帝　使鬼神、天帝都有所成就。

【語　譯】陽明先生說：「良知是造化的精靈。這些精靈生天生地、成鬼成帝。一切都從這裡產生，真是萬物都不能同它相比。人們如能將它完完全全恢復起來，沒有絲毫虧缺，自然不知不覺就手舞足蹈，不知天地間還有哪些快樂的事情可以取代它！」

【研　析】大凡對自己所熱衷的東西，就往往容易產生感情，並將它絕對化，將它說成無所不能、無可匹敵、永恆常在的東西。莊子曾說「道」「生天生地，神鬼神帝」（《莊子・大宗師》），以顯示它無所不在、無所不能的功效，大約就是出於信仰和熱情的支配。陽明對「良知」功用的描述極類莊子。

一友靜坐有見，馳問先生，答曰：「吾昔居滁❶時，見諸生多務知解，口耳異同，無益於得，姑教之靜坐。一時窺見光景，頗收近效。久之漸有喜靜厭動，流入枯槁之病。或務為玄解妙覺，動人聽聞。故邇來只說致良知。良知明白，隨你去靜處體悟也好，隨你去事上磨鍊也好，良知本體原是無動無靜的，此便是學問頭腦。我這個話頭自滁州到今，亦較過幾番，只是致良知三字無病。醫經折肱❷，方能察人病理。」

【章　旨】陽明自述之所以提出「致良知」的緣由。

【注釋】❶滁　滁州，今安徽滁縣。❷醫經折肱　《左傳》定公十三年：「三折肱知為良醫。」意為：醫生經多次折斷手臂，斷而復續，才積累起豐富的治病經驗。

【語譯】一學友靜坐有所領悟，就趕緊跑去問陽明先生。先生回答：「我先前居於滁州時，看到眾弟子都只求字句文義上的理解，口說耳聽各各理解不同，無益於心得，姑且教他們靜坐。一時間大家都能窺見一點風光，很能收到近期功效。但時間一久就漸漸喜靜厭動起來，流入枯槁的毛病。有的人則專門從事玄解妙覺，說些玄理來動人聽聞。所以近來只說致良知。良知明白了，隨你到靜處體悟也好，到事上磨煉也好，良知本體原只是無動無靜的，這就是學問的主腦。我這話從滁州到現在，也經過好多次比較的，覺得還是只有致良知三個字沒有毛病。醫生經過幾次折斷手臂，才能探究別人的病理。」

【研析】從本章可略知陽明提出「致良知」的時間和理由。陽明在滁州時，當明武宗正德八年（西元一五一三年）十月至九年（西元一五一四年）四月。這半年裡，陽明教弟子治心，主要的修養功夫就是靜坐。因靜坐容易「流入枯槁之病。或務為玄解妙覺，動人聽聞」，此後幾經比較，他才提出「致良知」作為修養功夫的「頭腦」。由此可知，陽明提出「致良知」是在正德九年，他四十三歲之後。

一友問：「功夫欲得此知時時接續，一切應感處，反覺照管不及。

若去事上周旋，又覺不見了。如何則可？」先生曰：「此只認良知未真，尚有內外之間。我這裡功夫，不由人急心。認得良知頭腦是當，去朴實用功，自會透徹。到此便是內外兩忘，又何心事不合一？」

又曰：「功夫不是透得這個真機，如何得他充實光輝❶？若能透得時，不由你聰明知解接得來。須胸中渣滓渾化❷，不使有毫髮沾帶始得。」

【章　旨】陽明論體認「良知」功夫。

【注　釋】❶充實光輝　語出《孟子・盡心下》：「充實之謂美，充實而有光輝之謂大。」❷渣滓渾化　語出《二程遺書》卷一一：「質美者明得盡，查（渣）滓便渾然。」指人性中的雜質渾然而化。

【語　譯】一學友問：「功夫要時時得到這良知的接續，一切都得同良知相感相應，反而覺得照管不到。如果到事情上周旋，又覺得它好像不見了。怎樣才行？」陽明先生說：「這只是因為你體認良知還不真切，尚有內心與外物的間隔。我這裡的功夫，不由人心急。體認得良知的主腦正確了，如果去老老實實用功夫，自然就會透徹。到這種程度時就會內外兩忘，又怎麼會心與事不合一？」

陽明先生又說：「如果功夫沒有透過這真正的關鍵，又怎能達到充實而有光輝的境界？如果能透過關鍵時，不是由你的聰明知解就接續得來的。必須待心裡的渣滓全部化解，不使它有絲毫沾帶才行。」

【研　析】陽明的「致良知」，頗似釋、道的修煉，強調要進入某種境界，這種境界，就是「內外兩忘」、「心事合一」、「胸中渣滓渾化」。它要求內心與外物融為一體，不僅本體充實而有光輝，而且不流於枯寂，能及時應對現實生活，不失去儒家的積極用世精神。

先生曰：「『天命之謂性❶』，命即是性；『率性之謂道』，性即是道。『修道之謂教』，道即是教。」問：「如何道即是教？」曰：「道即是良知。良知原是完完全全，是的還他是，非的還他非。是非只依著他，更無有不是處。這良知還是你的明師。」

【章　旨】陽明闡發「道即是教」的理由。

【注　釋】❶天命之謂性　與下文「率性之謂道」、「修道之謂教」，均出於《中庸》。

【語　譯】陽明先生說：「『天命之謂性』，命即是性；『率性之謂道』，性即是道。『修道之謂教』，道即是教。」黃勉之問：「為什麼道就是教？」陽明先生說：「道就是良知。良知本是完完全全的，是的還它是，非的還它非。是非只依著它，更沒有不對的地方。這良知還是你的明師。」

【研　析】「天命」、「性」、「道」通為一體，自宋儒即是如此。所不同者，在陽明將「道」等同於「良知」。「良知」不僅是是非的標準，還是指導人行為的「明師」。這樣，「修道」與「致良知」便統一起來了。

問：「『不睹不聞❶』是說本體，『戒慎恐懼』是說功夫否？」先生曰：「此處須信得：本體原是『不睹不聞』的，亦原是『戒慎恐懼』的。『戒慎恐懼』不曾在『不睹不聞』上加得些子。見得真時，便謂『戒慎恐懼』是本體，『不睹不聞』是功夫，亦得。」

【章　旨】陽明論「不睹不聞」與「戒慎恐懼」的關係。

【注　釋】❶不睹不聞　與下句的「戒慎恐懼」均見《中庸》：「是故君子戒慎乎其所不睹，恐懼乎其所不聞。」

【語　譯】黃勉之問：「《中庸》的『不睹不聞』是說本體，『戒慎恐懼』是說功夫嗎？」陽明先生說：「這裡你應相信：本體原是『不睹不聞』的，也原是『戒慎恐懼』的。『戒慎恐懼』也不曾在『不睹不聞』上面添加些什麼。你體會得真切時，就說『戒慎恐懼』是本體，『不睹不聞』是功夫，也是可以的。」

【研析】「不睹不聞」和「戒慎恐懼」講的都是「心」，本來不可以截然分開，黃省曾卻把它們分成「本體」和「功夫」兩個東西，所以陽明要加以糾正。

問「通乎晝夜之道而知❶」。先生曰：「良知原是知晝知夜的。」又問：「人睡熟時，良知亦不知了？」曰：「不知何以一叫便應？」曰：「良知常知，如何有睡熟時？」曰：「向晦❷宴息，此亦造化常理。夜來天地混沌，形色俱泯，人亦耳目無所睹聞，眾竅俱翕❸，此即良知收斂凝一時。天地既開，庶物露生，人亦耳目有所睹聞，眾竅俱闢，此即良知妙用發生時。可見人心與天地一體，故上下與天地同流。今人不會宴息，夜來不是昏睡，即是妄思魘寐。」曰：「睡時功夫如何用？」先生曰：「知晝即知夜矣。日間良知是順應無滯的，夜間良知即是收斂凝一的，有夢即先兆。」

又曰：「良知在『夜氣』發的，方是本體，以其無物欲之雜也。學者要使事物紛擾之時，常如『夜氣』一般，就是『通乎晝夜之道而知』。」

【章　旨】陽明論「晝夜之道」。

【注　釋】❶通乎晝夜之道而知　語出《易傳・繫辭上》。意為：君子深明陰陽對立轉化的規律，也就懂得了「幽明之故」、「死生之說」、「鬼神之情狀」等各種大道理。❷向晦　猶言「向晚」。到晚上。❸翕　收斂。

【語　譯】黃省曾問《易傳》的「通乎晝夜之道而知」。陽明先生說：「良知本來就是知晝知夜的。」黃省曾又問：「人睡熟時，良知是不是也就不知了？」陽明先生說：「如果不知，為什麼一叫就應？」黃省曾又問：「如果良知常知，為什麼會有熟睡之時？」陽明先生說：「到晚上就休息，這也是造化的常理。到晚上天地都進入混沌狀態，形色都一齊泯滅，人的耳目也都無所聞見，各個器官都已關閉，這就是良知收斂凝聚之時。天地破曉之後，萬物都露出生氣，人的耳目也就有所聞見，各個器官一齊打開，這也就是良知的妙用發生之時。可見人心與天地一體，所以天上地下的變化是相同的。如今人不會休息，到晚上不是昏睡，就是胡思亂想做惡夢。」黃省曾問：「睡覺時功夫該怎樣做？」陽明先生說：「懂得白天就懂得黑夜了。白天良知是順應無滯的，夜晚良知是收斂凝聚的，有夢就是先兆。」

陽明先生又說：「良知是在『夜氣』下萌發的，才是本體，因為它沒有物欲摻雜在內。」

學者要使良知在事物紛擾之時，就像經常在『夜氣』狀態中一樣，就是『通乎晝夜之道而知』。」

【研　析】陽明是把良知的收斂與開放放在天地闔闢流變的大背景下加以考察、闡釋的，類似於今人所說的小宇宙與大宇宙同構的觀點（這實際上也就是古人的「天人合一」的觀點）。但是他對於睡眠和作夢的解釋卻是比較粗疏的。

先生曰：「仙家❶說到虛，聖人豈能虛上加得一毫實；佛氏說到無，聖人豈能無上加得一毫有。但僊家說虛，從養生上來；佛氏說無，從出離❷生死苦海上來。卻於本體上加卻這些子意思在，便不是他虛無的本色了，便於本體有障礙。聖人只是還他良知的本色，更不著些子意在。良知之虛便是天之太虛❸，良知之無便是太虛之無形。日月風雷山川民物，凡有貌象形色，皆在太虛無形中發用流行，未嘗作得天的障礙。聖人只是順其良知之發用，天地萬物俱在我良知的發用流行中，何嘗又有一物超於良知之外，能作得障礙！」

【章　旨】陽明闡釋儒家同釋、道的區別。

【注　釋】❶仙家　指道教。❷出離　佛教語，猶言跳出、脫離。❸太虛　指太空。張載《正蒙・太和》說：「太虛無形，氣之本體，其聚其散，變化之客形爾。」

【語　譯】陽明先生說：「仙家說的虛，聖人怎能在這虛上添加一毫實；佛教說的無，聖人又怎能在這無上增加一毫有。只是仙家說虛，是從養生的角度說的；佛教說無，是從出離生死苦海的角度說的。他們在本體上添加上這麼一些意思，就不是那虛無的本來面目了，就對本體有障礙了。聖人只是還那良知的本來面目，再不添加絲毫別的意思。良知的虛就是天的太虛，良知的無就是太虛的無形。日月風雷山川民物，凡是有狀貌形色的，都在這太虛無形中發用流行，未曾成為天的障礙。聖人只是順著這良知的發生運用，天地萬物都在我良知的發用流行之中，又何曾有一個東西超然於良知之外，能成為良知的障礙呢！」

【研　析】陽明認為儒、釋、道三家以虛無為本體這一點來說，本沒有什麼區別。區別在於各自立論的角度不同。道教是從養生的角度講虛無，佛教是從出離生死苦海的角度講虛無，儒家則是從順應天理的角度講虛無。天是太虛，虛無無形，卻自能聚散變化，而萬物也自然能順應這種變化發用流行，不成為它的阻力。聖人的「致良知」就是本於太虛的虛無之理。他以「良知」為本體，故太虛之虛無也即「良知」之虛無，太虛之聚散也即「良知」之發用，而萬物的順應太虛變化發用流行，同時也就是順應「良知」的發用流行。

或問：「釋氏亦務養心，然要之不可以治天下，何也？」先生曰：「吾儒養心，未嘗離卻事物，只順其天則❶，自然就是功夫。釋氏卻要盡絕事物，把心看做幻相，漸入虛寂去了，與世間若無些子交涉，所以不可治天下。」

【章旨】陽明解釋釋氏為什麼不能治天下的原因。

【注釋】❶天則　自然法則。

【語譯】有人問：「釋氏也從事養心，但無論怎樣也不能治理天下，這是為什麼？」陽明先生說：「我們儒者養心，未曾離開事物，只是順著事物的自然法則，自然就是功夫。釋氏卻要完全斷絕事物，把心看作幻相，漸漸進入虛無寂滅中去了，同世間的事情好像全沒一點關係，所以不能夠治理天下。」

【研析】釋氏同儒者都養心，但歸向不同：釋氏是一種宗教修行，以斷絕世務為前提；儒者是一種道德修養，以治國平天下為己任。故釋氏不能治國平天下，儒者則能。

或問異端❶，先生曰：「與愚夫愚婦同的是謂同德❷，與愚夫愚婦異的是謂異端。」

【章　旨】陽明對「異端」的界說。

【注　釋】❶異端　儒家對自己學派之外的其他學派的帶有輕蔑性的稱呼。❷同德　《莊子・馬蹄》：「彼民有常性，織而衣，耕而食，是謂同德。」郭象注：「夫民之德，小異而大同。」

【語　譯】有人問什麼叫異端。陽明先生答：「跟愚夫愚婦相同的就叫同德，跟愚夫愚婦不相同的就叫異端。」

【研　析】陽明曾說：「良知良能，愚夫愚婦與聖人同。」（〈答顧東橋書〉）這裡「與愚夫愚婦同」指的就是愚夫愚婦跟聖人一樣具有「良知良能」；「與愚夫愚婦異」指的則是不講「良知」之學，實際上不僅指斥儒家以外的學派（如道、釋），也指斥儒家內部的某些學派（如程朱一派）為「異端」。

先生曰：「孟子不動心❶，與告子不動心所異只在毫釐間。告子只在不動心上著功，孟子便直從此心原不動處分曉。心之本體原是不動的，只為所行有不合義，便動了。孟子不論心之動與不動，只是『集義』，所行無不是義，此心自然無可動處。若告子只要此心不動，便是把捉此心，將他生生不息之根反阻撓了。此非徒無益，而又害之。孟子『集義』功夫，自是養得充滿，並無餒歉❷，自是縱橫自在，活潑潑地，此便是浩然之氣。」

【章旨】陽明辨析孟子的不動心與告子的不動心之間的區別。

【注釋】❶孟子不動心　見《孟子・公孫丑上》。動心，指「亦有所恐懼而動其心」（朱熹《孟子集注》）。
❷餒歉　這裡比喻不足。餒，饑餓。歉，收成不好。

【語譯】陽明先生說：「孟子的不動心，與告子的不動心相差只在毫釐之間。告子只在不動心上用功夫，孟子則直接從這心的本原上見分曉。心的本體原是不動的，只因為人所做的有不合道義之處，就動心。孟子不管心動不動，只是『集義』，所作所為無不是義，這心自然就無可動之處。告子則只要這心不動，也就是抓住這心不放，這樣就反而將那生生不息的根子阻撓住了。這不僅於心無益，而且還對它有害。孟子的『集義』功夫，自然能把心養得充實，沒有欠缺，自然是縱橫自在，活潑潑的，這就是浩然之氣。」

【研析】陽明曾多次稱許孟子的「集義」功夫，批評告子，其實質就是把孟子的修養方法與自己的「致良知」貫通起來。

又曰：「告子病源從『性無善無不善❶』上見來。性無善無不善，雖如此說，亦無大差，但告子執定看了，便有個無善無不善的性在內；有善有惡又在物感上看，便有個物在外。卻做兩邊看了，便會差。無善無不善，性原是如此。悟得及時，只此一句便盡了，更無有內外之間。告子見一個性在內，見一個物在外，便見他於性有未透徹處。」

【章　旨】陽明對告子「性無善無不善」的評析。

【注　釋】❶性無善無不善　告子的人性論，見《孟子・告子上》。

【語　譯】陽明先生又說：「告子毛病的根源是從『性無善無不善』上看問題。性無善無不善，即使這樣看，也沒太錯，只是告子看得死板了，就有個無善無不善的性在內；有善有惡又從對外物的感受看，這就有個物在外了。他是分作內心和外物兩方面來看，就會錯。無善無不善，性原本是這樣。領悟明白時，只一句就講盡了，再沒有內外的間隔。告子理解為有一個性在內，又有一個物在外，就可看出他對性的理解尚未透徹。」

【研　析】告子主張人性無善無不善，這一點陽明是贊成的。其天泉證道有「無善無惡者心之體」，大約就與受告子這種人性論的影響有關。但告子主張「仁內義外」（詳《孟子・告子上》），即認為「仁」發自人的內心，而「義」則是根據對象來確定的。這樣就有主體和客體雙重標準。孟子當時就曾抓住告子的這個缺陷大加攻擊。陽明繼孟子之餘緒，又承《中庸》「合外內之道」之遺訓，自然也反對告子的雙重標準。

朱本思❶問：「人有虛靈❷，方有良知。若草木瓦石之類，亦有良知否？」先生曰：「人的良知就是草木瓦石的良知。若草木瓦石無人的良知，不可以為草木瓦石矣。豈惟草木瓦石為然，天地無人的良知，亦不可為天地矣。蓋天地萬物與人原是一體，其發竅之最精處，是人心一點靈明。風雨露雷日月星辰禽獸草木山川土石與人原只一體，故五穀禽獸之類皆可以養人，藥石之類皆可以療疾，只為同此一氣，故能相通耳。」

【章　旨】陽明闡說「天地萬物與人原是一體」的觀點。

【注　釋】❶朱本思　朱得之，字本思，號近齋，直隸靖江（今江蘇靖江）人，貢為江西新城邑。陽明弟子。❷虛靈　指心。朱熹《中庸章句・序》：「心之虛靈知覺，一而已矣。」

【語　譯】朱本思問：「人有這虛靈知覺的心，才有良知。像草木瓦石之類的東西，也有良知嗎？」陽明先生說：「人的良知就是草木瓦石的良知。如果草木瓦石沒有人的良知，就不能成為草木瓦石了。豈止草木瓦石是這樣，天地如果沒了人的良知，也不可以為天地了。因為天地萬物與人原是一體，天地間發露的最精華的東西，就是人心的一點靈明。風雨露雷日月星辰禽獸草木山川土石與人原本只是一體，所以五穀禽獸之類都可以養人，藥石之類都可治病，只因為都是這同一種氣構成的，所以能夠相通。」

【研　析】 此章集中地反映了陽明的「天人合一」思想。「天人合一」的實質是以人作為天地的核心和靈魂，以人的存在價值來判斷天地萬物的存在價值。所以陽明說沒有「良知」就沒有草木瓦石，甚至沒有天地。值得注意的是，陽明這樣說，並不意味著草木瓦石乃至天地都是從「良知」那裡產生出來的，而只是說人心良知乃是天地間「發竅之最精處」，乃天地萬物的精華而已。他認為人之所以與天地萬物為一體，是因為「同此一氣，故能相通耳」。這就意味著他並不否定客觀世界的物質性和實在性。

先生遊南鎮，一友指岩中花樹問曰：「天下無心外之物，如此花樹，在深山中自開自落，於我心亦何相關？」先生曰：「你未看此花時，此花與汝心同歸於寂❶；你來看此花時，則此花顏色一時明白起來，便知此花不在你的心外。」

【章　旨】陽明藉花論證「天下無心外之物」。

【語　譯】陽明先生遊南鎮，一學友指著山巖間的花樹說：「先生曾說天下無心外之物。這些花樹在深山中自開自落，同我的心有什麼關係？」陽明先生說：「你沒來這裡看這花時，這花與你的心同歸於寂靜；你來看這花時，這花的顏色一下子就清楚明白起來，這就可知這花不在你的心外。」

【注　釋】❶寂　靜。

【研　析】陽明對花與心關係的論說，確實有很大的主觀性，頗有點類似於貝克萊「存在就是被感知」的觀點。但陽明的表述仍是非常謹慎的，他只說「你未看此花時，此花與汝心同歸於寂」，可以使人理解為人未看花，花未刺激人的感官，人的感官就處於一種平靜狀態，花本身也就不能顯示它刺激人感官的作用，因而彼此都是平靜的。而不一定要理解為花因心而存在，或花被感知才存在。「你來看此花時，則此花顏色一時明白」，仍只是意味著：花本來是客觀存在的，只是因你未來看它，它在你心中就是模糊的；你來看它，它的色彩才在你心中清晰起來。因此，「此花不在你的心外」不一定要理解為這花因你的心的存在才存在，而可以理解為你的心如果不去感知這花，它就等於不存在。因而一切客體都必須通過被感知，主體才會意識到它們的存在。這裡雖然強調了主體，但仍未否定客體的獨立自存性。他所強調的只是主體的能動作用罷了。

問：「大人與物同體，如何《大學》又說個厚薄❶？」先生曰：「惟是道理自有厚薄。比如身是一體，把手足捍頭目，豈是偏要薄手足？其道理合如此。禽獸與草木同是愛的，把草木去養禽獸，又忍得？人與禽獸同是愛的，宰禽獸以養親，與供祭祀燕賓客，心又忍得？至親與路人同是愛的，如簞食豆羹❷，得則生，不得則死，不能兩全，寧救至親，不救路人，心又忍得？這是道理合該如此。及至吾身，與至親更不得分別彼此厚薄，蓋以仁民愛物❸皆從此出，此處可忍，更無所不忍矣。《大學》所謂厚薄，是良知上自然的條理，不可踰越，此便謂之義，順這個條理便謂之禮，知此條理便謂之智，終始是這條理便謂之信。」

【章　旨】陽明闡釋《大學》之所以分厚薄的道理。

【注　釋】❶大學又說個厚薄　《大學》：「自天子以至於庶人，壹是皆以修身為本，其本亂而末治者否矣，其所厚者薄，而其所薄者厚，未之有也。」❷簞食豆羹　《孟子・告子上》：「一簞食，一豆羹，得之則生，弗得則死。」簞、豆，古代盛食物的器具。羹，菜湯。❸仁民愛物　語出《孟子・盡心上》。意為：君子仁愛百姓，愛惜萬物。

【語　譯】黃省曾問：「大人與萬物渾然一體，為什麼《大學》又要說個厚薄？」陽明先生說：「只是按道理自然要有個厚薄。比如身體各部分本是一體，卻要用手足去捍衛頭和眼睛，難道偏偏要薄待手足？無非是這道理應當如此。禽獸和草木同樣是應該愛的，卻要用草木去飼養禽獸，又豈能忍心？人與禽獸同樣是值得愛的，卻要宰殺了禽獸去供養父母，供應祭祀，饗宴賓客，難道又能忍心？至親與過客同樣是值得愛的，例如簞食豆羹，得之則生，不得則死，在不能兩全的情況下，寧願救至親，也不救過客，難道又忍心？這是按道理應當如此。至於我們自己，與至親就不應再分別彼此厚薄，因為仁民愛物都要從這裡出來，這裡可以忍心，就沒有哪裡不能忍心了。《大學》所講的厚薄，是良知上自然的條理，不能踰越，這就叫作義，順著這條理就叫作禮，懂得這條理就叫作智，始終堅持這條理就叫作信。」

【研　析】儒家講與萬物為一體，主要是從人與自然關係親密的角度來立論的，而不是說人與萬物大平等，不分彼此厚薄。陽明所說的厚薄乃是「良知上自然的條理」，就是承認厚此薄彼的天然合理性，這也是儒家講究實際的體現。

又曰：「目無體，以萬物之色為體；耳無體，以萬物之聲為體；鼻無體，以萬物之臭❶為體；口無體，以萬物之味為體；心無體，以天地萬物感應之是非為體。」

【章　旨】陽明論目、耳、鼻、口、心均以外物為體。

【注　釋】❶臭　氣味。

【語　譯】陽明先生說：「眼睛沒有本體，以萬物的形色為本體；耳朵沒有本體，以萬物的聲音為本體；鼻子沒有本體，以萬物的氣味為本體；嘴巴沒有本體，以萬物的味道為本體；心沒有本體，以天地萬物相互感應的是非為本體。」

【研　析】陽明說目、耳、鼻、口、心都須以萬物為體，說明他不僅不否定客體的獨立自存性，而且還強調主體對客體的依賴性。由此我們可知，陽明說「天下無心外之物」，絕不是說客體的存在是被主體感知的結果，而只是說客體只有通過被感知，主體才會意識到它們的存在。

問「殀壽不貳❶」，先生曰：「學問功夫，於一切聲利嗜好俱能脫落殆盡，尚有一種生死念頭毫髮掛帶，便於全體有未融釋❷處。人於生死念頭，本從生身命根上帶來，故不易去。若於此處見得破，透得過，此心全體方是流行無礙，方是盡性至命之學。」

一友問：「欲於靜坐時將好名好色好貨等根逐一搜尋掃除廓清，恐是剜肉做瘡❸否？」先生正色曰：「這是我醫人的方子，真是去得人病根！更有大本事人，過了十數年，亦還用得著。你如不用，且放起，不要作壞我的方子。」是友愧謝，少問曰：「此量非你事，必吾門稍知意思者為此說以誤汝。」在坐者皆悚然。

【章　旨】陽明論破除聲利嗜好、生死之念。

【注　釋】❶殀壽不貳　《孟子・盡心上》：「殀壽不貳，修身以俟之，所以立命也。」❷融釋　融會無間，釋然貫通。❸剜肉做瘡　割自己身上的肉治療自己身上的傷口。比喻顧此失彼。瘡，同「創」。

【語　譯】黃省曾問「殀壽不貳」，陽明先生說：「我們做學問功夫，如果已對一切聲色名利嗜好等都能拋棄殆盡，仍有一絲生死的念頭牽繫於心，就是對『良知』的全體未融會貫通。人的生死念頭，本是與生俱來的，所以不易消除。如果能在這個問題上看得破，透得過，這心的全體才能流行無礙，才是盡性至命之學。」

　　一學友問：「想在靜坐時將好名、好色、貪財等病根一一搜尋出來加以廓清，只怕是剜肉補創吧？」陽明先生嚴肅地說：「這是我醫治人病根的藥方，真是能去掉人病根的！即使有大本事的人，過了十多年，也還用得上。你如果不用，就姑且放下，不要敗壞了我的藥方。」

這學友慚愧且道歉。過了一會，陽明先生又說：「這想必不是你的事，一定是我門下稍懂點大意的人講出這話來誤害你。」當時在座的人都提心弔膽。

【研　析】陽明的「致良知」，不僅要求去掉聲色名利貪財好貨之心，而且要求勘破生死大關，做到徹悟。弟子們對他的這種要求不是不心存疑慮的，這從某學友「剜肉做瘡」的質疑就可知道一個大概。

一友問功夫不切，先生曰：「學問功夫，我已曾一句道盡。如何今日轉說轉遠，都不著根？」對曰：「致良知蓋聞教矣，然亦須講明。」先生曰：「既知致良知，又何可講明？良知本是明白，實落用功便是。不肯用功，只在語言上，轉說轉糊塗。」曰：「正求講明致之之功。」先生曰：「此亦須你自家求，我亦無別法可道。昔有禪師，人來問法，只把麈尾❶提起。一日，其徒將麈尾藏過，試他如何設法。禪師尋麈尾不見，又只空手提起。我這個良知，就是設法的麈尾。舍了這個，有何可提得！」少間，又一友請問功夫切要，先生旁顧曰：「我麈尾安在？」

一時在坐者皆躍然。

【章　旨】陽明以禪師說法喻說「致良知」功夫。

【注　釋】❶麈尾　用麈尾做的拂塵。麈，一種似鹿的動物。

【語　譯】一學友問功夫不切實該怎麼辦，陽明先生說：「學問功夫，我已曾一句話講盡。如今怎麼越說越遠，落不到根本上去？」那學友回答：「致良知這話我是聽到了，但具體該怎樣做，還需要講明白。」陽明先生說：「你既然已經知道是『致良知』，又還有什麼可講明白的？良知本來就明白，只要踏實用功就是。你不肯用功，只停留在言語上，就會越說越糊塗。」那學友說：「我正是希望您講明怎樣致良知的功夫。」陽明先生說：「你必須自己去探求，我也沒別的法子可講。先前有個禪師，有人來向他請教佛法，他只將麈尾提起。一天，他的徒弟將麈尾藏起來，試看他拿什麼來設法。禪師找麈尾不著，就又空手做出提麈尾的樣子。我這個良知，就好比那禪師設法的麈尾。放棄了這個，又有什麼能提！」不一會兒，又有一學友請教功夫怎樣才能切實，陽明先生向一旁掃視了一眼，問：「我的麈尾在哪？」一時間在座的人都躍躍欲試起來。

【研　析】「致良知」只是一種內在的道德體驗活動，要靠體驗者身體力行，而難以用語言來表述出具體的踐履步驟。從宋代以來，道德家們就開始摹仿佛、道的靜坐，來加強心性的修煉，陽明則更是借鑑了禪宗的「不立語言文字，直指人心」、「明心見性」的修養方法。所以當弟子要他具體地解說修養方法、步驟的時候，他也只好以禪師的提麈尾為喻，來說明「致良知」方法、步驟的無法解說。但是，這樣一來，他的「致良知」功夫就多少打上了宗教修行的烙印。

或問「至誠前知❶」。先生曰：「誠是實理，只是一個良知。實理之妙用流行就是神，其萌動處就是幾❷。誠、神、幾曰聖人。聖人不貴前知。禍福之來，雖聖人有所不免。聖人只是知幾，遇變而通耳。良知無前後，只知得見在的幾，便是一了百了。若有個前知的心，就是私心，就有趨避利害的意。邵子❸必於前知，終是利害心未盡處。」

先生曰：「無知無不知，本體原是如此。譬如日未嘗有心照物，而自無物不照。無照無不照，原是日的本體。良知本無知，今卻要有知；本無不知，今卻疑有不知，只是信不及耳。」

先生曰：「『惟天下至聖，為能聰明睿知❹』，舊看何等玄妙，今看來原是人人自有的。耳原是聰，目原是明，心思原是睿知。聖人只是一能之爾。能處正是良知。眾人不能，只是箇不致知。何等明白簡易！」

【章　旨】陽明回答關於「前知」的問題。

【注　釋】❶至誠前知　《中庸》：「至誠之道，可以前知。」前知，預先知道。❷幾　幾微。指事物的細微變化。❸邵子　指邵雍。邵雍（西元一〇一一～一〇七七年），字堯夫，諡康節，祖籍河北范陽，後徙共城（今河南輝縣）。平生未出仕，晚年居於洛陽，與當時名公司馬光、呂公著等過從甚密。精於象數之學，著有《皇極經世書》。為北宋重要理學家。❹惟天下至聖二句　語出《中庸》。至聖，最聖明的人。睿知，睿智。指有遠見。

【語　譯】有人問「至誠前知」。陽明先生說：「誠是實實在在的道理，只是一個良知。實理的妙用流行就是神，它萌動的時刻就是幾，能達到誠、神、幾境界的就是聖人。聖人不崇尚預知。禍福的到來，就是聖人也在所難免。聖人只是洞識幾微，遇到變故就加以變通罷了。良知沒有前後，只要能洞識目前的幾微，就是一了百了。如果有個預知的心，就是私心，就有趨利避害的意思。邵雍很執著於預知禍福，終究是趨利避害之心未能去盡。」

陽明先生說：「無知無不知，本體原本如此。譬如太陽未曾有心照耀萬物，卻自然無物不照。無照無不照，原是太陽的本體。良知本來無知，如今卻要說它有知；良知本來無所不知，如今卻懷疑它有所不知，這只是對它尚相信不夠罷了。」

陽明先生說：「《中庸》說『惟天下至聖，為能聰明睿知』，先前看這話，覺得多麼玄妙，如今看來，這聰明睿智原是人人都自然就具有的。耳本是聰的，目本是明的，心思本是睿智的。聖人只是有一種才能罷了。這種才能就是致良知。眾人沒有這種才能，只是因為不致良知。這道理多麼明白簡易！」

【研　析】《中庸》說：「至誠之道，可以前知。國家將興，必有禎祥；國家將亡，必有妖孽。見乎著龜，動乎四體，禍福將至。善，必先知之；不善，必先知之，故至誠如神。」只要「至誠」就能預知吉凶禍福，顯然把「誠」這種道德神秘化了。陽明雖深受《中庸》影響，但對這種神秘主義的東西卻作了批判和改造。他認為「誠」乃是「實理」，「神」不過是這種「實理」的「妙用流行」而已。從理性主義的態度出發，他批判邵雍利用象數預推未來禍福的做法，並宣稱「良知」是「無知無不知」、聖人的「聰明睿知」也沒有什麼玄妙之處，而是「人人自有」的。陽明的這種理性態度，是對傳統儒學理性主義的繼承和發展，也與他重視現實功利的態度是分不開的。

問：「孔子所謂『遠慮❶』，周公夜以繼日❷，與將迎❸不同，何如？」

先生曰：「遠慮不是茫茫蕩蕩去思慮，只是要存這天理。天理在人心，亘古亘今，無有終始。天理即是良知，千思萬慮，只是要致良知。良知愈思愈精明。若不精思，漫然隨事應去，良知便粗了。若只著在事上，茫茫蕩蕩去思，教做遠慮，便不免有毀譽得喪人欲攙入其中，就是將迎了。周公終夜以思，只是『戒慎不睹，恐懼不聞』的功夫。見得時，其氣象與將迎自別。」

【章旨】陽明辨析「遠慮」、「夜以繼日」與「將迎」的不同。

【注釋】❶遠慮 《論語・衛靈公》：「子曰：『人無遠慮，必有近憂。』」❷周公夜以繼日 《孟子・離婁下》：「周公思兼三王，以施四事。其有不合者，仰而思之，夜以繼日；幸而得之，坐以待旦。」❸將迎 本意為迎生送死，此處意為執著、固執。將，送。迎，接。

【語譯】黃省曾問：「孔子所說的『遠慮』，周公的夜以繼日，與將迎不同，這是為什麼？」

陽明先生說：「遠慮不是漫無邊際地胡思亂想，只是要存天理。天理之在人心，亙古亙今，沒有終始。天理就是良知，千思萬慮，只是要致良知。良知越想越精明。如果不精思，漫然隨事應付，良知就粗了。如果只拘泥於事務上，漫無邊際地想，把這叫作遠慮，就難免有毀譽得失人欲等攙雜其中，這就是將迎了。周公終夜以思，做的只是『戒慎不睹，恐懼不聞』的功夫。你如理解時，就可知這氣象與將迎自有不同。」

【研析】陽明強調良知也必須要通過思，才能越來越精明。這思的過程，實際上是一個存天理去人欲的過程，具有鮮明的倫理目的。「將迎」則是執著於個人的毀譽、得失和欲念，與「存天理」是不相同的。

問：「『一日克己復禮，天下歸仁❶』，朱子作效驗說❷，如何？」先生曰：「聖賢只是為己之學❸，重功夫不重效驗。仁者以萬物為體，不能一體，只是己私未忘。全得仁體，則天下皆歸於吾仁。就是『八荒皆在我闥❹』意。天下皆與❺，其仁亦在其中。如『在邦無怨，在家無怨❻』，亦只是自家不怨，如『不怨天，不尤人❼』之意。然家邦無怨，於我亦在其中，但所重不在此。」

【章旨】陽明批評朱熹的「效驗說」。

【注釋】❶一日克己復禮二句 《論語・顏淵》：「顏淵問仁，子曰：『克己復禮為仁。一日克己復禮，天下歸仁焉。為人由己，而由人乎哉？』」❷朱子作效驗說 朱熹《論語集注》：「又言一日克己復禮，則天下之人皆與其仁，極言其效之甚速而至大也。」❸為己之學 《論語・憲問》：「古之學者為己，今之學者為人。」《論語集注》：「程子曰：『為己，欲得之於己也；為人，欲見知於人也。』」❹八荒皆在我闥 呂大臨〈克己銘〉：「亦既克之，皇皇四達。洞然八荒，皆在我闥。」八荒，指四方極邊遠之地。

闥，門。❺與　讚許；贊同。❻在邦無怨二句　語出《論語・顏淵》。❼不怨天二句　語出《論語・憲問》。尤，指責；責怪。

【語　譯】黃省曾問：「『一日克己復禮，天下歸仁』，朱子從效驗上加以解釋，怎麼樣？」陽明先生說：「聖賢從事的只是為己之學，他們只看重修養的功夫而不看重效果。仁者與萬物為一體，如果不能做到與萬物為一體，那就是私意未忘。能得到仁的全體，則天下之人都會歸向於仁。這就是『八荒皆在我闥』的意思。天下都贊同歸向，仁也就在其中了。比如『在邦無怨，在家無怨』，也只是說自家不怨，也即『不怨天，不尤人』的意思。但是能做到在邦在家都無怨，我也就在其中了，只不過我們所注重的不在這裡罷了。」

【研　析】從文義來說，朱熹解釋「一日克己復禮，天下歸仁」為「極言其效之甚速而至大也」，是完全正確的。陽明批評朱熹主要的不是著眼於文義，而是根據個人的思想借題發揮。「重功夫不重效驗」並不是完全否定效驗，而是說只要功夫到了家，效驗自然就在其中，因而不必為了追求效驗，而不肯切實用功夫。

問：「孟子巧力聖智之說❶，朱子云『三子力有餘而巧不足❷』，何如？」先生曰：「三子固有力，亦有巧。巧力實非兩事。巧亦只在用力處，力而不巧，亦是徒力。三子譬如射，一能步箭，一能馬箭，一能遠箭。他射得到，俱謂之力；中處，俱可謂之巧。但步不能馬，馬不能遠。各有所長，便是才力分限有不同處。孔子則三者皆長。然孔子之和只到得柳下惠而極，清只到得伯夷而極，任只到得伊尹而極❸，何曾加得些子！若謂三子力有餘而巧不足，則其力反過孔子了。巧力只是發明聖知之義，若識得聖知本體是何物，便自然了。」

【章　旨】陽明論巧力聖智。

【注　釋】❶孟子巧力聖智之說　《孟子‧萬章下》：「始條理者，智之事也；終條理者，聖之事也。智，譬則巧也；聖，譬則力也。」意為：條理之始在於智，條理之終在於聖，智好比技巧，聖好比力氣。❷三子力有餘而巧不足　見朱熹《孟子集注》。三子，指伯夷、伊尹、柳下惠。❸然孔子之和三句　《孟子‧萬章下》：「孟子曰：『伯夷，聖之清者也；伊尹，聖之任者也；柳下惠，聖之和者也；孔子，聖之時者也。孔子之謂集大成。』」清，清高。任，有責任感。和，隨和。柳下惠，魯國的大夫，名展禽，家有大柳，樹惠德，因號柳下惠（一說他食邑在柳下，謚號為惠）。

【語　譯】黃省曾問：「孟子的巧力聖智之說，朱子解釋為『三子力有餘而巧不足』，怎麼樣？」

陽明先生說：「伯夷、伊尹、柳下惠三人本來就都有力，也有巧。氣力和技巧本不是兩回事。技巧也只在有氣力的地方體現，有力氣沒技巧，也是白費力氣。用射箭來比喻這三個人，一個能徒步射，一個能騎馬射，一個能遠程射。能射到靶子，都叫作有氣力；都能射中靶子，都可叫作有技巧。只是徒步射的不能騎馬射，騎馬射的不能遠程射。各有所長，就是才力程度不同所致。孔子則三種都擅長。但孔子在隨和方面到柳下惠的程度也就到了極點，清高方面到伯夷的程度也就到了極點，負責任方面到了伊尹的程度也就到了極點，他們何曾在孔子的程度上超出一點什麼！如果說這三人氣力有餘而技巧不足，那就意味著他們的氣力反而超過孔子了。巧力只是為了說明聖智的意義，如果懂得聖智的本來意義是什麼，那就自然不用打比方來說明了。」

【研　析】陽明對朱熹「三子力有餘而巧不足」加以批評，並不在於朱熹在文義的解說上有什麼紕漏繆誤，而是指責朱熹不應該說伯夷、伊尹、柳下惠在氣力（指聖）的方面超過了孔子，以維護孔子的「集大成」地位。

先生曰：「『先天而天弗違[1]』，天即良知也；『後天而奉天時』，良知即天也。」

「良知只是個是非之心，是非只是個好惡。只好惡就盡了是非，只是非就盡了萬事萬變。」又曰：「是非兩字，是個大規矩，巧處則存乎其人。」

「聖人之知如青天之日，賢人如浮雲天日，愚人如陰霾天日。雖有昏明不同，其能辨黑白則一。雖昏黑夜裡，亦影影見得黑白，就是日之餘光未盡處。困學功夫，亦只從這點明處精察去耳。」

【章　旨】陽明論「良知」。

【注　釋】❶先天而天弗違　與下句「後天而奉天時」，均出於《易傳‧乾卦‧文言》：「夫大人者，與天地合其德，與日月合其明，與四時合其序，與鬼神合其吉凶。先天而天弗違，後天而奉天時。」先天，先於天道而動。後天，後於天道而動。

【語　譯】陽明先生說：「《易傳》說『先天而天弗違』，天就是良知；『後天而奉天時』，良知就是天。」

陽明先生說：「良知只是個是非之心，是非之心只是個好惡之心。只好惡就窮盡了是非，只是非二字就窮盡了萬事萬變。」陽明先生又說：「是非兩字，是個大的原則，怎樣巧妙地處理是非，就要看具體的人了。」

陽明先生說：「聖人的良知就像晴空中的太陽，賢人的良知就像浮雲遮掩的太陽，愚人的良知就像陰雲遮蔽的太陽。雖有昏暗和光明的不同，但能夠分辨黑白卻是一致的。即使昏黑的夜晚，也能隱隱約約分辨出黑白，這就是太陽的餘光未完全被遮蔽之故。困而學之的功夫，就只從這點光明之處精察開去罷了。」

【研析】陽明以「是非之心」來概括「良知」，所注重的是人的判斷力；以「好惡」二字來決斷是非，所注重的是人的道德情感。

問：「知譬日，欲譬雲，雲雖能蔽日，亦是天之一氣合有的，欲亦莫非人心，合有否？」先生曰：「喜怒哀懼愛惡欲，謂之七情。七者俱是人心合有的，但要認得良知明白。比如日光，亦不可指著方所一隙通明皆是日光所在。雖雲霧四塞，太虛中色象可辨，亦是日光不滅處。不可以雲能蔽日，教天不要生雲。七情順其自然之流行，皆是良知之用，不可分別善惡。但不可有所著❶。七情有著，俱謂之欲，俱為良知之蔽。然纔有著時，良知亦自會覺。覺即蔽去復其體矣。此處能勘得破，方是簡易透徹功夫。」

【章　旨】陽明闡述七情、七欲與良知之關係。

【注　釋】❶著　執著。

【語　譯】黃省曾問：「良知好比太陽，欲望好比雲朵，雲朵雖能遮掩太陽，卻也是天之一氣自然就該有的，欲望莫非也是出於人心，也是應該有的嗎？」陽明先生說：「喜怒哀懼愛惡欲，稱為七情。七情都是人心應有的，只是要認清良知。比如日光，不能指著某某處所從縫裡透出的一線光亮就說那是太陽所在之處。即使雲霧四面充塞，天空中依稀可辨的，也是日光不滅之處。不能因為雲朵能遮蔽太陽，就叫天上不要產生雲朵。七情順其自然地發露，都是良知的功用，不能區分孰善孰惡。只是不能有所執著。七情有所執著，都叫作欲，都是遮蔽良知的東西。然而，七情才有所執著，良知也就自然會發覺。良知一覺悟就會去掉這些遮蔽。在這個問題上看得透徹，才是簡易透徹的功夫。」

【研　析】陽明對喜怒哀懼愛惡欲七情是肯定的。但又認為欲是由於七情「有所著」轉化而來的，因而對欲加以否定。這「有所著」的具體內涵是什麼，他沒作進一步解釋，實際可能連他本人也很難作出明確的界定。

問：「聖人生知安行❶是自然的，如何有甚功夫？」先生曰：「『知行』二字即是功夫，但有淺深難易之殊耳。良知原是精精明明的。如欲孝親，生知安行的只是依此良知實落盡孝而已；學知利行者只是時時省覺，務要依此良知盡孝而已；至於困知勉行者，蔽錮❷已深，雖要依此良知去孝，又為私欲所阻，是以不能，必須加『人一己百，人十己千』之功，方能依此良知以盡其孝。聖人雖是生知安行，然其心不敢自是，肯做困知勉行的功夫；困知勉行的卻要思量做生知安行的事，怎生成得！」

【章　旨】陽明說明聖人生知安行為什麼也要做功夫。

【注　釋】❶聖人生知安行　《中庸》：「或生而知之，或學而知之，或困而知之，及其知之一也；或安而行之，或利而行之，或勉強而行之，及其成功一也。」❷蔽錮　遮蔽；閉塞。

【語　譯】黃省曾問：「聖人生知安行是自然而然的，為什麼也要做功夫？」陽明先生說：「『知行』二字就是功夫，只是有淺深難易的不同罷了。良知本來是明明白白的。比如想孝敬父母，生知安行的人只是依著這良知踏踏實實盡孝而已；學知利行的人只是時時刻刻反省自己，要求自己務必要依著這良知盡孝而已；至於困知勉行的人，由於良知遮蔽已深，雖然也想依著這良知去盡孝，又因為私欲所阻隔，因而不能做到，必須用『人一己百，人百己千』的功夫，才能依著這良知去盡孝。聖人雖然是生知安行的，但他們心裡也不敢自以為是，情願做困知勉行的功夫；而困知勉行的人卻想做生知安行的事，這又怎麼做得成！」

【研　析】陽明對聖人為什麼也要做功夫的解釋是十分勉強、缺乏說服力的，這是因為他執著於聖人比普通人優越之故。

問：「樂是心之本體，不知遇大故❶於哀哭時，此樂還在否？」先生曰：「須是大哭一番了方樂，不哭便不樂矣。雖哭，此心安處，即是樂也。本體未嘗有動。」

【章　旨】陽明解釋為什麼「樂是心之本體」。

【注　釋】❶大故　大的變故。

【語　譯】黃省曾問：「先生曾說快樂是心的本體，不知人遇到重大變故哀哭時，這快樂還存不存在？」陽明先生說：「必須要大哭一場才快樂，不哭就不快樂了。雖然哭，這心裡安穩，就是快樂。本體並沒有發生變動。」

【研　析】陽明以樂為心之本體，以心安即是快樂，意在把達觀、樂觀的人生態度引入「致良知」的範圍。

問：「良知一而已，文王作〈彖〉❶，周公繫爻❷，孔子贊《易》❸，何以各自看理不同？」先生曰：「聖人何能拘得死格❹。大要出於良知同，便各為說何害。且如一園竹，只要同此枝節，便是大同；若拘定枝枝節節都要高下大小一樣，便非造化妙手矣。汝輩只要去培養良知，良知同更不妨有異處；汝輩若不肯用功，連筍也不曾抽得，何處去論枝節！」

【章　旨】陽明認為同是良知，也可以大同小異。

【注　釋】❶彖　《易傳》之一。論斷《周易》每一卦的基本思想。❷繫爻　指為《周易》各卦的每一爻配上爻辭。爻，指組成八卦的每一橫畫，分陽（—）、陰（--）兩種。❸贊易　指為《易經》作傳。贊，闡明。❹死格　指固定不變的條條框框。

【語　譯】黃省曾問：「良知只是一個而已。文王作〈彖傳〉，周公繫爻辭，孔子作『十翼』闡明《易》理，為什麼各人看到的道理不同？」陽明先生說：「聖人怎能拘於一格。只要良知這大綱領相同，就是各持一說又有什麼關係。譬如一園竹子，只要同有這枝節，就是大同；如果拘定要枝枝節節高下大小全都一樣，那就不是大自然的妙手了。你們只要去培養良知，只要良知相同就不妨有不同之處；你們如果不肯用功夫，只怕連筍兒也抽不出來，還說什麼枝節！」

【研析】陽明允許在「良知」的大前提下有不同見解，這是他學說中具有開放性、涵容性的地方。正因為如此，他死後，弟子們各自按自己的理解發揮，從而形成了眾多旨歸各異的學術流派。

鄉人有父子訟獄，請訴於先生。侍者欲阻之，先生聽之。言不終辭，其父子相抱慟哭而去。柴鳴治❶入問曰：「先生何言，致伊❷感悔之速？」先生曰：「我言舜是世間大不孝的子，瞽瞍❸是世間大慈的父。」鳴治愕然請問，先生曰：「舜常自以為大不孝，所以能孝；瞽瞍常自以為大慈，所以不能慈。瞽瞍只記得舜是我提孩❹長的，今何不曾豫悅❺我？不知自心已為後妻所移了，尚謂自家能慈，所以愈不能慈。舜只思父提孩我時如何愛我，今日不愛，只是我不能盡孝。日思所以不能盡孝處，所以愈能孝。及至瞽瞍底豫❻時，又不過復得此心原慈的本體。所以後世稱舜是個古今大孝的子，瞽瞍亦做成個慈父。」

【章　旨】記陽明使父子和好的事跡。

【注　釋】❶柴鳴治　柴鳳，字鳴治，陽明弟子。❷伊　他；他們。❸瞽瞍　舜的父親，相傳瞽瞍為後妻所惑，多方設計，要害死舜，但未能成功。❹提孩　哺育；拉扯。❺豫悅　高興。這裡是使動用法。❻底豫　愉悅。底，至。豫，悅。

【語　譯】同鄉人中有父子打官司的，來向陽明先生投訴。侍者想阻止他們，可陽明先生接受了他們的訴訟。他的話還沒說完，那父子倆就相抱慟哭離去。柴鳴治進去，問：「先生說了些什麼，竟使他們這麼快就感悟悔恨起來？」先生說：「我說舜是世間大不孝的兒子，瞽瞍是世間最慈愛的父親。」鳴治喫驚地請問，先生說：「舜常自認為大不孝，所以能做到孝；瞽瞍常自認為大慈，所以不能做到慈。瞽瞍只記得舜是自己拉扯長大的，如今為什麼不曾使我高興？卻不知道自己的心已被後妻改變了，還自以為自己慈，所以越發不能做到慈。舜只想父親拉扯我時如何愛我，如今父親不愛我，只是因為我不能盡孝。他每天都反省自己哪些地方未能盡孝，所以越發能做到孝。等到瞽瞍感到高興時，又只不過恢復了原本就慈的心的本體。所以後世人稱讚舜是個古今難得的大孝子，而瞽瞍也成了慈父。」

【研　析】陽明感化鄉人父子的方法，是他「致良知」方法的具體應用。在他的陳述中，雖有維護瞽瞍的一面，但也揭露了瞽瞍的自私心理，顯示了一種相對的父子觀。

先生曰：「孔子有鄙夫來問❶，未嘗先有知識以應之，其心只空空而已，但叩他自知的是非兩端，與之一剖決，鄙夫之心便已了然。鄙夫自知的是非，便是他本來天則。雖聖人聰明，如何可與增減得一毫。他只不能自信，夫子與之一剖決，便已竭盡無餘了。若夫子與鄙夫言時，留得些子知識在，便是不能竭他的良知，道體即有二了。」

【章　旨】陽明藉孔子答農夫的故事來說明「致良知」的方法。

【注　釋】❶孔子有鄙夫來問　事見《論語・子罕》：「子曰：『吾有知乎哉？無知也。有鄙夫問於我，空空如也。我叩其兩端而竭焉。』」空空如也，形容事先一點底都沒有。叩其兩端而竭，指抓住問題的兩個方面盤問對方，使他窮盡問題的答案，自己做出解答。叩，問。

【語　譯】陽明先生說：「有個農夫來問孔子，孔子預先並沒有解決問題的答案來回答他，心裡空空如也，只是問農夫自己已知道的是與非兩個方面，同他作一剖析決斷，農夫心裡就已清楚。農夫自己知道的是非，就是那問題的天然法則。即使聖人聰明，又怎能在那是非上增減一絲一毫。只是那農夫缺乏自信，等孔夫子同他一剖析決斷，問題的答案就竭盡無餘了。如果孔夫子同農夫說話時，心裡還對自己知道的有所保留，就是不能竭盡他的良知，那就是道體有二了。」

【研　析】陽明藉孔子答農夫的故事意在說明，良知本來人人自有，先天具足，聖人教人，只是順著他人已有之良知加以啟發，讓他們能竭盡自己的良知而已。

先生曰：「『烝烝乂，不格姦❶』，本註❷說象已進進於義，不至大為姦惡。舜徵庸❸後，象猶日以殺舜為事，何大姦惡如之！舜只是自進於乂，以乂薰烝❹，不去正他姦惡。凡文過揜慝，此是惡人常態。若要指摘他是非，反去激他惡性。舜初時致得象要殺己，亦是要象好的心太急，此就是舜之過處。經過來乃知功夫只在自己，不去責人，所以致得克諧。此是舜動心忍性，增益不能處。古人言語，俱是自家經歷過來，所以說得親切。遺之後世，曲當人情，若非自家經過，如何得他許多苦心處。」

【章旨】陽明藉舜感化象的故事說明欲正人先修己的道理。

【注釋】❶烝烝乂二句　語出《尚書・堯典》：「克諧以孝，烝烝乂，不格姦。」全句意：舜能以孝道使家裡和諧，使父親（瞽瞍）、繼母、兄弟（象）不斷以善自治，不至於再姦邪。烝烝，進進。指不斷進取。烝，進。乂，治。不格姦，不至於姦邪。格，至。❷本註　指蔡沈所作的《書集傳》。❸徵庸　即徵用。庸，通「用」。❹薰烝　加以熏陶，使之進於義。

【語　譯】陽明先生說：「《尚書》的『烝烝乂，不格姦』，本註說象已不斷進取於義，不至於再大做姦惡之事。舜被起用以後，象還每天以殺舜為事，為什麼姦惡到如此地步！舜只是自己不斷進於義，並用義來感化象，使他進步，不直接去糾正他的姦惡。大凡文過飾愚，都是姦惡之人的常態。如果正面指責他們的是非，反而會激化他們的惡性。舜起初也曾引起象要殺他，這也是希望象變好之心太急切的緣故，也是舜有過錯的地方。事過之後才知道功夫在於自己，不再去責備他人，所以最後能使兄弟關係和諧。這是舜能動心忍性，增益其所不能之處。古人說的話，都是自己經歷過的，所以說得很親切。他們的話傳到後世，仍能婉曲地符合人情，但倘若不是自己親身經歷，又怎能理解其中所包含的許多苦心。」

【研　析】陽明說舜「只是自進於乂，以乂薰烝」、「初時致得象要殺己，亦是要象好的心太急」等等，都是想像推測之辭，未必符合歷史事實，目的無非是為了說明欲正人先修己，以自己之良知喚醒他人之良知的道理。就方法而言，這是典型的「六經注我」的實例。

先生曰：「古樂不作久矣。今之戲子❶尚與古樂意思相近。」未達，請問。先生曰：「『韶』之九成❷，便是舜的一本戲子；『武』之九變❸，便是武王的一本戲子。聖人一生實事俱播在樂中，所以有德者聞之，便知他盡善盡美，與盡美未盡善處❹。若後世作樂，只是做此詞調，於民俗風化絕無關涉，何以化民善俗！今要民俗反朴還淳，取今之戲子，將妖淫詞調俱去了，只取忠臣孝子故事，使愚俗百姓人人易曉，無意中感激他良知起來，卻於風化有益，然後古樂漸次可復矣。」曰：「洪要求元聲❺不可得，恐於古樂亦難復。」先生曰：「你說元聲在何處求？」對曰：「古人制管候氣❻，恐是求元聲之法。」先生曰：「若要去葭灰黍粒中求元聲，卻如水底撈月，如何可得。元聲只在你心上求。」曰：「心如何求？」先生曰：「古人為治，先養得人心和平，然後作樂。比如在此歌詩，你的心氣和平，聽者自然悅懌興起。只此便是元聲之始。《書》云『詩言志❼』，志便是樂的本；『歌永言』，歌便是作樂的本；『聲依永，律和聲』，律只要和聲，和聲便是制律的本，何嘗求之於外？」曰：「古人制候氣法，是意何取？」先生曰：「古人具中和之體以作樂，我的中和原與天地之氣相應。候天地之氣，協鳳凰之音，不過去驗我的氣果和否。此是成律已後事，非必待此以成律也。今要候灰管，先須定至日❽，然至日子時，恐又不准，又何處取得准來！」

【章　旨】記陽明同錢德洪討論音樂問題。

【注　釋】❶戲子　本指戲劇演員，這裡指戲曲。❷韶之九成　是說一個樂到結尾時，中間有九次變化。韶，舜時的音樂。九成，鄭玄說：「成猶終也，每曲一終，必變更奏。故經言九成，傳言九奏，《周禮》謂之九變，其實一也。」（《尚書正義》）❸武之九變　武，周武王時的樂曲。九變，意同「九成」。❹便知他盡善盡美二句　《論語・八佾》：「子謂『韶』，盡美矣，又盡善也；謂『武』，盡美矣，未盡善也。」❺元聲　元初之音。指定音所用的基準音。❻制管候氣　古人用竹、玉或銅製作十二律管（陽為六律，即黃鍾、太蔟、姑洗、蕤賓、夷則、無射；陰為六呂，即大呂、夾鍾、中呂、林鍾、南呂、應鍾）作為定音的樂管，叫作「制管」。把長短不齊的律管頂端塞上葭莩灰或黍粒，置於密室，按一定的方法布置，然後注意觀察，到一定的節氣，相應律管中的葭孚灰或黍粒就會逸出，這時該律管所吹出的聲音即是元聲。反過來，也可由律管葭莩灰或黍粒的逸出來決定相應的節氣。這種方法，稱為「候氣」。❼詩言志　《尚書・舜典》：「詩言志，歌永言，聲依永，律和聲。」意為：詩是用來表達情志的，歌就是延長聲音歌詠言詞，五音（宮、商、角、徵、羽）依歌詠而定聲，十二律是與五音配合而使樂曲和諧的。❽至日　這裡指冬至日。

【語　譯】陽明先生說：「古樂已很久沒人演奏了。當今的戲曲尚與古樂意思相近。」錢德洪沒弄清這話的意思，請問，陽明先生說：「『韶』的九成，就是舜的一本戲，『武』的九變，就是周武王的一本戲。聖人一生的事跡都流傳在音樂之中，所以有德行的人聽了，就知道它盡善盡美，或盡美未盡善。至於後世作樂，只是做些詞曲，同民俗風化絕無關係，又怎能教化人民，改善風俗！如果要使民俗返樸還淳，取當今的戲曲，而將那些妖豔淫靡的詞曲統統去掉，只取那些忠臣孝子的故事，使愚俗的百姓人人易懂，無意中就將他們的良知激發起來，卻對風化有益，然後古樂也就可以逐漸恢復起來了。」錢德洪說：「我想求元聲都不可得，要恢復古樂就更難了。」陽明先生問：「你說元聲應在哪兒尋求？」錢德洪回答：「古人製管候氣，只怕就是求元聲的方法。」陽明先生說：「如果你想到葭灰黍粒中求元聲，那就好比水底撈月，那怎麼可能。元聲只能從你心上求。」錢德洪問：「到心上怎麼求？」陽明先生說：「古人從事政治，要先養得人心和平，然後才製作音樂。比如在這裡歌詠詩章，你的心氣和平，聽者自然會愉悅感奮。只這就是元聲之始。《尚書》『詩言志』，志就是樂的根本；『歌永言』，歌就是作樂的根本；『聲依永，律和聲』，律只要使聲調和諧，和諧的聲調就是制律的根本，又何曾到心外去求？」錢德洪問：「那麼古人創造的候氣法，是什麼用意？」陽明先生說：「古人具中和之體以作樂，我們的中和本來就與天地之氣相應。候天地之氣，協鳳凰之音，不過是驗證我的氣是否真的中和罷了。這是成律以後的事，並非一定要等到這樣了才能制成聲律。如果要候葭灰管，必須先確定冬至日，但到冬至子時，恐怕又不準確了，那又到什麼時候才定得準呢！」

【研　析】陽明對當時戲曲的評價，完全用的是傳統的道德教化的尺度，肯定其中宣揚忠臣孝子故事的作品，而稱其他的為「妖淫詞調」。不過他也看到了戲曲有通俗易懂的特點，也想利用這一特點來提高道德倫理的宣傳效果。他對音樂的評價標準是「中和」，也與傳統的儒家音樂觀相同。

先生曰：「學問也要點化❶，但不如自家解化❷者自一了百當❸。不然，亦點化許多不得。」

【章旨】陽明認為教學由先生「點化」不如弟子「解化」。

【注釋】❶點化　指由教師指點，使學生領悟。❷解化　指學生自己理解、消化。❸一了百當　一個問題正確解決了，其他問題都能正確解決。

【語譯】陽明先生說：「學問雖然也要經過先生點化，卻不如弟子自己解化那樣自然一了百當。不然，也點化不了那麼多。」

【研析】「點化」，主體是教師，「解化」，主體在學生。強調「解化」，也就是強調學生的主體性。這是陽明的教學心得，也是他「致良知」的修養論在教育觀上的體現。

「孔子氣魄極大，凡帝王事業❶，無不一一理會，也只從那心上來。

譬如大樹有多少枝葉，也只是根本上用得培養功夫，故自然能如此。非是從枝葉上用功，做得根本也。學者學孔子不在心上用功，汲汲然去學那氣魄，卻倒做了。」

【章旨】陽明談怎樣學孔子。

【注釋】❶帝王事業　指治國平天下之道。

【語譯】陽明先生說：「孔子的氣魄極大，所有的治國平天下之道，他無不一一加以研究，也只從那心上來。譬如不管大樹有多少枝葉，它也只從根本上用功夫，所以自然能達到如此境界。不是從枝葉上用功夫，就做得這根本功夫的。學者學孔子不從心上用功夫，卻汲汲然去學那氣魄，就是把功夫做顛倒了。」

【研析】陽明藉學孔子為例，意在說明應從心這一根本上下功夫，去逐漸培養「氣魄」，而不能相反。

「人有過，多於過上用功，就是補甑❶，其流必歸於文過。」

「今人於喫飯時，雖無一事在前，其心常役役❷不寧，只緣此心忙慣了，所以收攝不住。」

「琴瑟簡編❸，學者不可無；蓋有業以居之，心就不放。」

先生嘆曰：「世間知學的人，只有這些病痛打不破，就不是善與人同。」崇一曰：「這病痛只是個好高❹，不能忘己爾。」

【章旨】陽明談用功夫時的種種缺點。

【注釋】❶補甑　修補飯甑。這裡比喻只在枝節上應付，而不是從根本上解決問題。甑，古代炊具。❷役役　勞苦不息的樣子。❸琴瑟簡編　指彈琴鼓瑟、閱讀典籍等事。❹好高　即好高騖遠，不切實際。

【語譯】陽明先生說：「人們有了過錯，常常就只在過錯上用功夫，這就好比修補飯甑，發展下去一定會變成文過飾非。」

陽明先生又說：「如今的人喫飯時，即使眼前沒有一件事，心裡也勞碌不安，只因為這心裡忙慣了，所以收管不住。」

陽明先生又說：「琴瑟簡編之類的事情，學者不能沒有；但有事情擱在那裡，心就放不下。」

陽明先生嘆息著說：「世間知學的人，只有這些毛病克服不掉，那就是不善於同別人取得一致。」歐陽崇一說：「這毛病的根源就是好高騖遠，不能忘懷自我罷了。」

【研　析】陽明反對「補甀」，就是要求從根本上提高自我，防止過錯的再度產生，而不是就事論事地修補過失。對琴瑟簡編這些傳統文人所重視的高雅之事，陽明雖沒全部否定，卻又認為它們妨礙心性。他主張治學的人要善於「與人同」，主要是從「樂群」這個角度上說的。

問：「良知原是中和的，如何卻有過不及？」先生曰：「知得過不及處，就是中和。」

「『所惡於上❶』是良知，『毋以使下』即是致知。」

【章　旨】陽明談「良知」。

【注　釋】❶所惡於上　《大學》：「所惡於上，毋以使下。」意為：「不欲上之無禮於我，則必以此度下之心，而亦不敢以此無禮使之。」（《大學集注》）惡，厭惡。

【語　譯】黃省曾問：「先生曾說良知是中和的，為什麼卻有過與不及的情況出現？」陽明先生說：「知道什麼是過與不及，就是中和。」

陽明先生說：「《大學》說的『所惡於上』，就是講的良知，『毋以使下』，就是致良知。」

【研　析】「所惡於上」，是指不願上司施加給我的，即「己所不欲」，屬於自我對是非的判斷，所以說這是「良知」；「毋以使下」，是指不願把自己不能接受的強加給下級，即「勿施於人」，屬對待他人的態度，所以說這是「致良知」。

先生曰：「蘇秦、張儀❶之智，也是聖人之資。後世事業文章，許多豪傑名家，只是學得儀、秦故智。儀、秦學術善揣摸人情，無一些不中人肯綮，故其說不能窮。儀、秦亦是窺見得良知妙用處，但用之於不善爾。」

【章　旨】陽明對張儀、蘇秦的評價。

【注　釋】❶蘇秦張儀　戰國時代的縱橫家。

【語　譯】陽明先生曰：「蘇秦、張儀的心智，也是聖人的資質。後世的事業文章，許多豪傑名家，都只是學到蘇秦、張儀已有的智慧。張儀、蘇秦的學術善於揣摩人情，他們所說的沒有哪一點不切中肯綮，所以他們的學說不能被窮盡。張儀、蘇秦也是窺見了良知的妙用的，只是用得不好罷了。」

【研　析】黃宗羲《明儒學案》卷二五〈南中王門學案〉說黃省曾所記的陽明語錄，「往往失陽明之意」，即舉了此條為例，然後加以評析說：「夫良知為未發之中，本體澄然，而無人偽之雜，其妙用亦是感應之自然，皆天機也。儀、秦打入情識窠臼，一往不返，純以人偽為事，無論用之於不善，即用之於善，亦是襲取於外，生機槁滅，非良知也。安得謂其末異而本同哉？以情識為良知，其失陽明之旨甚矣。」黃宗羲認為張儀、蘇秦「純以人偽為事」，「襲取於外」，是「以情識為良知」，因而不符合陽明原意。這是以思想作為考辨根據，是很難確證的。因為陽明雖然也強調「良知」、「本體澄然，而無人偽之雜，其妙用亦是感應之自然」，卻並不反對事功。相反地，他曾多次反對流入枯寂，不問世事。他自己的為人處事，其實也多類張儀、蘇秦之處。例如他平定南贛、朱宸濠及征思、田時，都曾用智。所以這裡肯定張儀、蘇秦之智，「也是聖人之資」，未必就不符合陽明原意。

或問未發已發，先生曰：「只緣後儒將未發已發分說了，只得劈頭說個無未發已發，使人自思得之。若說有個已發未發，聽者依舊落在後儒見解。若真見得無未發已發，說個有未發已發，原不妨原有個未發已發在。」問曰：「未發未嘗不和，已發未嘗不中。譬如鐘聲，未扣❶不可謂無，既扣不可謂有。畢竟有個扣與不扣，何如？」先生曰：「未扣時原是驚天動地，既扣時也只是寂天寞地。」

【章　旨】陽明同弟子討論《中庸》中已發未發的問題。

【注　釋】❶扣　敲；擊。

【語　譯】有人問未發已發的問題，陽明先生說：「只因為後世儒者將未發和已發分開來說，所以我要一開始就說沒有什麼未發已發，讓人自己想清這個問題。如果我說有未發已發，聽者會仍舊落在後世儒者的見解上。如果真的懂得沒有什麼未發已發，再來說未發已發，本不妨說原本就有個未發已發的問題在。」那人又問：「未發未嘗不和，已發未嘗不中。比如鐘聲，不敲不能說沒有聲音，敲了不能說有聲音。但畢竟有敲和不敲的區別，這說法怎樣？」陽明先生說：「未敲時原是驚天動地，敲時也只是寂天寞地。」

【研　析】《中庸》「喜怒哀樂未發謂之中，發而皆中節謂之和」，朱熹解釋為：「喜怒哀樂，情也；其未發，性也。無所偏倚，故謂之中；發皆中節，情之正也，無所乖戾，故謂之和。」《中庸集注》這大概就是陽明所說的「後儒將未發已發分說了」。為了顯示同後儒的不同，陽明要「劈頭說個無未發已發」。意思是：不管未發也好，已發也好，都是同一心體的事，這就像鐘一樣，不管你敲它也好，未敲它也好，它始終是原來的鐘，絲毫也沒改變固有的性質。

問：「古人論性，各有異同，何者乃為定論？」先生曰：「性無定體，論亦無定體。有自本體上說者，有自發用上說者，有自源頭上說者，有自流弊處說者。總而言之，只是這個性，但所見有淺深爾。若執定一邊，便不是了。性之本體原是無善無惡的；發用上也原是可以為善，可以為不善的，其流弊也原是一定善、一定惡的。譬如眼，有喜時的眼，有怒時的眼；直視就是看的眼，微視就是覷的眼。總而言之，只是這個眼。若見得怒時眼，就說未嘗有喜的眼，見得看時眼，就說未嘗有覷的眼，皆是執定，就知是錯。孟子說性，直從源頭上說來，亦是說個大概如此；荀子性惡之說❶，是從流弊上說來，也未可盡說他不是，只是見得未精耳。眾人則失了心之本體。」問：「孟子從源頭上說性，要人用功在源頭上明徹；荀子從流弊說性，功夫只在末流上救正，便費力了。」先生曰：「然。」

【章　旨】陽明同弟子討論人性問題。

【注　釋】❶性惡之說　荀子批評孟子的人性本善之說，而認為人性本惡，性善是「化性起偽」的結果。

【語　譯】黃省曾問：「古人論性，各有不同，哪一說可以成為定論？」陽明先生說：「性無定體，論也無定體。有從本體上說的，有從發用上說的，有從源頭上說的，有從流弊處說的。總而言之，只是這一個性，只是各人所見有淺有深的不同罷了。如果執著於哪一個方面，就不對了。性的本體原是無善無惡的；發用上也原是可以成為善，可以成為惡的；它的流弊也是要麼一定善，要麼一定惡的。譬如眼，有喜悅時的眼，有憤怒時的眼；直視時就是看的眼，微視時就是覷的眼。總而言之，只是這一雙眼。如果看到憤怒時的眼，就說未曾有喜悅的眼，看到看時的眼，就說未曾有覷的眼，都只是執著於一個方面，就知道是錯的。孟子說性，是直接從源頭上說，也只是說個大概如此；荀子的性惡之說，是從流弊上說，也不能說他完全不對，只是他看得不精細罷了。大家都是有失於對性的本體的考察。」黃省曾問：「孟子從源頭上說性，要人在源頭上用功，做到光明透徹；荀子從流弊上說性，功夫只用在對流弊的挽救上，使之歸於正確，這樣就費力了。」陽明先生說：「對的。」

【研　析】陽明早年本是持孟子的性善論的，所以說「至善是心之本體」（《傳習錄》上）、「至善者心之本體，本體上才過當些子，便是惡了」（《傳習錄》下）。到晚年，他逐漸接受了告子的「性無善無不善」的觀念，發展出自己「性之本體，原是無善無惡的」的見解。從這個見解出發，他對孟子的性善論的評價便開始打折扣，說「孟子說性，直從源頭上說來，亦是說個大概如此」。荀子的性惡論，宋儒是曾加以否定的，陽明卻對他作了一定程度的肯定，認為「也未可盡說他不是」，可見這時陽明已形成了自己獨立的人性論。

先生曰：「用功到精處，愈著不得言語，說理愈難。若著意在精微上，全體功夫反蔽泥了。」

「楊慈湖❶不為無見，又著在『無聲無臭❷』上見了。」

「人一日間古今世界❸都經過一番，只是人不見耳。夜氣清明時，無視無聽，無思無作，淡然平懷，就是羲皇❹世界；平旦時神清氣朗，雍雍穆穆❺，就是堯舜世界；日中以前，禮儀交會，氣象秩然，就是三代世界；日中以後，神氣漸昏，往來雜擾，就是春秋戰國世界；漸漸昏夜，萬物寢息，景象寂寥，就是人消物盡世界。學者信得良知過，不為氣所亂，便常做個羲皇已❻上人。」

【章　旨】陽明論修養功夫。

【注　釋】❶楊慈湖　楊簡（西元一一四一～一二二六年），字敬仲，慈溪（今浙江寧波）人，因曾築室德潤湖上，更名慈湖，世稱慈湖先生。乾道五年（西元一一六九年）進士，官至軍器監、將作監等職。為陸九淵的高足之一。❷無聲無臭　語出《詩經・大雅・文王》。楊簡的觀點見《慈湖己易》《宋元學案》

卷七四〈慈湖學案〉)。❸世界　這裡是時代的意思。❹羲皇　指伏羲，伏羲被認為上古「三皇」之一，故稱「羲皇」。❺雍雍穆穆　莊肅和樂的樣子。❻已　通「以」。

【語　譯】陽明先生說：「用功越到精微處，越無法用語言表達，講道理也越難。但如果只是在精微處下功夫，功夫的整體卻反而被遮蔽、拘泥了。」

陽明先生說：「楊慈湖不是沒有好的見解，只是他又落在天道『無聲無臭』上看問題了。」

陽明先生又說：「一個人一天之間將古今各個時代都經歷了一遍，只是人們沒看到這一點罷了。人到晚上夜氣清明時，不看不聽，不想不做，心裡平淡，就是羲皇時代；天剛亮時神志清朗，莊肅和樂，就是堯舜時代；中午之前，各種禮儀活動紛至沓來，要做出一種有條不紊的模樣，就是夏、商、周三代；中午以後，神氣漸漸昏沉，應酬更加紛雜煩擾，就是春秋戰國時代；漸漸進入黃昏黑夜之後，萬物也逐漸進入休息狀態，景象寂靜冷清，就是人消物盡的時代。學者信得過良知，內心不為氣所擾亂的話，就可以經常做個羲皇以前的人。」

【研　析】羲皇時代，就是上古無為而治的時代。陶淵明曾說：「常言五六月中，北窗下臥，遇涼風暫至，自謂是羲皇上人。」(〈與子儼等疏〉)後世認為是最有詩意的境界。金人元好問詩云：「一語天然萬古新，豪華落盡見真淳。南窗白日羲皇上，未害淵明是晉人。」(〈論詩絕句〉)王陽明的「良知」之學，也以「反樸還淳」作為終極追求，所以以富於詩意的「羲皇上人」勉勵學者。

薛尚謙、鄒謙之、馬子莘❶、王汝止❷侍坐。因嘆先生自征寧藩❸已來，天下謗議益眾，請各言其故。有言先生功業勢位日隆，天下忌之者日眾；有言先生之學日明，故為宋儒爭是非者亦日博；有言先生自南都❹以後同志信從者日眾，而四方排阻者日益力。先生曰：「諸君之言，信皆有之。但吾一段自知處，諸君俱未道及耳。」諸友請問，先生曰：「我在南都已前，尚有些子鄉愿❺的意思在。我今信得這良知真是真非，信手行去，更不著些覆藏，我今纔做得個狂者的胸次，使天下之人都說我行不揜言❻也罷。」尚謙出，曰：「信得此過，方是聖人的真血脈。」

【章　旨】陽明與弟子討論為何「天下謗議益眾」。

【注　釋】❶薛尚謙鄒謙之馬子莘　即薛侃、鄒守益、馬明衡。❷王汝止　王艮（西元一四八三～一五四一年），字汝止，號心齋，泰州安豐場（今江蘇泰州）人。幼年家貧，靠自學成才。為陽明高足之一。❸寧藩　指寧王朱宸濠。❹南都　即南京。❺鄉愿　指討好他人的「好好先生」。《論語・陽貨》：「鄉愿，德之賊也。」❻行不揜言　行為遮掩不了言論。指言行不一致。

【語　譯】薛尚謙、鄒謙之、馬子莘、王汝止陪陽明先生坐。眾弟子都慨嘆自從先生征討寧藩以來，天下人對先生的毀謗越來越多，先生要大家都談談其中的緣故。有的說先生功業地位一天比一天高了，因而天下忌妒的人也就一天比一天多了；有的說先生的學術一天比一天顯明，所以為宋儒爭是非的人也一天比一天口舌多了；有的說先生從在南京以後弟子和信從者一天比一天多了，所以四方排擠阻撓的人也一天比一天賣力了。先生說：「各位所說的，確實都有。只是有一個只有我自己才了解的原因，諸位都還沒提到。」眾弟子請問，先生說：「我在南京以前，尚有一點『鄉愿』的味道。如今，我確信這良知的真是真非，按照它信手做下去，再也不加以掩飾。現在我才做得個狂者的胸襟，即使天下的人都說我言行不一也無所謂。」薛尚謙站出來說：「能堅信良知，才是聖人的真血脈。」

【研析】陽明談到的「鄉愿」和「狂者」，《年譜》有一段記載可供參考：「請問鄉愿狂者之辨。(陽明)曰：『鄉愿以忠信廉潔見取於君子，以同流合污無忤於小人，故非之無舉，刺之無刺。然究其心，乃知忠信廉潔所以媚君子也，同流合污所以媚小人也，其心已破壞矣，故不可與入堯舜之道。狂者志存古人，一切紛囂俗染，舉不足以累其心，真有鳳凰翔於千仞之意，一克念即聖人矣。惟不克念，故闊略事情，而行常不掩。惟其不掩，故心尚未壞而庶可與裁。』曰：『鄉愿何以斷其媚世？』曰：『自其譏狂狷而知之。狂狷不與俗諧，皆謂生斯世也，為斯世也，善斯可矣，此鄉愿志也。故其所為皆色取不疑，所以謂之「似」。三代以下，士之取盛名於時者，不過得鄉愿之似而已。然究其忠信廉潔，或未免致疑於妻子也。雖欲純乎鄉愿，亦未易得，而況聖人之道乎？』曰：『狂狷為孔子所思，然至於傳道，終不及琴張輩而傳曾子，豈曾子亦狷者之流乎？』先生曰：『不然，琴張輩狂者之稟也，雖有所得，終止於狂。曾子中行之稟也。故能悟入聖人之道。』」陽明說自己在南都以前「尚有些子鄉愿的意思」，可能主要是指他當時在朱熹與陸九淵之間為調停之說。正德七年以後，他地位漸高，弟子漸眾，影響漸大，才日益脫離在朱陸之間調停的軌道而走向獨立，自成一家，成了他所標榜的「狂者」。

先生鍛鍊❶人處，一言之下，感人最深。一日，王汝止出遊歸，先生問曰：「遊何見？」對曰：「見滿街人都是聖人。」先生曰：「你看滿街人是聖人，滿街人到看你是聖人在！」又一日，董蘿石❷出遊而歸，見先生曰：「今日見一異事。」先生曰：「何異？」對曰：「見滿街人都是聖人。」先生曰：「此亦常事耳，何足為異！」蓋汝止圭角未融❸，蘿石恍見有悟，故問同答異，皆反其言而進之。

洪與黃正之、張叔謙❹、汝中丙戌❺會試歸，為先生道途中講學有信有不信，先生曰：「你們拏一個聖人去與人講學，人見聖人來，都怕走了，如何講得行？須做得個愚夫愚婦，方可與人講學。」洪又言：「今日要見人品高下最易。」先生曰：「何以見之？」對曰：「先生譬如泰山在前，有不知仰者，須是無目人。」先生曰：「泰山不如平地大，平地有何可見？」先生一言翦裁剖破❻終年為外好高之病，在座者莫不悚懼。

【章　旨】錢德洪回憶陽明先生教育、點化弟子的事跡。

【注　釋】❶鍛鍊　這裡是啟迪、點撥的意思。❷董蘿石　董澐（西元一四五六～一五三三年），字復宗，號蘿石，晚號從吾道人，海鹽（今浙江海鹽）人。以能詩聞名江湖間。嘉靖三年（西元一五二四年），年六十八，遊會稽，聞陽明講學山中，師事之。❸圭角未融　喻鋒芒畢露。圭，古時君主大臣舉行朝儀時所用的一種上尖下方的玉器。❹張叔謙　張元沖，字叔謙，號浮峰，越之山陰（今浙江紹興）人。嘉靖十七年（西元一五三八年）進士，官至右副都御史。❺丙戌　嘉靖五年（西元一五二六年）。❻翦裁剖破　這裡是指出、點破的意思。

【語　譯】陽明先生點撥人的時候，往往只一句話，就給人留下極深的印象。一天，王汝止出遊歸來，先生問：「在外遊歷，看到了什麼？」王汝止回答：「看到滿街人都是聖人。」先生說：「你看到滿街人都是聖人，也就是說滿街人看到你是聖人吧！」又一天，董蘿石出遊歸來，見了先生說：「今天看到一件奇事。」先生問：「怎麼個奇法？」董蘿石回答：「我看到滿街人都是聖人。」先生說：「這不過是件平常事罷了，何足為奇！」大約是王汝止有點鋒芒畢露，董蘿石則恍然有所悟，所以先生對他們所問的同一問題回答不同，都是把他們的話反過來說，以促進他們。

錢德洪和黃正之、張叔謙、王汝中丙戌年參加會試歸來，同先生說起他們途中講學有人相信有人不信，先生說：「你們都拏出聖人的架勢去向人家講學，人家看到聖人來了，都嚇跑了，又怎麼講得成？必須先當得了愚夫愚婦，才能向人講學。」錢德洪又說：「如今要看誰人品的高下，最是容易。」先生問：「何以見得？」錢德洪回答：「先生就像泰山在人們面前，有不知瞻仰者，一定是瞎子。」先生說：「泰山還不如平地廣大，平地有什麼可看的？」先生一句話就點破了弟子們終年只管外求、好高騖遠的毛病，當時在座的沒有不驚懼的。

【研析】陽明雖同意「滿街人都是聖人」的觀點，但對王艮的鋒芒畢露，董澐的故作驚奇都深表不滿，認為他們骨子裡都隱含著一種自視甚高。他反對弟子們「拏一個聖人去與人講學」，要求他們「須做得個愚夫愚婦，方可與人講學」；反對錢德洪將他比作泰山讓人瞻仰，而甘願自居平地，不讓人覺察他的廣大，這些都體現他的學術精神越來越趨向平民化，學術風格則越來越趨向平易。

癸未❶春，鄒謙之來越問學。居數日，先生送別于浮峰。是夕，與希淵諸友移舟宿延壽寺，秉燭夜坐。先生慨悵不已，曰：「江濤煙柳，故人倏在百里外矣！」一友問曰：「先生何念謙之之深也？」先生曰：「曾子所謂『以能問於不能，以多問於寡，有若無，實若虛，犯而不較❷』，若謙之者，良近之矣。」

【章　旨】記陽明對鄒守益的評價。

【注　釋】❶癸未　嘉靖二年（西元一五二三年）。❷以能問於不能五句　語出《論語・泰伯》。這幾句話後面還有「昔者吾友嘗從事於斯矣」一句。吾友，歷代注家都認為指的是顏回。因而這段話是曾參對顏回的評價。較，《論語》原文作「校」，通「較」。

【語　譯】癸未年的春天，鄒謙之來浙江求學。住了幾天，陽明先生送別到浮峰。這天晚上，先生同蔡希淵等學友移船宿於延壽寺，點著蠟燭夜坐。先生感慨惆悵不已，說：「江波煙柳，老朋友轉眼間已到百里之外了！」一學友問：「先生為什麼對謙之思念如此之深？」先生說：「曾子所說的『有能力卻向沒能力的請教，知道得多卻向知道少的請教，有學問好像沒學問，充實好像空虛，被人侵犯也不計較』，像謙之這樣的人，已很是接近了。」

【研　析】《明儒學案》卷一六〈江右王門學案一〉說鄒守益「又見文成（陽明）於越，留月餘，既別而文成念之」，說他居越有「月餘」，與這裡所說的「居數日」不同，可能另有所據。

丁亥年❶九月，先生起復征思、田❷，將命行時，德洪與汝中論學，汝中舉先生教言曰：「無善無惡是心之體，有善有惡是意之動，知善知惡是良知，為善去惡是格物。」德洪曰：「此意如何？」汝中曰：「此恐未是究竟話頭❸。若說心體是無善無惡，意亦是無善無惡的意，知亦是無善無惡的知，物是無善無惡的物矣。若說意有善惡，畢竟心體還有善惡在。」德洪曰：「心體是天命之性，原是無善無惡的。但人有習心❹，意念上見有善惡在，格致誠正修此，正是復那性體功夫。若原無善惡，功夫亦不消說矣。」是夕侍坐天泉橋，各舉請正。先生曰：「我今將行，正要你們來講破此意。二君之見正好相資為用，不可各執一邊。我這裡接人原有此二種。利根之人直從本源上悟入。人心本體原是明瑩無滯的，原是個未發之中；利根之人一悟本體，即是功夫，人己內外一齊俱透了。其次不免有習心在，本體受蔽，故且教在意念上實落為善去惡功夫。熟後渣滓去得盡時，本體亦明盡了。汝中之見，是我這裡接利根人的；德洪之見，是我這裡為其次立法的。二君相取為用，則中人上下，皆可引入於道。若各執一邊，眼前便有失人，便於道體各有未盡。」既而曰：「已後與朋友講學，切不可失了我的宗旨。無善無惡是心之體，有善有惡是意之動，知善知惡的是良知，為善去惡是格物。只依我這話頭隨人指點，自沒病痛。此原是徹上徹下功夫。利根之人，世亦難遇。本體功夫，一悟盡透，此顏子、明道所不敢承當，豈可輕易望人！人有習心，不教他在良知上實用為善去惡功夫，只去懸空想個本體，一切事為俱不著實，不過養成一個虛寂。此個病痛，不是小小，不可不早說破。」是日德洪、汝中俱有省。

【章　旨】記王畿、錢德洪在天泉橋上向陽明請教「四句教」。

【注　釋】❶丁亥年　嘉靖六年（西元一五二七年）。❷先生起復征思田　嘉靖元年（西元一五二二年），陽明丁父喪回餘姚，此後一直在越講學，到嘉靖六年五月，朝廷才任命他兼都察院左都御史（此前他的職務是都察院右副都御史），征思、田。思，思恩府，治所在今廣西武鳴北。田，田州，治所在今廣西田陽。

❸究竟話頭　指探本窮源之論。❹習心　指受外界影響之心。習，習染。

【語　譯】丁亥年九月，陽明先生再度被起用征思、田，受命將行時，錢德洪和王汝中兩人討論學術，王汝中舉出先生先前教導過的話說：「無善無惡是心之體，有善有惡是意之動，知善知惡是良知，為善去惡是格物。」錢德洪問：「這些話是什麼意思？」王汝中說：「這怕不是探本窮源之論。如果說心體是無善無惡的，那麼意也是無善無惡的，知也是無善無惡的，物也是無善無惡的了。如果說意有善惡，那畢竟意味著心體還有善惡。」錢德洪說：「心體是天命之性，原本是無善無惡的。只是人有個受外界習染之心，意念上也就有個善惡存在，用格物致知誠意正心的方法來修養，正是做那恢復性體的功夫。如果意念本來就沒有善惡，那麼功夫也就不消說了。」這晚他倆陪陽明先生坐在天泉橋上，各自提出自己的看法請先生指正。先生說：「我如今就要走了，正要你們來把這意思講明講透。你兩人的看法正好相互為用，不能各執著於一個方面。我這裡用以教人的本來就有這兩種方法。天賦極高的人直接從本源上悟入。人心本體原本是明白透徹無所拘滯的，原本就是未發之中；天賦高的人一領悟了本體，也就是功夫了，也就是人己內外一起都看得明白透徹了。其次的人不難有個受習染的心在，本體受到遮蔽，所以姑且教他們在意念上踏實做為善去惡的功夫。等功夫純熟渣滓去盡之時，本體也就完全明白了。汝中的見解，在我這裡是用來應接天賦極高的人的；德洪的見解，在我這裡是為天賦稍次的人立法的。你倆相互為用，則中人以上或以下的人，都可引入於我道。如果各自執著於一個方面，眼前就會有個不看對象的錯誤，就是對道體都未能完全理解。」接著又說：「以後你們與學友講學，切不能弄錯了我的宗旨。無善無惡是心之體，有善有惡是意之動，知善知惡的是良知，為善去惡是格物。只能依照我這些話根據對象指點，這樣自然就沒有毛病。這原本是徹上徹下的功夫。天賦極高的人，在世上難以遇見。對本體和功夫，一領悟就完全透徹，這是顏回、程明道這樣的人都不敢承當的，豈能輕易指望一般人！人有習染之心，不教導他們在良知上踏實去做為善去惡的功夫，只是要他們憑空想那本體，一切事為都不落實，最後不過養成一個虛寂之心。這個毛病，不是小小的毛病，不能不早講明講透。」這天錢德洪、王汝中兩人都有所省悟。

【研析】王畿說「若說意有善惡，畢竟心體還有善惡在」，實際上是從邏輯上向陽明的「四句教」提出質疑。因為「意」是從「心」上發出來的，如果脫離「心」去談「意」，則「意」沒有著落；相反地，「心」如果不能產生「意」（包括「知」、「物」），則是一種純理念的存在。而且，即使是一種純理念的存在，只要它同「意」發生聯繫，兩者的性質就應該具有同一性，何況陽明還以「心」為「意」的本源。說「心」是無善無惡的，「意」卻是有善有惡的，在邏輯上顯然違反了同一律。

但是，陽明不知是沒有意識到這個問題，還是有意地避開這個問題，他竟然說王畿講的是本體與功夫的一齊俱透，是教「利根之人直從本源上悟入」的方法。後來他又說世上利根之人太少，還是應退而求其次，實際上是否定了此說。

錢德洪的解釋實際上是符合陽明的用意的。他把「心體」說成是「天命之性」，而把意念的產生歸結為「習心」，即後天受世俗、外界薰染之心。這樣就無異說：先天之性本無善無惡，而因後天受外界影響就變得有善有惡了。這樣從思路上就類似孟子的性善論了。所謂「有善有惡是意之動，知善知惡是良知，為善去惡是格物」，實際上講的是正心誠意的功夫。陽明講的「其次不免有習心在，本體受蔽，故且教在意念上實落為善去惡功夫」，是理解他這「四句教」的關鍵。

陽明的「四句教」表述的深曲，使王門後學產生了不少歧見。黃宗羲在《明儒學案》卷一〇〈姚江學案〉的總評中說：「〈天泉問答〉：『無善無惡者心之體，有善有惡者意之動，知善知惡是良知，為善去惡是格物。』今之解者曰：『心體無善無惡是性，由是而發之為有善有惡之意，由是而有分別其善惡之知，由是而有為善去惡之格物。』層層自內而之外，一切皆是粗機，則良知已落後著，非不慮之本然，故鄧定宇（即鄧以讚，號定宇，陽明弟子）以為權論也。其實無善無惡者，無善念無惡念耳，非謂性無善無惡也。下句意之有善有惡，亦是有善念有惡念耳，兩句只完得動靜二字。他日語薛侃曰：『無善無惡者理之靜，有善有惡者氣之動。』即此兩句也。所謂知善知惡者，非意動於善惡，從而分別之為知，知亦只是誠意中之好惡，好必於善，惡必於惡，孰是孰非而不容已者，虛靈不昧之性體也。為善去惡，只是率性而行，自然無善惡之夾雜。先生所謂『致吾心之良知於事事物物也』四句，本是無病，學者錯會文致。彼以無善無惡言性者，謂無善無惡斯為至善。善一也，而有有善之善，有無善之善，無乃斷滅性種乎？彼在發用處求良知者，認已發作未發，教人在致知上著力，是指月者不指天上之月，而指地上之光，愈求愈遠矣。」其實，王門後學說「心體無善無惡是性」云云，正是沿著王畿已經指出的邏輯矛盾導出的錯誤理解。黃宗羲用「無善念無惡念」來詮解「無善無惡」，並引陽明同薛侃講的「無善無惡者理之靜，有善有惡者氣之動」兩句為證，其實也是不符合陽明原意的。因為陽明講「無善無惡是心之體，有善有惡是意之動」，分明承認錢德洪以「天命之性」來解釋「心體」，以「習心」來詮釋「意」，講的是先天、後天的問題，而不是動靜的問題。

先生初歸越時，朋友蹤跡尚寥落。既後四方來遊者日進。癸未年❶已後，環先生而居者比屋。如天妃、光相諸剎❷，每當一室，常合食者數十人。夜無臥處，更相就席，歌聲徹昏旦。南鎮、禹穴、陽明洞諸山，遠近寺剎，徙足所到，無非同志游寓所在。先生每臨講座，前後左右環坐而聽者常不下數百人。送往迎來，月無虛日。至有在侍更歲不能遍記其姓名者。每臨別，先生常嘆曰：「君等雖別，不出在天地間。苟同此志，吾亦可以忘形似矣。」諸生每聽講出門，未嘗不跳躍稱快。嘗聞之同門先輩曰：「南都以前朋友從遊者雖眾，未有如在越之盛者。此雖講學日久，孚信❸漸博，要亦先生之學日進，感召之機申變無方❹，亦自有不同也。」

【章　旨】錢德洪記陽明講學時的盛況。

【注　釋】❶癸未年　嘉靖二年（西元一五二三年）。❷剎　佛教的寺廟。❸孚信　使人信任。❹申變無方　指引申變化非常靈活，不拘於哪一種方式。

【語　譯】陽明先生最初回到浙江時，弟子們來求學的尚很稀少。此後四方來遊學的人一天比一天多。到癸未年以後，環繞先生第宅住下的一家接一家。像天妃、光相等寺廟裡，每一間房子裡聚在一起喫飯的常達數十人。晚上沒地方睡，就輪流就寢，從黃昏到天亮歌聲不斷。南鎮、禹穴、陽明洞諸山，遠近寺剎，舉步所到之處，無不是學友們的寓所。先生每次到講座，前後左右環坐而聽的常不下於數百人。先生送往迎來，一月之中沒空一天。甚至有在先生左右兩年都不能一一記住姓名的情況。每次到告別時，先生就嘆息著說：「你等雖已離別，但仍不出天地之間。只要我們志同道合，我也就可以忘記你們的形貌了。」弟子們每次聽完講出門，沒有不跳躍稱快的。曾聽到在我之前的學友說：「在南京以前，先生弟子及信從者雖多，卻沒有像在浙江這麼興盛。這雖然同先生講學日久，信譽漸廣有關，然而主要還是因為先生的學術日進。他用來感化、吸引學生的方法也變化不定，不拘一格，跟先前有所不同。」

【研析】這條記載客觀地反映了兩點：一是陽明在越講學時的盛況，一是將陽明本人的水平同在南京以前作了比較，認為他從學術思想到教學方法，都較先前有很大的長進和改進。這是我們了解陽明講學情況的重要史料之一。

黃直錄

黃以方問：「『博學於文❶』，為隨事學存此天理；然則謂『行有餘力，則以學文❷』，其說似不相合。」先生曰：「《詩》、《書》六藝，皆是天理之發見文字，都包在其中。攷之《詩》、《書》六藝，皆所以學存此天理也，不特發見於事為者方為文耳。餘力學文，亦只『博學於文』中事。」

或問「學而不思❸」二句，曰：「此亦有為而言，其實思即學也。學有所疑便須思之，思而不學者，蓋有此等人，只懸空去思，要想出一個道理，卻不在身心上實用其力，以學存此天理，思與學作兩事做，故有『罔』與『殆』之病。其實思只是思其所學，原非兩事也。」

【章旨】記陽明答弟子有關《論語》詞句的問題。

【注釋】❶博學於文　語出《論語・雍也》，指廣泛地學習各種文獻。❷行有餘力二句　語出《論語・學而》。指躬行踐履之後，有剩餘的力量，再去學習文獻。❸學而不思　《論語・為政》：「學而不思則罔，思而不學則殆。」罔，誣罔；受騙。殆，疑惑。

【語譯】黃以方問：「孔子講『博學於文』，先生解釋為根據遇到的事情學習存此天理；但孔子又講『行有餘力，則以學文』，說的似乎跟您不相合。」陽明先生說：「《詩》、《書》等六藝，都是天理所流露出來的文字，都包括在天理之中。考察《詩》、《書》等六藝，都是為了用來存此天理，不只是從辦事中流露出來的才是文。有餘力學文，也只是『博學於文』以內的事。」有人問「學而不思則罔，思而不學則殆」兩句，陽明先生說：「這兩句也是有針對性地說的，其實思就是學。學而有所疑就應加以思；思而不學，是指有這麼一種人，他們只是憑空去思，要想出一個道理，卻不肯在身心修養方面著力用功，來學存此天理，把思與學當作兩件事來做，所以有『罔』和『殆』的毛病。其實思只是思考他所學的，本來不是兩回事。」

【研析】陽明對「博學於文」的回答，要旨在調諧「隨事學存此天理」與「行有餘力，則以學文」之間的矛盾。他認為行事和學習六經文獻都只是學習存天理，因而「行有餘力，則以學文」與「博學於文」並不矛盾。陽明對「思」與「學」的關係的闡釋，完全是本著他的「知行合一」的觀點，解釋也比較圓通、合理。

先生曰：「先儒❶解『格物』為格天下之物，天下之物如何格得？且謂一草一木亦皆有理，今如何去格？縱格得草木來，如何反來誠得自家意？我解『格』作『正』字義，『物』作『事』字義。《大學》之所謂身，即耳目口鼻四肢是也。欲修身便是要目非禮勿視，耳非禮勿聽，口非禮勿言，四肢非禮勿動。要修這個身，身上如何用得功夫！心者身之主宰。目雖視，而所以視者心也；耳雖聽，而所以聽者心也；口與四肢雖言動，而所以言動者心也。故欲修身，在於體當自家心體，常令廓然大公，無有些子不正處。主宰一正，則發竅於目自無非禮之視，發竅於耳自無非禮之聽，發竅於口與四肢自無非禮之言動。此便是修身在正其心。然至善者，心之本體也，心之本體那有不善。如今要正心，本體上何處用得工，必就心之發動處，纔可著力也。心之發動不能無不善，故須就此處著力，便是在誠意。如一念發在好善上，便實實落落去好善；一念發在惡惡上，便實實落落去惡惡。意之所發既無不誠，則其本體如何有不正的。故欲正其心，在誠意功夫，到誠意始有著落處。然誠意之本，又在於致知也。所謂『人雖不知而己所獨知❷』者，此正是吾心良知處。然知得善卻不依這個良知便做去，知得不善卻不依這個良知便不去做，則這個良知便遮蔽了，是不能致知也。吾心良知既不能擴充到底，則善雖知好，不能著實好了；惡雖知惡，不能著實惡了。如何得意誠！故致知者，意誠之本也。然亦不是懸空的致知。致知在實事上格。如意在於為善，便就這件事上去為；意在於去惡，便就這件事上去不為。去惡，固是格不正以歸於正；為善，則不善正了，亦是格不正以歸於正也。如此則吾心良知無私欲蔽了，得以致其極，而意之所發，好善去惡，無有不誠矣。誠意功夫，實下手處在格物也。若如此格物，人人便做得。『人皆可以為堯舜❸』，正在此也。」

【章旨】陽明闡述他釋「格物」之「格」為「正」的理由。

【注釋】❶先儒　指程、朱。❷人雖不知而己所獨知　語出朱熹《中庸集注》。❸人皆可以為堯舜　語出《孟子・告子下》。

【語　譯】陽明先生說：「先儒解『格物』為格天下之物，天下之物又怎麼能格？他們並且說一草一木都有理，那又怎麼去格？即使能格得草木，又怎能反回來使自己意誠？我解『格』為『正』，『物』為『事』。《大學》所說的身，也就是耳目口鼻四肢。想修身就要目非禮勿視，耳非禮勿聽，口非禮勿言，四肢非禮勿動。要修這個身，在身上又怎麼用功夫！心是身的主宰。目雖能視，而真正使它能視的是心；耳雖能聽，而真正使它能聽的是心；口與四肢雖能言動，而真正使它們能言動的是心。所以要想修身，就當體悟自己的心體，使它常廓然大公，沒有絲毫不純正。心這個主宰一正，則發露於目時就自然不會有非禮之視，發露於耳時就自然無非禮之聽，發露於口與四肢時就自然無非禮之言動。這是修身在正其心。然而至善就是心的本體，心這本體哪有不善的道理。現在我們要正心，在本體上哪裡用得功夫，必須在心萌動之時，才能著力。心的萌動不可能沒有不善，所以就要在這不善處用力，這就要在誠意上下功夫。如果一個意念發露在喜好美善上，就應踏踏實實去喜好美善；如果一個意念發露在憎惡邪惡上，就應踏踏實實去憎惡邪惡。意念的萌發既然沒有不誠，則本體哪會有不正的。所以要想正其心，就必須做誠意的功夫，到意誠時才有著落之處。但是誠意的根本，又在於致知。朱子所說的『人雖不知而己所獨知』，這是我心良知的所在之處。但是如果知道了什麼是善卻不依著這良知去為善，知道什麼是不善卻不依著這良知去掉不善，那這良知就是被遮蔽了，就是不能致知了。如果不將我心之良知充分擴充，則雖然知道喜好美善，卻不能真正喜好；知道厭惡邪惡，卻不能真正憎惡，這怎麼能做到意誠！所以致知是誠意的根本。但也不是憑空去致知，致知要在實事上去格（物）。如果意念在於為善，那就在眼下遇到的這件事上去為；意念在於去惡，那就在眼下遇到的這件事上不去為惡。去惡，固然是格不正使之歸於正；為善，則不善自然正了，也是格不正使之歸於正了。這樣就能使我心之良知沒有私欲遮蔽了，就能達到極善的境地，而意念的發出，也就能好善去惡，沒有不誠的了。誠意的功夫，實際著手之處就在於格物。如果像我講的這種格物，就人人都能做到。孟子說『人皆可以為堯舜』，正在於這樣做。」

【研析】程、朱釋「格物」的「格」為「至」，以「格」為「窮至事物之理，欲其極處無不到」(《大學集句》)，認為一草一木都有個理在，所以應一一弄清。這種「格物」，不僅包含窮至倫理的含義，也包含窮至自然之理的含義。

陽明多次提到，他訓「格」為「正」，是採用《孟子·離婁上》「唯大人為能格君心之非」的「格」字的含義。他又訓「物」為「事」，加起來就是「正事」，意為「使事正」，也就是他所說的「格不正以歸於正」。這樣，他就把「格物」完全納入到倫理道德範圍之內，使格、致、誠、正成了一個圍繞他的「心學」展開的統一體。

先生曰：「眾人只說格物要依晦翁，何曾把他的說去用！我著實曾用來。初年與錢友❶同論做聖賢要格天下之物，如今安得這等大的力量！因指亭前竹子，令去格看。錢子早夜去窮格竹子的道理，竭其心思至於三日，便致勞神成疾。當初說他這是精力不足，某因自去窮格。早夜不得其理，到七日亦以勞思致疾。遂相與嘆聖賢是做不得的，無他大力量去格物了。及在夷中❷三年，頗見得此意思，乃知天下之物本無可格者。其格物之功只在身心上做，決然以聖人為人人可到，便自有擔當了。這裡意思，卻要說與諸公知道。」

【章旨】陽明自敘當年同一錢姓朋友格竹子之事，以說明朱子「格物」說之非。

【注釋】❶錢友　指一姓錢的朋友。❷夷中　指在貴州龍場驛。

【語譯】陽明先生說：「大家都說格物要按朱晦翁的解釋，又何曾按照他的說法去做過。我卻確實曾按他所說的去做過。當年我和一個姓錢的朋友一起討論當聖賢要格天下之物，如今我們哪有這麼大的力量。我於是指著亭前的竹子，要錢先生去格一格看。錢先生早晚去窮格竹子的道理，竭盡心思想到第三天，就導致勞神過度成病。我當初說他這是因為精力不足，於是自己去窮格。早晚都想不清竹子的道理，到第七天也因勞神過度成病。於是兩人一起嘆息聖賢是做不得的，沒有他們那麼大的力量去格物了。後來在龍場驛三年，頗懂得了一些道理，才知道天下之物本來沒有可格的。那格物的功夫只能在身心上做，這樣就人人都定可達到聖賢的地步，這樣我就自然有責任可承擔了。這個意思，卻要說給你們諸位知道。」

【研析】陽明舉自己和錢姓朋友一起因窮格竹子之理費神過度成病的例子，意在說明朱熹「格物」之說的不對，其實反暴露了他自己對「格物」理解的褊狹。他理解的「理」純是倫理的「理」，而不是竹子之所以成其為竹子的道理。這樣到竹子身上去尋找倫理，又怎能不生病！此事令人感慨：「心學」家偏重倫理，而忽視對自然科學的探求，竟到了這個地步！

門人有言邵端峰論童子不能格物，只教以灑掃應對之說。先生曰：「灑掃應對，就是一件物。童子良知只到此，便教去灑掃應對，就是致他這一點良知了。又如童子知畏先生、長者，此亦是他良知處。故雖嬉戲中見了先生、長者便去作揖恭敬，是他能格物以致敬師長之良知了。童子自有童子的格物致知。」又曰：「我這裡言格物，自童子以至聖人，皆是此等功夫。但聖人格物便更熟得些子，不消費力。如此格物雖賣柴人亦是做得。雖公卿大夫以至天子，皆是如此做。」

或疑知行不合一，以「知之匪艱[1]」二句為問。先生曰：「良知自知原是容易的，只是不能致那良知，便是『知之匪艱，行之惟艱』。」

【章　旨】陽明論童子的格物致知。

【注　釋】❶知之匪艱　語出偽古文《尚書・說命中》：「非知之艱，行之惟艱。」匪，通「非」。

【語　譯】門人中有人說及邵端峰認為兒童不能格物，只教給灑水掃地應答賓客的觀點。陽明先生說：「灑掃應對，就是一件物。兒童的良知只到這一步，教他們去灑掃應對，也就是致他們這一點良知了。又如兒童懂得敬畏先生、長者，也是他們良知的表現。所以雖然在嬉戲之中，看到先生、長者就去作揖表示恭敬，這就是他們能格物以致他們尊敬師長的良知了。兒童自有兒童的格物致知。」陽明先生又說：「我講格物，從兒童到聖人，都是這樣的功夫。只是聖人的格物更純熟一點，不用費力。這樣格物就是賣柴人也做得到。即使從公卿大夫以至於天子，也都應這樣做。」

有人懷疑知行不合一，以《尚書》中「知之匪艱，行之惟艱」兩句向陽明先生質疑。陽明先生說：「良知要自己心裡知道是容易的，只是不能用行動去致那良知，這就是『知之匪艱，行之惟艱』的意思。」

【研　析】陽明希望從兒童、賣柴人到公卿士大夫乃至天子都能「致良知」，表現了他想把自己「致良知」推向全社會各個階層的宏偉願望。從這個願望出發，他又竭力使自己的學說簡易化、平易化，以便於人們理解、掌握和推廣、普及。

門人問曰：「知行如何得合一？且如《中庸》言『博學之』，又說個『篤行之』，分明知行是兩件。」先生曰：「博學只是事事學存此天理，篤行只是學之不已之意。」又問：「《易》『學以聚之❶』，又言『仁以行之』，此是如何？」先生曰：「也是如此。事事去學存此天理，則此心更無放失時。故曰『學以聚之』；然常常學存此天理，更無私欲間斷，此即是此心不息處，故曰『仁以行之』。」又問：「孔子言『知及之，仁不能守之❷』，知行卻是兩個了。」先生曰：「說『及之』，已是行了，但不能常常行，已為私欲間斷，便是『仁不能守』。」又問：「心即理之說，程子云『在物為理❸』，如何謂心即理？」先生曰：「『在物為理』，『在』字上當添一『心』字。此心在物則為理。如此心在事父則為孝，在事君則為忠之類。」先生因謂之曰：「諸君要識得我立言宗旨。我如今說個心即理是如何？只為世人分心與理為二，故便有許多病痛。如五伯攘夷狄❹，尊周室都是一個私心，便不當理。人卻說他做得當理。只心有未純，往往悅慕其所為。要來外面做得好看，卻與心全不相干。分心與理為二，其流至於伯道❺之偽而不自知。故我說個心即理，要使知心理是一個，便來心上做功夫，不去『襲義❻』。於義便是王道之真，此我立言宗旨。」

又問：「聖賢言語許多，如何卻要打做一個？」曰：「我不是要打做一個。如曰『夫道一而已矣❼』，又曰『其為物不二，則其生物不測❽』，天地聖人皆是一個，如何二得！」

「心不是一塊血肉，凡知覺處便是心。如耳目之知視聽，手足之知痛癢，此知覺便是心也。」

【章　旨】陽明回答有關「知行合一」的問題。

【注　釋】❶學以聚之　《易傳・乾卦・文言》：「君子學以聚之，問以辯之，寬以居之，仁以行之。」聚之，指積累知識。❷知及之二句　語出《論語・衛靈公》：「子曰：『知及之，仁不能守之，雖得之，必失之。』」❸程子云在物為理　程子指程頤，語出《河南程氏粹言》卷一。❹五伯攘夷狄　五伯即五霸，指春秋時齊桓公、宋襄公、晉文公、秦穆公、楚莊王。一說指齊桓公、晉文公、楚莊王、吳王闔閭、越王句踐。攘夷狄，排斥、打擊當時周王室四周的少數民族。❺伯道　即霸道。伯，通「霸」。❻襲義　語出

《孟子・公孫丑上》。即通過偶然的符合道義的行為使自己取得義，與經常性地積累道義（即「集義」）相反。❼夫道一而已矣　語出《陸九淵集・語錄下》。❽其為物不二二句　語出《中庸》：「天地之道，可一言而盡也。其為物不貳，則其生物不測。」不貳，指天地之道只有一個。

【語　譯】有弟子問：「知行怎麼能夠合一？且如《中庸》，它既說了個『博學之』，又說了個『篤行之』，分明是把知行看作兩件不同的事。」陽明先生說：「博學只是要事事都學習存這天理，篤行也只是學個不停的意思。」那弟子又問：「《易傳》說了『學以聚之』，又說『仁以行之』，這又怎麼理解？」陽明先生說：「也是像上面那樣理解。事事都去學存這天理，那麼這心就無放失之時，所以說『學以聚之』；只要經常學存這天理，沒有私欲來間斷，這就能使這心生生不息，所以說『仁以行之』。」那弟子又問：「孔子說：『知及之，仁不能守之』，卻是把知行分作兩個了。」陽明先生說：「說『及之』，那就是已經在行了，只是不能經常地行，已經被私欲間斷了，這就是『仁不能守』。」那弟子又問：「您持心即理之說，程子卻說『在物為理』，怎麼稱得上心即理？」陽明先生說：「『在物為理』這句話，應在『在』字上添上一個『心』字。這心在物則為理。比如這心在侍奉父母上就是孝，在服事君主上則是忠之類。」陽明先生乘機對弟子們說：「諸位要懂得我建立這學說的宗旨。如今我說心即理是什麼用意？只是因為世人把心和理分成兩個東西，所以就有了許多弊端。比如春秋五霸排斥夷狄，尊崇周室都是出於私心，就都不合天理。有人卻說他們做得合理。這只因為這些人心未純正，才常常企慕他們的所作所為。他們只求表面做得好看，卻與心全不相關。把心和理分成兩個東西，其流弊是發展到霸道的機詐自己仍不知道。所以我要說心即理，要使人們知道心與理只是同一個東西，使他們都來心上做功夫，不去『襲義』。這樣他們所取得的義就會是符合王道的義，這就是我建立學說的宗旨。」又有弟子問：「聖賢們說了許多話，為什麼您卻要合成一個？」陽明先生說：「我不是有意要合成一個。比如陸九淵說『夫道一而已矣』，《中庸》說『其為物不二，則其生物不測』，天地聖人之道都只是一個，我們又怎能把它分成兩個東西！」

陽明先生說：「心不是一塊血肉，凡是有知覺的地方都是心。比如耳目的知道視聽，手足的知道痛癢，這些知覺就是心。」

【研析】陽明所說的「霸道」，指的是虛偽、狡詐之道，所說的「王道」，即符合仁義之道。「霸道」與「王道」的對立，在孟子時即已開始。陽明藉「王道」一詞作為自己建立「知行合一」的宗旨，表明自己是對傳統儒學核心精神的繼承。

以方問曰：「先生之說格物，凡《中庸》之『慎獨❶』及『集義』、『博約』等說，皆為格物之事？」先生曰：「非也。格物即慎獨，即戒懼。至於『集義』『博約』，功夫只一般，不是以那數件都做格物底事。」

【章旨】陽明回答黃直有關「格物」的問題。

【注釋】❶慎獨　朱熹注：「言幽暗之中，細微之事，跡雖未形而幾則已動，人雖不知而己獨知之。」

【語譯】黃以方問：「先生所說的格物，凡《中庸》的『慎獨』及《孟子》所說的『集義』、『博學而詳說之，將以反說約也』等說法，是否都是格物之事？」陽明先生說：「不是。格物就是慎獨，也就是戒懼。至於『集義』、『博約』，只是一般的功夫，並不是把這數件事都當成格物的事。」

【研析】陽明的「致良知」，最看重的就是內心自我反省。「慎獨」正是自我反省的最高境界，所以他以「慎獨」作為「格物」功夫。

以方問「尊德性❶」一條，先生曰：「『道問學』即所以『尊德性』也。晦翁言❷：子靜以『尊德性』誨人，某教人豈不是『道問學』處多了些子！是分『尊德性』、『道問學』作兩件。且如今講習討論下許多功夫，無非只是存此心，不失其德性而已。豈有『尊德性』只空空去尊，更不去問學；問學只是空空去問學，更與德性無關涉？如此則不知今之所以講習討論者更學何事！」問「致廣大」二句，曰：「『盡精微』即所以『致廣大』也。『道中庸』即所以『極高明』也。蓋心之本體自是廣大底，人不能盡精微則便為私欲所蔽，有不勝其小者矣。故能細微曲折無所不盡，則私意不足以蔽之，自無許多障礙遮隔處，如何廣大不致！」又問：「精微還是念慮之精微，是事理之精微？」曰：「念慮之精微即事理之精微也。」

先生曰：「今之論性者紛紛異同，皆是說性，非見性也。見性者無異同之可言矣。」

【章旨】陽明回答黃以方有關《中庸》中的若干問題。

【注釋】❶尊德性 《中庸》：「故君子尊德性而道問學，致廣大而盡精微，極高明而道中庸。」❷晦翁言 晦翁指朱熹。下引朱熹之說見《陸九淵集》卷三四《語錄》上：「朱元晦（熹）曾作書與學者云：『陸子靜專以「尊德性」誨人，故遊其門者多踐履之士，然於「道問學」處欠了。某教人豈不是「道問學」處多了些子！故遊某之門者踐履多不及之。』」

【語譯】黃以方問《中庸》中「尊德性」一條，陽明先生說：「『道問學』就是用來『尊德性』的。朱晦翁曾說：陸子靜以『尊德性』教誨人，那麼我教人豈不在『道問學』方面多了一點！朱子是把『尊德性』和『道問學』分作兩件事了。況且如今人們在講習討論上下了許多功夫，還不是為了存這心，使它不失去德性而已。難道有『尊德性』只是空洞地去尊，再不去求學問；求學問只是憑空去求，再同德性無關的？這樣就不知今天講習討論的人在學些什麼了！」黃以方又問「致廣大」兩句，先生說：「『盡精微』就是用來『致廣大』的，『道中庸』就是用來『極高明』的。因為心的本體自然就是廣大的，人不能盡精微就會被私欲所遮蔽，就會連小的私欲都戰勝不了。所以能在細微曲折之處無所不窮盡，私欲就無法遮蔽良知，這樣自然就沒有許多障礙遮蔽之處，又怎麼不能達到廣大！」黃以方又問：「精微指的是思慮的精微，還是事理的精微？」先生說：「思慮的精微就是事理的精微。」

陽明先生說：「如今論性的說法五花八門，都只是講什麼是性，而不是去體驗性。如能體驗性，那就沒有什麼同異可說了。」

【研　析】「尊德性」和「道問學」，在理學那裡是看作既有聯繫又有區別的兩件事。朱熹曾解釋說：「尊德性、致廣大、極高明、溫故、敦厚，是一頭項；道問學、盡精微、道中庸、知新、崇禮，是一頭項。蓋能尊德性，便能道問學，所謂本得而末自順也。」（《朱子語類》卷六四）他以「尊德性」為「本」，而以「道問學」為「末」，可見他也是極重「尊德性」的。陽明仍嫌他把「尊德性」與「道問學」分成兩件事，要把它們統一為一件事：「『道問學』即所以『尊德性』也。」經他這樣一改，所有的學問都被納入了倫理的範圍。或者換句話說，所有的學問都被用倫理道德的標準來衡量，合者取，不合者棄了。如果說朱熹的哲學還部分地容載了自然科學、自然哲學內容，陽明哲學則純粹是一種倫理哲學了。

問：「聲色貨利，恐良知亦不能無。」先生曰：「固然。但初學用功，卻須掃除蕩滌，勿使留積，則適然來遇，始不為累，自然順而應之。良知只在聲色貨利上用功，能致得良知精精明明，毫髮無蔽，則聲色貨利之交，無非天則流行矣。」

先生曰：「吾與諸公講致知格物，日日是此，講一二十年，俱是如此。諸君聽吾言實去用功，見吾講一番自覺長進一番。否則只作一場話說，雖聽之亦何用！」

先生曰：「人之本體，常常是寂然不動❶的，常常是感而遂通的，未應不是先，已應不是後❷。」

【章旨】陽明論「致良知」的功夫。

【注釋】❶寂然不動　與下文的「感而遂通」均出自《易傳・繫辭上》：「易，無思也，無為也，寂然不動，感而遂通天下之故。」❷未應不是先二句　程頤語，語出《二程遺書》卷一五。

【語　譯】黃以方問：「聲色貨利這些東西，在良知裡恐怕也不能做到沒有。」陽明先生說：「當然。只是初學用功夫的人，卻必須掃除、滌蕩貪圖聲色貨利的念頭，不要使它存留積累，這樣一旦遇上這些東西，才不會構成拖累，能自然地順應它們。致良知就只能在克服聲色貨利上用功夫，能夠把良知存養得精精白白，沒有私毫遮蔽，則即使遇上聲色貨利，也覺得它們無非是自然法則的展開罷了。」

陽明先生說：「我同諸位講致知格物，天天都是講這些，講了一二十年，都是如此。諸位聽了我的話能踏實去用功夫，聽我講一回自然會覺得長進一回。否則就只是當作一場閒談，即使聽了又有何用！」

陽明先生說：「人的本體，常常是寂然不動的，也常常是感而遂通的。正如伊川所說的『未應不是先，已應不是後』。」

【研　析】關於「寂然不動」，「感而遂通」，程頤說：「『寂然不動，感而遂通者，天理具備，元無欠少，不為堯存，不為桀亡，父子君臣，常理不易，何曾動來！因不動，故言寂然；雖不動，感便通，感非自外也。」（《二程遺書》卷二上）關於「未應不是先，已應不是後」，原文為：「沖漠無朕，萬象森然已具。未應不是先，已應不是後。如百尺之木，自根本至枝葉，皆是一貫。不可道上面一段事無形無兆，卻待人旋安排引入來。」陽明關於「人的本體」的闡說，基本上採用了程頤的見解。

一友舉：「佛家以手指顯出問曰：『眾曾見否？』眾曰：『見之。』復以手入袖，問曰：『眾還見否？』眾曰：『不見。』佛說：『還未見性❶。』此義未明。」先生曰：「手指有見有不見，爾之見性常在人之心神，只在有覩有聞上馳騖，不在不覩不聞上著實用功。蓋不覩不聞是良知本體，戒慎恐懼是致良知的功夫。學者時時刻刻常覩其所不覩，常聞其所不聞，功夫方有個實落處。久久成熟後，則不須著力，不待防檢❷而真性自不息矣。豈以在外者之聞見為累哉！」

【章旨】陽明藉禪家「見性」之說闡述「致良知」之理。

【注釋】❶見性　體悟佛性。❷防檢　防止、約束。

【語譯】一學友說：「佛教的禪師伸出一個指頭對眾人說：『你們看到了嗎？』眾人答：『看到了。』禪師又將手指頭藏進衣袖，問：『你們還看到嗎？』眾人答：『沒看見。』禪師就說：『你們還未見性。』這事的意思我尚未弄明白。」陽明先生說：「眾人對手指或看到或沒看到，就像你認為性常在人的心神上一樣，只在能見能聞的事物上追逐，而不知在那不能見不能聞的東西上下功夫。這不能見不能聞的東西就是良知的本體，戒慎恐懼就是致良知的功夫。學者應經常看到那看不到的，經常聽到那聽不見的，功夫才有個落實之處。時間久了功夫成熟了，就用不著著力，不要防範真性自然就能生生不息了。又怎能被身外的聞見所牽累呢！」

【研　析】禪宗為了使信徒「頓悟」，往往借助於某一事物來加以提示，讓他們領悟佛教的真諦。陽明的弟子問起此事，實是將「心學」的「致良知」——體悟「心體」同禪宗的「直指人心」比附。陽明藉批評佛教信徒的執著於見聞，批評了弟子的囿於「有聞有見」，意在勸他加強對外界誘惑的防範，時時刻刻「戒慎恐懼」，以保存那符合「天理」的「真性」。

問先儒謂「鳶飛魚躍」與「必有事焉」同一活潑潑地❶，先生曰：「亦是天地間活潑潑地無非此理，便是吾良知的流行不息。致良知便是『必有事』的功夫。此理非惟不可離，實亦不得而離也。無往而非道，無往而非功夫。」

先生曰：「諸公在此務要立個必為聖人之心。時時刻刻須是一棒一條痕，一摑一掌血❷，方能聽吾說話句句得力。若茫茫蕩蕩度日，譬如一塊死肉，打也不知得痛癢，恐終不濟事，回家只尋得舊時伎倆❸而已，豈不惜哉！」

【章旨】陽明論「致良知」功夫。

【注釋】❶先儒謂鳶飛魚躍與必有事焉同一活潑潑地　《二程遺書》卷三：「『鳶飛戾天，魚躍於淵，言其上下察也』。此一段子思喫緊為人處，與『必有事焉而勿正心』之意同活潑潑地。會得時，活潑潑地；不會得時，祇是弄精神。」先儒指程顥。「鳶飛」二句出於《詩經・大雅・旱麓》，《中庸》引此二句是為了說明：「君子之道，造端乎夫婦，及其至也，察乎天地。」必有事焉，見《孟子・公孫丑上》。❷一棒一條痕二句　比喻深刻、入裡、切實。摑，用巴掌打。❸伎倆　指不正當的手段。

【語譯】黃以方問程顥說「鳶飛魚躍」與「必有事焉」同樣是活潑潑地這話是什麼意思，陽明先生說：「也只是因為天地間活潑潑地無非是此天理，也就是我們良知的流行不息。致良知就是『必有事焉』的功夫。這天理不僅不能離開，實際上我們也無法離開。無往而不是道，無往而不是功夫。」

陽明先生說：「諸位在心裡務必要確立個一定要成為聖人的心。時時刻刻要做到一棒一條痕，一摑一掌血，才會覺得我說的話句句都有分量。如果只是茫無目標地度日，就好比一塊死肉，打它也不知痛癢，恐怕終究沒有作用，回家以後又只是找回過去所用的伎倆而已，豈不令人痛惜！」

【研析】朱熹當年曾教導門人：「須是一棒一條痕，一摑一掌血！看人文字，要當如此，豈可忽略！」（《朱子語類》卷一〇）這是教人讀書要切切實實取得成效。陽明也套用「一棒一條痕，一摑一掌血」這話，要弟子們聽他的話，照他的話去做，並切實取得成效。可見，兩人都是極講究實際效果，不務空疏的。

問：「近來妄念也覺少，亦覺不曾著想定要如何用功，不知此是功夫否？」先生曰：「汝且去著實用功，便多這些著想也不妨，久久自會妥帖❶。若纔下得些功，便說效驗，何足為恃❷！」

一友自嘆：「私意萌時分明自心知得，只是不能使他即去。」先生曰：「你萌時這一知處，便是你的命根。當下即去消磨❸，便是立命功夫！」

【章旨】陽明回答有關致良知功夫的問題。

【注釋】❶妥帖　恰當；十分合適。❷恃　依靠；可靠。❸消磨　這裡是消除之意。

【語譯】黃以方問：「近來我覺得自己妄念減少了，卻感到自己也沒想過該怎麼著力用功夫，不知這是否就是功夫？」陽明先生說：「你姑且去踏實用功夫，就是多一點想著實用功的念頭也沒關係，時間一久自然就會恰到好處。如果剛下了一點功夫，就說起功效來，又哪裡靠得住！」

一學友自嘆：「當私意萌發時，自己心裡分明知道，可就是不知道該怎樣將它消除掉。」陽明先生說：「私意萌發你就能知道，這一點就是你的命根。只要你當時就將它消除掉，就是立命的功夫！」

【研　析】致良知功夫，陽明強調得最多最切的就是隨時去掉萌發出來的「私意」，而且要堅持經常不斷地做下去。這樣才能達到預期的效果。

「夫子說『性相近』❶，即孟子說性善，不可專在氣質上說。若說氣質，如剛與柔對，如何相近得！惟性善則同耳。人生初時，善原是同的，但剛的習於善，則為剛善；習於惡，則為剛惡。柔的習於善，則為柔善；習於惡，則為柔惡。便日相遠了。」

【章　旨】陽明解釋性善經後天習染所產生的變化。

【注　釋】❶夫子說性相近　夫子指孔子。《論語・陽貨》：「子曰：『性相近也，習相遠也』。」

【語譯】陽明先生說：「孔夫子說性相近，也就是孟子說性善，只是不能從氣質上說。如果說氣質，比如剛同柔是相對的，那又怎能說性相近！只有性善才能說相同罷了。人剛生下來時，善原是相同的，只是剛的受善的習染，就成了剛善；受惡的習染，就成了剛惡。柔的受善的習染，就成為柔善；受惡的習染，就成為柔惡。這樣就一天天差得遠了。」

【研析】張載曾把性分為「天地之性」與「氣質之性」兩種。以「天地之性」為至善，以「氣質之性」分人性之清濁剛柔。程、朱對這觀點作了系統的發揮，以「天命之性」與「氣質之性」來解釋人性的道德歸屬和差異。陽明繼承了張載和程、朱的觀點。他認為說性善「不可專在氣質上說」，也就意味著他承認有「天地之性」（或「天命之性」）與「氣質之性」兩種。說「性相近」即意味著「人生初時，善原是同的」，屬「天命之性」相近。就「氣質之性」而論，不僅有先天的剛柔不同，而且也有後天習染善惡的差異，這樣就使人性更加千差萬別。在承認「氣質之性」的基礎上又強調後天習染，這大概是陽明對程、朱的一點小小的發展。

先生嘗語學者曰：「心體上著不得一念留滯，就如眼著不得些子塵沙。些子能得幾多，滿眼便昏天黑地❶了。」又曰：「這一念不但是私念，便好的念頭，亦著不得些子。如眼中放些金玉屑，眼亦開不得了。」

【章旨】陽明談「心體」上不能有任何念頭。

【注釋】❶昏天黑地　這裡形容眼睛昏眩，視物不清。

【語譯】陽明先生曾對弟子們說：「心體上不能有絲毫東西沾染滯留，就好比眼睛裡沾不得一點塵沙。一點塵沙才多少，可滿眼就昏天黑地了。」先生又說：「這一念不只是私念，就是好的念頭，也沾染滯留不得一點。這就好比眼睛裡放些金屑子，也開不得眼一樣。」

【研析】「心體」上不能有私念，也不能有好的念頭，因為它本身是「無善無惡」、「寂然不動」的，任何念頭都會成為它的累贅。

問：「人心與物同體。如吾身原是血氣流通的，所以謂之同體；若於人，便異體了。禽獸草木益遠矣。而何謂之同體？」先生曰：「你只在感應之幾上看，豈但禽獸草木，雖天地也與我同體的，鬼神也與我同體的。」請問，先生曰：「你看這個天地中間，什麼是天地的心？」對曰：「嘗聞人是天地的心。」曰：「人又什麼教做心？」對曰：「只是一個靈明。」「可知充天塞地中間，只有這個靈明。人只為形體自間隔了。

我的靈明，便是天地鬼神的主宰。天沒有我的靈明，誰去仰他高？地沒有我的靈明，誰去俯他深？鬼神沒有我的靈明，誰去辯他吉凶災祥❶？天地鬼神萬物離卻我的靈明，便沒有天地鬼神萬物了；我的靈明離卻天地鬼神萬物，亦沒有我的靈明。如此便是一氣流通的，如何與他間隔得！」又問：「天地鬼神萬物，千古見在。何沒了我的靈明，便俱無了？」曰：「今看死的人，他這些精靈❷游散了，他的天地萬物尚在何處？」

【章旨】陽明論「人心與物同體」的問題。

【注釋】❶災祥　災難和祥瑞。❷精靈　指人的精神、靈魂。

【語譯】黃以方問：「您說人心與物同體。比如我的身體血氣本是流通的，所以叫作同體；如果相對於別人，那就是異體了。至於禽獸草木就相差更遠了。又怎能說得上同體？」陽明先生說：「你只要從感應之機上看，豈只禽獸草木，即使是天地也與我是同體的，連鬼神都與我是同體的。」以方請問，先生說：「你看這天地中間，什麼才是天地的心？」以方回答：「我曾聽說，人是天地的心。」先生問：「人又把什麼叫作心？」以方答：「只是一個靈明。」先生說：「這就可知充塞在天地中間的，只有這個靈明。人的靈明只是被自己的形體間隔了。

我的靈明，就是天地鬼神的主宰。天沒了我的靈明，誰去瞻仰它的高？地沒了我的靈明，誰去俯視它的深？鬼神沒了我的靈明，誰去辨別它們的吉凶禍福？天地鬼神萬物離開了我的靈明，就沒有天地鬼神萬物了；我的靈明離開了天地鬼神萬物，也就沒有了我的靈明。這樣就是一氣流通的，又怎能同它們間隔起來！」以方又問：「天地鬼神萬物，千古長在。為什麼沒了我的靈明，就一切都沒有了呢？」先生說：「你看那死去的人，他們的精神、靈魂游離、消散了，他們的天地萬物尚在哪裡？」

【研析】「人心與物同體」的思想是儒家傳統思想的一個重要組成部分。《易傳．乾卦．文言》說「大人者，與天地合其德，與日月合其明，與四時合其序，與鬼神合其吉凶」，《中庸》稱「博厚，所以載物也；高明所以覆物也；悠久所以成物也。博厚配地，高明配天，悠久無疆」，孟子稱「盡心知性知天」（《孟子．盡心上》），都是講的這個意思。宋儒更在這個問題上大做文章，如張載的乾坤父子、民胞物與（《正蒙．乾稱》）、程顥的「仁者渾然與物同體」（《識仁篇》）、「仁者與天地萬物為一體」（《二程遺書》卷二）等等，也都是談這個問題的。陽明的「人心與物同體」之說，只是在表述上與前人略有不同而已。「人心與物同體」的哲學基礎是「天人感應」，也即陽明所說的「感應之幾（機）」，而其實質則是張揚一種「天地之性人為貴」的人文主義、人本主義精神。陽明的「我的靈明，便是天地鬼神的主宰」、「天地鬼神萬物離卻我的靈明，便沒有天地鬼神萬物了；我的靈明離卻天地鬼神萬物，亦沒有我的靈明」的表述，不僅突出了「人是宇宙的精靈」、「人是宇宙的主宰」的人本主義觀點，而且也道出了人與宇宙相互依存的辯證關係，相對於傳統，理論上顯得更為成熟，表述上也顯得更為圓轉。

先生起行征思、田，德洪與汝中追送嚴灘❶。汝中舉佛家實相幻相之說，先生曰：「有心俱是實，無心俱是幻。無心俱是實，有心俱是幻。」汝中曰：「有心俱是實，無心俱是幻，是本體上說功夫；無心俱是實，有心俱是幻，是功夫上說本體。」先生然其言。洪於是時尚未了達。數年用功，始信本體功夫合一。但先生是時因問偶談：「若吾儒指點人處，不必借此立言耳。」

【章　旨】陽明論本體與功夫合一。

【注　釋】❶嚴灘　又名七里灘、子陵灘。相傳東漢初名隱士嚴光（字子陵）不受光武帝徵聘，在此釣魚。其地在今浙江桐廬境內。

【語　譯】陽明先生動身去征思恩、田州時，錢德洪和王汝中追送到嚴灘。汝中談到佛教的實相幻相之說，陽明先生說：「有心都是實，無心都是幻。無心都是實，有心都是幻。」汝中說：「有心都是實，無心都是幻，是從本體上說功夫；無心都是實，有心都是幻，是從功夫上說本體。」陽明先生認為他理解正確。錢德洪當時並未透徹領悟。經過數年踐履功夫，才相信本體、功夫是合一的。只是陽明先生當時藉我們問他偶然談到：「不過我們儒者指點他人時，不必藉這佛教的說法來立言罷了。」

【研析】佛教所謂「實相」，義同本無、法性、性空、緣會，指的是世界的本質或一切事物的「真實」相狀，是佛教徒對世界本質體驗的結果。託名僧肇所作的《宗本義》說：「本無、實相、法性、性空、緣會，一義耳。一切諸法，緣會而生。緣會而生，則未生無有，緣離則滅。如其真有，有則無滅。以此而推，故知雖今現有，有而性常自空。性常自空，故謂之性空；性空故，故曰法性；法性如是，故曰實相；實相自無，非推之使無，故名本無。」又《大乘玄論》云：「虛空非有非無，言語道斷，心行處滅，即是實相。」（卷四）「幻相」即指的是客觀世界的一切形相，世俗人認為是實在的，而佛教徒卻認為是虛幻不實的，所以稱為「幻相」。識破了一切形相都是虛幻的，即都是「幻相」，那麼所領悟到的客觀世界的「真相」就是所謂「實相」。「心學」家借用這兩個概念，是以「實相」說「本體」，以「幻相」說功夫。但陽明也意識到了這種說法的難以使人理解，教誡弟子不要「借此立言」。因為在儒者看來，只存在對「良知」這一本體的領悟問題，而不存在對客觀世界一切相皆是虛幻的認識問題。「致良知」是一種道德體驗而不是宗教體驗，它要求始終不離現實世界而不能流入虛幻之論，所以陽明要用「有心俱是實，無心俱是幻。無心俱是實，有心俱是幻」來「混同」或「合一」「實」與「幻」的區別。

嘗見先生送二三耆宿❶出門，退坐於中軒，若有憂色。德洪趨進請問，先生曰：「頃與諸老論及此學，真員鑿方枘❷。此道坦如道路，世儒往往自加荒塞，終身陷荊棘之場而不悔，吾不知其何說也！」德洪退謂朋友曰：「先生誨人不擇衰朽，仁人憫物之心也。」

【章　旨】錢德洪記陽明「誨人不擇衰朽」。

【注　釋】❶耆宿　指有一定社會地位和聲望的老人。❷員鑿方枘　圓的鑿孔，方的榫頭。比喻意見不同，齟齬難合。員，通「圓」。

【語　譯】弟子們曾看到陽明先生送幾位老儒者出門，轉身後坐在中軒，似乎一副憂心忡忡的樣子。錢德洪上前請問，先生說：「剛才我同諸位前輩論及這良知之學，真是圓鑿方枘，話不投機呀。我這主張平坦如大路，而當世儒者卻往往要讓這道路荒廢、堵塞，使自己終身陷入荊棘之場也不悔恨，我真不知道他們是怎麼想的！」錢德洪退出後對學友們說：「先生教人不管是否老朽，真是仁人憫物之心哪！」

【研　析】陽明的話，透露了當時一些「耆儒」對他的主張並不接受；錢德洪的話表面上是讚揚先生，實際上是在蔑視和辱罵「耆宿」。

先生曰：「人生大病，只是一傲字。為子而傲必不孝，為臣而傲必不忠，為父而傲必不慈，為友而傲必不信。故象與丹朱❶俱不肖，亦只一傲字便結果了此生。諸君常要體此人心本是天然之理，精精明明、無纖介染著，只是一無我而已。胸中切不可有，有即傲也。古先聖人許多好處，也只是無我而已。無我自能謙，謙者眾善之基，傲者眾惡之魁❷。」

【章　旨】陽明剖析「傲」的危害，主張「無我」。

【注　釋】❶象與丹朱　象，舜的異母兄弟。丹朱，堯的兒子。❷魁　為首的；首要的。

【語　譯】陽明先生說：「人生最大的毛病，就是一個傲字。做兒子的傲必定不孝，做臣下的傲必定不忠，做父親的傲必定不慈，做朋友的傲必定不信。象和丹朱之所以都不肖，也只不過是一個傲字便斷送了他們一生。諸位要經常體會這人心本是天然的道理，它精精明明，無絲毫沾染，只是一個無我而已。一個人胸中切不可有我，有我就是傲了。古代聖人有許多好處，也只是無我而已。無我自然就能謙虛。謙虛是眾善的基礎，驕傲是眾惡的首惡。」

【研　析】陽明所說的「謙者眾善之基，傲者眾惡之魁」，是極富哲理的箴言。他認為要做到謙，必須先做到「無我」，而人之所以傲，實是因為「有我」的緣故，這真可謂是探本窮源之論。

又曰：「此道至簡至易的，亦至精至微的。孔子曰『其如示諸掌乎❶！』且人於掌何日不見，及至問他掌中多了文理，卻便不知。即如我『良知』二字，一講便明，誰不知得。若欲的見良知，卻誰能見得！」問曰：「此知恐是無方體的，最難捉摸。」先生曰：「『良知』即是『易❷』，其『為道也屢遷，變動不居，周流六虛，上下無常，剛柔相易，不可為典要，惟變所適❸』。此知如何捉摸得？見得透時，便是聖人。」

【章旨】陽明以「易」比喻「良知」。

【注釋】❶其如示諸掌乎　《論語・八佾》：「或問禘之說。子曰：『不知也；知其說者之於天下也，其如示諸斯乎！』指其掌。」比喻十分容易。❷易　即《易經》的「易」，有變化的含義。❸為道也屢遷七句　語出《易傳・繫辭下》。意為：「易」作為一陰一陽之道，是不斷變化的。卦的六爻常在六個虛位上上下下推移更易，沒有固定，以體現剛柔的相互更替。這種變化沒有法則可循，應當怎樣變化就怎樣變化。

【語譯】陽明先生又說：「我這道是最為簡易，也最為精微的。正如孔子所說的『其如示諸掌乎！』況人們對自己的手掌哪天不見，可一旦問他們手掌中增加了多少紋路，他們就不知道了。就像我這『良知』二字一講就明白，誰不曉得。可是如要他們切切實實地懂得良知，卻又有誰能做得到！」錢德洪問：「這『良知』只怕是沒有方向、形體的，所以最難捉摸。」陽明先生說：「『良知』就是『易』，它『為道也屢遷，變動不居，周流六虛，上下無常，剛柔相易，不可為典要，惟變所適』。這『良知』怎能捉摸得住？如果懂得透徹時，就是聖人了。」

【研析】陽明一方面說「良知」、「至簡至易」，一方面又說它「至精至微」，如同《易經》八卦六爻變化的不可捉摸，實際上反映了他學說的一大矛盾和困惑：他力圖用「良知」來解釋一切，也力圖用「良知」來解決一切問題，這樣就使「良知」成了無所不包，無所不能的存在。從邏輯的角度說，概念外延的寬泛無定就必然會導致內涵的模稜恍惚，難以捉摸。

問：「孔子曰『回也非助我者也❶』，是聖人果以相助望門弟子否？」

先生曰：「亦是實話。此道本無窮盡，問難愈多，則精微愈顯。聖人之言，本自周遍。但有問難的人，胸中窒礙，聖人被他一難，發揮得愈加精神。若顏子聞一知十❷，胸中了然，如何得問難！故聖人亦寂然不動，無所發揮，故曰『非助』。」

【章　旨】陽明對「回也非助我者也」的解釋。

【注　釋】❶回也非助我者也　語出《論語・先進》：「子曰：『回也非助我者也，於吾言無所不說。』」❷聞一知十　《論語・公冶長》：「子謂子貢曰：『女與回也孰愈？』對曰：『賜也何敢望回？回也聞一以知十，賜也聞一以知二。』」賜，子貢，姓端木，名賜。

【語　譯】錢德洪問：「孔子曰『回也非助我者也』，這是聖人真的希望門人弟子對自己有所幫助嗎？」陽明先生說：「聖人說的也是實在話。這道本是無窮無盡的，問難越多，就越能顯露它的精微。聖人的學說，本來是很周密完全的。只是問難的人胸中被疑問窒塞阻礙，聖人被他們一質疑，就會發揮得更加充分。像顏回這種聞一知十，胸中洞曉的人，哪裡有疑難可問！所以聖人也就只是寂然不動，無可發揮之處，因此講顏回『非助』。」

【研　析】孔子說顏回「非助我者也，於吾言無所不說」，本是批評顏回對自己所說的百依百順，對自己沒有促進作用，陽明卻說顏回聞一知十，無疑可問，顯然是有意對他加以維護。

鄒謙之嘗語德洪曰：「舒國裳曾持一張紙，請先生寫『拱把之桐梓』一章❶。先生懸筆為書，到『至於身，而不知所以養之者』，顧而笑曰：『國裳讀書中過狀元來，豈誠不知身之所以當養，還須誦此以求警一時！』在侍諸友皆惕然。」

【章　旨】錢德洪追敘陽明先生的往事。

【注　釋】❶拱把之桐梓一章　指《孟子．告子上》：「拱把之桐梓，人苟欲生之，皆知所以養之者。至於身，而不知所以養之者，豈愛身不若桐梓哉？弗思甚也。」

【語　譯】鄒謙之曾告訴錢德洪說：「舒國裳曾拿著一張紙，請陽明先生寫《孟子》中『拱把之桐梓』一章。先生懸著筆為他書寫，寫到『至於身，而不知所以養之者』時，回頭笑著對眾人說：『國裳讀書中過狀元的，哪有不知應當對自身加強修養，卻還要誦習這個來求一時的警醒！』當時在座的諸學友都驚懼起來。」

【研　析】舒芬為正德十二年進士第一名，所以陽明說他中過狀元。他又認為周敦頤才得儒學正脈，對〈太極圖說〉加以抽繹闡發。「然視太極若為一物，岐陰陽而二之，所以有天之太極，人之太極，物之太極，蓋不勝其支離矣。於是將（孔）夫子之所謂『習相遠』者，俱誤認作性，以為韓子（愈）三品之論，言性庶為近之，是未窺濂溪之室者也。」（《明儒學案》卷五三〈諸儒學案下一〉）陽明藉為他書寫《孟子》「拱把之桐梓」一章，說他「讀書中過狀元來，豈誠不知身之所以當養」，有諷刺他沉溺於「支離」之學，不肯歸依「心學」的意思。

嘉靖戊子❶冬，德洪與王汝中奔師喪至廣信❷訃告同門，約三年收錄遺言。繼後同門各以所記見遺。洪擇其切於問正者，合所私錄，得若干條。居吳❸時，將與《文錄》並刻矣，適以憂❹去，未遂。當是時也，四方講學日眾，師門宗旨既明，若無事於贅刻者，故不復營念。去年，同門曾子才漢❺得洪手抄，復傍為采輯，名曰《遺言》，以刻行於荊。洪讀之，覺當時采錄未精，乃為刪其重復，削去蕪蔓，存其三之一，名曰《傳習續錄》，復刻於寧國❻之水西精舍。今年夏，洪來遊蘄❼，沈君思畏❽曰：「師門之教，久行於四方，而獨未及於蘄。蘄之士得讀《遺言》，若親炙❾夫子之教；指見良知，若重覩日月之光。惟恐《傳習》之不博，而未以重復之為繁也。請裒❿其所逸者增刻之，若何？」洪曰：「然師門致知格物之旨，開示來學，學者躬修默悟，不敢以知解承，而惟以實體得。故吾師終日言是而不憚其煩，學者終日聽是而不厭其數⓫，蓋指示專一，則體悟日精。幾迎於言前，神發於言外，感遇之誠也。今吾師之沒未及三紀⑫，而格言微旨漸覺淪晦，豈非吾黨身踐之不力，多言有以病之耶？學者之趨不一，師門之教不宣也。」乃復取逸稿，采其語之不背者，得一卷。其餘影響不真與《文錄》既載者，皆削之。并易中卷為問答語，以付黃梅尹張君增刻之。庶幾讀者不以知解承而惟以實體得，則無疑於是錄矣。嘉靖丙辰⑬夏四月門人錢德洪拜書於蘄之崇正書院。

【章　旨】錢德洪為《傳習錄》下卷（即《傳習續錄》）所作的附記。

【注　釋】❶嘉靖戊子　嘉靖七年（西元一五二八年）。❷廣信　今江西上饒。❸吳　今江蘇蘇州。❹憂　指嘉靖十一年（西元一五三二年）錢德洪出為蘇學教授，丁內艱（指母親去世）。❺曾子才漢　曾才漢，陽明弟子。❻寧國　今安徽宣城。❼蘄　蘄州，今湖北蘄春。❽沈君思畏　沈寵，字思畏，號古林，宣城（今屬安徽）人，官至廣西參議，先師事受軒（貢安國），繼而學於南野（歐陽德）、龍溪（王畿），為陽明再傳弟子。❾親炙　親身受到薰陶。❿裒　取出。⓫數　頻數；繁複。⓬紀　古代以十二年為一紀。⓭嘉靖丙辰　嘉靖三十五年（西元一五五六年）。

【語　譯】嘉靖七年冬，我和王汝中奔師喪到廣信訃告學友，約定三年內收錄先生遺言。其後學友們各自把自己所記的送給我。我選擇其中切合當時師生問答情況、而記錄又比較正確的，加上我所錄的，共得若干條。在吳時，正打算同《文錄》一併刻出，正好趕上我因為母喪離職，因此事情未能辦成。這時候，學友們在四方講學的與日俱增，先生的學術宗旨已經被闡明，似乎也不用再刊刻這些，所以我再也沒去經辦、考慮此事。去年，學友曾才漢得了我的手抄本，又另外採錄、搜集了一些，取名《遺言》，並且在荊州刻行。我讀過之後，覺得當時採錄尚不精當，於是刪去其中重覆的，削減其中繁蕪的，只保存其中的三分之一，取名為《傳習續錄》，再度刊刻於宣城之水西精舍。今年夏天，我來遊蘄春，沈思畏對我說：「先生的教誨，早已流行四方，而獨獨未傳播到蘄春。蘄春士子讀過《遺言》，就像親自聆聽過先生的教誨一樣；體悟良知，就好比重見日月之光。只怕《傳習續錄》收得不廣博，並不因為其中有重覆就覺得繁蕪。請將那些遺漏的增補刊行，怎麼樣？」我說：「但是先生的格物致知之旨，開示後來學者，要親自修行，默默體悟，不敢以理解文句字義相繼承，而只以體悟良知實體為心得。之所以先生整天講這個而不厭其煩，學者整天聽這個而不厭其煩，就是因為先生指示專一，而學者體悟日益精當。弟子們的感悟之機發於先生教誨之先，而心領神會之際，又往往在先生言外，這都是師生心靈感遇至誠之故。如今先生去世還不到三紀，而先生的格言微旨卻已漸覺隱晦，這難道不是我輩親身踐行不力，而說得太多造成的毛病嗎？學者們的趨向不一致，先生的教誨就不會宣暢。」於是我再取來遺漏未刊的記錄稿，選擇其中不違背先生原意的文句，錄成一卷。其餘捕風捉影、不真實以及《文錄》已經刊載的，統統刪去。並且將中卷改為問答形式，將它交給黃梅縣令張君增刻刊行。希望讀者不要僅以文句字義相承而只以切身體悟良知為心得。這樣，對這卷的記錄就不會有疑問了。嘉靖三十五年夏四月門人錢德洪拜書於蘄春崇正書院。

【研　析】這是錢德洪專為《傳習續錄》，也即今之《傳習錄》下卷所作的附記。從中我們可以得知，錢德洪在陽明去世以後，曾廣泛地向學友徵集陽明遺言，並打算刊刻，只是因母喪去職，事情才被擱置了下來。嘉靖三十四年（西元一五五五年），德洪的學友曾才漢得到了他所輯錄的手稿，自己又「傍為采輯」，編成《遺言》，在荊州刊刻。曾才漢所刊刻的這個《遺言》，有採錄未精、重覆蕪蔓之病，錢德洪才親手刪削，僅保存了其中的三分之一，取名《傳習續錄》，在宣城之水西精舍刊刻。但這個本子並非定本。到嘉靖三十五年（西元一五五六年）夏，錢德洪到蘄春，又應沈思畏（寵）之請，將自己先前輯錄的遺稿再次加以審訂，「采其語之不背者，得一卷。其餘影響不真與《文錄》既載者，皆削之。并易中卷為問答語，以付黃梅尹張君增刻之」。這個《傳習續錄》的本子共有三卷，上卷當即陳九川和黃直所錄的部分，中卷當即黃省曾所錄部分。因這一部分錄自黃省曾的《會稽問道錄》，原文非問答體，這次錢德洪將它改成了問答形式。這一卷中，除了黃省曾所錄，錢德洪還加進了數條自己所錄的遺文。下卷當即黃直所錄部分。這一部分也加進了錢德洪自己所錄的數條。這樣才形成了《傳習續錄》，也即今天我們所看到的《傳習錄》下卷的規模。到嘉靖三十七年（西元一五五八年），胡宗憲將《傳習錄》上、中兩卷與《傳習續錄》合刻，三卷本《傳習續錄》被併成一卷，這才形成了《傳習錄》上、中、下三卷的規模。

附錄

朱子晚年定論

《定論》首刻於南贛。朱子病目，靜久忽悟聖學之淵微，乃大悔中年註述誤己誤人，遍告同志。師閱之，喜己學與晦翁同，手錄一卷，門人刻行之。自是為朱子論異同者寡矣。師曰：「無意中得此一助。」隆慶壬申，虬峰謝君廷傑刻師全書，命刻《定論》附《語錄》後，見師之學與朱子無相繆戾，則千古正學同一源矣。并師首敘與袁慶麟跋，凡若干條，洪僭引其說。

陽明子序曰：洙泗之傳，至孟氏而息。千五百餘年，濂溪、明道始復追尋其緒。自後辨析日詳，然亦日就支離決裂，旋復湮晦。吾嘗深求其故，大抵皆世儒之多言有以亂之。守仁早歲業舉，溺志詞章之習，既乃稍知從事正學，而苦於眾說之紛撓疲薾，茫無可入。因求諸老、釋，欣然有會於心，以為聖人之學在此矣。然於孔子之教間相出入，而措之日用，往往缺漏無歸，依違往返，且信且疑。其後謫官龍場，居夷處困，動心忍性之餘，恍若有悟。體念探求，再更寒暑。證諸五經、四子，沛然若決江河而放諸海也。然後嘆聖人之道坦如大路，而世之儒者妄開竇逕，蹈荊棘，墮坑塹。究其為說，反出二氏之下，宜乎世之高明之士厭此而趨彼也。此豈二氏之罪哉！間嘗以語同志，而聞者競相非議，目以為立異好奇。雖每痛反深抑，務自搜剔斑瑕，而愈益精明的確，洞然無復可疑。獨於朱子之說有相牴牾，恆疚於心。切疑朱子之賢，而豈其於此尚有未察！及官留都，復取朱子之書而檢求之，然後知其晚歲固已大悟舊說之非，痛悔極艾，至以為自誑誑人之罪，不可勝贖。世之所傳《集注》、《或問》之類，乃其中年未定之說，自咎以為舊本之誤，思改正而未及。而其諸《語類》之屬，又其門人挾勝心以附己見，固於朱子平日之說，猶有大相繆戾者。而世之學者局於見聞，不過持循講習於此，其於悟後之論，概乎其未有聞。則亦何怪乎予言之不信，而朱子之心無以自暴於後世也乎！予既自幸其說之不繆於朱子，又喜朱子之先得我心之同然。且慨夫世之學者，徒守朱子中年未定之說，而不復知求其晚歲既悟之論，競相呶呶以亂正學，不自知其已入於異端。輒採錄而裒集之，私以示夫同志，庶幾無疑於吾說，而聖學之明可冀矣。正德乙亥冬十一月朔後學餘姚王守仁序。

答黃直卿書

為學直是先要立本。文義卻可且與說出正意，令其寬心玩味；未可便令考校同異，研究纖密，恐其意思促迫，難得長進。將來見得大意，略舉一二節目漸次理會，蓋未晚也。此是向來定本之誤。今幸見得，卻煩勇革。不可苟避譏笑，卻誤人也。

答呂子約

日用功夫，比復何如？文字雖不可廢，然涵養本原而察於天理人欲之判，此是日用動靜之間，不可頃刻間斷底事。若於此處見得分明，自然不到得流入世俗功利權謀裡去矣。熹亦近日方實見得向日支離之病，雖與彼中證候不同，然忘己逐物，貪外虛內之失，則一而已。程子說「不得以天下萬物撓己，己立後自能了得天下萬物」，今自家一個身心不知安頓去處，而談王說伯，將經世事業別作一個伎倆商量講究，不亦誤乎！相去遠，不得面論；書問終說不盡，臨風嘆息而已。

答何叔京

前此僭易拜稟博觀之敝，誠不自揆。乃蒙見是，何幸如此！然觀來喻，似有未能遽舍之意，何邪？此理甚明，何疑之有？若使道可以多聞博觀而得，則世之知道者為不少矣。熹近日因事方有少省發處，如「鳶飛魚躍」。明道以為與「必有事焉勿正」之意同者，乃今曉然無疑。日用之間，觀此流行之體，初無間斷處，有下功夫處，乃知日前自誑誑人之罪，蓋不可勝贖也。此與守書冊泥言語全無交涉，幸於日用間察之，知此則知仁矣。

答潘叔昌

示喻「天上無不識字底神仙」，此論甚中一偏之弊。然亦恐只學得識字，卻不曾學得上天，即不如且學上天耳。上得天了，卻旋學上天人，亦不妨也。中年以後，氣血精神能有幾何？不是記故事時節。熹以日昏，不敢著力讀書。閒中靜坐，收斂身心，頗覺得力。間起看書，聊復遮眼，遇有會心處，時一喟然耳！

答潘叔度

熹衰病，今歲幸不至劇，但精力益衰，目力全短，看文字不得。冥目靜坐，卻得收拾放心，覺得日前外面走作不少，頗恨盲廢之不早也。看書鮮識之喻，誠然。然嚴霜大凍之中，豈無些小風和日煖意思？要是多者勝耳。

與呂子約

孟子言「學問之道，惟在求其放心」；而程子亦言「心要在腔子裡」。今一向耽著文字，令此心全體都奔在冊子上，更不知有己，便是個無知覺不識痛癢之人。雖讀得書，亦何益於吾事邪！

與周叔謹

應之甚恨未得相見，其為學規模次第如何？近來呂、陸門人互相排斥，此由各狥所見之偏，而不能公天下之心以觀天下之理，甚覺不滿人意。應之蓋嘗學於兩家，未知其於此看得果如何？因話扣之，因書諭及為幸也。熹近日亦覺向來說話有大支離處，反身以求，正坐自己用功亦未切耳。因此減去文字功夫，覺得閒中氣象甚適。每勸學者亦且看《孟子》「道性善」、「求放心」兩章，著實體察收拾為要。其餘文字，且大概諷誦涵養，未須大段著力考索也。

答陸象山

熹衰病日侵，去年災患亦不少，比來病軀方似略可支吾。然精神耗減日甚一日，恐終非能久於世者。所幸邇來日用功夫頗覺有力，無復向來支離之病。甚恨未得從容面論，未知異時相見，尚復有異同否耳？

答符復仲

聞向道之意甚勤。向所喻義利之間，誠有難擇者。但意所疑，以為近利者，即便舍去可也。向後見得親切，卻看舊事，又有見未盡舍未盡者，不解有過當也。見陸丈回書，其言明當，且就此持守，自見功效。不須多疑多問，卻轉迷惑也。

答呂子約

日用功夫，不敢以老病而自懈。覺得此心操存舍亡，只在反掌之間。向來誠是太涉支離。蓋無本以自立，則事事皆病耳。又聞講授亦頗勤勞，此恐或有未便。今日正要清源正本，以察事變之幾微，豈可一向汨溺於故紙堆中，使精神昏弊，失後忘前，而可以謂之學乎！

與吳茂實

近來自覺向時功夫止是講論文義，以為積集義理，久當自有得力處，卻於日用功夫全少檢點。諸朋友往往亦只如此做功夫，所以多不得力。今方深省而痛懲之，亦欲與諸同志勉焉。幸老兄徧以告之也。

答張敬夫

熹窮居如昨，無足言者。自遠去師友之益，兀兀度日。讀書反己，固不無警省處，終是旁無彊輔，因循汩沒，尋復失之。近日一種向外走作，心悅之而不能自已者，皆準止酒例戒而絕之，似覺省事。此前輩所謂「下士晚聞道，聊以拙自脩」者。若擴充不已，補復前非，庶其有日。舊讀《中庸》「慎獨」、《大學》「誠意」、「毋自欺」處，常苦求之太過，措詞煩猥。近日乃覺其非，此正是最切近處，最分明處。乃舍之而談空於冥漠之間，其亦誤矣。方竊以此意痛自檢勒，懍然度日，惟恐有怠而失之也。至於文字之間，亦覺向來病痛不少。蓋平日解經最為守章句者，然亦多是推衍文義，自做一片文字，非惟屋下架屋，說得意味淡薄，且是使人看者將註與經作兩項功夫，做了下稍，看得支離，至於本旨全不相照。以此方知漢儒可謂善說經者，不過只說訓詁，使人以此訓詁玩索經文。訓詁經文不相離異，只做一道看了，直是意味深長也。

答呂伯恭

道間與季通講論，因悟向來涵養功夫全少，而講說又多，彊探必取尋流逐末之弊。推類以求，眾病非一，而其源皆在此。恍然自失，似有頓進之功。若保此不懈，庶有望於將來。然非如近日諸賢所謂頓悟之機也。向來所聞誨諭諸說之未契者，今日細思，脗合無疑。大抵前日之病，皆是氣質躁妄之偏，不曾涵養克治，任意直前之弊耳。

答周純仁

閒中無事，固宜謹出，然想亦不能一併讀得許多。似此專人來往勞費，亦是未能省事、隨寓而安之病。又如多服燥熱藥，亦使人血氣偏勝，不得和平，不但非所以衛生，亦非所以養心。竊恐更須深自思省，收拾身心，漸令向裡，令寧靜閒退之意勝而飛揚燥擾之氣消，則治心養氣、處世接物自然安穩，一時長進，無復前日內外之患矣。

答甯文卿

為學之要，只在著實操存，密切體認，自己身心上理會。切忌輕自表襮，引惹外人辯論，枉費酬應，分卻向裡功夫。

答呂子約

聞欲與二友俱來而復不果，深以為恨。年來覺得日前為學不得要領，自做身主不起，反為文字奪卻精神，不是小病。每一念之，惕然自懼，且為朋友憂之。而每得子約書，輒復恍然，尤不知所以為賢者謀也。且如臨事遲回，瞻前顧後，只此亦可見得心術影子。當時若得相聚一番，彼此極論，庶幾或有剖決之助。今又失此幾會，極令人悵恨也！訓導後生，若說得是當，極有可自警省處，不會減人氣力。若只如此支離，漫無統紀，則雖不教後生，亦只見得展轉迷惑，無出頭處也。

答林擇之

熹哀苦之餘，無他外誘，日用之間，痛自斂飭，乃知敬字之功，親切要妙乃如此。而前日不知於此用力，徒以口耳浪費光陰，人欲橫流，天理幾滅。今而思之，怛然震悚，蓋不知所以措其躬也。

又

此中見有朋友數人講學，其間亦難得朴實頭負荷得者。因思日前講論，只是口說，不曾實體於身，故在己在人都不得力。今方欲與朋友說日用之間，常切點檢氣習偏處，意欲萌處，與平日所講相似與不相似，就此痛著功夫，庶幾有益。陸子壽兄弟近日議論，卻肯向講學上理會。其門人有相訪者，氣象皆好，但其間亦有舊病。此間學者卻是與渠相反，初謂只如此講學，漸涵自能入德。不謂末流之弊，只成說話，至於人倫日用最切近處，亦都不得毫毛氣力，此不可不深懲而痛警也。

答梁文叔

近看孟子見人即道性善、稱堯舜，此是第一義。若於此看得透、信得及，直下便是聖賢，便無一毫人欲之私做得病痛。若信不及孟子，又說個第二節功夫，又只引成覸、顏淵、公明儀三段說話，教人如此，發憤勇猛向前，日用之間不得存留一毫人欲之私在這裡，此外更無別法。若於此有個奮迅興起處，方有田地可下功夫。不然，即是畫脂鏤冰，無真實得力處也。近日見得如此，自覺頗得力，與前日不同，故此奉報。

答潘叔恭

學問根本在日用間，持敬集義功夫，直是要得念念省察。讀書求義，乃其間之一事耳。舊來雖知此意，然於緩急之間，終是不覺有倒置處，誤人不少，今方自悔耳。

答林充之

充之近讀何書？恐更當於日用之間為仁之本者深加省察，而去其有害於此者為佳。不然，誦說雖精而不踐其實，君子蓋深恥之。此固充之平日所講聞也。

答何叔景

李先生教人，大抵令於靜中體認大本未發時氣象，分明即處事應物，自然中節。此乃龜山門下相傳指訣，然當時親炙之時，貪聽講論，又方竊好章句訓詁之習，不得盡心於此至。今若存若亡，無一的實見處，辜負教育之意。每一念此，未嘗不愧汗沾衣也。

又

熹近來尤覺昏憒無進步處，蓋緣日前偷墮苟簡，無深探力行之志，凡所論說，皆出入口耳之餘，以故全不得力。今方覺悟，欲勇革舊習，而血氣已衰，心志亦不復彊。不知終能有所濟否？

又

向來妄論「持敬」之說，亦不自記其云何。但因其良心發見之微，猛省提撕，使心不昧，則是做功夫底本領。本領既立，自然「下學而上達」矣。若不察良心發見處，即渺渺茫茫，恐無下手處也。中間一書論「必有事焉」之說，卻儘有病。殊不蒙辨詰，何邪？所喻多識前言往行，固君子之所急。熹向來所見亦是如此。近因反求未得個安穩處，卻始知此未免支離，如所謂因諸公以求程氏，因程氏以求聖人，是隔幾重公案，曷若默會諸心，以立其本，而其言之得失自不能逃吾之鑒邪？欽夫之學所以超脫自在，見得分明，不為言句所桎梏，只為合下入處親切。今日說話，雖未能絕無滲漏，終是本領是當。非吾輩所及，但詳觀所論，自可見矣。

答林擇之

所論顏、孟不同處，極善極善！正要見此曲折，始無窒礙耳。比來想亦只如此用功。熹近只就此處見得向來未見底意思，乃知存久自明，何待窮索之語，是真實不誑語。今未能久，已有此驗，況真能久邪？但當益加勉勵，不敢少弛其勞耳。

答楊子直

學者墮在語言，心實無得，固為大病。然於語言中，罕見有究竟得徹頭徹尾者。蓋資質已是不及古人，而功夫又草草，所以終身於此若存若亡，未有卓然可恃之實。近因病後不敢極力讀書，閒中卻覺有進步處。大抵孟子所論求其放心，是要訣爾。

與田侍郎子真

吾輩今日事事做不得，只有向裡存心窮理，外人無交涉。然亦不免違條礙貫，看來無著力處，只有更攢近裡面，安身立命爾。不審比日何所用心？因書及之，深所欲聞也。

答陳才卿

詳來示，知日用功夫精進如此，尤以為喜。若知此心此理端的在我，則參前倚衡，自有不容捨者，亦不待求而得，不待操而存矣。格物致知，亦是因其所已知者推之，以及其所未知。只是一本，原無兩樣功夫也。

與劉子澄

居官無脩業之益，若以俗學言之，誠是如此。若論聖門所謂德業者，卻初不在日用之外，只押文字，便是進德修業地頭，不必編綴異聞，乃為修業也。近覺向來為學實有向外浮泛之弊，不惟自誤，而誤人亦不少。方別尋得一頭緒，似差簡約端的，始知文字言語之外，真別有用心處，恨未得面論也。浙中後來事體，大段支離乖僻，恐不止似正似邪而已。極令人難說，只得惶恐，痛自警省。恐未可專執舊說以為取舍也。

與林擇之

熹近覺向來乖繆處不可縷數，方惕然思所以自新者，而日用之間悔吝潛積，又已甚多。朝夕惴懼，不知所以為計。若擇之能一來輔此不逮，幸甚！然講學之功，比舊卻覺稍有寸進。以此知初學得此靜中功夫，亦為助不小。

答呂子約

示喻日用功夫如此，甚善！然亦且要見一大頭腦分明，便於操舍之間有用力處。如實有一物，把住放行在自家手裡，不是謾說求其放心，實卻茫茫無把捉處也。

子約復書云：「某蓋嘗深體之，此個大頭腦本非外面物事，是我元初本有底。其曰『人生而靜』，其曰『喜怒哀樂之未發』，其曰『寂然不動』，人汩汩地過了日月，不曾存息，不曾實見此體段，如何會有用力處？程子謂『這個義理，仁者又看做仁了，智者又看做智了，百姓日用而不知，此所以君子之道鮮。』此個亦不少亦不剩，只是人看他不見，不大段信得此話。及其言於勿忘勿助長間認取者，認乎此也。認得此，則一動一靜皆不昧矣。惻隱、羞惡、辭讓、是非，四端之著也，操存久則發見多；忿懥、憂患、好樂、恐懼，不得其正也，放舍甚則日滋長。記得南軒先生謂『驗厥操舍，乃知出入』，乃是見得主腦，於操舍間有用力處之實話。蓋苟知主腦不放下，雖是未能常常操存，然語默應酬間歷歷能自省驗；雖其實有一物在我手裡，然可欲者是我底物，不可放失；不可欲者非是我物，不可留藏。雖謂之實有一物在我手裡，亦可也。若是謾說，既無歸宿，亦無依據，縱使彊把捉得住，亦止是襲取，夫豈是我元有底邪？愚見如此，敢望指教。」朱子答書云：「此段大概，甚正當親切。」

答吳德夫

承喻仁字之說，足見用力之深。熹意不欲如此坐談，但直以孔子、程子所示求仁之方，擇其一二切於吾身者，篤志而力行之，於動靜語默間，勿令間斷，則久久自當知味矣。去人欲存天理，且據所見去之存之。功夫既深，則所謂似天理而實人欲者次第可見。今大體未正，而便察及細微，恐有放飯流歠，而問無齒決之譏也。如何如何？

答或人

中和二字，皆道之體用。舊聞李先生論此最詳，後來所見不同，遂不復致思。今乃知其為人深切，然恨己不能盡記其曲折矣。如云「人固有無所喜怒哀樂之時，然謂之未發，則不可言無主也」，又如「先言慎獨，然後及中和」，此亦嘗言之。但當時既不領略，後來又不深思，遂成蹉過，孤負此翁耳！

答劉子澄

日前為學，緩於反己追思，凡百多可悔者。所論註文字，亦坐此病，多無著實處。回首茫然，計非歲月功夫所能救治，以此愈不自快。前時猶得敬夫、伯恭時惠規益，得以自警省。二友云亡，耳中絕不聞此等語。今乃深有望於吾子澄。自此惠書，痛加鐫誨，乃君子愛人之意也。

朱子之後，如真西山、許魯齋、吳草廬亦皆有見於此，而草廬見之尤真，悔之尤切，今不能備錄，取草廬一說附於後。

臨川吳氏曰：天之所以生人，人之所以為人，以此德性也。然自聖傳不嗣，士學靡宗，漢唐千餘年間，董、韓二子，依稀數語近之，而原本竟昧昧也。逮夫周、程、張、邵興，始能上通孟氏而為一。程氏四傳而至朱，文義之精密，又孟氏以來所未有者。其學徒往往滯於此而溺其心。夫既以世儒記誦詞章為俗學矣，而其為學亦未離乎言語文字之末。

此則嘉定以後朱門末學之敝，而未有能救之者也。夫所貴乎聖人之學，以能全天之所以與我者爾。天之與我，德性是也。是為仁義禮智之根株，是為形質血氣之主宰。舍此而他求，所學何學哉？假而行如司馬文正公，才如諸葛忠武侯，亦不免為習不著行不察，亦不過為資器之超於人，而謂有得於聖學，則未也。況止於訓詁之精、講說之密，如北溪之陳、雙峰之饒，則與彼記誦詞章之俗學，相去何能以寸哉？聖學大明於宋代，而踵其後者如此，可嘆已！澄也鑽研於文義，毫分縷析，每以陳為未精，饒為未密也。墮此科臼中垂四十年，而始覺其非。自今以往，一日之內子而亥，一月之內朔而晦，一歲之內春而冬，常見吾德性之昭昭，如天之運轉，如日月之往來，不使有須臾之間斷，則於尊之之道殆庶幾乎？於此有未能，則問於人，學於己，而必欲其至。若其用力之方，非言之可喻，亦味於《中庸》首章、〈訂頑〉終篇，而自悟可也。

《朱子晚年定論》，我陽明先生在留都時所採集者也。揭陽薛君尚謙舊錄一本，同志見之，至有不及抄寫，袖之而去者。眾皆憚於翻錄，乃謀而壽諸梓。謂「子以齒，當志一言」。惟朱子一生勤苦，以惠來學，凡一言一字皆所當守，而獨表章是、尊崇乎此者，蓋以為朱子之定見也。今學者不求諸此而猶踵其所悔，是蹈舛也，豈善學朱子者哉！麟無似，從事於朱子之訓餘三十年，非不專且篤，而竟亦未有居安資深之地，則猶以為知之未詳而覽之未博也。戊寅夏，持所著論若干卷來見先生。聞其言，如日中天，睹之即見；如五穀之藝地，種之即生。不假外求，而真切簡易，恍然有悟。退求其故而不合，則又不免遲疑於其間。及讀是編，始釋然。盡投其所業，假館而受學，蓋三月而若將有聞焉。然後知嚮之所學，乃朱子中年未定之論，是故三十年而無獲。今賴天之靈，始克從事於其所謂定見者，故能三月而若將有聞也。非吾先生，幾乎已矣！敢以告夫同志，使無若麟之晚而後悔也。若夫直求本原於言語之外，真有以驗其必然而無疑者，則存乎其人之自力。是編特為之指迷耳。

正德戊寅六月望門人雩都袁慶麟謹識。

古籍今注新譯叢書

【哲學類】

新譯四書讀本　謝冰瑩、邱燮友等編譯
新譯學庸讀本　王澤應注譯
新譯論語新編解義　胡楚生編著
新譯孝經讀本　賴炎元、黃俊郎注譯
新譯易經讀本　郭建勳注譯　黃俊郎校閱
新譯周易六十四卦經傳通釋　黃慶萱注譯
新譯乾坤經傳通釋　黃慶萱注譯
新譯易經繫辭傳解義　吳　怡著
新譯禮記讀本　姜義華注譯　黃俊郎校閱
新譯儀禮讀本　顧寶田、鄭淑媛注譯　黃俊郎校閱
新譯孔子家語　羊春秋注譯　周鳳五校閱
新譯老子讀本　余培林注譯
新譯帛書老子　趙　鋒注譯
新譯老子解義　吳　怡著
新譯莊子讀本　黃錦鋐注譯
新譯莊子讀本　張松輝注譯
新譯莊子本義　水渭松注譯
新譯莊子內篇解義　吳　怡著
新譯列子讀本　莊萬壽注譯
新譯管子讀本　湯孝純注譯　李振興校閱

新譯墨子讀本　李生龍注譯　李振興校閱
新譯公孫龍子　丁成泉注譯　黃志民校閱
新譯晏子春秋　陶梅生注譯　葉國良校閱
新譯鄧析子　徐忠良注譯　劉福增校閱
新譯荀子讀本　王忠林注譯
新譯尹文子　徐忠良注譯　黃俊郎校閱
新譯尸子讀本　水渭松注譯　陳滿銘校閱
新譯鶡冠子　趙鵬團注譯
新譯鬼谷子　王德華等注譯
新譯韓非子　賴炎元、傅武光注譯
新譯呂氏春秋　朱永嘉、蕭　木注譯　黃志民校閱
新譯韓詩外傳　孫立堯注譯
新譯淮南子　熊禮匯注譯　侯迺慧校閱
新譯春秋繁露　朱永嘉、王知常注譯
新譯新書讀本　饒東原注譯　黃沛榮校閱
新譯新語讀本　王　毅注譯　黃俊郎校閱
新譯潛夫論　彭丙成注譯　陳滿銘校閱
新譯論衡讀本　蔡鎮楚注譯　周鳳五校閱
新譯申鑒讀本　林家驪、周明初注譯　周鳳五校閱
新譯人物志　吳家駒注譯　黃志民校閱
新譯張載文選　張金泉注譯
新譯近思錄　張京華注譯
新譯傳習錄　李生龍注譯
新譯呻吟語摘　鄧子勉注譯
新譯明夷待訪錄　李廣柏注譯　李振興校閱

文學類

新譯詩經讀本　滕志賢注譯
新譯楚辭讀本　林家驪注譯
新譯楚辭讀本　傅錫壬注譯
新譯文心雕龍　羅立乾注譯
新譯六朝文絜　蔣遠橋注譯
新譯世說新語　劉正浩、邱燮友等注譯
新譯昭明文選　周啟成等注譯
新譯古文觀止　謝冰瑩、邱燮友等注譯
新譯古文辭類纂　黃　鈞、葉幼明等注譯
新譯樂府詩選　溫洪隆、溫　強注譯
新譯古詩源　馮保善注譯
新譯千家詩　邱燮友、劉正浩注譯
新譯詩品讀本　程章燦、成　林注譯
新譯花間集　朱恒夫注譯
新譯南唐詞　劉慶雲注譯
新譯絕妙好詞　聶安福注譯
新譯唐詩三百首　邱燮友注譯
新譯宋詩三百首　陶文鵬注譯
新譯宋詞三百首　汪　中注譯
新譯宋詞三百首　劉慶雲注譯
新譯元曲三百首　賴橋本、林玫儀注譯
新譯明詩三百首　趙伯陶注譯
新譯清詩三百首　王英志注譯
新譯清詞三百首　陳水雲等注譯

新譯唐人絕句選　卞孝萱、朱崇才注譯　齊益壽校閱
新譯唐才子傳　戴揚本注譯
新譯拾遺記　石　磊注譯
新譯搜神記　黃　鈞注譯
新譯唐傳奇選　束　忱、張宏生注譯　侯迺慧校閱
新譯宋傳奇小說選　束　忱注譯
新譯明傳奇小說選　陳美林、皋于厚注譯
新譯容齋隨筆選　朱永嘉等注譯
新譯明散文選　周明初注譯
新譯明清小品文選　鄭　婷注譯
新譯人間詞話　馬自毅注譯
新譯白香詞譜　劉慶雲注譯
新譯幽夢影　馮保善注譯
新譯菜根譚　吳家駒注譯
新譯小窗幽記　馬美信注譯
新譯圍爐夜話　馬美信注譯
新譯郁離子　吳家駒注譯
新譯歷代寓言選　黃瑞雲注譯
新譯賈長沙集　林家驪注譯
新譯揚子雲集　葉幼明注譯
新譯曹子建集　曹海東注譯　蕭麗華校閱
新譯建安七子詩文集　韓格平注譯
新譯阮籍詩文集　林家驪注譯　簡宗梧、李清筠校閱
新譯嵇中散集　崔富章注譯　莊耀郎校閱
新譯陸機詩文集　王德華注譯
新譯陶淵明集　溫洪隆注譯　齊益壽校閱

新譯江淹集	羅立乾、李開金注譯	
新譯庾信詩文選	歸　青注譯	
新譯初唐四傑詩集	李福標注譯	
新譯駱賓王文集	黃清泉注譯	陳全得校閱
新譯王維詩文集	陳鐵民注譯	
新譯孟浩然詩集	楊　軍注譯	
新譯李白詩全集	郁賢皓注譯	
新譯李白文集	郁賢皓注譯	
新譯杜甫詩選	張忠綱、趙睿才、綦　維注譯	
新譯杜詩菁華	林繼中注譯	
新譯高適岑參詩選	孫欽善、陳鐵民注譯	
新譯昌黎先生文集	周啟成等注譯	陳滿銘等校閱
新譯劉禹錫詩文選	閻　琦注譯	
新譯柳宗元文選	卞孝萱、朱崇才注譯	
新譯白居易詩文選	陶　敏、魯　茜注譯	
新譯元稹詩文選	郭自虎注譯	
新譯李賀詩集	彭國忠注譯	
新譯杜牧詩文集	張松輝注譯	陳全得校閱
新譯李商隱詩選	朱恒夫、姚　蓉等注譯	
新譯范文正公選集	沈松勤、王興華注譯．葉國良校閱	
新譯蘇洵文選	羅立剛注譯	
新譯蘇軾文選	滕志賢注譯	
新譯蘇軾詞選	鄧子勉注譯	
新譯蘇軾詩選	鄧子勉注譯	
新譯蘇轍文選	朱　剛注譯	
新譯曾鞏文選	高克勤注譯	
新譯王安石文選	沈松勤注譯	
新譯唐宋八大家文選	鄧子勉注譯	
新譯柳永詞集	侯孝瓊注譯	
新譯李清照集	姜漢椿等注譯	
新譯陸游詩文集	韓立平注譯	彭國忠校閱
新譯辛棄疾詞選	聶安福注譯	
新譯歸有光文選	鄔國平注譯	
新譯唐順之詩文選	馬美信注譯	
新譯徐渭詩文選	周　群等注譯	
新譯袁宏道詩文選	孫立堯注譯	
新譯薑齋文集	平慧善注譯	周鳳五校閱
新譯顧亭林文集	劉九洲注譯	黃俊郎校閱
新譯納蘭性德詞	馮　乾注譯	
新譯方苞文選	鄔國平等注譯	
新譯閒情偶寄	馬美信注譯	
新譯鄭板橋集	朱崇才注譯	
新譯袁枚詩文選	王英志注譯	
新譯李慈銘詩文選	潘靜如注譯	
新譯聊齋誌異選	任篤行等注譯	袁世碩校閱
新譯閱微草堂筆記	嚴文儒注譯	
新譯浮生六記	馬美信注譯	
新譯弘一大師詩詞全編	徐正綸編著	

【歷史類】

新譯史記	韓兆琦注譯
新譯漢書	吳榮曾等注譯

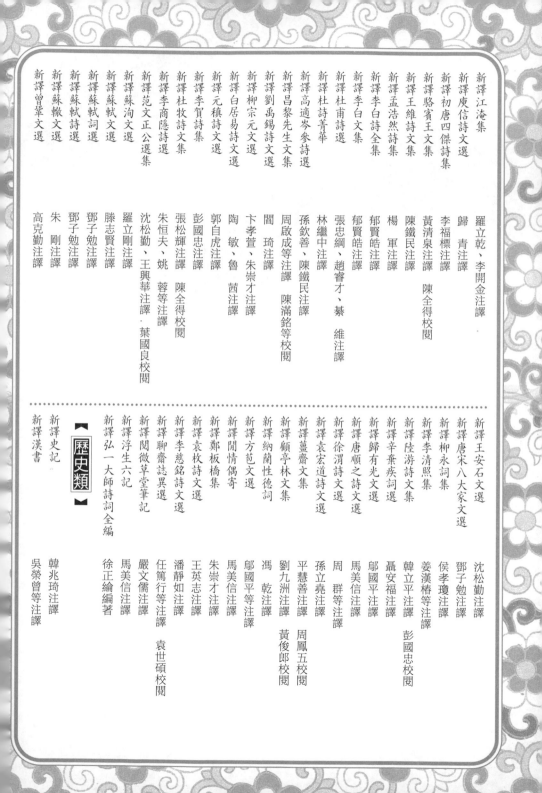

新譯後漢書　魏連科等注譯
新譯三國志　吳樹平等注譯
新譯資治通鑑　張大可、韓兆琦等注譯
新譯史記—名篇精選　韓兆琦注譯
新譯尚書讀本　吳　璵注譯
新譯尚書讀本　郭建勳注譯
新譯周禮讀本　賀友齡注譯
新譯逸周書　牛鴻恩注譯
新譯左傳讀本　郁賢皓等注譯　傅武光校閱
新譯公羊傳　雪　克注譯　周鳳五校閱
新譯穀梁傳　顧寶田注譯　葉國良校閱
新譯春秋穀梁傳　周　何注譯
新譯戰國策　溫洪隆注譯　陳滿銘校閱
新譯國語讀本　易中天注譯　侯迺慧校閱
新譯說苑讀本　左松超注譯
新譯說苑讀本　羅少卿注譯　周鳳五校閱
新譯新序讀本　葉幼明注譯　黃沛榮校閱
新譯吳越春秋　黃仁生注譯　李振興校閱
新譯西京雜記　曹海東注譯　李振興校閱
新譯列女傳　黃清泉注譯　陳滿銘校閱
新譯越絕書　劉建國注譯　黃俊郎校閱
新譯燕丹子　曹海東注譯　李振興校閱
新譯東萊博議　李振興、簡宗梧注譯
新譯唐六典　朱永嘉、蕭　木注譯
新譯唐摭言　姜漢椿注譯

宗教類

新譯金剛經　徐興無注譯　侯迺慧校閱
新譯高僧傳　朱恒夫、王學均等注譯　潘栢世校閱
新譯碧巖集　吳　平注譯
新譯百喻經　顧寶田注譯
新譯楞嚴經　賴永海、楊維中注譯
新譯梵網經　王建光注譯
新譯圓覺經　商海鋒注譯
新譯法句經　劉學軍注譯
新譯六祖壇經　李中華注譯　丁　敏校閱
新譯禪林寶訓　李中華注譯　潘栢世校閱
新譯維摩詰經　陳引馳、林曉光注譯
新譯經律異相　顏洽茂注譯
新譯阿彌陀經　蘇樹華注譯
新譯無量壽經　邱高興注譯
新譯無量壽經　蘇樹華注譯
新譯妙法蓮華經　張松輝注譯　丁　敏校閱
新譯景德傳燈錄　顧宏義注譯
新譯大乘起信論　韓廷傑注譯　潘栢世校閱
新譯釋禪波羅蜜　蘇樹華注譯
新譯八識規矩頌　倪梁康注譯
新譯永嘉大師證道歌　蔣九愚注譯
新譯華嚴經入法界品　楊維中注譯
新譯地藏菩薩本願經　李承貴注譯
新譯悟真篇　劉國樑、連　遙注譯

新譯无能子　張松輝注譯
新譯坐忘論　張松輝注譯
新譯列仙傳　張金嶺注譯　陳滿銘校閱
新譯抱朴子　李中華注譯　黃志民校閱
新譯神仙傳　周啟成注譯
新譯性命圭旨　傅鳳英注譯
新譯老子想爾注　顧寶田、張忠利注譯　傅武光校閱
新譯周易參同契　劉國樑注譯　黃沛榮校閱
新譯道門觀心經　王　卡注譯　黃志民校閱
新譯養性延命錄　曾召南注譯　劉正浩校閱
新譯樂育堂語錄　戈國龍注譯
新譯沖虛至德真經　張松輝注譯　周鳳五校閱
新譯長春真人西遊記　顧寶田等注譯
新譯黃庭經・陰符經　劉連朋等注譯

軍事類

新譯司馬法　王雲路注譯
新譯尉繚子　張金泉注譯
新譯三略讀本　傅　傑注譯
新譯六韜讀本　鄔錫非注譯
新譯吳子讀本　王雲路注譯
新譯孫子讀本　吳仁傑注譯
新譯李衛公問對　鄔錫非注譯

教育類

新譯爾雅讀本　陳建初等注譯
新譯顏氏家訓　李振興、黃沛榮等注譯
新譯聰訓齋語　馮保善注譯
新譯曾文正公家書　湯孝純注譯　李振興校閱
新譯三字經　黃沛榮注譯
新譯百家姓　馬自毅、顧宏義注譯
新譯幼學瓊林　馬自毅注譯　陳滿銘校閱
新譯增廣賢文・千字文　馬自毅注譯　李清筠校閱
新譯格言聯璧　馬自毅注譯

政事類

新譯商君書　貝遠辰注譯　陳滿銘校閱
新譯鹽鐵論　盧烈紅注譯　黃志民校閱
新譯貞觀政要　許道勳注譯　陳滿銘校閱

地志類

新譯山海經　楊錫彭注譯
新譯水經注　陳橋驛、葉光庭注譯
新譯佛國記　楊維中注譯
新譯大唐西域記　陳　飛、凡　評注譯　黃俊郎校閱
新譯洛陽伽藍記　劉九洲注譯　侯迺慧校閱
新譯徐霞客遊記　黃　珅注譯　黃志民校閱
新譯東京夢華錄　嚴文儒注譯　侯迺慧校閱

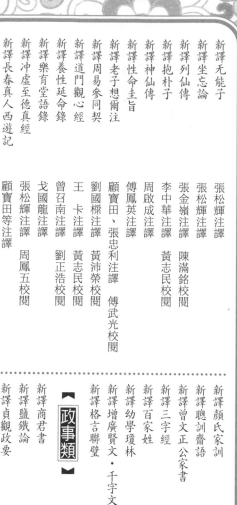

◎新譯學庸讀本

王澤應／注譯

《大學》和《中庸》是儒家心性之學的精華。《大學》的「三綱領」、「八條目」強調修己是治人的前提，說明個人道德修養和治國平天下的一致性。《中庸》彰顯的「中庸之道」、「慎獨」、「致誠工夫」等，則影響了中國一代又一代的讀書人。本書透過重新注譯，除了將正文翻譯成白話，幫助讀者理解掌握外，也試圖經由「研析」的單元，將這些老祖宗的智慧，賦予現代的意義。

三民網路書店
百萬種中文書、原文書、簡體書
任您悠游書海
領 200元折價券
打開一本書
看見全世界
sanmin.com.tw

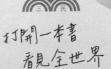

國家圖書館出版品預行編目資料

新譯傳習錄／李生龍注譯.－－三版一刷.－－臺北市：三民，2024
面；　公分.－－(古籍今注新譯叢書)

ISBN 978-957-14-7736-7 （平裝）
1. 傳習錄 2. 注釋

126.4　　112021109

古籍今注新譯叢書
新譯傳習錄

注 譯 者　李生龍
發 行 人　劉振強
出 版 者　三民書局股份有限公司
地　　址　臺北市復興北路 386 號 (復北門市)
　　　　　臺北市重慶南路一段 61 號 (重南門市)
電　　話　(02)25006600
網　　址　三民網路書店 https://www.sanmin.com.tw

出版日期　初版一刷 2004 年 1 月
　　　　　二版五刷 2021 年 6 月
　　　　　三版一刷 2024 年 1 月
書籍編號　S032150
I S B N　978-957-14-7736-7

著作財產權人©三民書局股份有限公司
著作權所有，侵害必究
※ 本書如有缺頁、破損或裝訂錯誤，請寄回敝局更換。

三民書局